Sepal
118,–

Über dieses Buch

Wachsende Scheidungsraten, steigende Jugendkriminalität, zunehmende soziale Verwahrlosung, die Auflösung der Familie als gemeinschaftlicher Lebensform – das sind Befunde, die in den Vereinigten Staaten eine Gruppe von Sozialforschern und Philosophen vor einigen Jahren veranlaßt hat, ein »Kommunitaristisches Programm« zu verabschieden. Auf zunehmende Entsolidarisierung und schärfer werdende Verteilungskämpfe reagiert es mit einem Appell an Gemeinsinn. Das Programm der Kommunitaristen, wie sie inzwischen genannt werden, zielt auf eine Stärkung der moralischen Grundlagen, ein stärkeres Wertebewußtsein, mehr Verantwortung für eine gemeinsame Zukunft und für die Umwelt.

Ihr prominentester Vertreter und Vordenker, der amerikanische Soziologe Amitai Etzioni, illustriert in diesem Buch die vieldiskutierten kommunitaristischen Thesen anhand zahlreicher Beispiele aus dem amerikanischen Alltag. Es ist ein sehr konkretes, anschauliches Plädoyer für die Stärkung der Basisgemeinschaften Familie, Nachbarschaft, Gemeinde, Schule, Verein, Bürgerinitiative und anderer Institutionen der Zivilgesellschaft.

Daß Etzionis Ideen nicht nur bei Bill Clinton und Tony Blair, sondern auch bei bundesdeutschen Politikern verschiedener Couleur, von Kurt Biedenkopf über Rudolf Scharping bis Joschka Fischer, auf offene Ohren stoßen, sagt einiges über die Virulenz (und die Attraktivität) seiner Gedanken aus. Sie zeigen aber auch, daß Etzionis Beispiele aus den USA auf europäische Verhältnisse übertragbar sind.

Der Autor

Amitai Etzioni, seit mehr als dreißig Jahren international bekannter Soziologe und Autor der bahnbrechenden Untersuchung »The Active Society«, trat als Berater der amerikanischen Präsidenten Jimmy Carter und Bill Clinton in das Bewußtsein einer breiteren Öffentlichkeit. Etzioni lehrt an der George Washington-University und der Harvard Business School und ist Direktor des Center for Political Research. 1996 erschien im Fischer Taschenbuch Verlag sein erstes auf deutsch übersetztes Buch »Die faire Gesellschaft« (Bd. 12537).

Fischer Wirtschaft

Herausgegeben von
Prof. Dr. Dr. h. c. Bert Rürup

Amitai Etzioni

Die Entdeckung des Gemeinwesens

Ansprüche, Verantwortlichkeiten und das Programm des Kommunitarismus

Aus dem Amerikanischen
von Wolfgang Ferdinand Müller

Fischer
Taschenbuch
Verlag

Lektorat: Martin Rethmeier

Veröffentlicht im Fischer Taschenbuch Verlag GmbH,
Frankfurt am Main, Juni 1998

Lizenzausgabe mit freundlicher Genehmigung der Schäffer-Poeschel Verlag für Wirtschaft Steuern Recht GmbH, Stuttgart
Die amerikanische Originalausgabe »The Spirit of Community. Rights, Responsibilities, and the Communitarian Agenda« erschien 1993 im Verlag Crown Publishers, Inc., New York.

Druck und Bindung: Clausen & Bosse, Leck
Printed in Germany
ISBN 3-596-14087-0

Dieses Buch ist den neuesten Etzionis gewidmet:
Meiner Enkelin Danielle,
meinen Schwiegertöchtern Hedva und Ruthi
und meiner Frau Pat Kellogg.
Es ist für eure Generationen bestimmt.

Inhalt

TEIL II
Zu viele Rechte, zu wenig Pflichten

TEIL III
Das Gemeinwohl

Vorwort zur deutschen Ausgabe

Worum geht es den Kommunitariern? Um die Rekonstruktion der Gemeinschaft, der *Community*, um die Wiederherstellung der Bürgertugenden, um ein neues Verantwortungsbewußtsein der Menschen, um die Stärkung der moralischen Grundlagen unserer Gesellschaft. Immer mehr Politiker unterschiedlichster Couleur vertreten kommunitaristische Ideen, auch wenn sie das Wort Kommunitarismus nicht im Munde führen. In Deutschland gehören dazu unter anderem Kurt Biedenkopf, der christdemokratische Ministerpräsident des Landes Sachsen; Norbert Burger, der SPD-Oberbürgermeister von Köln; der SPD-Vordenker Thomas Meyer; und Joschka Fischer, einer der führenden Politiker von Bündnis 90/Die Grünen. Der Franzose und frühere EG-Präsident Jacques Delors redet wie ein echter Kommunitarier. In Großbritannien vertreten der Labour-Vorsitzende Tony Blair und David Willetts von den Tories und der Vorsitzende der Liberaldemokratischen Partei, Paddy Ashdown, kommunitaristische Positionen. In den USA haben Präsident Bill Clinton, Vizepräsident Ale Gore, aber auch die führenden Republikaner Lamar Alexander und Jack Kemp starke kommunitaristische Neigungen erkennen lassen. Nicht, weil wir ihnen diese Ideen eingepflanzt hätten, sondern weil sie erkannt haben, daß die Zeit reif ist für diese Konzepte.

Unsere Kritiker nennen den Begriff *Gemeinschaft* vage, diffus und warnen vor einer Einschränkung der individuellen Freiheit durch neue starke Gemeinschaften. Für mich sind Gemeinschaften soziale Netze von Menschen, die einander persönlich kennen – und zugleich moralische Instanzen. Sie nutzen interpersonelle Bande, um ihre Mitglieder zur Beachtung gemeinsamer Werte und Normen (»Wirf deinen Müll nicht zum Fenster raus!«, »Denk an spielende Kinder, fahr vorsichtig!«) zu erziehen. Sie tadeln jene, die gemeinsame moralische Normen verletzen, und loben jene, die sie beachten. Den Staat (Justiz, Polizei) rufen sie erst, wenn alle anderen Mittel versagen. Daher gilt: Je funktionsfähiger die Gemeinschaften, desto geringer der Bedarf an staatlicher Kontrolle.

Die Kritiker betonen zu Recht, daß in früheren Epochen manche Gemeinschaft eine zu fordende, strenge und enge Moral vertrat. Deshalb haben ja britische Dissenter ihre Heimat verlassen und die amerikanischen Kolonien gegründet – um dort jedoch selbst recht gnadenlos und gewaltsam (auch mit Hexenjagden) die Sache der Tugend zu fördern. Sicher können Gemeinschaften gefährlich sein. Aber das können auch die meisten Medikamente: Man muß eben die richtige Dosis nehmen. Und welcher vernünftige Mensch würde sämtliche Arzneimittel verbieten wollen, nur um deren Mißbrauch zu verhindern?!

Wie ein Radfahrer, so muß auch eine Gemeinschaft die Balance halten. Sie darf weder zur Anarchie des Extremindividualismus und zur Vernachlässigung des Gemeinwohls tendieren noch zum Kollektivismus, der das Individuum moralisch abwertet. Daher muß man Gemeinschaften ständig dazu bringen, ein ausgewogenes Verhältnis zwischen Individualrechten und sozialen Pflichten herzustellen. So kämpfen die Kommunitarier in Albanien, China und Japan für mehr individuelle Rechte und Freiräume, für den Abbau von Pflichten gegenüber der Gemeinschaft. Hier im Westen müssen wir ein Gefühl persönlicher und sozialer Verantwortung neu entwickeln, ein Bewußtsein dafür wecken, daß wir neben Rechten auch Pflichten haben und daß unser persönliches Wohl untrennbar mit dem der Gemeinschaft verbunden ist. Wer sich über die Bildung starker Gemeinschaften im heutigen England sorgt – weil sie, unter dem Einfluß rechtslastiger religiöser Gruppen, zu autoritär werden könnten –, ist wie einer, der sich im Winter vor dem Heizen fürchtet, weil es im Sommer ja heiß werden könnte. Der Westen ist in der kalten Jahreszeit des exzessiven Individualismus und sehnt sich nach der Wärme der Gemeinschaft, die menschliche Beziehungen wieder erblühen läßt.

Sicher, in Großbritannien herrscht noch nicht die moralische Anarchie und sind die sozialen Institutionen noch nicht so erschüttert wie in den Vereinigten Staaten. Aber die Trends weisen in Richtung Westen. Die Zunahme von Gewaltkriminalität, Illegitimität, Drogenmißbrauch und politischer Korruption und jener Fälle, wo Kinder töten und dann nicht die Spur von Reue zeigen, spricht eine deutliche Sprache. Ob das neue oder alte Zeichen sind, ob andere Gesellschaften noch mehr in Auflösung sind, ist unwichtig. Entscheidend ist: Alles deutet auf eine schwere soziale Erkrankung hin. Man muß die moralischen und sozialen Fundamente der Institutionen festigen, bevor sie sich auflösen. Noch ist es dazu Zeit in Großbritannien.

Realitätsfern nennen die Liberalisten unser Postulat, sozialer Wandel erfordere einen Wandel der Einstellungen, einen großen Dialog, bei dem sich die Menschen auf einen neuen Kurs, den richtigen Kurs, einigen. Zwei Beispiele mögen sie widerlegen: In der Prohibition versuchten die Vereinigten Staaten, den Alkoholkonsum ohne vorherigen Dialog zu senken, vergeblich und mit verheerenden sozialen Folgen. Weitaus effektiver ist unser heutiger Kampf gegen das Rauchen, weil den gesetzgeberischen Maßnahmen gut ein Vierteljahrhundert öffentlicher Diskussion über dessen schädliche Folgen für den Raucher, für andere und für die Gemeinschaft vorausging. So würden wir uns auch jetzt mit dem Verbot – selbst der Erschwerung – der Scheidung einen Bärendienst erweisen. Wir müssen die Debatte über den Wert der Familie erst reifen lassen und dann ihre Ergebnisse in Gesetze einfließen lassen.

In bestimmten Fällen kann und darf sich eine Gemeinschaft auf den Staat stützen. Wir haben aber vier Kriterien entwickelt – Daniel Bell nennt sie in seiner Rezension dieses Buches im *Times Literary Supplement* »unseren originellsten Beitrag« –, um zu definieren, wann, wofür und wie wir den Staat engagieren können: Es muß eine eindeutige, unmittelbare Gefahr bestehen (wie bei der AIDS-Epidemie), aufgebauschte Ängste sind kein Grund; es gibt keine Alternative (etwa pädagogische Schritte) zu einem staatlichen Eingriff; der Eingriff muß so behutsam wie möglich sein; schädliche Nebeneffekte sind zu vermeiden oder zu minimieren. »Man kann sich zwar über Details streiten, aber, ohne Norman Stone nahetreten zu wollen: Für mich riecht das nicht nach Faschismus«, schreibt Daniel Bell.

Den Vorwurf, Kommunitarier plädierten für eine Diktatur der Mehrheit, weisen wir entschieden zurück. Eben weil wir dafür eintreten, daß Gemeinschaften konstitutionell-demokratisch und nicht majoritär regiert werden, nannten wir unser Programm *Bill of rights and responsibilities* (Erklärung der Rechte und Pflichten) und unsere Vierteljahresschrift *The Responsive Community: Rights and Responsibilities* (Die Funktionierende Gemeinschaft: Rechte und Pflichten). Eine demokratische Verfassung sagt genau, worüber eine Gemeinschaft per Mehrheit entscheiden kann (etwa über kommunale Steuern) und was für sie tabu ist (beispielsweise die Meinungsfreiheit). Eben deshalb sind wir gegen Sprach-Kodizes, die es der Majorität erlauben, manche Meinungsäußerungen als beleidigend oder diskriminierend zu definieren und zu verbieten. Wir empfehlen gegen Intoleranz Begegnungen von Angehörigen verschiedener Rassen und Ethnien, den intensiven Dialog. *Kommunitarismus* ist kein geschützter Begriff, und so gibt es auch unter diesem Etikett fragwürdige Äußerungen. Aber *den* Kommunitariern anzulasten, was irgendein Außenseiter sagt, ist schäbig: So wurden die Sozialdemokraten stets für die Übel des Kommunismus verantwortlich gemacht.

»Einen Typ von Gemeinschaft stärken, das heißt die anderen schwächen«, verkünden die extremen Liberalen (*The Economist*). Das ist wohl ein Scherz! Welcher Gemeinschaft gehören Sie denn an: der lokalen, regionalen, nationalen – oder welcher? Sicher können sich die Gemeinschaften gegeneinander wenden. Aber die Geschichte Deutschlands zeigt, daß die Gemeinden – ungeachtet der Spannungen auf verschiedenen Gemeinschaftsebenen – gut im Rahmen regionaler Gemeinschaften gedeihen können. Trotz aller Rhetorik vereinen die Gemeinden (etwa in Bayern, im Rheinland, selbst in den neuen Bundesländern) regionale Identität mit gesamtgesellschaftlicher Loyalität. Gemeinschaften, die in übergreifende Gemeinschaften eingebettet sind, diese Vielfalt der Loyalitäten – das ist unsere Zukunft und der Kern des kommunitaristischen Programms.

Der Kommunitarismus ist keine amerikanische Erfindung. Seine Wurzeln reichen in die griechische Antike, ins Alte und Neue

Testament. (Ich habe bei Martin Buber in Jerusalem gelernt.) Jede Gesellschaft muß zwar eigene kommunitaristische Antworten finden, aber auf ähnliche Herausforderungen. Der Mensch lebt nicht vom Brot allein; es wäre töricht zu glauben, nur auf wirtschaftliche Hilfe komme es an. Unser alltägliches Handeln braucht einen Kontext transzendenten Sinns, seine moralische Bedeutung muß klar werden. Wir dürfen nicht zulassen, daß die extremen Liberalen (die in jedem Versuch eines Gemeinschafts-Dialogs den übermächtigen Staat wittern) die Entwicklung einer kommunitaristischen Agenda zur sozialen und moralischen Rekonstruktion Europas verhindern. Wird die zivile, moralische Ordnung nicht gestärkt, dann werden immer mehr Menschen nach einer starken Hand rufen. Was uns bedroht, ist die moralische Anarchie, nicht ein Zuviel an Gemeinschaft.

Amitai Etzioni

Einleitung

Eine neue moralische, soziale und öffentliche Ordnung – ohne Puritanismus oder Unterdrückung

Wir behaupten und halten für wahr

Wir behaupten, daß bei uns in den Vereinigten Staaten eine moralische Erneuerung ohne Puritanismus möglich ist – also ohne daß sich irgendwelche Wichtigtuer in unser Privatleben einmischen oder eine Gedankenpolizei unser intellektuelles Leben überwacht. Wir *können* ein neues Wertengagement erlangen – ohne puritanische Exzesse.

Wir behaupten, daß wir für Recht und Ordnung sorgen können, ohne dieses Land der Freien zum Polizeistaat zu machen, wenn wir den Behörden genau bemessene und begrenzte neue Befugnisse einräumen.

Wir behaupten, daß wir die Familie – ohne die noch keine Gesellschaft existieren, geschweige denn gedeihen konnte – zu retten vermögen, ohne die Frauen an den Herd zu zwingen oder sonst ihre Rechte zu verletzen.

Wir behaupten, daß die Schule entscheidend zur moralischen Erziehung unserer Kinder beitragen *kann* – ohne sie zu indoktrinieren.

Wir behaupten, daß die Menschen wieder in Gemeinschaften leben können, ohne einander zu bespitzeln oder sich sonst feindselig zu begegnen.

Wir behaupten, daß unser Ruf nach mehr sozialer Verantwortung – eine zentrale Botschaft dieses Buches – nicht auf die Einschränkung individueller Rechte zielt, daß vielmehr starke Rechte und ein hohes Maß an Verantwortung zusammengehören.

Wir behaupten, daß individuelles Erfolgsstreben mit Gemeinsinn vereinbar ist und keiner von uns in Askese, Altruismus oder

Selbstaufopferung leben muß. Ungezügelte Habgier läßt sich zudem durch legitime Chancen und durch sozial »konstruktive Ausdrucksformen des Egoismus« ersetzen.

Wir behaupten, daß wir die mächtigen Interessenverbände, die in Washington und in vielen Rathäusern und Staatsparlamenten das Sagen haben, in ihre Schranken weisen können, ohne das verfassungsmäßige Recht des Bürgers zu beschneiden, durch Petitionen und dergleichen auf die Regierenden Einfluß zu nehmen. Das öffentliche Wohl *kann* walten, ohne daß wir die legitimen Interessen und Partizipationsrechte der diversen Wählergruppen unseres Landes negieren.

Wir behaupten das als Kommunitarier, als Bürger, die eine neue moralische, soziale und öffentliche Ordnung schaffen wollen, eine Ordnung, die auf grundlegend erneuerten Gemeinschaften aufbaut und Puritanismus sowie Unterdrückung ausschließt.

Die kommunitaristische These

Diese Behauptungen beruhen auf *einer* zentralen These: Daß nämlich die Amerikaner – die seit langem unter dem Zerfall privater und öffentlicher Moral, dem Niedergang der Familie, der hohen Kriminalität, der wachsenden Korruption in unserem Staat leiden – jetzt handeln können. Und zwar ohne fürchten zu müssen, bei dem Versuch, ihre Werte, Pflichten, Institutionen und Gemeinschaften zu stärken, in den dunklen Tunnel des Moralismus oder des Autoritarismus zu stürzen, an dessen Ende ein klerikaler Staat oder eine Welt nach dem Gusto der politischen Rechten stünde.

Das alles werde ich in diesem Buch erläutern und belegen. Aber zuerst möchte ich den kommunitaristischen Ansatz mit einem Beispiel veranschaulichen: Man könnte Piloten, Schulbusfahrer und alle anderen, denen Menschenleben anvertraut sind, zu Drogen- und Alkoholtests verpflichten. So würden wir unsere Sicherheit beträchtlich erhöhen, ohne gleich jeden testen zu müssen – von den Mitarbeitern des Wetteramts bis zu unseren

Kleinen im Kindergarten. Wichtiger als die Details (Sollten sich auch Polizisten diesen Kontrollen unterziehen? Wie wird die Vertraulichkeit gewahrt?) sind die grundsätzlichen Fragen, wie wir eine Zivilgesellschaft wiederherstellen (hier konkret die öffentliche Sicherheit) und dabei unsere Grundrechte und moralischen Traditionen bewahren können.

Der Kommunitarismus – eine Bewegung zur Verbesserung unserer moralischen, sozialen und politischen Umwelt – möchte diese Grundfragen klären. Wir Kommunitarier wollen mit unseren Mitbürgern den Wandel in den Werten, Sitten und politischen Strategien herbeiführen, der uns im gesellschaftlichen Bereich das zu tun erlaubt, was die ökologische Bewegung im Bereich der Natur anstrebt: unsere Zukunft zu sichern und zu stärken.

Die USA Anfang der neunziger Jahre

Die sozialwissenschaftliche Forschung fördert mitunter Fakten zutage, die für sich allein nur von begrenzter Bedeutung sind, aber ein grelles Licht auf Grundprobleme einer Gesellschaft werfen können: So ergab eine Umfrage im Jahre 1991, daß die jungen Amerikaner für sich zwar das Recht reklamieren, bei Gerichtsverhandlungen Schöffen ihres Alters zu haben, aber wenig Neigung zeigen, selbst ein Schöffenamt zu übernehmen.[1] Dieses Paradox verdeutlicht einen zentralen Aspekt unserer aktuellen politischen Kultur: Es ist die Kombination von hoch entwickeltem Anspruchsdenken – daß die Gemeinschaft mehr für sie leiste und ihre individuellen Rechte stärke und schütze – und einem recht schwachen Verantwortungsgefühl gegenüber der Gemeinschaft, sei es die örtliche oder die bundesstaatliche. So begrüßten die meisten Amerikaner die Machtdemonstrationen der USA in Granada, in Panama und am Persischen Golf – wollten aber meist weder sich noch ihre Söhne und Töchter als Soldaten daran beteiligt sehen.

Der erste Preis für »antikommunitäres Denken« gebührt aber wohl jenem Zwischenrufer aus dem Publikum, der bei einer Fernsehdiskussion zum Sparbanken-Debakel meinte: »Dafür sollte man aber nicht den Steuerzahler zur Kasse bitten, da ist der Staat gefordert« – als ob es wirklich so etwas wie einen Uncle Sam gäbe, der für uns alle bezahlt.

Eine 1989 von der Organisation *People for the American Way* durchgeführte Studie kam zu dem Schluß:

> *Die Jugend hat aus der amerikanischen Geschichte eine sehr einseitige Lehre gezogen.* Gemäß ihrer Überzeugung, daß dem individuellen Glück und Wohlergehen Priorität zukomme, halten die jungen Leute Freiheit und Freizügigkeit für *die* Merkmale, die Amerikas Einzigartigkeit ausmachen, und verschwenden kaum einen Gedanken auf Dienen oder Partizipation. Sie schätzen zwar unsere demokratische Freiheit – die »Amerika zu dem Land macht, in dem es sich am besten leben läßt« –, sehen aber keine Notwendigkeit, im Gegenzug die Pflichten eines guten Bürgers zu erfüllen und Verantwortung zu übernehmen.«[2]

Nur jeder achte Befragte (12 Prozent) meinte, als guter Bürger sollte man auch wählen gehen.[3] Das Besondere an den Vereinigten Staaten sei »der Individualismus und die Demokratie – daß man machen kann, was man will« und daß es »bei uns wirklich keine Einschränkungen gibt.«[4]

Das Mißverhältnis von Ansprüchen und Verantwortungsbewußtsein besteht schon lange. Manche halten es sogar für einen Grundzug des amerikanischen Charakters. Aber unsere führenden Politiker haben diese Tendenz in den letzten Jahren noch verstärkt. Als John F. Kennedy 1961 forderte: »Frag nicht, was dein Land für dich tun kann, sondern, was du für dein Land tun kannst«, vermochte er die Nation damit noch zu begeistern. Aber Ronald Reagan und George Bush – sowie einige Demokraten im Kongreß – propagierten in der Folge einen weniger beschwerlichen Weg: Sie verkündeten, nun werde ein ständiges Wirtschaftswachstum die staatlichen Leistungen finanzieren und den Steuerzahler zugleich entlasten – eine frohe, wenn auch trügerische Botschaft.

Auch in vielen anderen Bereichen – von der Schul- bis zur Drogenpolitik – schlug man einfache »Lösungen« vor, die keinen belasten sollten. So hieß es, unser Erziehungssystem lasse sich ohne Mehrausgaben verbessern – indem man den Eltern mehr Schulwahlfreiheit einräume. Das würde die »schlechten Schulen aus dem Geschäft drängen«. Und was sollte das Drogenproblem lösen? Die Parole »Sag einfach nein«!

Der Rechtshistoriker Lawrence Friedman von der Harvard University hat auf eine besonders beunruhigende Entwicklung der letzten Jahre verwiesen: die wachsende Tendenz unserer Jugend, Rechte zu beanspruchen und die Pflichten dem Staat zu überlassen.[5] Es gilt daher zu wiederholen: Was wir dem Staat an Verantwortung aufbürden, landet früher oder später auf unseren eigenen Schultern oder wird zu einer Last, die wir unseren Kindern aufbürden.

Rechte und Pflichten: Ein Vierpunkte-Programm

Um besagtes Ungleichgewicht beheben zu können, brauchen wir: ein weitgehendes Moratorium für die Formulierung neuer Rechte; die Neuverknüpfung von Rechten und Pflichten; die Einsicht, daß manche Pflichten keine Rechte nach sich ziehen; und die (sehr behutsame) Anpassung einiger Rechte an die veränderten Bedingungen. Diese vier zentralen Punkte bedürfen einer Erläuterung.

Ein Moratorium

Wir sollten für eine gewisse Übergangszeit, etwa für das nächste Jahrzehnt, die Produktion neuer Rechte drastisch drosseln. Die ständige Erzeugung neuer Rechte führt, so wie das massenhafte Gelddrucken, zu einer massiven Inflation, in diesem Fall zur Entwertung der moralischen Kraft der Rechte.[6]

Was sehen die Amerikaner als »Privileg, das man sich verdienen muß« und was als »Recht, auf das jeder Bürger Anspruch hat«?[7] Die meisten (81 Prozent der Befragten) halten die staatliche Gesundheitsfürsorge für ein Recht und nur wenige für ein Privileg (16 Prozent). Zwei Drittel (66 Prozent) halten eine angemessene Wohnung für ein Bürgerrecht (gegenüber 31 Prozent, die das als Privileg bezeichneten). Natürlich, warum auch nicht? Weil es aber im Leben nichts umsonst gibt, muß man fragen, wer das bezahlen soll – unbegrenzte medizinische Versorgung und adäquate Wohnungen für uns alle? Diejenigen, die sich so für Rechte einsetzen, sind oft sehr zugeknöpft, wenn es um die Frage der Finanzierung geht. Sie muß aber geklärt werden, wenn die Forderung nach irgendeinem Recht nicht bloß hohle Geste sein soll.

Tajel Shah, Vorsitzende des Amerikanischen Studentenverbandes, sagt, die höhere Schulbildung »ist ein Recht, kein Privileg«.[8] Eine edle Einstellung, fürwahr. Verantwortungsbewußter wäre es aber gewesen, wenn sie zumindest angedeutet hätte, wie dieses Recht zu finanzieren wäre – in wessen Hauptbuch also die damit erwachsenden Verbindlichkeiten einzutragen wären.

Als man in den Damentoiletten der Strände und Parkanlagen von Santa Monica in Kalifornien Männer beim Drogenhandel ertappte, erließ der Stadtrat eine Verordnung, die Männern wie Frauen die Benutzung der fürs andere Geschlecht bestimmten Toiletten untersagte – abgesehen von Notfällen (die bei »Schlangen« von über drei Personen vorlägen). Das empörte aber eine örtliche Aktivistin namens Gloria Allred, die darin eine Verletzung des Frauenrechts sah, jederzeit in jeder öffentlichen Toilette zu urinieren. Mit Bezug auf eine ähnliche Verordnung in Houston, Texas, sagte sie: »Ich hätte nie geglaubt, daß so ein Alptraum auch in dieser schönen Stadt einmal Realität werden könnte.« Das sei, warnte Ms. Allred, »der erste Schritt auf dem langen, dunklen Weg der Einschränkung von Frauenrechten im Namen der öffentlichen Sicherheit.«[9]

Einige Insassen der Todeszellen von San Quentin haben auf Schutz ihrer Fortpflanzungs*rechte* qua künstliche Besamung geklagt. Ein Anwalt berichtet: »... diese Häftlinge betrachten sich als Opfer einer ungewöhnlich grausamen Bestrafung, weil nicht nur sie zum Tode verurteilt [und hingerichtet] würden, sondern zugleich auch ihre potentiellen Nachkommen...«[10]

Lisa Dangler, eine Mutter aus Yorktown in New York, verklagte die örtliche Schulbehörde, weil man ihren Sohn nicht in die Ehrengesellschaft seiner Oberschule aufgenommen hatte. Das mindere seine Chancen, an Eliteuniversitäten oder medizinischen Fakultäten aufgenommen zu werden. Ihr Sohn werde nur für die bekannte schulkritische Einstellung der Familie bestraft – was ihr Recht auf freie Meinungsäußerung verletze. Ihre Klage wurde von einem Schöffengericht abgewiesen. Der Vorsitzende Richter betonte, einen Schöffenspruch zugunsten Ms. Danglers hätte er auf jeden Fall gekippt, und meinte: »Mit dem Versuch, rein persönliche Interessen zu Verfassungsrechten zu erheben und jede Nichterfüllung ihrer Wünsche zur Verletzung ihrer Grundrechte zu erklären, setzen diese Leute die grundlegenden Rechte und Verfahrensformen herab, die uns alle beschützen.«[11]

Als der Kongreß eine Obergrenze für Kreditkarten-Zinsen erwog, publizierte die American Bankers Association in der *Washington Post* eine ganzseitige Anzeige mit der Schlagzeile: WIRD DER KONGRESS MILLIONEN AMERIKANERN IHR RECHT AUF EINE KREDITKARTE ABSPRECHEN?[12]

Früher waren Rechte überaus ernste moralische/gesetzliche Ansprüche, die in der Verfassung festgehalten und mit großem Respekt behandelt wurden. Wir können alle nur verlieren, wenn die PR-Abteilung jeder Interessengruppe, die nicht bekommt, was sie will, behaupten kann, irgend jemandes Rechte seien verletzt worden. Ein zeitweiliger Stopp der Produktion neuer Rechte (der nur bei ungewöhnlich zwingenden Gründen ausgesetzt wird) würde uns helfen, den Rechten ihre hohe moralische Stellung und Überzeugungskraft zurückzugeben.

Vergessen wir nicht: *Jedes neue Recht ist auch ein Anspruch gegenüber jemandem.* Neue Rechte wecken bei anderen oft Schuldgefühle oder nutzen sie aus. Man kann jemandem aber nicht unbegrenzt Schuld aufbürden; er wird bald aufbegehren. Um eine allgemeine Gegenbewegung contra Rechte zu vermeiden, müssen wir der Rechteinflation wehren und die »Währung Recht« vor weiterer Entwertung schützen.

Zudem erschwert die Verrechtlichung von immer mehr Ansprüchen – und seien sie noch so legitim – den Kompromiß und Konsens, die zum Wesen der Demokratie gehören. Eine Gesellschaft voller rechtestarrender Rechtgläubiger und Interessengruppen wird zwangsläufig von Konflikten zerrissen. Der Kolumnist John Leo vom *U.S. News & World Report* sagt: »Rechtsdiskurs polarisiert und erschwert oder verhindert die moralische Diskussion und Konsensbildung. Wenn etwas als ›Recht‹ präsentiert wird, ist kaum noch Platz für vernünftige Diskussionen und gemäßigte Positionen.«[13]

Einem Anwalt oder Richter mag es klar sein, daß individuelle Rechte in den Rechten anderer und in Gemeinschaftsbelangen Grenzen haben. Wenn aber die Rechtssprache den Alltagsdiskurs durchdringt, verarmt er und wird zur Konfrontation.[14] Es ist etwas anderes, ob zwei Leute von verschiedenen Positionen ausgehen und gemeinsam nach Kompromissen suchen (dabei gar ein gemeinschaftliches Interesse an beispielsweise einer sauberen Umwelt erkennen) oder ob sie ein *Recht* auf etwas (dasselbe Stück Land oder öffentlichen Raum) beanspruchen – und einander im Nu so antagonistisch gegenüberstehen wie die Katholiken und Protestanten in Nordirland oder die Palästinenser und Israelis im Mittleren Osten.

Kehren wir zur Sprache der sozialen Tugenden und Interessen und vor allem zur Sprache sozialer Verantwortung zurück! Das verringert die Streitsucht und erhöht die soziale Kooperation.

Rechtsargumente dienen, im Gegensatz zu vielen anderen, als »Trumpfkarten«, die jede andere Position neutralisieren. Der Rechtsprofessor Cass R. Sunstein von der University of Chicago hat gesagt: Rechte können »Schlußfolgerungen [sein], die sich als Begründungen gerieren«. So, wenn die Verteidiger härtester »Gewaltpornographie« diese schlicht zu Formen einer freien Meinungsäußerung erklären. Nun sei ja nicht auszuschließen, so Sunstein, daß jemand diese besonders verletzende Ausdrucksform zu Recht benutze. Aber ob das der Fall sei, könne nur durch die Abwägung des fraglichen Rechts gegen die Rechte anderer geklärt werden, die sich durch derlei verletzt fühlen, und nicht durch die einfache Behauptung, dies sei ein Recht und damit basta![15]

Mary Ann Glendon, Rechtsprofessorin an der Harvard University und führende Kommunitarierin, hat nachgewiesen, daß wir mit Rechten oft so umgehen wie mit Eigentum, das wir ja gern als wesenhaft »unsriges« betrachten, mit dem wir nach Belieben schalten und walten können.[16] Nun akzeptieren wir meist, daß wir mit unserem Eigentum längst nicht alles anstellen dürfen – etwa Blätter verbrennen (das könnte andere gefährden) oder die Stereo-Anlage so aufdrehen, daß man sie fünf Straßen weiter noch hört. Um es anders zu sagen: Wir alle wissen irgendwo, daß unsere Freiheiten durch die anderer begrenzt werden und *daß wir nur insoweit nach unserem Gusto handeln können, als wir anderen keinen Schaden zufügen.* Aber *Rights talk* führt zur Vernachlässigung dieser wesentlichen Einschränkung: der Rücksicht auf andere und auf die Gemeinschaft. So wird aus dem Prinzip »Ich kann tun, was mir gefällt, solange ich anderen nicht schade« bald die Idee »Ich kann tun, was mir gefällt, weil ich ein Recht darauf habe«.

Das wurde auch bei dem Streit um den Sicherheitsgurt und den Motorradhelm deutlich. Die Liberalisten haben lange erbittert gegen die Gurt- und Helmpflicht gekämpft und ihre Einführung in vielen Gerichtsbezirken verhindert und mancherorts, wo sie Regelung schon in Kraft war, für deren Rücknahme gesorgt. Ihr Hauptargument lautet: Die Leute können mit ihrem Leben tun, was ihnen gefällt, ja sie dürfen es sogar aufs Spiel setzen – weil sie selbst am besten wüßten, was gut oder schlecht für sie sei, weil sie die Konsequenzen ihres Handelns ja selbst tragen müßten. Wir sollten sie daher als erwachsene Menschen und nicht wie Kinder behandeln, ohne Paternalismus. (Manche extreme Individualisten übertragen dieses Prinzip auch auf den Drogenkonsum.)

Rücksichtslose Individuen tragen aber längst nicht alle Folgen ihres Handelns selbst. Nicht angeschnallte Fahrer verlieren in Gefahrensituationen leichter die Kontrolle über ihr Auto und stoßen daher eher mit anderen zusammen. Sie sterben auch eher und belasten öfter als andere die Gesellschaft mit der Sorge um ihre Waisen und der Regelung materieller Schäden. Natürlich nehmen sie bei Unfällen auch die Ressourcen der Gemeinschaft in Anspruch, vom Notarztwagen bis zur Reha-Klinik, kommen aber bestenfalls für einen Bruchteil der anfallenden Kosten auf. Die Forderung nach verantwortungsbewußtem Fahren (hier die

Gurt- und Helmpflicht) berücksichtigt die Interessen anderer und der Gemeinschaft; es gibt kein individuelles Recht, das dieses Argument automatisch ausstechen könnte.

Außer einem Moratorium für neue Rechte ist die *Überprüfung einiger Rechte geboten*, von denen manche jüngeren und andere älteren Datums sind. So macht es wenig Sinn, sich auf die Rechte unbelebter Objekte zu berufen, wie es der Juraprofessor Christopher Stone vor einigen Jahren in ökologischer Emphase tat:

> Zu sagen, daß Flüsse und Wälder ... nicht sprechen können, ist keine Antwort. Unternehmen können auch nicht sprechen; Staaten und Besitztümer, Unmündige und Inkompetente, Universitäten und Gemeinden ebensowenig... Aus meiner Sicht sind die rechtlichen Probleme natürlicher Objekte so zu behandeln wie die Probleme geschäftsunfähiger, weil geisteskranker menschlicher Wesen... So müßte jemand, der ein natürliches Objekt in Gefahr sieht und es schützen will, bei Gericht eine Vormundschaft dafür beantragen können.« [18]

Andere verwiesen auf die Gefährdung unserer Strände durch die vielen Baufirmen, die dort Sand abbauen, durch die Städte, die neue Häfen anlegen, und durch Versorgungsunternehmen, die dort ihre Kraftwerke errichten – also die Strände benutzen und zu ihrer Erosion beitragen. Aber anstatt sich auf das Prinzip Verantwortung (»Schutz der Strände«) zu berufen, behaupteten manche Juristen, darunter ein auf Umweltfragen spezialisierter Anwalt aus Los Angeles – der Sand habe Rechte![19] Man kann sich kaum eine bessere Methode zur Trivialisierung der Rechte vorstellen als die Behauptung, es gäbe sie wie Sand am Meer.

Sicher kann man Mittel und Wege finden, nicht nur für jeden, sondern für alles einen Anwalt zu ernennen, und natürlich verdienen viele Sachen – etwa ein majestätischer Berg – einen gewissen Schutz, sogar einen gewissen Respekt. (Unternehmen sind etwas anderes: Als Vereinigungen von Menschen gleichen sie eher Gemeinschaften als Tieren oder Steinen.) Das alles beweist nicht, daß wir sie als rechtsfähig betrachten müßten. Rücksicht auf sie zu nehmen, das ist eine Sache, ihnen Rechte zuzusprechen eine ganz andere. Damit würden wir sie mit uns auf eine Stufe stellen – dabei sollten wir dem Menschen doch einen höheren moralischen Status einräumen als Bächen und Stränden. *Rücksicht auf die Objekte selbst ist ein sekundäres Argument.* Der bewundernswerte Berg verdient Schutz, damit auch andere Menschen ihn bewundern können – nicht um seiner selbst willen. Es liegt daher in unserem *Interesse*, ihn zu schützen; ihm den höheren Status der Rechtsfähigkeit zuzuerkennen, würde einen objektiven Umgang mit ihm unmöglich machen. Wir müssen und können Wege finden, um den Wert der Dinge zu erkennen und sie zu respektieren, ohne sie mit Rechten auszustatten. Sagen wir einfach, daß sie unseren Respekt und Schutz verdienen.

Rechte bedingen Pflichten

Rechte zu fordern, ohne Pflichten zu übernehmen, ist weder moralisch noch logisch. Mary Ann Glendon hat einmal treffend geschrieben: »Unserem Rechtsjargon liegt die stillschweigende Annahme zugrunde, daß wir in einem Land von Fremden leben, denen gegenüber wir nur eine Pflicht haben: zu vermeiden, ihnen aktiv Schaden zuzufügen.«[20] In *Rights Talk* sagt sie:

> Versuchen Sie doch, in unserer Unabhängigkeitserklärung oder unserem Grundrechtekatalog irgendeine Formulierung zu finden, die den Aussagen der Allgemeinen Erklärung der Menschenrechte [Vereinte Nationen, 1948] entspräche, daß jeder »Pflichten gegen die Gemeinschaft« habe und bei der Ausübung seiner Rechte und dem Genuß seiner Freiheiten »den Beschränkungen unterliegen [soll], die die Gesetze zu dem ausschließlichen Zwecke angeordnet haben, um die Anerkennung und Achtung der Rechte und Freiheiten anderer zu sichern und die angemessenen Erfordernisse der Moral, öffentlichen Ordnung und allgemeinen Wohlfahrt einer demokratischen Gesellschaft zu erfüllen«.[21]

Unsere Verfassung, obschon in bezug auf unsere Pflichten gegen die Gemeinschaft auch nicht annähernd so explizit wie diese UN-Erklärung, beginnt immerhin mit dem Wunsch, »unseren Bund zu vervollkommnen« und »das allgemeine Wohl zu fördern«.

»Nehmen, ohne zu geben« ist ein amoralisches, egozentrisches Handeln, das letzlich keine Gesellschaft tolerieren kann.

Daß viele Jugendliche sich weigern, ein Schöffenamt zu übernehmen, und zugleich das Recht auf eine Verhandlung vor einer Jury aus Gleichaltrigen beanspruchen, ist egoistisch, unanständig und langfristig realitätsfern. *Daher müßten die glühendesten Befürworter alter und neuer Rechte auch die ersten sein, die für ein neues Pflichtbewußtsein streiten.* Das eine bedingt das andere. Ein Großteil der folgenden Diskussion darüber, wie das moralische Engagement in Familie, Schule, Gemeinde zu fördern sei, bezieht sich auf die Stärkung des Verantwortungsgefühls. Viele unserer Kernwerte fordern das Engagement für andere und die Gemeinschaft. Wenn wir ihre moralische Stimme und das Netz sozialer Bande (den kommunitären Nexus, der uns befähigt, als Gemeinschaft zu sprechen) erneuern, werden wir einander auch eher bestärken können, unserer sozialen Verantwortung gerecht zu werden.

Pflichten ohne Rechte

Rechte ohne entsprechende Pflichten sind kaum vorstellbar. Wir haben aber einige Pflichten, die moralische Ansprüche an uns stellen, aus deren Erfüllung wir weder kurz- noch langfristig Nutzen ziehen. Die Verantwortung für die gemeinsame Zukunft, vor allem für die Erhaltung der Umwelt, ist ein gutes Beispiel dafür. Wir haben die Umwelt nicht primär oder nur um unserer selbst willen zu schützen (obwohl wir natürlich ein Interesse haben, auch künftig Wasser trinken und atmen zu können, eine Ozonschicht zu haben, damit wir nicht gegrillt werden). Wir sind moralisch verpflichtet, den Generationen nach uns eine Umwelt zu hinterlassen, in denen sie leben können – vielleicht sogar eine bessere als die, die wir selbst geerbt haben, aber keinesfalls eine schlechtere. *Was für unsere natürliche Umwelt gilt, das gilt auch für unsere moralische, soziale und politische Umwelt.*

Behutsame Anpassung

Schließlich bedürfen einige gesetzliche Rechte, die in einer für die öffentliche Sicherheit und Gesundheit abträglichen Weise ausgelegt wurden, einer Neuinterpretation. So verbietet der Vierte Verfassungszusatz eine *willkürliche* Durchsuchung, Verhaftung und Beschlagnahme.[22] Die Vorstellungen darüber, was willkürlich und was zulässig und angemessen sei, ändern sich im Lauf der Zeit. In manchen Bereichen des öffentlichen Lebens ist heute im Interesse der Gemeinschaft, der öffentlichen Sicherheit und Gesundheit das Maß dessen, was uns zuzumuten ist, ein klein wenig zu erhöhen.

Radikal-Individualisten wie die extremen Liberalen und die Bürgerrechtsunion (American Civil Liberties Union, ACLU) haben viele Maßnahmen zur Stärkung der öffentlichen Sicherheit und Gesundheit blockieren können. So opponieren sie systematisch gegen Alkoholkontrollen bei Autofahrern (die beim Kampf gegen das Massensterben auf den Straßen eine wichtige Rolle spielen könnten)[23], gegen *alle* Drogentests (selbst bei Personen, denen Menschenleben anvertraut sind) und gegen Versuche, den Strom privaten Geldes einzudämmen, der in die Taschen, Schubladen und Kriegskassen unserer gewählten Vertreter auf örtlicher oder Bundesebene fließt.

Aus den Reaktionen, die meine Kollegen und ich bei vielen Vorträgen mit dem vierten Teil unseres Programms auslösten, wissen wir, daß dieser Aspekt des Ausgleichs von Rechten und Pflichten am umstrittensten ist. Daher werde ich (in Teil II dieses Buches) zeigen, daß man solche Anpassungen – nach den besagten Prinzipien – vornehmen kann, ohne einem Polizeistaat oder exzessiven Eingriffen der staatlichen Gesundheitsbehörden den Weg zu bereiten. Im Gegenteil: *Man wehrt dem Autoritarimus und den rechtslastigen Tendenzen wohl am besten, wenn man die anarchistische Strömung stoppt – durch ausgewogene Antworten auf die drängenden und legitimen Fragen der Öffentlichkeit in bezug auf die Sicherheit und die Bekämpfung von Epidemien.*

Rekonstruktion der Moral

Die soziale Verantwortung ist nur einer der Kernwerte, die wieder mehr Gewicht bekommen müssen. Es geht um eine generelle *Stärkung unserer moralischen Grundlagen.* Seit Beginn der 60er hat man viele moralische Traditionen, gesellschaftlichen Werte und Institutionen in Frage gestellt, oft mit gutem Grund. Aber dafür leben wir heute in wachsender moralischer Verwirrung und sozialer Anarchie. Früher wußten wir ziemlich genau, was die jungen Paare tun oder lassen sollten, auch wenn viele diesen Erwartungen nicht immer gerecht wurden. Das Problem ist nicht, daß die traditionelle Familie hinterfragt wurde; sie hatte eine kritische Prüfung durchaus verdient. Das Problem ist, daß wir danach kein neues Konzept der Familie – der Verantwortung gegenüber den Kindern, der Vertrautheit und Intimität, der Verbundenheit – entwickelt haben, das unser traditionelles Bild ersetzen könnte. (Das wird an den unterschiedlichen Schicksalen zweier Bücher Betty Friedans deutlich: *Der Mythos Frau*, eine Kritik der traditionellen Familie, machte in den 60er Jahren und Anfang der 70er Furore. Ihr folgendes, 1981 publiziertes Buch, *Die zweite Etappe*, ein Plädoyer für die Umstrukturierung der Familie, stieß dagegen auf taube Ohren.)[24] Moralische Umbrüche vollziehen sich oft nach diesem Muster: Schnelle Zerstörung. Langes Vakuum. Langsame Rekonstruktion. Dort stehen wir nun: Es ist Zeit für die Rekonstruktion, im vollen Sinne des Wortes – keine Rückkehr zum Alten, sondern Rückkehr zur moralischen Affirmation, einer rekonstruierten, aber konsequenten.

Einst haben die Schulen die moralischen und sozialen Werte früherer Generationen an die Jugend weitergegeben. Sicher, diese Wertvortstellungen spiegelten viel Selbstzufriedenheit, waren etwas autoritär und sehr diskriminierend. Wir haben sie zertrümmert, und wie! Aber das war der leichte Teil, Zerstören fällt ja meist nicht schwer. Aber jetzt stehen wir nur zu oft vor einem pädagogischen Trümmerhaufen. Die Schulen sind froh, wenn sie für Disziplin sorgen und elementare Kenntnisse und Fähigkeiten vermitteln können, und haben weder die Zeit noch die Absicht, ihre allerwichtigste Aufgabe zu erfüllen: der jungen Generation zentrale Werte weiterzugeben.

In den 50er Jahren wußten wir recht genau, wie wir uns gegen Autoritätspersonen zu verhalten hatten: mit viel Respekt und wenig Skepsis. Eltern, Pfarrer, Ärzte, Gewerkschaftsführer, Präsidenten – sie alle hatten eine immense, über jeden Zweifel erhabene Autorität, Recht von Unrecht, das Gute vom Schlechten zu scheiden, die Jugend und die Ratlosen zu leiten. Es ist gut möglich, daß die schweigende Generation zu stumm und angepaßt war. Sie war weitgehend blind gegen rassische und sexuelle Diskriminierung und scheint fast völlig übersehen zu haben, daß Millionen Amerikaner in schrecklicher Armut lebten. (Erst Michael Harringtons, von John F. Kennedy gerühmtes Buch *Das andere Amerika* hat mit seinen unleugbaren Daten die Armut in Amerika zu einem nationalen Thema gemacht.)[25]

Danach begannen wir, unsere Autoritäten zu entthronen. Mitte der 60er hatte noch fast die Hälfte der Amerikaner ein großes Vertrauen in die Führer der meisten Institutionen, vom Militär bis zum Kongreß, von der Presse bis zu den Unternehmen.[26] Aber das hat sich in den letzten zwanzig Jahren sehr geändert. Nun stellen die Medien täglich irgendwelche Amtsträger bloß. Man hat auch Christoph Columbus von seinem Sockel geholt und ein Scherbengericht über ihn veranstaltet: EIN HELD DER NATION ODER EIN BLUTRÜNSTIGER EROBERER? fragte die *New York Times* am Columbus Day 1991.[27] Auch andere, von George Washington bis Martin Luther King, sieht man heute kritischer. Laut Umfragen glauben die meisten Amerikaner, daß sich die Mächtigen nicht um ihre Wähler scheren. Uns fehlt in den meisten Bereichen, vor allem in moralischen Fragen, eine klare Autorität.

An dem Wort *moralisch* nahmen einige meiner liberalen Freunde Anstoß, denen ich eine vorläufige Version dieses Buches zu lesen gab. Die Amerikaner ließen sich nicht gern über Moral belehren, sagte einer, und das alles klinge nach Predigt. Ein anderer fühlte sich durch das Wort an die Moralische Mehrheit erinnert. Ich will keine Predigten halten, sondern ein Problem bewußt machen und ein Programm darlegen. Es täte mir leid, wenn ich die

Leute an die *Moral Majority* erinnerte, die, wie ich meine, die richtigen Fragen gestellt, aber die falschen, weil zumeist autoritären, dogmatischen Antworten gegeben hat. Es gehört aber auch zu den Absichten dieses Buches, gute und elementare Begriffe, die wir den Erzkonservativen und Rechten als deren politische Schlagworte überlassen haben, für die demokratische Debatte zu retten. Daß einer wie Pat Robertson von Familie, Gemeinschaft und Moral gesprochen hat, um bei den Wahlen die Sozialkonservativen im Bush-Lager zu halten, sollte uns doch nicht hindern, diese zentralen gesellschaftlichen Kategorien zu benutzen. Und daß manche sie einsetzen, um Haß und Zwietracht zu säen und alle Intellektuellen oder Liberalen als Vertreter *einer* »kulturellen Elite« anzugreifen, die allem Guten in Amerika feind sei, sollte uns nicht dazu verleiten, diesen Vorwurf implizit zu akzeptieren. Ebensowenig wie wir den Begriff Patriotismus abschreiben dürfen, bloß weil manche Politiker ihre egoistischen Interessen mit dem Sternenbanner bemänteln, dürfen wir die Kategorie der Moral aufgeben, bloß weil manche sie als Waffe gegen ihre Mitbürger mißbrauchen.

Wir müssen jetzt beginnen, die sozialen Grundlagen der Moral zu stärken, damit die Gemeinschaften wieder ihre moralischen Stimmen erheben, die Familien ihre Kinder erziehen und die Schulen die jungen Menschen zu aufrechten Mitgliedern ihrer Gemeinschaften machen können. Wir werden im Verlauf der Diskussion die Frage klären, wessen Werte sich durchsetzen werden. Nun geht es erst einmal darum, wie eine soziale Welt, die weitgehend unfähig geworden ist, irgendwelche Wertsysteme zu artikulieren und zu tragen, diese Fähigkeit wieder erlangen kann. Diesem Thema ist der erste Teil des kommunitaristischen Programms und dieses Buches gewidmet: der Stärkung der Basis moralischer Werte.

Als die Rechte rapide wuchsen und das Verantwortungsbewußtsein schwand, als die moralische Infrastruktur zerbröckelte, geriet das Gemeinwohl aus dem Blick. Sicher, Lobbys hat es immer bei uns gegeben. Zudem ist der Pluralismus – die reiche Vielfalt von Gruppen, Subkulturen und Standpunkten – eine

Grundlage der Freiheit, die unser Land auszeichnet, das einst Menschen schufen, die vor erzwungener Homogenität geflohen waren.

Aber seit den 60ern sind die Kräfte geschwunden, die die Teile zu einem Mosaik fügten – zu *einer* Gesellschaft, *einer* Nation. Die Idee des Gemeinwohls oder öffentlichen Interesses, das die Vielfalt partikularer Interessen reguliert, nicht ersetzt, ist ausgehöhlt worden. Unsere politischen Parteien mit ihren konkurrierenden Gemeinwohlkonzeptionen wurden weitgehend zur Seite gedrängt; im Zentrum des Geschehens stehen Tausende von Interessengruppen und ein Kongreß, der ihnen tief verpflichtet ist. Heute dominieren allzuoft nicht die Interessen der großen gesellschaftlichen Gruppen – wie Konsumenten, Arbeiter oder Industrielle –, sondern die spezifischer Gruppierungen, etwa die der Parkplatzbesitzer, die für sich Steuererleichterungen fordern, oder der Imker, die staatliche Subventionen wollen, oder der Zukkerbauern, Bürogerätehersteller und anderer mehr. All die Subventionen, Steuervergünstigungen, Sonderkredite und sonstigen Privilegien, die sie erhalten, reißen tiefe Löcher in den Staatshaushalt. Sie verteilen den Reichtum des Landes unter sich, saugen ihm das Mark aus und lassen nur wenig für die Projekte übrig, die dem Gemeinwohl dienen – also uns allen und unserer gemeinsamen Zukunft. Daher dreht sich der dritte Teil des kommunitaristischen Programms und dieses Buches um die Verteidigung des Gemeinwohls.

Wir Kommunitarier

Wer sind wir? Wir begannen 1990 als eine Gruppe von fünfzehn Ethikern, Sozialphilosophen und Sozialwissenschaftlern, die sich auf meine und meines Kollegen William Galston Einladung in Washington, D.C., trafen. Als wir die Probleme unserer Gesellschaft sondierten, artikulierten wir unseren Unmut über die Polarisierung und Klischeehaftigkeit der öffentlichen Debatte in unserer Teledemokratie, die mit Etiketten wie »konservativ«, »liberal«, »Lebensschützer« oder »Abtreibungs- Befürworter«, »Befürworter« oder »Gegner der Todesstrafe« schnell bei der Hand ist und damit einen unerträglichen Druck ausübt: Wer nicht für den Freihandel ist, gilt gleich als antijapanisch; wer nicht für (uneingeschränkte) Einwanderung ist, wird flugs Rassist genannt, weil manche Vertreter einer restriktiveren Einwanderungspolitik bestimmte Gruppen abweisen wollen... (Ich nenne das ein *unseliges Entweder-Oder-Denken.*) Wir waren uns einig, daß mit den simplistischen Schlagwörten des Freund-Feind-Schemas viele Fragen nicht zu diskutieren sind und daß die Haltung des »Wenn du nicht für uns bist, bist du gegen uns«, mit der jede Gruppe, jeder Redner konfrontiert wird, unnötig Gräben aufreißt, dem Gemeingeist widerspricht.

Noch mehr beunruhigte uns die Erkenntnis, daß viele Amerikaner kaum noch Pflichten übernehmen wollen, daß sie nur allzu gern auf ihre Rechte pochen, aber kaum bereit sind, anderen und der Gemeinschaft etwas zu geben, Gegenleistungen zu erbringen. Wir hielten die Zeit für gekommen, unserer Verantwortung gegenüber der *Community* (Gemeinschaft) gerecht zu werden, und nannten uns *Communitarians*, um das deutlich zu machen.

Uns war auch klar, daß wir eine neue soziale, philosophische und politische Landkarte brauchen. Die Einteilung in Liberale oder Konservative, Linke oder Rechte taugt oft nicht mehr. Wir sehen am einen Ende des Spektrums die Autoritären, etwa die Moralische Mehrheit und *Liberty Bell* (Freiheitsglocke). Sie wollen allen anderen ihre moralischen Positionen aufzwingen und etwa das Schulgebet zur Pflicht machen oder die Frauen in die Küche verbannen. Am anderen Ende sehen wir die Radikal-Individualisten – Liberalisten wie die Intellektuellen am Cato Institute; Freiheitsrechtler, vor allem etwa die American Civil Liberties Union; und Laisser-faire-Konservative –, die glauben, wenn jedes Individuum völlig frei entscheiden und seine Rechte und Interessen wahrnehmen könne, dann werde alles gut. Wir sagen: *Freie Individuen brauchen eine Gemeinschaft*, die sie vor staatlichen Übergriffen schützt und die Moral stärkt – und dabei auf die sanften Püffe und Mahnungen von Verwandten, Freunden,

Nachbarn und anderen Mitgliedern der Gemeinschaft baut und eben nicht auf staatliche Kontrolle oder die Angst vor Autoritäten.

Im Januar 1991 legten wir diese Gedanken der Öffentlichkeit vor – in unserer neuen Vierteljahresschrift *The Responsive Community – Rights and Responsibilities.* Der Zeitpunkt war schlecht gewählt. Die Vereinigten Staaten steckten mitten in einer Rezession, und die Leute hatten genug wirtschaftliche Sorgen. Außerdem hatte der Countdown zum Golfkrieg begonnen; eine Woche nach Erscheinen unserer ersten Ausgabe wurde er denn auch schon eröffnet.

Trotzdem fand unsere Erklärung ein immenses Echo – ein Zeichen mehr, daß die Zeit nun reif war für einen Kurswechsel: hin zu einem Wiederaufbau der Gemeinschaft. Zuerst kam die Presse: Wir arbeiteten noch an unserer ersten Nummer der *Responsive Community,* als *BusinessWeek* von unserem Vorhaben Wind bekam und unseren Ideen eine ganze Seite widmete.

Das Magazin schilderte eingangs das Bemühen der schwarzen *Community*-Aktivistin Ramona Younger, eine lokale Verordnung gegen das Herumlungern durchzubringen, die den Drogenhandel auf den Straßen unterbinden sollte. »Das System funktioniert nicht für die anständigen, gesetzestreuen Bürger, sondern für die Gesetzesbrecher«, stellte sie in einer eidesstattlichen Erklärung fest, die sie in Alexandria, Virgina, einreichte. Die ACLU und die National Association for the Advancement of Colored People verurteilten die Verfügung als rassistisch und als Bürgerrechtsverletzung. Younger verteidigte sie mit dem Argument, sie gebe jenen ein nützliches Instrument in die Hand, die »den Drogenhandel von den Straßen verbannen wollen«. *BusinessWeek* kommentierte:

> Younger ist mit ihrer Kritik nicht allein. Eine neu gegründete Gruppe von »Kommunitariern« glaubt, das Individuum habe sich so verselbständigt, daß die Gemeinschaft und die öffentliche Sicherheit gefährdet sei. Für manche Kommunitarier ist die Überbetonung der Individualrechte das Problem. Für andere ist es der wild wuchernde, unverantwortliche Individualismus, der unsere gesamte Gesellschaft durchziehe.[28]

Als unsere erste Ausgabe in Druck ging, stellte die *Washington Post* ihren hauptstädtischen Lesern unsere Initiative vor:

Kommunitarismus ist keine organisierte Bewegung, sondern ein Denkansatz, der laut Etzioni eine Mittelposition zwischen den Extremliberalisten mit ihrer Verabsolutierung individueller Rechte und den Autoritaristen sucht, die, so Etzioni, für den Kampf gegen AIDS und Drogen schon Verfassungsrechte aufheben wollten.[29]

Diese Berichte konzentrierten sich auf unser Primärthema – Rechte und Pflichten. Kurz nach Erscheinen unserer Erstnummer wandte sich John Leo dann in einer Kolumne im *U.S. News & World Report* dem anderen zu: »Rekonstruktion der Gemeinschaft, Erneuerung der moralischen Grundlagen« – und traf dabei den Nagel auf den Kopf:

Wohlgemerkt, der Kommunitarismus ist kein Programm der Rechten in neuem Gewand, obwohl er mit dem Sozialkonservatismus sicher viel gemein hat. Das zeigt etwa die kommunitaristische Haltung zu Betriebsschließungen, die auch die Frage stellt: Wenn man ein Stahlwerk in Youngstown stillegt – warum sollten nur die plötzlich arbeitslosen Arbeiter den Preis für diese Folge unseres Wirtschaftssystems bezahlen?

Und weiter:

In Japan und in westlichen Ländern, die vom amerikanischen Hyperindividualismus frei sind, gibt die Gesellschaft für die Umschulung oder geographische Mobilität der Arbeitnehmer viel Geld aus, teils aus Gerechtigkeitsdenken und teils, um die negativen sozialen Folgen von Betriebsschließungen – vor allem Alkoholismus und Zerrüttung der Familien – zu vermeiden.

John Leo hat als erster vor einem Mißverständnis gewarnt, mit dem wir von Anfang an zu kämpfen hatten:

Der Mißbrauch der Gemeinschaftsmoral zur Verschleierung von Vorurteilen und zur Diskriminierung von Minoritäten hat eine so lange Tradition, daß der Kommunitarismus auf Skepsis stoßen dürfte. Aber er ist kein Majoritarismus, er stellt nicht die Gruppe über das Individuum. Er fordert soziale Verantwortung und Gesetze, die auf Verbundenheit basieren. Der New Yorker Bürgermeister David Dinkins bezeichnet seine Stadt mit ihren vielen ethnischen und rassischen Gruppen gern als »großartiges Mosaik«. Ein schönes Bild – aber ein Mosaik braucht, wie der Finanzier Felix Rohatyn richtig erwiderte, irgendeinen Kleber, der die Teile zusammenhält.[30]

Nach *News & World* kam *Chronicle of Higher Education*, ein auf dem Campus viel gelesenes Blatt.[31] Dann schaltete sich *Time* mit einem ganzseitigen Artikel ein.[32] Andere folgten. Binnen weniger Monaten waren wir überall ein Begriff, nicht weil wir klüger oder besser gewesen wären als andere, sondern weil die Zeit reif war für das kommunitaristische Denken.

Eine Flut ermutigender Briefe von führenden Persönlichkeiten aus diversen Gemeinschaften, von Kollegen, Pfarrern, Rabbinern und Mitbürgern traf ein. Sie machten uns Vorschläge und boten sogar ihre tätige Mitarbeit an. Die größte Überraschung: Zwei Stiftungen (die sonst lange und intensiv umworben sein wollen, bevor sie einen Scheck ausschreiben) fragten telephonisch an, ob wir ihren Beitrag zu unserer Sache akzeptieren würden. (Was wir gern taten.)

Am 18. November 1991 unternahmen wir den nächsten Schritt und präsentierten auf einem Teach-in im Stil der 60er Jahre ein Kommunitaristisches Programm, das unseren Ansatz zusammenfaßte und unsere Grundpositionen auflistete (am Ende dieses Buches nachzulesen). Es wurde von siebzig führenden Persönlichkeiten aus den verschiedensten Bereiche unterschrieben, was seine öffentliche Akeptanz erhöhte. Als aktive Bürger teilten wir dieses Programm mit Mandatsträgern und Amtsbewerbern sowie jenen, denen sie verantwortlich sind: unseren Mitbürgern. Daß wir nicht nur in der breiten Öffentlichkeit, sondern auch bei unseren gewählten Vertretern auf Interesse stießen, zeigte die Anwesenheit von vier Senatoren – zwei Demokraten (Al Gore und Daniel Patrick Moynihan), zwei Republikaner (Dave Durenberger und Alan Simpson). Danach sicherten uns Senator Bill Bradley aus New Jersey und Wohnungsbauminister Jack Kemp brieflich ihre Unterstützung zu.

Dieses Interesse ist sehr erfreulich, aber die Zukunft der kommunitaristischen Ideen und Ideale liegt sicher nicht in Washington, sondern bei unseren Mitbürgern, bei Ihnen. Was Amerika vor allem braucht, ist eine Änderung unserer Denkweise und unserer Werthierarchie, *ein Sinneswandel.* Natürlich lassen sich manche aktuellen Fragen durch eine neue Politik angehen und lösen, aber das Vordringlichste ist eine neue Philosophie, ein neues Denken, ein neues Wertebewußtsein und neue Werte, auf die wir uns einigen können. Von diesem Rahmen, diesen Werten, diesem kommunitaristischen Ansatz handelt mein Buch.

Werden Sie Kommunitarier: Werden Sie Teil unserer Bewegung

Ich bin mir ziemlich sicher, daß uns der Erfolg nicht zu Kopf gestiegen ist. Wir haben in diesen drei Jahren zwar schon viel erreicht, wissen aber sehr gut, daß noch viel mehr zu tun ist. Es gibt viele Probleme, die einer Lösung harren. Das ist keine Aufgabe für Denker und Ethiker, obwohl auch sie hier gefordert sind. Wir brauchen eine große Diskussion über neue, erneuerte Zielvorstellungen, an der alle teilnehmen. Wenn sie geklärt sind, müssen wir sie vertreten, in den Gemeinden, im ganzen Land und in Washington. *Ideen setzen sich nicht von alleine durch.* Wenn wir in einer besseren Welt leben wollen, müssen Sie und ich die kommunitaristischen Ideen und Ideale im Gespräch mit Nachbarn, bei Bürgerversammlungen, in politischen Debatten, bei Rundfunkdiskussionen und anderswo vertreten und sie vor allem im eigenen Leben umsetzen. Es geht darum, was wir für unsere Kinder tun, was wir von den Lehrern verlangen sollten (auch wenn unsere eigenen schon lange aus der Schule sind oder wir gar keine haben), was wir vernünftiger- und fairerweise von unseren Nachbarn erwarten können – und was sie von uns.

Wenn Sie dieses Buch gelesen haben, lassen Sie es bitte nicht dabei bewenden. Versuchen Sie zu reagieren. Wir Kommunitarier würden uns freuen, von Ihnen zu hören, und hoffen, daß Sie anderen vom Kommunitarismus erzählen, daß Sie einige der hier diskutierten kommunitaristischen Ideen und Ideale mit anderen diskutieren, weiterentwickeln und die Initiative ergreifen und kommunitaristische Gruppen organisieren. Wenn wir diesem Land eine neue und bessere Moral geben wollen, brauchen wir Gruppen von Menschen, die die Familien ermutigen und auch die Schulen und Nachbarschaften – unsere Gemeinschaften auf lokaler und nationaler Ebene – als die Hauptmedien moralischer Erneuerung.

Wenn Sozialwissenschaftler untersuchen, wie eine so komplexe und freie Gesellschaft wie die unsere geändert werden könnte, kommen sie oft zu dem Schluß, daß staatliche Eingriffe bei den meisten moralischen und vielen sozialen Fragen zu schwerfällig und teuer sowie ineffektiv sind. Wenn sie nach den sozialen Kräften suchen, die unsere Werte und unser gesellschaftliches Leben tief geprägt und umgeformt *haben*, kommen sie stets zu diesem Ergebnis: *die sozialen Bewegungen.* Etwa die ökologische Bewegung. Ob sie Ihnen nun zu weit oder nicht weit genug ging, sie hat jedenfalls unseren Lebensstil und die Art, wie wir mit unserer Umwelt umgehen, dauerhauft verändert. Ähnliches gilt für die Bürgerrechtsbewegung der 60er Jahre, die den schwarzen Amerikanern die Ausübung ihres Wahlrechts und den Minoritäten den Zugang zu Wahlämtern überall im Land ermöglichte, selbst in den Südstaaten. In den 80ern trugen Neokonservative sehr dazu bei, daß wir die Neigung der Liberalen in Frage stellten, unsere Probleme durch Bundeseingriffe zu lösen. *Was Amerika heute braucht,* ist eine große soziale Bewegung mit dem Ziel, die soziale Verantwortung und öffentliche und private Moral zu stärken und das Gemeinwohl zu fördern. Wir brauchen Sie, Ihre Freunde und Nachbarn und alle, die wir erreichen können, um gemeinsam eine kommunitaristische Bewegung zu formen.

Natürlich haben Sie das Recht zu wissen, worauf Sie sich da einlassen. Dieses Buch ist meine Antwort auf Ihre Fragen. Es legt den kommunitaristischen Ansatz und unser Programm dar und besteht aus drei Teilen. Im ersten diskutieren wir, wie wir unsere moralische Stimme neu erheben können – wir müssen sie in den erneuerten Familien bilden, in den Schulen kultivieren und in den Gemeinschaften stärken. Die Gemeinschaften selbst sind erheblich zu stärken, damit sie die soziale Basis eines Lebens sein können, das sich unserer aller Werte bewußter ist. Im zweiten Teil prüfen wir, wie man die moralische und zivile Ordnung vor denen schützt, die immer neue Rechte produzieren, aber kaum Pflichten übernehmen wollen. Eine spezifische Frage wird sein: Wo ist heute die Trennlinie zwischen Nehmen und Geben zu ziehen? (»Frag, was du für dein Land tun kannst!«) Im dritten Teil werfen wir dann einen kritischen Blick auf unser politisches System. Wir fragen, wie es geschehen konnte, daß ein Großteil unserer nationalen und lokalen Regierungssysteme den Interessengruppen anheimfiel, und was wir tun müssen, um dem öffentlichen Wohl – dem der Gemeinschaft insgesamt – wieder Vorrang zu verschaffen.

[Den Begriff *Gemeinschaft* erläutert A. Etzioni zu Beginn des 4. Kapitels, in den Abschnitten »Verlust der traditionellen Gemeinschaft« und »Die neue Gemeinschaft«.]

TEIL I

Die Moral stärken

Kapitel 1

Die Stimme der Moral

Zur moralischen Lage der Nation

In den 50er Jahren besaßen wir ein System klar umrissener Werte, die zu den meisten Amerikanern zumeist mit fester Stimme sprachen. Sie waren oft diskriminierend gegen Frauen (denen die Mitgliedschaft in vielen Clubs, die Kreditaufnahme in eigenem Namen und der berufliche Aufstieg verwehrt waren) sowie gegenüber Minderheiten, seien es Schwarze, Juden oder andere. Sie waren auch, milde gesagt, etwas autoritär. Wenn der Doktor eine Operation für notwendig hielt, kam niemand auf den Gedanken, noch einen anderen Arzt zu Rate zu ziehen. Was ein Pfarrer, Gewerkschaftsboß oder Vater sprach, das galt. Ja, derlei Autoritätspersonen erwarteten oft, daß man ihnen blind gehorchte. (Als ich Anfang der 60er bei einer Vorstandssitzung der Metallarbeitergewerkschaft im Greenbier-Hotel in White Sulphur Springs, West Virginia, ein Referat hielt, gab kein Vorstandsmitglied auch nur einen Piep von sich, bevor der mächtige Vorsitzende I. W. Abel gesprochen und damit der Diskussion die Richtung vorgegeben hatte.)

In den 60er Jahren hat man diese Werte von Grund auf in Frage gestellt – und zwar völlig zu Recht. Dieser Wertesturz ist aber *nicht* für die moralische Krise verantwortlich, die heute im privaten wie im öffentlichen Bereich herrscht. Das Problem ist, daß wir versäumten, die hinfälligen traditionellen Werte durch neue zu ersetzen; wir haben zwar die alten Institutionen geschleift, aber das Vakuum, das sie hinterließen, oft nicht wieder gefüllt. Das ist der Grund der verbreiteten moralischen Verwirrung und sozialen Anarchie. Wir können häufig Recht nicht mehr von Unrecht unterscheiden – oder nicht für das eintreten, woran wir wirklich glauben. So sind zwar die alten Autoritäten entthront worden, aber die neue »partizipative Demokratie«, die sie ersetzen sollte, ist weitgehend ein vages Schlagwort geblieben. Vor allem wird unsere Jugend nun ständig mit Sexual- und Gewaltdarstellungen und Werbebotschaften bombardiert und hört nur wenige glaubwürdige Stimmen einer moralischen Neuorientierung.

In den 80ern hat man dann versucht, den Bock zum Gärtner zu machen, indem man den ungezügelten Egoismus und die Geldgier in den Rang sozialer Tugenden erhob. Es zeigte sich, daß die *Wirtschaft* tatsächlich (zumindest eine Zeitlang) blühen kann, wenn jeder nur auf seinen Vorteil aus ist (ganz so erwiesen, wie viele Ökonomen behaupten, ist das aber keineswegs, und es entspricht sicherlich nicht den Vorstellungen des klassischen Nationalökonomen Adam Smith). Es zeigte sich aber auch, daß die *Gesellschaft* nicht recht funktionieren kann, wenn derlei ichbezogene, egozentrische Einstellungen die Oberhand haben. Sie braucht eine Vielzahl von Geboten und Verboten, ein System moralischer Werte, das einen veranlaßt, das Rechte zu tun, und ermutigt, das Unrechte zu lassen.[1]

Ich stelle meinen Studenten oftmals die Frage, ob sie in finanziellen Notlagen – wenn sie, auf gut deutsch, dringend Geld bräuchten – den Verkauf einer Niere erwägen würden. Sie sehen mich dann immer an, als ob ich alter Mann völlig den Verstand verloren hätte, und dann bin ich richtig stolz auf sie. Solche Reaktionen hätten wir auch in anderen Gebieten nötig. *Wir brauchen wieder eine Gesellschaft, in der bestimmte Verhaltensweisen indiskutabel sind,* also zu den Dingen zählen, die kein anständiger Mensch tut oder nur in Erwägung zieht: etwa seine Kinder im Stich zu lassen, Versicherungsbetrug zu begehen, bei Prüfungen zu täuschen, die Sparkonten anderer Leute zu plündern oder Untergebene sexuell zu belästigen. Wir brauchen auch wieder eine Situation, in der viele positive Verhaltensregeln – also Gebote – gültig sind und ohne Wenn und Aber akzeptiert werden. Wenn ein krankes Kind in der Nacht weint, dann schaut der Vater oder die Mutter nach ihm. Man braucht keinen Pfarrer zu befragen oder bei Immanuel Kant nachzuschlagen, um herauszufinden, welche Pflichten man in einer so eindeutigen, elementaren Lage hat. Das ist es, was Tocqueville und der kommunitaristische Soziologe Robert Bellah mit dem Begriff »Herzensgewohnheiten« meinen: Werte, denen wir einfach anhängen, weil sie moralisch zwingend sind.[2]

Wir Kommunitarier wollen nicht zu den traditionellen Werten der 50er zurück. Wir plädieren nicht, um ein Beispiel zu nehmen, für eine Wiederauflage der Familie alten Stils (mit dem Vater im Betrieb und der Mutter in der Küche), sondern für die partnerschaftliche kommunitäre Familie – in der sich beide Elternteile wirklich und gründlich um ihre Kinder und deren Erziehung kümmern. Wir Kommunitarier wollen auch nicht zu autoritären Führungsprinzipien zurück, sondern ein Klima schaffen, in dem wir gemeinsam Positionen finden können, die dann zu gelten haben.

Wir brauchen ein System sozialer Tugenden, einige grundlegende und feststehende Werte, die wir als Gemeinschaft billigen und durchsetzen. Will Amerika in dieser Welt wachsender Konkurrenz seinen Vorsprung halten, dürfen wir nicht betrunken oder *high* zur Arbeit erscheinen, müssen wir während der Arbeitszeit von Drogen oder Alkohol die Finger lassen und für eine anständige Bezahlung anständige Arbeit leisten. Wir müssen klarstellen, daß diskriminierende Äußerungen oder gar Gewalt gegenüber Angehörigen anderer ethnischer Gruppen oder Rassen nicht toleriert werden. Und wir müssen – trotz unterschiedlicher Meinungen über das insgesamt nötige Maß an Umweltschutz (etwa über die Rechte des Fleckenkauzes) allen unsere Mißbilligung zeigen, die ihr Altöl in die Kanalisation leeren, ihren Müll partout nicht sortieren oder ihren Wagen waschen und ihren Rasen sprengen, obwohl die städtischen Wasservorräte gegen null gehen. Zugleich werden wir über andere, heute fragwürdig gewordene Werte weiterdiskutieren und auch die herrschende Meinung zu ändern suchen, ja rebellieren, wenn wir meinen, durch irgendwelche moralischen Forderungen oder durch den Chor unserer Mitbürger bei diesem Unterfangen zu weit getrieben zu werden.

Die 80er waren ein Jahrzehnt, in dem man das Wort »Ich« groß schrieb und die Verherrlichung des Ego zur Tugend machte. (Das war jedoch kein einmaliger Vorgang, denn diese Tendenz wurzelt tief in der amerikanischen Tradition.) Nun ist es Zeit, das Pendel in die entgegengesetzte Richtung ausschlagen zu lassen. Die Zeit ist reif für einen Neubeginn, eine gesellschaftliche Erneuerung, bei der wir den Akzent wieder auf das »Wir« legen, auf unsere gemeinsamen Werte, auf den Gemeinschaftsgeist.

Das ist ein spezifisch amerikanisches Anliegen. Die Chinesen, Osteuropäer und Japaner könnten gut daran tun, jetzt genau das Umgekehrte zu tun: ihrer Selbstdarstellung mehr Raum zu geben, übermäßige staatliche Kontrollen abzubauen und ihren strengen Moralkodex zurückzudrängen, der ihre Kreativität unterdrückt und ihre individuellen Rechte einschränkt. Aber das ist nicht unser Problem in dieser Phase der amerikanischen Geschichte. Sich bei uns über ein Zuviel an »Wir«-Orientierung zu sorgen, ist als ob man im tiefsten Winter vorschlüge, die Heizung ja nicht anzustellen, weil es einem zu heiß werden könnte. Auf die Art kann man erfrieren. Unserer Gesellschaft mangelt es deutlich an »Wir«-Bezug und an Werten, die nur Gemeinschaften aufrechterhalten können; was wir gegenwärtig brauchen, ist die Reaktivierung der *Communities* und ihrer moralischen Stimme.

Wenn wir Kommunitarier sagen, das Pendel sei viel zu weit in Richtung extremer Individualismus ausgeschlagen und es sei Zeit für eine Umkehr, dann geht es uns *nicht* darum, zum anderen Extrem zu wechseln und eine Gemeinschaft anzustreben, die der Individualität den Garaus macht. Wir wollen eine gute Mischung von Eigennutz, Selbstdarstellung und Gemeinsinn – von Rechten *und* Pflichten, von Ich und Wir. Das soziologische Plädoyer für eine Bewegung vom »Ich« zum »Wir« ist also nur die Kurzformel der These, daß zu dem etablierten Engagement für die Belange und Interessen des Individuums ein gerüttelt Maß an Gemeinsinn *hinzukommen* muß. Wenn wir die ichbezogenen Kräfte mit einem guten Quantum neu gewonnener »Wir«-Orientierung austarieren, dann wird unsere Gesellschaft näher an ein Gleichgewicht herankommen und weder die eine noch die andere schädliche Schlagseite haben und einen stabilen Kurs steuern können.[3]

Erwachen in den 90er Jahren

Zu Beginn der 90er wuchs die Erkenntnis, daß die letzten Jahrzehnte einen großen Begriffswirrwar und nur wenige fest etablierte moralische Vorstellungen hinterlassen hatten. Die Sexualmoral einer Gesellschaft spricht of Bände über die Art und Weise, wie sie ganz allgemein moralische und soziale Dinge angeht. Heutzutage wissen viele Eltern nicht so recht, was sie ihren Kindern in sexuellen Fragen denn sagen sollen. Seit wir nämlich die Vorstellung *ad acta* gelegt haben, »man solle damit bis zur Ehe warten«, reden wir ganz diffus davon, daß man nur in einer »festen Beziehung« miteinander schlafen sollte. Viele geben ihren Sprößlingen nur einige vage Ratschläge auf den Weg – »nie beim ersten Mal« und »wenn, dann mit Verhütungsmitteln« und dergleichen. Es sollte denn auch niemanden überraschen, daß heute fast einer von sieben jungen Amerikanern schon mit dreizehn Jahren seine Jungfräulichkeit verliert.[4] Millionen von Teenagern sehen ihren Lebenssinn darin, Kinder großzuziehen, und haben doch kein echtes Verhältnis zu ihrem Nachwuchs. Die Ehe ist für viele eine *Wegwerfbeziehung* geworden. Sie wird zu oft wie ein Mietvertrag eingegangen – mit dem Vorbehalt, daß man sie ja beenden und sich nach einem neuen Objekt umsehen könne, wenn die beteiligten Parteien nicht damit zufrieden sind. Wir wissen nicht mehr so recht, ob und wann wir heiraten sollen oder ob wir eheliche Treue erwarten dürfen. Und wenn wir Kinder in die Welt setzen, ist uns unklar, was wir ihnen schulden.

Auch die moralische Lage in anderen Bereichen gibt Anlaß zur Sorge. Fast die Hälfte der befragten Amerikaner räumt ein, am Arbeitsplatz häufig krank zu spielen und blau zu machen; ein Sechstel gibt zu, in der Arbeitszeit Drogen zu nehmen oder dem Alkohol zuzusprechen. Sechs von zehn Befragten (59 Prozent) berichten, daß sie schon gegen andere gewalttätig wurden – und weniger als die Hälfte (45 Prozent) bedauert das. 25 Prozent der Amerikaner sagen, sie würden ihre Familie des Geldes wegen im Stich lassen, und 7 Prozent bekennen freimütig, daß sie bei entsprechender Bezahlung auch einen Menschen töten würden.[5] Das moralische Erbe der 80er Jahre ist die Ausbreitung des Kosten-Nutzen-Denkens in Gebiete hinein, wo es nichts zu suchen hat; es hat Güter wie Leben, Solidarität und Integrität abgewertet, die derlei oberflächlichen Quantifizierungen nicht unterworfen werden dürften.

Im öffentlichen Leben jagt ein Skandal den anderen, weil die Bedingungen des moralischen Vertrages mit unseren gewählten Vertretern nebulös sind. Erwarten wir von Prominenten, daß sie dem Rest der Gesellschaft als Rollenmodelle dienen? Noch immer kreiden wir es einigen an, daß sie einen Seitensprung machten oder einen Joint rauchten (oder es leugneten), wie Gouverneur Bill Clinton, Senator Gary Hart und Douglas H. Ginsburg, der für das Oberste Gericht der Vereinigten Staaten kandidierte. Und das, nachdem wir zwanghafte Schürzenjäger und Ehebrecher wie Senator Edward Kennedy jahrzehntelang toleriert haben. Wir haben uns über Volksvertreter beklagt, die Schecks fälschten oder sich von Lobbyisten teure Vergnügungsreisen bezahlen oder fette Honorare überweisen ließen, haben aber eben diese Leute Jahr für Jahr wiedergewählt. Neuderdings haben wir sie durch Personen ersetzt, die ihnen oft verblüffend ähnlich sind.

Parallel dazu ist das Vertrauen in das politische System des Landes drastisch gesunken. Laut einer Umfrage hielt 1991 fast die Hälfte der Amerikaner (46 Prozent) »Unehrlichkeit« für ein gängiges Politiker-Merkmal – ein scharfer Anstieg gegenüber den knapp 30 Prozent Ende der 50er. Zudem meinten 54 Prozent, im letzten Jahrzehnt hätten Ethik und Ehrlichkeit abgenommen, und 59 Prozent glaubten nicht, daß die »Amtsträger sich viel aus dem machen, was Leute wie ich denken« – doppelt so viele wie in den späten 50ern.[6]

Auf den Finanzmärkten herrscht große Unsicherheit darüber, ob die heiß diskutierten Insidergeschäfte unethisch seien. Aber es gibt andere dubiose Praktiken zuhauf, von monopolistischen Preismanipulationen bis zur Provisionsschneiderei. James B. Stewart, ein Chefredakteur des wohl kaum als Brutstätte linker Radikalinskis verdächtigen *Wall Street Journal*, gab seinem Buch über diese Märkte den vielsagenden Titel *Die Räuberhöhle*. (Wenn Sie sich ausführlicher informieren wollen, lesen Sie *Die Geldkultur* von Michael Lewis oder mal eine Woche lang das *Wall Street Journal*.[7])

Zu viele Unternehmer akzeptieren ihre Führungsverantwortung nicht mehr, die zumindest besagt, daß bei ihrem Ausscheiden ihre Gemeinschaft nicht schlechter dastehen darf als bei ihrem Antritt. Sie sehen es nicht mehr als ihre Aufgabe, über ihren und den Unternehmenserfolg hinauszudenken oder als Treuhänder eines gesellschaftlichen Unterfangens zu dienen. Durch Spekulation, Vetternwirtschaft, Bestechung und die Plünderung der Tresore sind viele Bausparkassen, Banken, Versicherungen und Pensionsfonds an den Rand der Zahlungsunfähigkeit gebracht worden, wurde das Vertrauen der Öffentlichkeit erschüttert und damit unsere Wirtschaftskraft beeinträchtigt. Die Deregulation hat den Luftverkehr unsicherer und monopolistisch gemacht. Pharma-Unternehmen haben Medikamente und Mittel wie Silikon-Brustimplantate, künstliche Herzklappen und Herzschrittmacher weiter vermarktet, obwohl sie längst um deren Gefährlichkeit wußten. Diese Liste ließe sich beliebig fortführen.

Nun sagen manche, es gebe bei uns keine umfassende moralische Erosion, nur eine erhöhte Sensibilität für ethische Mißstände. Zum Beleg verweisen sie zum Beispiel darauf, daß Minderheiten und Frauen heute weniger diskriminiert werden als noch vor dreißig Jahren oder gar in den alten Zeiten. Anstelle von gezielter Diskriminierung und Stimmrechtsentzug, ja von politischem Lynchmord, gebe es nun selbst in den Südstaaten Hunderte schwarzer Wahlbeamter und Sheriffs. Amerikas Männer lernten nun, daß Vergewaltigung kein unbewußter Frauenwunsch, sondern ein Gewaltverbrechen ist, und begriffen zunehmend, was sexuelle Belästigung bedeutet.[8]

Andere verweisen darauf, daß es in anderen Nationen, und nicht nur in der Dritten Welt, weit schlechter bestellt sei. Na gut. Wir sollten anerkennen, daß wir Fortschritte gemacht haben und unsere Normen in vielen Bereichen höher liegen als in Ländern wie Italien und Frankreich (etwa in puncto Steuermoral) oder Japan (was die unverhüllte Korruption und Vetternwirtschaft betrifft). Das ändert nichts daran, daß unsere moralischen Fundamente im privaten wie im öffentlichen Bereich – ob bei Familien- oder Geschäftsbeziehungen, Wahlämtern oder Freiwilligenverbänden – so brüchig geworden sind, daß wir sie dringend erneuern müssen. Daß andere in einigen Gebieten unethischer sind, kann nicht darüber hinwegtäuschen, daß unsere Moral in zentralen Gebieten zerfressen ist.

Natürlich hat es schon immer Eltern, vor allem Väter, gegeben, die ihre Kinder im Stich ließen. Aber seit den 60er Jahren beobachten wir einen Massenexodus beider Elternteile aus der häuslichen Verantwortung in die Berufstätigkeit. Wie soll die junge Generation den Unterschied zwischen Recht und Unrecht begreifen lernen, wenn sie zu Hause allein gelassen wird und die Eltern ihre Karriere aufbauen und keine Zeit für die Erziehung ihrer Kinder haben? Natürlich haben die Kaufleute schon immer ihre Kunden übers Ohr gehauen und haben Händler mit falschen Gewichten gewogen, seit es Märkte gibt. Aber keine Wirtschaft kann blühen, wenn die Gier so überhand nimmt, daß sich nur noch wenige zu langfristigen Investitionen motiviert fühlen und mit finanziellen Manipulationen sehr viel mehr zu verdienen ist als mit konstruktiven Projekten.

Natürlich hat es seit damals, als sich unsere Verfassungsväter in Philadelphia trafen, immer einige Politiker, Parlamentarier und Beamte gegeben, die einen Seitensprung machten, und viele, die mehr der Flasche zusprachen, als einem Menschen guttut. Aber es ist eine Tatsache, daß viele heutige Mandatsträger in ihrem persönlichen Verhalten alles andere als ein Vorbild sind und daß bestimmte Interessengruppen viele Parlamentarier so fest in der Tasche haben, daß dies jeden tief beunruhigen muß, dem die Integrität und das Wohlergehen der amerikanischen Demokratie am Herzen liegen.

Um es allgemeiner ausdrücken: *Eine Gesellschaft kann nur dann gut funktionieren, wenn sich die meisten ihrer Mitglieder die meiste Zeit »benehmen«, weil sie freiwillig ihren moralischen und gesellschaftlichen Pflichten nachkommen.* Es wird nie genug Polizisten, FBI-Beamte, Steuer- und Zollfahnder, Inspektoren und Rechnungsprüfer geben, um die Milliarden von Transaktionen zu kontrollieren, die tagtäglich durchgeführt werden. Und wer würde die Kontrolleure kontrollieren? Selbst wenn die eine Hälfte der Gesellschaft die andere überwachte – wer würde dieses immense Wächterheer überwachen, um sicherzustellen, daß es selbst dem Gesetz gehorcht? Nein, die moralische Integrität einer Gesellschaft ist nur dadurch zu sichern, daß die meisten Leute ihre Pflichten die meiste Zeit freiwillig erfüllen. Die Polizeigewalt des Staates kann immer nur das letzte Mittel sein, um die kleine Gruppe von Soziopathen und hartgesottenen Aufsässigen zu kontrollieren, jene also, die keine Moral oder zu wenig Hemmungen haben.

Leider merkt man schon bei einem flüchtigen Blick auf unsere Welt, daß illegale und unmoralische Verhaltensweisen, die vom Drogenmißbrauch bis zum organisierten Verbrechen reichen, den wichtigen Damm freiwilliger Selbstbeherrschung durchbrochen haben. Große Teile der Bevölkerung tun nicht von sich aus, was sie tun sollten. Wir müssen also unsere moralischen Fundamente verstärken, damit Wirtschaft, Staat und Gesellschaft wieder richtig funktionieren können.

Moral als Angelegenheit der Gemeinschaft

Gewissen ist nicht genug

Wie läßt sich die Moral stärken? Wie können wir Millionen von Individuen dazu ermutigen, ihr Gefühl für Recht und Unrecht zu schärfen? Als erstes sollten wir uns daran erinnern, daß die Moral nicht auf eigenen Füßen stehen kann. Sicher, die oberste Instanz, die über das sittliche Verhalten des Menschen wacht, ist das Gewissen. Aber es ist weder angeboren noch – bei den meisten – selbstverstärkend. Die ersten moralischen Standards erhalten wir in der Gemeinschaft, in die wir geboren werden. Mit dem Reiferwerden formen wir uns aus den sozialen Werten, die uns vermittelt wurden, unsere individuellen Versionen. Das sind meist nur Variationen nach Themen, die die Gemeinschaft entwickelt hat. Daß viele

Amerikaner sozial sensibler und aktiver sind als Angehörige anderer Nationen, liegt nicht an ihren Genen oder an ihrer Natur, sondern daran, daß soziales Interesse und Engagement zu den Kernelementen der moralischen Tradition ihres Landes gehören. Wenn wir im traditionellen Korea lebten, würden wir unsere Energie vielleicht darauf verwenden, uns gegenüber unseren vielen Verwandten richtig zu verhalten. Anders gesagt, die wichtigsten Quellen unserer Wertvorstellungen sind die Gemeinschaften, in die wir hineingeboren werden, die uns erziehen (oder versäumen, es zu tun) und deren respektierte Mitglieder wir als Erwachsene sein wollen.

Entscheidend ist hier die soziologische Tatsache, daß wir in unseren moralischen Neigungen durch die Gemeinschaft bestärkt werden und durch sie wiederum unsere Mitmenschen bestärken. So ist einer des anderen Hüter. John Gardner, der Gründer von *Common Cause*, schreibt dazu:

Familien und Gemeinschaften sind die grundlegenden Instanzen, die Werte und ethische Systeme schaffen und bewahren. Ohne eine angemessene Basis von gemeinsamen Werten kann keine Gesellschaft vital bleiben oder auch nur überleben... Sie werden vor allem in der Familie, den Schulen, der Kirche und anderen Intimgruppen erzeugt, in denen sich die Menschen von Angesicht zu Angesicht begegnen.[9]

Bei dem Begriff »Gemeinschaft« stellt man sich erst einmal einen sozialen Raum vor, in dem die Menschen sich kennen und sich um einander kümmern – die Art von Beziehung, bei der man nicht nur der Form halber »Wie geht's?« fragt, sondern sich wirklich für die Antwort interessiert. Diese Wir-heit (die Zyniker als »warmes, diffuses« Gemeinschaftsgefühl verspottet haben) ist eines ihrer Wesensmerkmale. Unser Interesse gilt aber einem anderen, für die anstehende Frage entscheidenden Kennzeichen: Gemeinschaften *sprechen mit moralischen Stimmen zu uns. Sie appellieren an ihre Mitglieder, stellen Forderungen an sie.* Sie sind, neben dem innersten Ich, die wichtigste beständige Quelle moralischer Orientierung.

Als Kommunitarier, der die Wiederbelebung der Gemeinschaft zu seiner zentralen Aufgabe macht, wird man oft gefragt, welche man denn meine. Die örtliche? Die nationale? Die soziologisch korrekte Antwort lautet, daß man sich Gemeinschaften am besten wie Schachteln eines Sets denkt: Die begrenzteren (Familien, Nachbarschaften) sind in umfassendere (Dörfer oder Städte) eingebettet, die von größeren umschlossen sind, den nationalen und internationalen Gemeinschaften (wie der Europäischen Union). Dieses Konzept bietet auch Raum für nichtgeographische Gemeinschaften, wie die von Arbeits- oder Berufskollegen, die sich mit jenen überschneiden. Wenn sie intakt sind, zählen sie alle für uns, stellen sie alle moralische Ansprüche an uns, indem sie an unsere Wertvorstellungen appellieren und sie verstärken.

Aber dann wird man gefragt, ob das Individuum aufgrund seiner Zugehörigkeit zu vielen Gemeinschaften (Wohn- und Arbeitsort, ethnische und berufliche Vereinigungen etc.) nicht willkürlich entscheiden könne, welcher moralischen Stimme es folgen wolle. Benutzen die Leute nicht die Werte der einen, um sich der Verpflichtungen zu entledigen, die andere ihnen auferlegen wollen – um dann tun zu können, was ihnen gefällt? Natürlich kann man diese verschiedenen Zugehörigkeiten bis zu einem gewissen Punkt gegeneinander ausspielen, zum Beispiel mehr Zeit mit Arbeitskollegen verbringen, wenn die Nachbarn einem zu anstrengend werden. Aber Gesellschaften, in denen die verschiedenen *Communities* in grundlegenden Fragen konträre Ansprüche stellen, leiden unter einem moralischen Chaos; ihre moralischen Stimmen tragen nicht. Wir müssen uns – auf allen Ebenen, der lokalen wie der nationalen – auf bestimmte Grundwerte einigen.

Die moralische Stimme der Gemeinschaft

Was kann sie bewirken, wenn sie sich gut artikuliert und deutlich vernehmbar macht?

Ich habe ein Jahr lang auf dem Campus der Stanford University gewohnt. Nicht weit von meinem Haus war eine Kreuzung mit Stoppschild, über die sich allmorgendlich ein dichter Verkehr wälzte. Wobei die Autofahrer aber meist brav warteten, bis sie an der Reihe waren: wie es sich gehört. Es gab nur wenige, die sich nicht daran hielten, und diese Verkehrssünder waren oft aus anderen Bundesstaaten, wie die Nummernschilder zeigten. Der Hauptgrund der Disziplin: Fast jeder in der Gemeinschaft wußte, wer hinter dem Steuer saß. Wäre jemand durchgerauscht, hätte er oder sie damit rechnen können, im Fakultätsclub, im Supermarkt oder im Kino aufgezogen zu werden (mit Bemerkungen wie »Sie müssen es heute morgen aber furchtbar eilig gehabt haben!«). So eine Hänselei genügt meist, um das angemessene Verhaltensmuster zu bestärken, das die Gemeinschaftsmitglieder früh erlernen – hier: die Beachtung der Verkehrsregeln.

Als ich dann in einem Vorort von Washington, D. C., wohnte, mähte ich anfangs meinen Rasen nicht sehr häufig. Ein Nachbar fragte mich höflich, ob er mir »einen guten Gärtner empfehlen« solle. Ein anderer betonte, wenn wir nicht alle für ein gutes Niveau in unserem Viertel sorgten, sähe es hier bald übel aus und würden die Häuser an Wert verlieren. Kurz darauf zog ich in ein Haus der Innenstadt, wo man die Bewohner per Rundbrief daran erinnerte, daß sie ihren Müll zu sortieren hätten. Man appellierte mit Argumenten wie »Das hilft der Umwelt« an uns und ernannte einen Flursprecher, der den Vollzug »überwachen« solle. Ich habe nie erfahren, was der Sprecher wirklich tat; aber allein dessen Ernennung und die Ermahnungen scheinen genügt zu haben, um die meisten zu guten Müllsortierern zu machen.

Man könnte einwenden, daß ich in einer Mittelschichtengegend wohnte. Es ist aber erwiesen, daß auch viele Arbeiter- und Einwanderer-Gemeinschaften – soweit sie intakt sind – ihre Werte aufrechterhalten.[10] Ethnischen Gruppen wandeln sie oft noch ab und bekräftigen sie. So mögen sich zwar kubanische, irische, asiatische oder schwarze Viertel in ihren speziellen Vorstellungen unterscheiden, aber alle halten an Werten fest. Sie betreffen so unterschiedliche Fragen wie den richtigen Ablauf einer Totenwache oder Konfirmation, den Hilfsanspruch eines Neueinwanderers oder die Bereitschaft der Ladenbesitzer, illegale Ausländer zu beschäftigen. Die sozialen Fundamente der Moral gehen vor allem dann verloren, wenn keine lebendige Gemeinschaft existiert, wenn die Leute in anonymen Hochhäusern leben oder ständig von einem Ort zum anderen ziehen und dabei einen Großteil ihrer Bindungen einbüßen.

Meine bisherigen Beispiele zu tragenden moralischen Stimmen betrafen Vorgänge von begrenzter Bedeutung, wie Rasenmähen und Müllsortieren. So fielen auch die Gemeinschafts-Reaktionen auf jene, die gegen gemeinsame Werte verstoßen hatten, recht milde aus. Wenn die Leute gravierenderes Fehlverhalten an den Tag legen, werden die Sanktionen drastischer, vor allem wenn die Gemeinschaft genau weiß, was Recht und was Unrecht ist. Wenn jemandes Sprößling ohne Rücksicht auf Verluste die Straße entlangbraust oder Passanten mit Bierflaschen bewirft, wird der Tadel entsprechend schärfer. Dann sagen die Leute zu den Eltern: »Wir sind alle in großer Sorge wegen dem, was neulich in Ihrer Abwesenheit passierte« oder: »Im Interesse unserer gemeinsamen Sicherheit müssen wir [Sie!] einen Weg finden, um zu gewährleisten, daß sich so etwas nicht wiederholt«. Der Basketballstar David Robinson hat einmal einem Fernsehreporter erklärt, daß er das freundliche Getue satt habe und jedem »mit angezogenen Beinen ins Gesicht springe«, der Recht nicht von Unrecht unterscheiden könne. Amerikaner, die im Geist von Dale Carnegie erzogen wurden und ängstlich darauf bedacht sind, nie jemanden zu kränken, finden das womöglich etwas moralisierend. Nun, nach meinem Eindruck geht es für uns jetzt weniger darum, »Freunde und Einfluß zu gewinnen«, als vielmehr darum, *den moralischen Stimmen wieder Klang und Gehör zu verschaffen.*[11]

Wichtig ist vor allem: Die moralische Stimme tadelt nicht nur; sie lobt auch. Wir würdigen, preisen und feiern all jene, die ihrer Gemeinschaft dienen, sei es als Freiwillige Feuerwehr, Hilfspolizei oder was auch immer. Nachbarn erzählen sich immer wieder von neuem, wie schön das doch war, als dieser oder jene eine Gruppe organisierte, die sich um die Alleebäume kümmert, oder die Iranflüchtlinge willkommen hieß oder anderes vollbrachte. Eben diese positiven, bestärkenden, ermutigenden und so wirksamen moralischen Stimmen müßten sich in vielen Bereichen unseres Lebens wieder deutlicher und überzeugender erheben.

Die Angst, moralische Ansprüche zu stellen

Ich verspüre bei meinen Zuhörern oft ein gewisses Unbehagen, wenn ich über die Notwendigkeit spreche, die moralische Stimme der Gemeinschaften zu kräftigen. Die Amerikaner sagen ihren Mitmenschen nicht gern, was sie tun sollen. Dieser typischen Furcht der Liberalen, ethische Ansprüche zu formulieren und zu vertreten, also die moralische Stimme der Gemeinschaft zu artikulieren, begegnete ich erstmals bei meiner Lehrtätigkeit an der Harvard University, und zwar bei einem Fakultätsseminar zur moralischen Lage der Nation. Die erste Sitzung diente der Themenfestlegung. Ich schlug vor, über die moralischen Folgen des Niedergangs der amerikanischen Familie zu diskutieren. Niemand widersprach, aber es griff auch keiner die Idee auf; sie wurde höflich, aber rundweg ignoriert. Ich fragte später dann zwei Teilnehmer, weshalb meinem Vorschlag so ein stilles Begräbnis zuteil geworden sei. Sie sagten mir, daß er ihnen (und vermutlich auch anderen) unbehaglich gewesen sei. »Wenn eine Gruppe profilierter Harvard-Ethiker in dieser Sache eine gemeinsame Position verträte, könnte das auf viele Menschen erheblichen Druck ausüben und womöglich sogar dazu genutzt werden, die [Scheidungs-]Gesetze zu ändern.«[12]

Der Soziologe M. P. Baumgartner stellte in den 80ern fest, daß die Bewohner des von ihm untersuchten amerikanischen Vororts kleine Normverletzungen lieber ignorierten als sanktionierten. Bei etwas schwerwiegenderen Verstößen neigten sie dazu, den Normbrecher stillschweigend zu ächten. Wenn sie aber einmal einen Sünder zur Rede stellten – der etwa hinter seinem Haus Hühnerfedern verbrannt und die ganze Nachbarschaft verpestet hatte, frühmorgens seinen Rasen gemäht hatte oder den Hund die Nacht über vor der Tür hatte bellen lassen –, dann baten sie ihn, derlei doch bitte *ihnen zuliebe* zu unterlassen, statt sein Verhalten als *ungehörig* zu etikettieren.[13]

Diese Scheu, moralische Ansprüche anzumelden, behindert die alltägliche soziale Etablierung der Moral. Sie bremst aber auch die Entwicklung ethischen Verhaltens in eher dramatischen Fragen.

Bei einer Konferenz über Knochenmark-Transplantationen nannte ein Psychiater es unangemessen, die Geschwister von Patienten um Knochenmarkspenden zu bitten. Für den Spender seien mit dem Eingriff zwar keine besonderen Risiken verbunden, er könnte sich aber, so das Argument, im Falle einer Weigerung schuldig fühlen, besonders dann, wenn sein Bruder oder seine Schwester in der Folge sterbe.[14] Ein Kommunitarier würde hingegen sagen, daß man die Geschwister ganz offen darum bitten soll. Wer sich weigert, *sollte* sich auch schuldig fühlen.

Bei meinen Diskussionen über die Bedeutung moralischer Stimmen bekennen die Leute ihre Furcht, »selbstgerecht« zu erscheinen, wenn sie ethische Forderungen vertreten. Wenn sie darunter jene Zeitgenossen verstehen, die meinen, sie seien ohne Fehl und Tadel und könnten anderen vorschreiben, was gut (und was böse) sei, die frömmelnd oder pompös moralische Ansprüche erheben – dann kritisieren sie damit natürlich zu Recht die Tonlage bestimmter moralischer Stimmen. Aber das ist eine sekundäre Frage von Ausdrucksformen.

Wir sollten auch sagen, daß es unserer Gesellschaft derzeit besser bekäme, wenn sich einige ihrer Mitglieder manchmal auf die Seite der Selbstgerechtigkeit verirrten (wo sie unfehlbar zur Ordnung gerufen werden), als wenn sich das Gros weiter durch die Furcht, als prüde oder als »Gedankenpolizisten« zu gelten, lähmen ließe. Ich persönlich bedaure, daß ich manchmal aus Angst, Japanerfeind genannt zu werden, Japans üble Tricks gegenüber uns nicht deutlich kritisiert habe; ich hätte kein Hehl aus meiner Ansicht machen dürfen. Ich weiß auch, daß viele meiner alleinerziehenden Bekannten die Stirn runzeln, wenn ich die Zwei-Eltern-Familie rühme. Ich will ja niemanden schmähen, aber ihr Unbehagen sollte weder mich noch jemand anderen hindern, aus unserer Sicht wahre Beobachtungen zu schildern und daraus geeignete moralische Schlüsse zu ziehen. *Wenn wir in unserem moralischen Verhalten ein höheres Niveau erreichen wollen, müssen wir auch bereit sein, unseren moralischen Empfindungen Ausdruck zu geben,* unsere moralische Stimme ein oder zwei Dezibel lauter erklingen zu lassen. In der herrschenden Stille wirkt das womöglich wie ein Schrei; dabei melden wir uns nur deutlich zu Wort.

Wenn immer mehr bereit sind, für unsere Kinder, Alten und Nachbarn, für unsere Umwelt und unsere Gemeinschaften mehr Verantwortung zu übernehmen, werden die moralischen Werte mehr Rückhalt finden. Es mag ja stimmen, daß die Märkte am besten funktionieren, wenn alle Beteiligten ihren persönlichen Nutzen zu maximieren suchen (bewiesen ist die These noch nicht). Aber im Bereich des moralischen Verhaltens und der Gemeinschaften gilt sie sicher nicht. Da braucht es Menschen, die sich für einander, für ihre gemeinsamen Lebensräume und Bedürfnisse und ihre gemeinsame Zukunft einsetzen. Hier ist Geben eindeutig besser als Nehmen; und der beste Weg, beim Bau einer Welt zu helfen, in der die Leute für einander sorgen, ist noch immer – für jemanden zu sorgen. Um sicherzustellen, daß sich die Menschen um ihre gemeinsamen Belange kümmern, gibt es nichts Besseres, als sich selbst um einige davon zu kümmern.

Wer die moralische Stimme der Gemeinschaft und ihre stärkende Kraft abwertet, stellt den sozialen Klebstoff in Frage, der unsere Wertordnung erhält. Es ist unrealistisch, nur auf die innere Stimme der Individuen zu bauen und zu hoffen, daß sie stets von sich aus recht tun. Ein so radikaler Indvidualismus vernachlässigt die sozialen Bindungen und die wichtige Rolle der Gemeinschaften bei der Festigung ethischer Bindungen. Die Gegner des starken Staates müssen erkennen, daß Gemeinschaften Mittel und Wege brauchen, um ihre Belange deutlich zu machen. Er sollte ihre sanften, informellen und – im heutigen Amerika – gemeinhin toleranten Stimmen begrüßen, vor allem auch, weil die typischen Alternativen dazu staatlicher Zwang oder soziale und moralische Anarchie sind.

Sicher waren früher manchmal schrille Gemeinschafts-Stimmen zu hören, die die Unterdrückung rechtfertigten. Man denke nur an den Alptraum des McCarthyismus, den die USA vor gut vierzig Jahren durchmachten. Auch die Erinnerung an den historischen Ku-Klux-Klan (der heutige ist weitgehend ein desolater

Haufen) sollte vor derlei Exzessen warnen. Ein Kollege fragt: »Was, wenn die Gemeinschaft mit einmal AIDS-kranke Kinder vom Besuch öffentlicher Schulen ausschließen oder verhindern will, daß eine farbige Familie in der Nachbarschaft ein Haus kauft?« (Man könnte ergänzen: Was, wenn sie Bücher verbrennt?) Meine Antwort lautet, daß keine Gemeinschaft gegen übergeordnete Werte verstoßen darf, Werte, die wir auf gesellschaftlicher, ja menschheitlicher Ebene alle teilen sollten und die uns Verhaltensregeln etwa der folgenden Art geben: »Was du nicht willst, daß man dir tu, das füg auch keinem andern zu«.

Zudem sollten wir vor egoistischen Gemeinschaften auf der Hut sein, so wie wir uns auch vor selbstsüchtigen Individuen hüten müssen. (Wie man das macht, diskutiere ich später.) Aber wir verzichten ja auch nicht einfach deshalb auf Autos, weil es verantwortungslose Fahrer gibt. Das gilt erst recht für diese moralischen Stimmen. Daß sie sich nur mit Mäßigung erheben und nicht gegen höhere Werte verstoßen dürfen, darf nicht darüber hinwegtäuschen, daß es ohne sie keine zivile und anständige Gesellschaft geben kann. Das zeigt dieses Gedankenexperiment: Fragen Sie sich, welche Alternative es zum System moralischer Stimmen gibt. Es gibt nur zwei: den Polizeistaat, der die öffentliche Ordnung mit brutaler Gewalt aufrechtzuhalten versucht, und das moralische Vakuum, in dem alles erlaubt ist.

Bedenken Sie auch unsere historische Situation. Sie ist durch eine Vielzahl moralischer Defizite gekennzeichnet, denen nur verschwindend wenige moralistische Exzesse gegenüberstehen. Tatsache ist, daß viele tausend Gemeinden alle nur möglichen Bücher in ihren Bibliotheken stehen haben, aber pro Jahr kaum eine Handvoll von ihnen versucht, den einen oder anderen Titel aus ihren Regalen zu verbannen – und daran meist von Bürgern gehindert wird, die sich für die Freiheitsrechte engagieren. Wahr ist leider auch, daß es immer wieder – vor allem in manchen Städten – zu schlimmen und tief beunruhigenden Ausbrüchen von Rassenhaß und anderen Formen der Borniertheit (etwa »Schwulenklatschen«) kommt. Es gibt aber auch Hunderte von Orten, wo Menschen verschiedener Herkunft, Orientierung und Überzeugung friedlich miteinander leben und arbeiten. Kurz gesagt, der exzessive Moralismus ist nicht unser eigentliches Problem.

Es gibt wohl keinen Grund, die ständige Gefahr des Zuviel oder Zuwenig an gesellschaftlichem Druck zu leugnen. Aber wie beim Fahrradfahren, so müssen wir uns auch hier »dagegenlehnen«, wenn uns der Lauf der Sozialgeschichte aus der Kurve zu tragen droht. Nun weist alles darauf hin, daß wir uns in den letzten Jahrzehnten zu weit in eine Richtung gelehnt haben, die jedem das zu tun erlaubte, was er wollte, und seine Privatinteressen zu verfolgen – und uns zu wenig um unsere gesellschaftlichen Pflichten und unsere moralische Verantwortung gekümmert haben.

Was heißt hier »Zwang«?

Viele Radikalindividualisten *verwechseln das Recht auf Schutz vor Staatsübergriffen mit dem »Recht«, vor der moralischen Kontrolle durch die Mitmenschen und Gemeinschaften geschützt zu werden,* und brandmarken jede Art von gesellschaftlicher Ermutigung oder sozialem Druck gleich als »Zwang«. Jonathan Rauch diskutiert in seinem Buch zu diesem Thema den Aufruhr, den eine Campus-Zeitung an der juristischen Fakultät der Universität Georgetown mit ihrer Behauptung auslöste, man nehme dort Schwarze auf, die weit weniger qualifiziert seien als Weiße. Dieser Protest wurde zutreffend als Pression auf die Fakultät interpretiert, alle Bewerber gleich zu behandeln. Ob man diese Position nun teilt oder nicht – es ist nur eine Meinung. Die Andersdenkenden waren aber schnell bereit, sie als »Gewalt« zu verteufeln. Ein Student erklärte, »der Artikel ist eine Nötigung. Er hat Menschen in ihren Rechten verletzt.«[15] Der Duke-Professor Stanley Fish kommentierte bei anderer Gelegenheit: »[Präsident Bush] spricht von Einschränkung der Meinungsfreiheit auf dem Campus... Was er zu erwähnen vergißt: Die angegriffene Meinung ist selbst ein Angriff auf die Meinungsfreiheit.«[16]

Beeinflussung ist in meinen Augen nicht gleich Zwang, denn Zwang beinhaltet Gewaltanwendung (oder deren Androhung).

Moralischer Druck droht weder Haft noch Deportation an, weder körperliche Leiden nahestehender Personen noch Vernichtung von Eigentum. Folglich kann man auch, anders als bei Zwang, frei entscheiden, wie man darauf reagiert. Letztlich wird kaum jemand, der sich den moralischen Appellen der Gemeinschaft verschließt, von ihr zur Räson gebracht. Vielleicht lädt man ihn nicht mehr zum Kaffee ein und bittet ihn nicht mehr, bei Gemeindefeiern zu präsidieren, und womöglich plauscht keiner mehr mit ihm am Gartenzaun, beim Einkaufen oder in der Bar – aber dabei bleibt es im allgemeinen auch.

Diese Moraläußerungen als »Zwang« zu geißeln und in dieselbe Katgeorie einzuordnen wie beispielsweise die Deportation in ein Arbeitslager (»bis er spurt«) heißt das normale soziale Geben und Nehmen mit Taktiken eines Polizeistaats verwechseln. Sicher, manchmal schlägt die moralische Kontrolle in Gewalt um (das sind aber die Ausnahmen von der Regel); derlei müssen wir mit der Überzeugungskraft der moralischen Stimme wehren, ohne jedoch die unerläßlichen moralischen Appelle zu unterbinden.

Wir dürfen drastische Moraläußerungen unter keinen Umständen mit Gewaltanwendung verwechseln – weil wir nicht zulassen wollen, daß die ersteren in die zweite überschwappen. Diesen Irrtum begeht die französische Fernsehjournalistin Anne Sinclair, die (angesichts des Wirbels um die außerehelichen Affären mancher amerikanischer Politiker) die Frage stellt, ob »man in Amerika 1992 noch einer Frau den Hof machen [kann], ohne daß der moralische Terrorismus Triumphe feiert«. Die Frage, ob sich jemand durch sexuelles Abenteurertum für ein öffentliches Amt disqualifiziere oder nicht, ist völlig legitim und angemessen. In einer demokratischen Gesellschaft seine Wertvorstellungen mit Terror durchsetzen zu wollen, ist illegitim und widerlich.

Die Anliegen der Kommunitarier haben wenig mit Gesetzen und Verordnungen zu tun, die letzlich auf staatliche Gewalt bauen. Uns geht es um das aktive Mitwirken in Gemeinschaften. Ob es sich dabei um die freiwillige Ausbildung in kardiopulmonaler Reanimation oder um den Aufbau und die Beteiligung an einer Bürgerwache (*Neighborhood crime watch*) handelt – es dient alles der gegenseitigen Hilfe der Gemeinschaftsmitglieder. Früher trugen ethnische Vereinigungen einen großen Teil der mit der Integration von Neueinwanderern verbundenen Lasten, und sie tun das in gewissem Umfang noch heute. Diese höchst sozialen Aktivitäten nähren lebenswichtige Elemente der Gemeinschaften, indem sie deren Mitglieder am gemeinsamen Leben teilhaben lassen und ihnen erlauben, im Dienst am anderen und am Gemeinwohl Befriedigung zu finden und innerlich reicher zu werden.

Soll damit gesagt sein, daß jeder Akt moralischer Observanz ganz freiwillig erfolge? Die Antwort lautet ja, wenn wir mit »freiwillig« jene von den Gemeinschaftsstimmen bewirkten Handlungen meinen, die nicht durch Drohungen mit Gericht oder Gewehr erzwungen oder motiviert, nicht von Faustschlägen oder anderen Gewalttätigkeiten begleitet oder vom Staat verlangt werden. Wenn aber »freiwillig« heißt, daß die Menschen aus reiner Herzensgüte das Rechte tun, daß innerer Drang und Gewissenbisse die Triebfedern ihres Verhaltens sind, dann fällt das von den Moralstimmen der Gemeinschaft angestachelte Handeln nicht in diese Kategorie.

Nehmen wir die Wohltätigkeitsveranstaltung. Die dazu geladenen betuchten Leute wissen sehr gut, daß man sie um stattliche Spenden für, sagen wir, Suppenküchen und mobile Kliniken für Obdachlose angehen wird. Sie nehmen teil, weil sie es für ihre moralische Pflicht halten, ihr Scherflein beizutragen, weil sie die ihnen winkende Anerkennung schätzen, weil sie sich ein paar angenehme Stunden mit Freunden, neue Geschäftskontakte oder gar eine nette Bekanntschaft erhoffen. Im Lauf der Veranstaltung geraten sie unter einigen sozialen »Druck«, mehr zu spenden, als sie geplant hatten – vorausgesetzt, daß sie sich vorher ein klares Limit gesetzt hätten, was aber oft gar nicht zutrifft. Vielleicht aufgrund der festlichen Stimmung oder weil andere schon mehr gegeben haben und es für sie peinlich wäre, weniger großzügig zu sein – jedenfalls spenden sie schließlich mehr als beabsichtigt für eine Sache, der sie schon lange vor diesem Spendentreff verpflichtet waren. Es wäre töricht, hier von »erzwungenem« Verhalten zu sprechen. Wir sollten uns durch derlei sanften gesellschaftlichen Druck nicht beunruhigen lassen; er ist ein wesentlicher Teil des moralischen Lebens einer Gemeinschaft. Sorgen müssen wir uns erst, wenn er unmoralischen Zwecken dient (beispielsweise um Teenager zu sexuellen Handlungen zu nötigen) oder exzessive Formen annimmt (etwa Menschen aufgrund ihrer religiösen Überzeugungen zu exkommunizieren).

Um es so zu sagen: Soweit uns die Gemeinschaft verlorenging, müssen wir sie neu aufbauen, nicht nur, weil sie eine wichtige Quelle der Befriedigung unserer innersten Bedürfnisse ist, sondern auch, weil der von ihr ausgeübte soziale Druck das Lebenselixier unserer moralischen Werte darstellt.

»Die Puritaner kommen!«

Als wir Kommunitarier Anfang der 90er Jahre unsere Stimme erhoben und für eine moralische Erneuerung plädierten, waren wir über die vielen positiven Reaktionen hoch erfreut. Sobald sich aber abzeichnete, daß die Amerikaner wieder bereit waren, einander mit moralischen Ansprüchen zu konfrontieren und ihre ethischen Forderungen nachhaltiger anzumelden, malten Kritiker das Gespenst einer Moralpolizei an die Wand. Sie schmähten die junge Bewegung als Neopuritanismus und verdammten unsere eher sanften Ermahnungen als eine Einmischung von Eiferern und Wichtigtuern.

Im Sommer 1991 wetterte das Nachrichtenmagazin *Time* in einer Titelgeschichte gegen die verderblichen Umtriebe humorloser Aktivisten, »die ihren Zeitgenossen willkürliche (also ihre eigenen) Verhaltens-, Gesundheits- und Denknormen aufzwingen«.[17] Der Londoner *Economist* warnte vor dem gefährlichen Versuch, unsere sozialen Probleme per Gesetz aus der Welt schaffen zu wollen.[18] Beide etikettierten diese neue Welle amerikanischen Moralbewußtseins als eine Form von Puritanismus.[19] Lassen Sie mich zuerst einmal sagen, daß ich den Puritanismus als eine Gefahr für die kommunitaristische Bewegung betrachte. Er war in seiner schlimmsten Zeit eine rigide Sozialordnung, die durch

Angst, Anpassung und Antipluralismus gestützt wurde. Selbst in unseren Tagen können Gemeinschaften zu weit gehen und ihren moralischen Konsens zu starr und drückend gestalten, wie man am Beispiel Saudi-Arabiens unschwer erkennt, wo sich die Frauen ganz verschleiern müssen und ledige Frauen ohne Begleitung in der Öffentlichkeit nichts zu suchen haben. Im Iran patrouillierten noch bis vor kurzem spezielle behördliche *Komitehs* durch die Straßen, um sicherzustellen, daß auch nicht das kleinste Haar unter dem *Tschador* hervorlugte, geschweige denn sonst ein Teil der weiblichen Anatomie. Bei uns gab es derlei Exzesse einst in Salem, Massachusetts, wo der Puritanismus, wie Arthur Millers Theaterstück *Hexenjagd* zeigt, den Menschen das Leben zur Hölle machte.[20]

Die Kritiker verweisen zu Recht auf die Gefahr, daß eine kleine Schar amerikanischer Ayatollahs ihre ausgefallenen moralischen Vorstellungen mit Treueeiden, Verdammungsurteilen und Exkommunikationen dem Rest der Gemeinschaft aufzwingt. Es gab ja Versuche, die Evolutionslehre zurückzudrängen (mit der Forderung, die Schöpfungsgeschichte zum gleichberechtigten Unterrichtsstoff zu erheben), an den Staatsschulen bestimmte Gebete zur Pflicht zu machen und die Abtreibungskliniken zu schließen. Aber dank der desolaten Verfassung der religiösen Rechten – die Fernsehevangelisation wurde durch eine Reihe von Sittenskandalen erschüttert, die Moralische Mehrheit ist eine zunehmend bedeutungslose Minderheit – wird Amerika aus dieser Ecke heute sicher weniger zur Intoleranz gedrängt als früher. So haben sich die Gerichte geweigert, Museumsdirektoren wegen Ausstellungen von Bildern und Plastiken zu verurteilen, die Senator Jesse Helms (und viele andere Amerikaner) für obszön hielten. (Ich möchte ergänzen, daß mir die Frage legitim erscheint, ob man derlei mit Steuergeldern finanzieren soll. Es sollte aber nichts getan werden – und wird wohl auch kaum –, um die Entstehung und Präsentation von Werken zu verhindern, die viele Menschen mißbilligen.) Die Pressionen, »Gott in die Klassenzimmer zurückzubringen« (als ob Er dazu die Einladung staatlicher Behörden oder eines Schulausschusses bräuchte!), waren in früheren Jahrzehnten weit spürbarer als in den 90ern. Bei den Präsidentschaftswahlen 1992 haben auch keine Prediger-Politiker vom Schlage eines Pat Robertson kandidiert.

Bei meinen Diskussionen mit Radiohörern führt stets einer die Tatsache an, daß extremistische »Lebensschützer« bereits mit Bomben- und Brandanschlägen und anderer Gewalt versucht haben, ihre Forderung nach Schließung sämtlicher Abtreibungskliniken durchzusetzen. (Ähnliche Gewalttaten haben auch Extremisten unter den Tierschützern begangen.) Für mich ist das aber nicht typisch für die Art und Weise, wie die Amerikaner von heute mit moralischen oder politischen Fragen umgehen. Im Gegenteil, die Debatten über die meisten Themen – sei es das Recht auf medizinische Versorgung, die ethische Qualifikation unserer gewählten Vertreter, die Finanzhilfe für Israel oder Rußland – bleiben, was sie sein sollen: Debatten. Zudem spiegeln die letzthin erhobenen moralischen Stimmen – die Schwalben des kommunitaristischen Sommers – meist den Gemeinschaftskonsens und nicht die Ansichten versprengter Eiferer und Moralisten. Wir sind uns ja darüber einig, daß an staatlichen Schulen die Schöpfungslehre nicht unterrichtet und nicht pflichtgebetet werden soll, und über anderes mehr. Die neue Gemeinwohl-Kampagne »Man läßt einen Freund nicht betrunken ans Steuer« ist ein weiteres Beispiel dafür, ebenso wie die *Neighborhood crime watches,* die überall im Lande entstehen. Die Radikal-Individualisten warnen ständig vor der Gefahr, daß sich diese Gemeinschafts-Aktivisten zu Bürgerwehren mausern könnten, die Minderheiten aus ihren Vierteln vertreiben, aber Tatsache ist doch, daß es bei den Tausenden solcher Nachbarschaftsgruppen nur höchst selten zu derlei Fehlentwicklungen kommt. Der Abtreibungsstreit ist insofern untypisch, als sich hier die beiden Lager in einer kompromißlosen Konfrontation von Gut und Böse gegenüberstehen und das Recht nur auf ihrer eigenen und das Unrecht auf der anderen Seite wähnen.

Heutzutage überwiegen doch die sogenannten Gemeinschaften, die einen Großteil ihrer moralischen Grundsätze verloren haben, in denen praktisch alles erlaubt ist, wo sich die meisten

Leute fast nur um ihren eigenen Kram kümmern und kaum um das, was rings um sie vorgeht.

Gleichgültig, was die Radikal-Individualisten behaupten: Diese vereinzelten Vorfälle repräsentieren keine nationalen Trends. So sieht ein Schüler aus Pennsylvania in der Behauptung einer Professorin, im Seminarraum Goyas *Nackte Maja* aufzuhängen, sei sexuelle Nötigung: »... einen Puritanismus, [der] falsche und erbärmliche Vorstellungen schuf... Diese Prüderie hindert manche daran, ein großes (und altes) Kunstwerk wie die *Nackte Maja* zu akzeptieren«. Ein isolierter Vorfall wie dieser macht noch lange kein Kulturmuster aus.[21]

Zum Beleg dafür, daß wir zu *der* »repressiven Gesellschaft« geworden seien, führt der Londoner *Economist* an, daß die Amerikaner »eine Nachbarin tadeln, die ihrem Freund vor der Haustür einen Gutenachtkuß gibt – weil sie damit dem Ruf des ganzen Blocks schade (wie neulich in Kalifornien passiert)«.[22] Ich bin zwar überzeugt, daß in Kalifornien über kurz oder lang alles nur Erdenkliche geschehen wird – womöglich nicht nur einmal –, aber auf ein amerikanisches Muster weist dieser Fall nicht. Der Sturm der Empörung, den diese Nachbarschaftskritik auslöste, spricht sogar für das Gegenteil: Die Eiferer wurden vielfach verurteilt, und in Kalifornien und anderswo küßt man sich weiter ungeniert auf Haustreppen und an vielen anderen Plätzen.

Der *Economist* zitiert ein weiteres Beispiel für die wachsende amerikanische Verhärtung: »Wer den Job verliert, kann seinen Arbeitgeber wegen Kündigungs-Psychostreß auf Schmerzensgeld verklagen« (ohne Angaben zu Ort oder Zeit).[23] Es stimmt zwar, daß man praktisch wegen allem und jedem klagen kann, aber einen Prozeß gewinnen dürfte man mit solch einer Begründung wohl kaum.

Sicher, es gibt einige womöglich beunruhigendere Vorgänge. Um sie richtig zu bewerten, muß man drei häufig mit einander vermengte Bereiche auseinanderhalten: neue oder erneuerte Werte, die Gemeinschaftsmitglieder einander nahelegen; Werte, die Unternehmen ihren Beschäftigten verordnen; Wertvorstellungen, die durch Gesetze unterstützt werden.

Puritanismus in den Gemeinschaften

Manche Gemeinschaften üben starken Druck auf ihre Mitglieder aus, sich religiös zu engagieren. Sie stellen es in gewissem Maße frei, welcher Religion man angehört, zeigen sich über Atheisten oder Agnostiker jedoch beunruhigt oder gar entsetzt. (Auch sind Moslems oder Buddhisten meist weniger gern gesehen als Christen jeder Observanz.) Der örtliche moralische Druck kann auch die Durchsetzung anderer Werte zum Ziel haben – etwa bis zu einem bestimmten Alter zu heiraten – und all jene, die dagegen verstoßen, mit Inferioritätsgefühlen zu belasten. Aber wenn diese moralischen Präferenzen nicht mit Diskriminierungen oder Zwangsmaßnahmen gegen Abweichler einhergehen, kann man nicht von Puritanismus sprechen. Wer andere Wege gehen möchte, kann sich anderen Gemeinschaften anschließen oder selbst eine neue ins Leben rufen – oder sich damit abfinden, daß viele Leute in seiner Gemeinschaft den gesellschaftlichen Umgang mit ihnen meiden. Das mag etwas bedrohlich klingen, solange einem nicht aufgegangen ist, daß man die Gemeinschaft wechseln kann, ohne den Wohnort zu wechseln, indem man etwa in einen anderen Verein, eine andere Kirchengemeinde eintritt.

Die Stärkung der Gemeinschaft und ihrer moralischen Stimme ist die beste Möglichkeit, die Rolle des Staates – vor allem seine polizeiliche Kontrollfunktion – zu begrenzen. Wenn wir uns die meiste Zeit an die Tempolimits hielten – insbesondere in der Nähe von Schulen und Kinderspielplätzen –, bräuchten wir viel weniger Polizisten. Wenn die meisten von uns ehrlich ihre Steuern abführten, dann bräuchten wir weniger Steuerfahnder und Buchprüfer. Wenn die geschiedenen Väter von sich aus ihre Unterhaltszahlungen leisteten, müßte der Staat sie nicht an ihre Pflicht erinnern. Weil es aber stets Leute gibt, die gegen Recht und Gesetz verstoßen, wird der Staat wohl nie absterben können – es sei denn, die menschliche Natur würde sich von Grund auf ändern. Aber diese begrenzte Funktion des Staates – sich um eine Handvoll Missetäter zu kümmern – ist ja auch nicht das Problem. Was wir zu vermeiden haben, ist der Rückgriff auf den Staat als Garant der sozialen Ordnung. Sie wird viel humaner und kostengünstiger durch freiwillige Beachtung alle jener Werte bewahrt und gestärkt, die uns teuer sind und zu denen die Verkehrsdisziplin genauso gehört wie die adäquate Teilhabe an finanziellen Lasten der Gemeinschaften. Kurz gesagt: Je mehr Leute sich allgemein darüber einigen, was zu tun sei, und einander darin bestärken, diese Vereinbarungen einzuhalten, desto weniger kommt staatlicher Zwang ins Spiel und desto angenehmer ist die Gemeinschaft.

Puritanische Tendenzen in den Unternehmen

Die Kritiker der neuen Moralbewegung, jene, die das Gespenst eines »Neopuritanismus« an die Wand malen, zeigen anklagend auf Firmen, die ihre wirtschaftliche Macht nutzen, um ihre Mitarbeiter in ihrem Sinne zu erziehen. Die Unternehmen, sagen sie, verbieten ihren Beschäftigten Zigaretten und Drogen und verlangen, daß sie Abmagerungskuren machen oder Sport treiben und ähnliches mehr. Sie führen den Fall eines Wachmanns der *Los Angeles Times* ins Feld, der trotz seiner hervorragenden dienstlichen Leistungen entlassen wurde – weil er zu dick war.[24] Sie verweisen auf die Geschichte der Janice Bone aus Wabash, Indiana, der man bei Ford Meter Box gekündigt hat. Warum? Weil sie gegen das strikte und nicht nur am Arbeitsplatz geltende Rauchverbot des Unternehmens verstoßen hatte. Wie die Firma das feststellte? Janice mußte sich einem Urintest unterziehen, der Nikotin in ihrem Urin nachwies. Es gibt in der Tat viele solche Fälle.[25]

Manche dieser Maßnahmen mögen sinnvoll gewesen sein und frei von neopuritanistischem Beigeschmack. Etwa wenn der Wachmann, den sein Riesenbauch bei Verfolgungsjagden behinderte, zum Abmagern aufgefordert wurde.

Zudem kann sich ein Stellenbewerber, der explizit auf seine Pflicht hingewiesen wird, an einem Drogentest teilzunehmen, für oder gegen diesen Arbeitsplatz entscheiden. (Ökonomischer Zwang kommt nur ins Spiel, wenn es sonst keine offenen Stellen gibt, was aber nur für einen kleinen Teil des Arbeitsmarktes gilt.)

Sicher, diese Entscheidungsfreiheit legitimiert nicht alle Arbeitgeberforderungen. Es gibt bereits Gerichtsurteile, die den Unternehmen (und anderen Institutionen) die Durchsetzung verfassungswidriger Arbeitsbedingungen untersagen. So darf niemand wie ein Sklave verkauft werden; das wäre auch dann illegal und nicht durchsetzbar, wenn der Betroffene zustimmen würde. Sind die Bedingungen aber verfassungskonform, wird ihre Legitimität durch vorherige Offenlegung erhöht, etwa indem man den Bewerber informiert, daß seine Arbeitsleistung per Computer überwacht werden würde. Die Verfassung verbietet den Arbeitgebern mit keiner Silbe, von ihren Mitabeitern Drogen- und Alkoholabstinenz zu fordern. (Sie untersagt *willkürliche* Durchsuchung und Beschlagnahme. Drogentests wurden aber für verschiedene Berufskategorien schon wiederholt gerichtlich für zulässig und angemessen erklärt.)

Ein Großteil des fraglichen Verhaltens hat klare Konsequenzen für andere, was die Unternehmen legitimerweise berücksichtigen können. Das Rauchen schadet nicht nur dem Raucher, sondern auch seinen Kollegen; betrunkene Piloten gefährden nicht nur sich selbst, sondern auch das Leben der Fluggäste[26]; diese Liste ließe sich beliebig fortsetzen. Es sei darauf hingewiesen, daß wir von Verhalten sprechen, das die Arbeit oder öffentliche Interessen erheblich berühren kann. Wie sich das feststellen läßt und wo der Trennstrich zu »unerheblichem« Tun zu ziehen ist, werde ich in Teil II bei der Diskussion des Verhältnisses von Rechten und Pflichten ausführlich darlegen.

Viel schwieriger ist die Frage, ob die Firmen auch bestimmte Freizeitverhaltensweisen verbieten dürfen. Derlei Verbote sind im Prinzip nur bei erheblicher Gefährdung der Arbeitsleistung angebracht. Wir wissen aus Untersuchungen, daß Alkohol unsere Leistungsfähigkeit bis zu 24 Stunden lang mindert. Daher kann man von Piloten erwarten, daß sie in einem bestimmten Zeitraum vor Abeitsbeginn nicht trinken, selbst wenn das ein Eingriff in ihre privaten Trinksitten ist. Der Konsum von Drogen wie LSD und PCP, die zu Halluzinations- und Paranoiaschüben führen, sollte ganz untersagt werden, wenigstens bis wir mehr über ihre Wirkdauer wissen. Nach demselben Grundsatz sollte Privatverhalten, das die Leistung nicht nachgewiesenermaßen mindert, für die Unternehmen tabu sein.

Dann ist noch die Frage, ob ein Unternehmen Freizeitverhalten verbieten darf, das nur seine Krankheitskosten erhöhen könnte. So wenn eine kleine Grundstückserschließungs-Firma in Atlanta ihren Leuten »riskante Aktivitäten und Beschäftigungen« wie Fallschirmspringen, Motorradfahren und Bergsteigen untersagt. Best Lock Corporation in Indianapolis verbietet den Alkohol selbst nach der Arbeit. Die Stadt North Miami stellt keine Raucher ein, ebenso Turner Broadcasting. Der Einzelhändler Fortunoff's behält von Rauchern wöchentlich 12.50 Dollar mehr für die Krankenkasse ein.[27] Texas Instruments und U-Haul International kassieren von Rauchern erhöhte Monatsbeiträge für die Krankenversicherung.[28] Einige Bundesstaaten haben daher Gesetze verabschiedet, die die »Bestrafung« von Arbeitnehmern für Freizeit-Rauchen und andere legale Privataktivitäten untersagen.

Sollten die Firmen diese Verhaltensbereiche zu kontrollieren versuchen? Wohl nicht. Das ist vielleicht sogar der Ort, um die Unternehmensmoral in ihre Schranken zu weisen. Hier ist ein wichtiges Kriterium für Firmeneingriffe – der Schutz von Leib und Leben Dritter – offenbar nicht erfüllt, und wenn wir diesen Weg weitergehen, gibt es womöglich kein Halten mehr. Ein Großteil unseres Verhaltens wirkt sich irgendwie auf die Gesundheitskosten aus. Wenn wir diese Art von Paternalismus unterstützen, werden die Unternehmen demnächst verlangen, daß wir früh schlafen gehen, uns regelmäßig die Zähne putzen und mit Zahnseide reinigen, nur eine heterosexuelle und monogame Beziehung eingehen und zwecks Streßabbau häufig meditieren.

Kurz gesagt, wenn sich das Freizeitverhalten unmittelbar auf die Arbeit auswirkt, darf sich die Firma einmischen. Ansonsten sollte sie von den Privatangelegenheiten ihrer Mitarbeiter die Finger lassen. Das bedeutet nicht, daß nach der Arbeit alles erlaubt sei, sondern daß unser Privatleben nur die etwas angeht, die es mit uns teilen: Familienmitglieder, Nachbarn und die Gemeinschaft, in der es sich abspielt.

Autoritäre Gesetze?

Den Radikal-Individualisten bangt insbesondere vor Amerikas angeblicher Neigung, die neue Moral per Gesetz einzuführen. Sie sehen darin autoritäre Tendenzen. Staatliche Kontrolle, meint der *Economist*, sei nichts anderes als eine archaische Spielart osteuropäischer Sozialtechnologie.[29] Ira Glasser, Vorstandsmitglied der Amerikanischen Bürgerrechtsunion ACLU (American Civil Liberties Union), kommentierte in einem Brief an das *Wall Street Journal* einen meiner kommunitaristischen Artikel mit den folgenden Worten:

> Es entbehrt nicht der Ironie, daß Prof. Etzioni zu einer Zeit, da sich die alte amerikanische Idee von den Menschenrechten als höchstem Staatsziel weltweit – in der UdSSR und anderswo – durchsetzt, hier in unserem Lande die zutiefst gefährliche und obrigkeitliche Vorstellung wiederbeleben möchte, daß die Menschenrechte und das Gemeinwohl verschiedenen, ja konträren Bereichen angehörten. Wenn das Kommunitarismus ist, können wir gern darauf verzichten.[30]

Es liegen Welten zwischen uns und den früheren Ostblockstaaten mit ihrer kommunistischen Einparteienherrschaft. Hier werden die Gesetze nicht von einer tyrannischen Regierung erlassen, sondern entstehen auf demokratischem Wege. Sie sind in ihrer Reichweite begrenzt und weder allgegenwärtig noch totalitär. Ihr Vollzug unterliegt öffentlicher Kritik, demokratischer Akzeptanz und konstitutioneller Kontrolle; Geheimpolizei, Gulag und Folter sind bei uns unbekannt.

Zum anderen sind Gesetze in jeder Gesellschaft ein geeignetes Medium, um soziale und moralische Werte auszudrücken und zu verdeutlichen, welches Verhalten die Gemeinschaft schätzt und welches sie verabscheut – auch wenn ihnen nur selten mit Geld- und Gefängnisstrafen oder anderen Zwangsmitteln Geltung verschafft wird. Mary Ann Glendon führt in *Rights Talk* aus:

> Angesichts der Gesetzesflut in unserer Gesellschaft müssen sich Richter und Parlamentarier zumindest der pädagogischen Effekte ihrer Aktivitäten stärker bewußt werden. Gesetzgebung und Rechtsprechung sollten sich heute

mehr denn je fragen, wie man ihre Worte versteht – nicht nur in der Expertengemeinde, die auf die Unterscheidung zwischen Recht und Moral trainiert ist, sondern auch in der breiten Öffentlichkeit, für die sich diese Bereiche überlappen und durchdringen.[31]

Nehmen wir den Ehebruch: Wir mißbilligen ihn, so wie früher auch unsere Gesetze. Als wir aus den Scheidungsgesetzen den Ehebruch als »schuldhaftes Verhalten« tilgten, sahen viele darin nicht etwa eine technische Korrektur oder ein Mittel zur Senkung der Verfahrenskosten, sondern einen weiteren Hinweis auf die Gleichgültigkeit unserer Gemeinschaft gegenüber einer leichten Scheidung. Aus demselben Grund würden heute strengere Scheidungsgesetze signalisieren, daß wir der Familie wieder mehr Achtung verschaffen. Man muß also die *Aussagekraft* der Gesetze für die moralischen Anliegen der Gemeinschaft im Auge behalten, ihren Einfluß auf die allgemeinen Vorstellungen über angemessenes und unangemessenes Verhalten.[32]

Außerdem gehören Gesetze als Abschreckungsmittel zu jeder Moralordnung. Die Moral beruht auf der komplexen Interaktion dreier Faktoren: indviduelles Gewissen, moralische Stimme der Gemeinschaft und Staat. Sie stützen sich gegenseitig. Auch wenn man den Königsweg geht und das Gewissen der Individuen und die Stimme der Gemeinschaft aufbaut, muß letztere manchmal auf Gesetze zurückgreifen. Ohne Strafen für schwere Verstöße gegen gemeinsame Werte – Kindesmißhandlung, Umweltverseuchung, Verletzung der Unterhaltspflicht, Vermarktung gefährlicher Medikamente – kann keine moralische Ordnung bestehen. Wir müssen den Zwangsaspekt von Recht und Gesetz nicht lieben, aber seinen Wert als »letztes Mittel« sehen.

Stellvertretend für viele andere sei hier nur ein Beispiel genannt: Um die Verkehrssicherheit zu erhöhen, müssen wir die Zahl der betrunkenen Autofahrer verringern. Um die Trunkenheit am Steuer zu bekämpfen, müssen wir unter anderem dafür sorgen, daß mehr Leute das (in Skandinavien praktizierte) Modell des »ausgemachten Fahrers« übernehmen – also eine Person pro Wagen wählen, die bei einem Ausflug oder einer Party keinen Alkohol trinkt. Das läßt sich am besten als soziale und moralische

Erwartung einführen. Sollten bei einem Fest beide Ehepartner Alkohol konsumieren, wären sie gesellschaftlicher Kritik ausgesetzt (außer, sie gehören einer Fahrgemeinschaft mit »ausgemachtem Fahrer« an). Wer voller Stolz (als ob er sagen wollte: »Seht her, wie verantwortungsbewußt ich bin!«) auf seine Abstinenz (weil »ausgemachter Fahrer«) hinweist – dem würde soziale Anerkennung zuteil. Ich meine keine stehende Ovation, sondern die Art informeller Signale – wie ein Nicken oder ein lobendes Wort –, mit denen wir so vertraut sind, deren Bedeutung wir aber leicht unterschätzen.

Da es immer Leute gibt, die solche Signale ignorieren, müssen wir polizeiliche Alkoholkontrollen unterstützen (nicht etwa bekämpfen, wie die ACLU), damit den sozialen und moralischen Regeln Geltung verschafft werde. Letztlich wird eine neue Moral zur Trunkenheit am Steuer den Kontrollbedarf erheblich senken. Staatliche Eingriffe sollten sich darauf beschränken, neue oder erneuerte und vom Gemeinschaftskonsens getragene Werte zu stützen.

Ich bestreite nicht, daß Behörden manchmal zu weit gehen und das Gesetz autoritär oder gar brutal vertreten; wem fiele da nicht ein, wie Rodney King von Polizisten zusammengeschlagen wurde? Wir müssen wachsam sein, um uns vor solchen Exzessen zu schützen. Wir können jedoch die Gesetze selbst mit dem Hinweis auf gelegentlichen Mißbrauch ebensowenig ablehnen wie die staatlich subventionierte Schulspeisung mit dem Verweis auf irgendwelche Fälle von Zwangsernährung.

Rechtekonsens ohne Majorisierung

Manche Radikal-Individualisten fürchten, ein neuer Wertkonsens – und die Verpflichtung der Gemeinschaftsmitglieder darauf – führe zur »Diktatur der Mehrheit«. Für sie, vor allem für die ACLU, beschwört das Wort *Gemeinschaft* nicht nur das Gespenst der »Gedankenpolizei« oder der kleinen radikalen Minderheit, die der Gemeinschaft ihre Extremansichten aufzwingt, sondern das einer Mehrheit, die Minderheiten oder kritische Individuen zu ihrer Sicht der Dinge zwingt. Manche befürchten etwa, daß die Gemeinschaft aus den öffentlichen und Schulbiliotheken Bücher verbanne, die der Mehrheit mißfallen. Wohlgemerkt, sie meinen nicht die Gefahr, daß ein Provinzheini oder nationaler Tyrann die Macht an sich reißt, sondern daß normale Bürger ihre rechtmäßig gewählten Stadträte oder Schulausschüsse zu einer Politik drängen, die unsere Grundrechte verletzt.

Ein Anlaß für diesen Majorisierungsvorwurf an unsere Adresse war der Start unserer Zeitschrift *The Responsive Community: Rights and Responsibilities.* Damals erklärte Ira Glasser gegenüber *Business Week*: »... kommunitär ist gleichbedeutend mit majoritär. Die Tendenz geht dahin, die Grundrechte als Hemmnisse für die Lösung sozialer Probleme zu deuten«.[33]

Der den Radikal-Individualisten nahestehende Philosophie-Professor Tibor Machan von der Auburn-Universität schreibt:

> Die Kommunitarier möchten die Gemeinschaft und das Individuum mit dem Argument auf Kollisionskurs bringen, es bedürfe einer Art Balance zwischen den Rechten des Individuums und denen der Gemeinschaft. Da aber Gemeinschaft letztlich bloß die Vielzahl anderer ist, führt das geradewegs zur Herrschaft der Mehrheit. Bedenkt man zudem, daß diese vielen anderen es meist einer Handvoll von Leuten überlassen, in ihrem Namen zu sprechen, führt das dazu, daß einige wenige Gemeinschaftsvertreter uns übrigen vorschreiben, was wir zu tun haben und worin unsere »Pflichten« bestehen.[34]

Nun besitzt die amerikanische Gesellschaft sowohl Verfassungs- wie moralische Schutzvorrichtungen, die wir Kommunitarier sehr respektieren. Sie arbeiten wesentlich qua *Differenzierung*, also durch die Definition von Bereichen, in denen die Mehrheit etwas zu sagen oder aber nichts zu sagen hat. Wir haben keine erbsenzählerisch majoritäre, sondern eine konstitutionelle Demokratie. Das heißt, bestimmte, von den Wählern definierte Gebiete liegen außerhalb der Entscheidungsgewalt der Mehrheit.

Hier ist besonders die *Bill of Rights* zu nennen, unsere ersten zehn Verfassungszusätze. Dieser Grundrechtekatalog definiert Bereiche, die Mehrheitsentscheiden und üblicher demokratischer Gesetzgebung entzogen sind, wo Minoritäten- und Bürgerrechte den Vorrang haben. Der Erste Zusatz, der das Recht des Individuums schützt, seine Meinung auch dann frei zu äußern, wenn sie der Mehrheit mißfällt, ist ein hervorragendes Beispiel für den expliziten Schutz vor Mehrheitsherrschaft oder Konsenszwang. Es kommt nicht darauf an, wie viele mit Ihnen übereinstimmen, ob die meisten, ein paar oder keiner; *Sie* haben ein Grundrecht zu sagen, was Ihnen gefällt. Die Mehrheit kann Oppositionellen nicht das Wahlrecht entziehen; die kommunistische Partei war selbst in den Tagen nicht verboten, als sie am meisten gehaßt und gefürchtet wurde. Wir haben alle im Fall eines Prozesses Anspruch auf eine Jury von Gleichrangigen, ob wir der Mehrheit oder Minderheit angehören. Und so sollte es auch sein.[35]

Aber unsere Verfassung, unsere Rechtstraditionen und unsere Rechtsinstitutionen machen auch klar, daß andere Bereiche Mehrheitsentscheiden unterworfen sind. So müssen wir Steuern zahlen, ist Fahren ohne Führerschein sowie Kindesmißhandlung verboten. Die Vorstellung, es jedem selbst zu überlassen, ob er nun einen Führerschein macht oder nicht, wieviel Steuern er wohl bezahlt und dergleichen mehr, ist völlig realitätsfern und weder durch Moral noch Gesetz gestützt. (Manchmal sind auch qualifizierte Mehrheiten nötig – beispielsweise eine Zweidrittelmehrheit. Dabei dreht es sich um Dinge, die nicht völlig als Individual- und Minderheitenrechte ausgegrenzt sind, aber doch größeres Gewicht haben als die üblichen politischen Fragen – etwa, ein Präsidentenveto zu überstimmen oder die Verfassung zu ändern.)

Da steckt mehr dahinter, als man auf den ersten Blick meint. Die verfassungsmäßige Differenzierung zwischen den Bereichen Minoritäten- und Individualrechte sowie den Mehrheitsthemen ist nicht nur eine Sache gesetzlicher Bestimmungen. Sie basiert auch auf den Grundüberzeugungen vieler Amerikaner, wird also nicht nur von den ordentlichen Gerichten, sondern meist auch durch den Gemeinschaftskonsens gestützt. Als Anfang der 90er Jahre rund 130 Universitäten rassistische Äußerungen verbieten und so die Meinungsfreiheit einschränken wollten, bemühten nur wenige Opponenten die Gerichte.[36] Der Widerstand artikulierte sich vorwiegend publizistisch, mit den Stimmen von Leitartiklern und Autoren – wie Arthur M. Schlesinger jun. mit *Die Spaltung Amerikas* und Dinesh D'Souza mit *Intolerante Erziehung* –, Kolumnisten – von George Will bis zu Nat Hentoff – und vielen anderen, die zusammen das Gros der amerikanischen Meinungsführer bilden. Sie stellten eine moralische Forderung: Schützen wir die Freiheit, unsere Gedanken, Worte und Gefühle zu äußern, auch wenn sie die Empfindungen von Minderheiten und Frauen verletzen! Die Mehrheit hat nicht darüber zu befinden, was man sagen darf; jedes Individuum muß seine Ansicht äußern können.[37] Damit obsiegten sie im Gerichtshof der öffentlichen Meinung. Diese »*hate codes*« (Diskriminierungs-Kodizes) wurden nur von einer Minderheit der Universitäten eingeführt, an einigen wieder abgeschafft, und wo sie gültig sind, werden sie kaum durchgesetzt. (Im Sommer 1992 erklärte der Supreme Court, unser höchstes Gericht, viele von ihnen für ungültig.)

Zu einer ähnlichen Mobilisierung für die Meinungsfreiheit kam es anläßlich der Attacken gegen eine Kunstausstellung mit klar sadomasochistischen und homosexuellen Photographien von Robert Mapplethorpe. Eines der umstrittenen Bilder zeigte einen Mann, der einem anderen in den Mund urinierte; ein anderes den Anus eines Mannes, in dem diverse Objekte staken; ein drittes einen Penis mit darin eingeführtem Finger; und auf zweien waren Kinder mit entblößtem Geschlecht zu sehen. Heftiger Streit entbrannte auch um eine Ausstellung mit einer Photographie von Andres Serrano, die den Titel »Piss-Christus« trug und ein Kruzifix zeigte, das in einem Krug voll Serrano-Urin stand.

Für viele Amerikaner sind derlei Kunstwerke abscheulich. Aber der *moralische* Einsatz für die Meinungsfreiheit überwog. Das Recht, die Bilder auszustellen, wurde vor allem moralisch und nicht etwa juristisch verteidigt. Als Christina Orr-Cahall, Direktorin der Corcoran Gallery of Art in Washington, D.C., die Mapplethorpe-Ausstellung für ihr Haus absetzte, entfachte sie eine Debatte, die sie in Monatsfrist zum Rücktritt zwang.[38 39] Der Direktor des Museums für Moderne Kunst in Cincinnati und das Museum selbst wurden in einem Pornographieprozeß um diese Ausstellung freigesprochen. Kurz, der Gemeinschaftskonsens läuft dem Minderheitenschutz nicht unbedingt zuwider, er kann ihn notfalls sogar stärken.

Vergessen wir nicht, daß Minderheiten- und Individualrechte in der Gemeinschaft durch gesamtgesellschaftliche Werte geschützt werden. So möchten zwar manche Gemeinschaften den Verkauf von Häusern an Angehörige von Minoritäten verbieten oder würden gern Lesbierinnen und Schwule »klatschen«. Da kommen dann aber gesellschaftsweit akzeptierte Werte ins Spiel und führen den Mitgliedern dieser Gemeinschaften warnend vor Augen, daß sie mit ihren Neigungen gegen grundlegende Werte verstoßen, die wir als eine Gemeinschaft der Gemeinschaften vertreten, als Gesellschaft. Wenn diese moralischen Argumente nicht genügen, gibt es rechtliche Mittel gegen (Gemeinde-)Strategien, die übergeordnete und gesamtgesellschaftlich akzeptierte Werte verletzen. So zwang Ende der 80er Jahre ein Bundesgericht die Stadt Yonkers, New York, ihre rassistische Siedlungsplanung zu beenden, die vom Rat der Stadt – und wohl auch von den meisten Einwohnern – getragen wurde.

Fazit

Wir haben gesehen, daß die amerikanische Gesellschaft zwar in einer besseren moralischen Verfassung ist als viele andere und noch in vielen Bereichen hohen Ansprüchen genügt, aber dennoch in allzu vielen Feldern unter moralischer Konfusion oder Leere leidet. Da keine Gesellschaft ohne eine Moralordnung gedeihen kann (vor allem wenn man den starken Staat vermeiden will), müssen die noch intakten oder rekonstruierten Gemeinschaften ihre moralische Stimme von neuem erheben. Sie ist, neben dem Gewissen ihrer Mitglieder, ihr wichtigstes Mittel zum Erhalt der Moralordung. Wir sehen zwar auch die Gefahr, daß derlei Stimmen gelegentlich zu schrill ertönen könnten, meinen aber, daß sie derzeit bestenfalls flüstern. Zudem haben zu viele Angst, anderen gegenüber moralische Ansprüche zu erheben, weil man sie ja für selbstgerecht halten könnte. Genausowenig wie wir aufs Schwimmen verzichten, weil manche Leute ertrinken, sollten wir aus Angst vor Übertreibungen moralisch verstummen. Es sind im wesentlichen zwei Faktoren, die unsere moralischen Stimmen bändigen: die *Bill of Rights* und unsere gemeinsamen, umfassenden Werte, die keine Mehrheit oder Gemeinschaft übergehen kann.

Nun wenden wir uns der Frage zu, wie man die Moralordnung der Gemeinschaften erneuert: Worin besteht, um einen Vergleich zur Wirtschaft zu ziehen, die »Infrastruktur« der Moral? Worin bestehen die Fundamente der Moral? Und wie können sie gefestigt werden?

Kapitel 2

Die kommunitäre Familie

Kind und Gemeinschaft[1]

Ein Kind zeugen ist ein kommunitärer Akt. Damit geht man nicht nur gegenüber dem Kind Pflichten ein, sondern auch gegenüber der Gemeinschaft.

Wir alle leiden unter den Folgen falscher Erziehung, seien sie schlechten wirtschaftlichen Verhältnissen oder egoistischen Eltern zuzuschreiben. Die jugendlichen Straftäter oder Junkies brechen nicht nur ihren Eltern das Herz. Sie überfallen alte Leute, Läden und Tankstellen und berauben brave Schulkinder auf dem Heimweg. Als Erwachsene sind sie berufsuntauglich oder Schlimmeres; sie liegen dem Steuerzahler auf der Tasche und strapazieren seine Geduld. Gut erzogene Kinder aber sind eine Freude für ihre Familie; sie sind (seltsam, daß man derlei betonen muß) die Basis stolzer, erfolgreicher Gemeinschaften und haben eine vielversprechende Zukunft vor sich. *Die Eltern sind daher gegenüber der Gemeinschaft moralisch verpflichtet, ihre Kinder nach besten Kräften zu erziehen, und die Gemeinschaften haben die Pflicht – ihnen dabei zu helfen.*

»Nun«, mögen sie sagen, »die Millers haben ja alles versucht, was in ihren Kräften stand, und zwei ihrer Kinder sind auch prima geraten, aber das jüngste ist ein wahres Ungeheuer. Irgendwo sind auch Eltern machtlos.« Das ist sicher richtig. Die Erfüllung elterlicher Pflichten ist keine Erfolgsgarantie; es wird von ihnen auch nur verlangt, daß sie ihr Bestes tun. (Auf die Rolle des Staates und der Unternehmen komme ich später noch.)

Ein Wort über gute Erziehung: Das heißt für mich nicht nur, die Kinder füttern, ihnen das Hinterteil säubern und dafür sorgen, daß sie sich nicht auf der Straße herumtreiben. Diese elterliche Sorge versteht sich von selbst und ist in unseren Gesetzen ausreichend definiert. Der Psychologie-Professor Urie Bronfenbrenner schreibt: »Elementare medizinische Versorgung und richtige Ernährung sind wesentlich, aber für sich allein nicht ausreichend für eine normale physische und psychische Entwicklung... Daneben sind auch bestimmte andere Bedingungen zu erfüllen.«[2]

Unsere Kultur umgibt die Neugeborenen mit einer rosa Aura. Aber die »süßen Babies« sind Tiere mit minimalen menschlichen Zügen; sich selbst überlassen, würden sie auf allen vieren kriechen und bellen. Wir wissen aus Studien, daß Kinder, die monströserweise völlig isoliert, ohne menschliche Wärme und Zärtlichkeit, in Dachkammern versteckt aufwachsen, selbst die elementarsten Merkmale des Menschen nicht entwickeln können, vom aufrechten Gang bis zur Gabe der Rede. Wenn Kinder nur versorgt, aber moralisch nachlässig erzogen werden, dann reift zwar ihr Körper, nicht aber ihre Seele. Wenn die moralischen Repräsentanten der Gesellschaft das angeborene Vakuum der Kinder nicht füllen, übernehmen Fernsehen und Straße das. Die Resultate dieser »Erziehung« sind uns nur allzu vertraut, und wir beklagen sie oft. Nun möchte ich eine ihrer tieferen Wurzeln untersuchen: die fehlende häusliche Erziehung. Damit Erziehung zu Hause beginnen kann, muß es ein Zuhause geben.

Elterndefizit

Wenn ich dieses Thema in der Öffentlichkeit oder mit Freunden diskutiere, bekomme ich meist den Vorwurf zu hören: »Ja, ja, immer alles auf die Frauen abladen!« oder »Die Frau soll also daheim bleiben und für die Kinder sorgen! Frauen habe genau wie Männer das Recht, arbeiten zu gehen!« Nach meiner Ansicht ist das *nicht* das Thema; es geht um das mangelnde Engagement beider Elternteile: der Väter wie der Mütter.

Betrachten wir die Kindererziehung für einen Moment als eine »Industrie«. Mit dem Niedergang der Landwirtschaft mußten die meisten Väter eine Arbeit außer Haus suchen. In den letzten 20 Jahren haben Millionen amerikanischer Mütter ihre Tätigkeit in der »Erziehungswirtschaft« drastisch eingeschränkt, indem sie arbeiten gingen. 1991 waren zwei Drittel (66,7 Prozent) aller Mütter mit Kindern unter achtzehn Jahren berufstätig und über die Hälfte (55,4 Prozent) der Frauen mit Kindern unter drei Jahren. Zugleich rückte aber nur eine weit kleinere Zahl von Erzieherinnen in diese »Industrie« nach.[3]

Wenn eine andere Branche, sagen wir die Schuhproduktion, mehr als die Hälfte ihrer Leute verloren und nur wenig Ersatz, und dazu weniger qualfizierten, gefunden hätte und wir verlangten, daß sie dieselbe Zahl von Schuhen und in derselben Qualität herstellte (im Prinzip ohne jeden technischen Fortschritt), würde man uns für verrückt halten. Genau das aber geschah bei der Kindererziehung. Zuerst gingen die Männer, dann die Frauen arbeiten. Die wenigen zusätzlichen Betreuer, Kindermädchen und Babysitter und die manchmal einspringenden Großeltern konnten nicht verhindern, daß dieser Bereich in einen beklagenswerten Zustand geriet. Die Millionen von Schlüsselkindern, die über lange Zeiträume sich selbst überlassen bleiben, sind nur das sichtbarste Resultat dieses elterlichen Defizits.

Ist das die »Schuld« der Frauenbewegung, des Feminismus oder der Frauen an sich? Offenbar nicht. Die Frauen haben nur das für sich gefordert, was den Männern schon seit langem zustand: arbeiten zu gehen, und das nicht nur aus persönlichen Gründen, etwa zur Selbstverwirklichung, sondern aus – jedenfalls in ihren Augen – wirtschaftlicher Notwendigkeit. Was immer auch die Ursachen gewesen sein mögen – das Resultat war ein leeres Nest. Aber nicht weil die lieben Kleinen groß geworden und davongeflogen wären, sondern weil sich die Eltern aus dem Staub gemacht hatten. Wer nicht ganz verschwand, investierte doch mehr Zeit und Energie, Engagement und Aktivität in außerhäusliche Bereiche.

Obwohl die Kindererziehung in die Verantwortung beider Eltern fällt – und in einer im Gemeinschaftskontext von Verwandten und Nachbarn ruhenden Zwei-Eltern-Familie am besten gelingen dürfte –, *ist doch der Umfang des Engagements entscheidend.* Ein

Alleinerzieher kann Besseres zuwege bringen als zwei berufsabwesende Eltern. Kinder brauchen Aufmerksamkeit, wie Robert Bellah und die anderen Autoren des Buches *Die Gute Gesellschaft* schreiben. Man muß Zeit und Energie in sie investieren und, vor allem, sich selbst.

Die herrschende Lage charakterisierte jener Fernsehspot, der eine Frau zeigte, die ihr Kind anrief und sagte, sie habe Geld für ihn neben das Telephon gelegt: »Liebling, kauf dir was zu essen«, murmelte sie, während der Kleine die Zwanzig-Dollar-Note nahm, zusammenrollte und damit Kokain schnupfte. Fügen wir noch hinzu, daß der Vater nicht einmal angerufen hatte.

Kinder kann man nicht per Telephon erziehen, und seien die Anrufe noch so wohlgemeint und liebevoll. Dazu bedarf es physischer Präsenz. Das Schlagwort von der »Qualitätszeit« (ganz zu schweigen von »Qualitätsanrufen«) ist eine lahme Ausrede für elterliche Abwesenheit; es unterstellt, daß der Aufbau enger sozialer Beziehungen, Erziehung in Zeithäppchen, im Fluge stattfinden könne. *Qualität setzt Quantität voraus.* Wenn Sie mit Ihren Kindern viel Zeit verbringen – beim Fischen, Gärtnern, Campen oder »nur« beim Essen –, kommt es urplötzlich zu einer Öffnung, schlägt Erziehung Wurzeln. Die Familien-Expertin Barbara Dafoe Whitehead drückt das so aus: »Möglich, daß es so etwas wie den Ein-Minuten-Manager gibt, aber die Ein-Minuten-Eltern – die gibt es nicht.«[4]

Kinder in Institutionen

Ist die Antwort auf das Elterndefizit, mehr Kindertagesstätten einzurichten? Schließlich haben auch andere Gesellschaften die Kindererziehung an Nichtfamilienmitglieder delegiert, von den schwarzen Kindermädchen in den amerikanischen Südstaaten vor dem Sezessionskrieg bis zu den griechischen Sklaven im alten Rom. Das ist natürlich richtig. Aber die Personen, die damals die Kinder versorgten, waren eher eine Ergänzung der Eltern als ein Ersatz für sie und fast nur bei den in Muße lebenden, begüterten

Schichten anzutreffen. Diese Erzieherinnen und Erzieher blieben in den entscheidenden Jahren eines Kindes bei der Familie (oft noch länger); sie waren, in unterschiedlichem Maße, in die Familie integriert und spiegelten, zumindest zum Teil, deren Werte und Erziehungsstil. Manche Kinder mögen von ihren Eltern isoliert gewesen sein, aber in der Regel hatten sie in ihren Erziehern warme, engagierte Menschen, die sich auf sie einließen, mit ihnen verbunden waren und sie nicht allein ließen.

Heute arbeiten die meisten Kindertagesstätten mit schlecht bezahlten, unterqualifzierten Kräften und sind dazuhin noch fürchterlich unterbesetzt. Der Erzieherberuf rangiert im untersten Einkommenszehntel (durchschnittlicher Stundenlohn 1988: 5,35 Dollar), sogar weit unter dem Hausmeister.[5] Die Erzieherinnen erhalten allzuoft keine Arbeitgeberbeiträge zur Krankenversicherung oder andere Sozialleistungen, was die Arbeit noch unattraktiver macht.[6] Edward Zigler, Professor für die Entwicklung des Kindes an der Yale University, bringt es auf den Punkt: »Wir bezahlen diese Leute schlechter als Tierwärter – und erwarten dann von ihnen, daß sie Wunder vollbringen.«[7] Dieses Personal kommt und geht, mit einer jährlichen Fluktuationsrate von 41 Prozent in einer normalen Kindertagesstätte.

Unter diesen Bedingungen ist die Entwicklung emotionaler Bande zwischen Erzieher und Kind fast unmöglich. Außerdem machen die Kinder stets schmerzhafte Trennungen durch, wenn ihre Ersatz-Eltern wieder gehen. Man liegt sicher nicht falsch, wenn man die schlimmsten dieser Einrichtungen als »Kinderzwinger« bezeichnet. Natürlich gibt es Ausnahmen. Man findet durchaus gute oder qualitativ hervorragende Kindertagesstätten, aber sie sind so selten und fast so teuer wie die Kindermädchen, die sich einige wirklich wohlhabende Familien leisten können. Diese löblichen Ausnahmen sollten uns aber nicht den Blick auf das bedrückende Gesamtbild verstellen: eine Erziehung unter Niveau in Institutionen, die nur allzu oft den Charakter von Kinderbewahranstalten haben, und dazu überarbeitete Eltern, die sich verzweifelt bemühen, in ihrer Freizeit das Defizit auszugleichen.

Die behördliche oder soziale Kontrolle, die sichern soll, daß die Kinderbetreuung in den vielen kleinen Einrichtungen und Hinterzimmern sanitären und pädagogischen Mindestforderungen genügt – oder gar Kindesmißhandlungen auf die Spur kommen soll –, ist schwierig und wird oft völlig vernachlässigt oder nur nominell durchgeführt. Wir sollten uns daher über Mißstände wie in jenem Heim nicht wundern, in dem 54 Kinder in der Obhut einer 64jährigen Frau waren und den ganzen Tag in Kinder-Autositzen festgeschnallt waren.[8]

Sicher, vielen Ehepaaren mit niedrigem Einkommen und vielen Alleinerziehenden bleibt kaum etwas anderes übrig, als die schlechten Leistungen solcher Einrichtungen in Anspruch zu nehmen. Wir können sie nur bitten, sie vorher so gründlich wie möglich zu prüfen (und sie auch tagsüber einmal unangekündigt zu besuchen). Darüber hinaus sollten wir alle die Forderungen dieser Eltern, die nicht mehr für Kindererziehung aufbringen können, nach zusätzlicher Hilfe von Staat und Unternehmen unterstützen.

Besonders günstig sind Kooperationsvereinbarungen, wonach jedes Elternteil eine gewisse Zeit – vier Stunden pro Woche? – in der jeweiligen Einrichtung mitarbeitet. Das senkt nicht nur die Personalkosten, sondern erlaubt den Eltern, mit eigenen Augen zu sehen, wie es da zugeht, und sorgt in gewissem Umfang für eine *eingebaute Verantwortlichkeit.* Es garantiert auch Kontinuität – das Personal kommt und geht, die Eltern bleiben. (Sie können ja selbst nach einer Scheidung weiter in »ihrer« Kindertagesstätte arbeiten.) Weil sie dort Eltern mit Kindern ähnlichen Entwicklungsstandes kennenlernen, knüpfen sie soziale Beziehungen an, auf die sie sich in ihrem Bemühen, diese Einrichtungen kindgerechter werden zu lassen, stützen können.

Was vor allem zählt, ist das Alter. Kinder unter zwei Jahren leiden besonders unter Trennungsängsten. Wie einige Studien nahelegen, reifen Kinder nicht zu (im psychologischen Sinne) gut angepaßten Erwachsenen heran, wenn sie sehr jung schon Institutionen anvertraut werden.[9] Edward Zigler sagt dazu: »Wir amputieren die Kinder. Sie gehen in dem System zugrunde, von optimaler Entwicklung kann keine Rede sein.«[10] Zwei Forscher der Universität Texas, die zwei Drittkläßler-Gruppen verglichen – solche, die nach dem Unterricht zu ihren Müttern nach Hause gingen, und solche, die anschließend in Tagesstätten blieben – kamen zu dem Schluß:

Kinder, die nach der Schule in Tagesstätten blieben, hatten Probleme. Sie wurden von Klassenkameraden häufiger negativ eingestuft und öfter negativ als positiv. Die Tagesstätten-Drittkläßler hatten zudem schlechtere Noten und erzielten bei standardisierten Tests niedrigere Werte. Das galt tendenziell auch für die Verhaltensnoten.[11]

Wenn die Eltern nicht abwesend und keine Rabeneltern sind, dann sind Kleinkinder zu Hause besser dran. Ältere Kinder, zwischen zwei und vier Jahren, können mit institutioneller Betreuung und Erziehung bis zu einem gewissen Grad besser zurechtkommen, scheinen oft aber eine noch zu ungeformte Persönlichkeit zu haben, um diese »Von neun bis fünf Uhr«-Trennung von ihren Eltern zu verkraften.

Da ich in Israel aufwuchs, werde ich mitunter gefragt, ob die Kleinkindererziehung in den Kibbuzim wirklich so erfolgreich sei. Zuerst einmal: Die Erzieher dort gehören, anders als ihre Kollegen in den meisten amerikanischen Kindertagesstätten, zu den engagiertesten Kräften überhaupt, da diese Gemeinschaften der Kindererziehung einen sehr hohen Wert beimessen. Deshalb ist diese Arbeit überaus gefragt und die Fluktuation gering, was die so wesentliche Bindung zwischen Erzieher und Kind fördert. Zudem nehmen beide Eltern intensiven Anteil und sind häufig in den Kindertagesstätten, die alle ganz in der Nähe ihres Wohn- und Arbeitsortes liegen, zu Besuch. Dennoch lösen die Kibbuzim die meisten kollektiven Kindertagesstätten auf und bauen wieder auf häusliche Erziehung – weil Familien wie Gemeinschaften gemerkt haben, daß selbst eine vorübergehende Trennung der Kleinkinder von ihren Eltern inakzeptabel ist.

Es hat keinen Sinn, uns rückblickend an die Brust zu schlagen und daüber zu klagen, daß und wie wir in diese Lage gekommen sind. Aber wir müssen einsehen,-daß wir sozialpolitisch (im Unterschied zur individuellen Ebene) einen Fehler begingen, anzunehmen, man könne die Aufgabe der Persönlichkeitsbildung von Säuglingen und Kleinkindern an Fremde übertragen. Wozu das führt, haben wir in den letzten 25 Jahren gesehen: zu nichts Gutem. Angesichts der armseligen institutionellen Erziehung, und angesichts der immer mehr geplagten Eltern, wird es nicht genügen, ihren Zöglingen ein »Sag einfach nein!« mit auf den Weg zu geben und dann zu erwarten, daß sie allen Versuchungen widerstehen, daß sie Drogen und Alkohol meiden und mit dem Sex noch etwas warten. Wenn sie wirklich in einer zivilisierten Gesellschaft aufwachsen sollen, und wenn wir selbst in einer solchen leben wollen, müssen wir den Tatsachen ins Auge sehen: Es wird sie erst dann geben, wenn wir mehr für unsere Kinder, ihre Betreuung und Erziehung tun – uns stärker einbringen.

Erziehungspartner

Wer muß zu den Kindern eine enge emotionale Beziehung haben? *Beide* Eltern. Nicht zufällig gibt es in dem breiten Spektrum menschlicher Gesellschaften (von den Zulus zu den Inuit, vom antiken Griechenland und alten China bis zur Moderne) keine Gesellschaft ohne Zwei-Eltern-Familien. Sie unterscheiden sich sehr in den Rollen, die sie Familienmitgliedern wie Tanten, Onkeln oder Großeltern zuwiesen, und in der erzieherischen Rolle anderer Stammesmitglieder. Sie unterscheiden sich auch erheblich in der Art der Beziehungen zwischen den Eltern und zwischen ihnen und den Kindern. Aber in den vielen hundert Gesellschaften der Menschheitsgeschichte waren Zwei-Eltern-Familien die Norm.

Um das ganz klarzumachen: Die These, die Zwei-Eltern-Familie sei »besser« als Familien mit einem Elternteil, soll nicht die Alleinerziehenden herabsetzen. Sie ähnelt der, daß ein Haus mit zwei Schlafzimmern besser sei als eins mit einem. Daraus, daß die meisten ein Haus mit zwei Schlafzimmern vorziehen, folgt zudem nicht, daß alle, die nur ein Schlafzimmer haben, das so gewollt hätten.

Es gibt einige zwingende Gründe dafür, diesen Familientyp für die kindgemäßeste Form zu halten. Erstens ist die Pflege und Erziehung der Kinder eine sehr arbeitsintensive, anstrengende Angelegenheit. Kleine Kinder sind eine anspruchsvolle Spezies. Sie können unendlich viel Pflege, Aufmerksamkeit und Liebe brauchen. Zweitens funktioniert die Kindererziehung am besten mit verteilten Rollen. Ein Elternteil mag stützender und die Quelle emotionaler Sicherheit sein, die jedes Kind braucht, das in einer bedrohlichen Welt aufwachsen soll. Der andere mag leistungsorientierter und somit derjenige sein, der die Kinder ermuntert, ihre Fühler über die bequeme liebevolle Geborgenheit hinaus auszustrecken.[12]

In den Vereinigten Staaten haben die Frauen früher oft die erste der beiden Rollen übernommen und die Väter die zweite. Aber der *Zweizylindermotor der effektiven Erziehung* kann auch umgekehrt arbeiten. So werden in manchen heutigen Familien die Kinder vom Vater liebkost und von der Mutter diszipliniert. Worauf es am meisten ankommt, ist das Eltern-Gespann. Sicher, manche Alleinerziehende können recht erfolgreich zwischen den emotions- und leistungsorientierten Erziehungsstilen hin- und herwechseln. Aber das ist eine schwere Aufgabe bei all ihren anderen Problemen, da sie oft auch noch die einzigen Ernährer sind.

Eine andere wesentliche Bedingung erfolgreicher familiärer Erziehung ist die *moralische Elternkoalition.* Eltern müssen sich, als Erziehungsagenten, moralisch unterstützen, weil ihre spezifischen Erziehungsziele einander teilweise widersprechen. Leistungsanmahnungen stressen die Kinder (»Hast du schon etwas für deine Mathearbeit getan?«), Bestätigungen entspannen sie (»Übertreib's nicht – Rom wurde nicht an einem Tag erbaut«). Nur wenn sich die Eltern grundsätzlich einig sind, können sie gut erziehen und vermeiden, daß sie zum Schaden der Erziehung unbewußt gegeneinander ausgespielt werden. (Das ist natürlich auch ein wichtiger Grund, warum es Geschiedenen selbst bei gemeinsamen Sorgerecht oft schwer fällt, ihre Kinder wirklich gemeinsam zu erziehen.)

Die Abfolge »Scheidung, einige Beziehungen, Wiederverheiratung und häufig erneute Scheidung und weitere Partnerwechsel« führt oft zum wiederholten Bruch der Erziehungskoalition. Jeder neue Teilnehmer bedeutet für das Kind einen Erziehungswechsel. Man kann von dem neuen Partner nicht erwarten, daß er Position und Programm des Vorgängers übernehme. Was ein Erwachsener hier einbringt, ist in hohem Maße von seiner Gesamtpersönlichkeit und seiner eigenen Erziehung abhängig. So führen neue Partner, bestenfalls, zu einem tiefen Einschnitt in die Erziehung eines Kindes, wobei natürlich mehrere Zäsuren die Wirksamkeit der Erziehungskoalition stärker beeinträchtigen als eine einzige. (Die Diskussion geht von der etwas optimistischen Annahme aus, daß sich die neuen Partner überhaupt engagieren wollen.)

Die negativen Konsequenzen spiegeln die folgenden Daten, die ich stellvertretend für viele andere zitiere. 1991 ergab eine Studie des National Center for Health Statistics, daß Kinder, die bei Alleinerziehenden oder Stiefeltern leben, eher in der Schule versagen oder wegen emotionaler und Verhaltensstörungen zu therapieren sind als die, die bei ihren beiden biologischen Eltern leben. So betrug etwa der Anteil der Klassenwiederholer bei letzteren nur 12 Prozent, bei denen, die in Stieffamilien (und bei geschiedenen Müttern) lebten, schon 22 Prozent sowie 30 Prozent bei Kindern, die bei ledigen Müttern lebten. Aus »intakten Familien« waren 4 Prozent der Kinder vom Unterricht suspendiert und aus Stieffamilien 9 Prozent, bei denen, die bei geschiedenen Müttern lebten, waren es 11 Prozent und bei denen lediger Mütter 15 Prozent.[13] Manche Sozialwissenschaftler erklären das alles mit ökonomischen Ursachen – etwa damit, daß geschiedene Eltern schlechter gestellt seien als verheiratete. Aber dieser Faktor spiegelt selbst den Niedergang der Familie. Die Auflösung der Familie trifft die Kinder demnach doppelt: zuerst direkt, durch den Bruch der Erziehungskoalition ihrer Eltern, und dann indirekt, durch die fällige Gründung zweier Haushalte, die mehr kosten als einer.

Als ich vor einem Senatsausschuß dazu aussagte, fragte mich der damalige Senator Jeremiah Denton, ein Republikaner aus

Alabama: »Wollen Sie damit sagen, daß Alleinerziehende ein Kind nicht angemessen erziehen *können*?« Ich antwortete: »Nach meiner Sicht sozialwissenschaftlicher Befunde hätte man am besten *drei* Eltern für jedes Kind oder würde Großeltern und Erzieher dazunehmen, aber nur ergänzend, nicht um die Eltern zu ersetzen. Für Alleinerziehende, die ganz auf sich gestellt sind, ist die Kindererziehung eine schwere Bürde, vor allem wenn sie beruflich ganztägig außer Haus sind.« Ich hätte noch die traurige Tatsache erwähnen sollen, daß sich die meisten Väter nach der Scheidung sehr schnell in Luft auflösen und daß ledige Väter nur selten ihre Vaterrolle übernehmen.

Kindeswert

Wenn Kommunitarier über das Thema Elternverantwortung reden, werden sie oft gefragt: »Wie soll man sich mehr um die Kinder kümmern, wenn man die ganze Woche arbeiten muß, um über die Runden zu kommen?« Wer darauf antworten will, muß erst den sozialen Stellenwert des Kindes im Vergleich zu anderen »Prioritäten« bestimmen.

Auch wenn niemand es gerne zugibt: Unsere Gesellschaft hat es zwischen 1960 und 1990 zugelassen, daß das Kind abgewertet wurde; sie hat die Devise »Es zu etwas bringen!« sehr hoch gehängt und den Erfolg zu ihrem goldenen Kalb gemacht. Vor kurzem stuften Erstsemester das Lebensziel »finanziell gut gestellt sein« höher ein als das, »Kinder großzuziehen«. (Für 1990 waren die Zahlen 74 Prozent zu 70 Prozent, 1991 dann 74 zu 68 Prozent.)[14] Der Roman und Film *Kramer gegen Kramer*, die ihre Zeit spiegelten und halfen, ihre Werte zu popularisieren, betonten das Recht der modernen Frau auf Selbstverwirklichung, Identitätsfindung und Karriere.

Manche machen für diese Entwicklung die Frauenrechtsbewegung verantwortlich, andere den Materialismus und die Habgier, die alle historischen Rekorde schlügen. Es ist gut möglich, daß diese und andere Faktoren zur Abwertung des Kindes geführt haben. Das ändert jedoch nichts daran, daß Frauen genau dieselben Rechte beanspruchen können wie Männer, auch das Recht, nach Geld und Macht zu streben.

Aber wer für Frauenrechte war, hatte wohl keine Gesellschaft im Sinn, in der die Gleichberechtigung von Mann und Frau bedeutete, daß sich alle Erwachsenen wie die Männer gaben, die sich ja bis dahin wenig um Kinder gekümmert hatten. Die neue Welt der Geschlechtergleichheit war als Kombination all dessen gedacht, was an den traditionellen Frauen- und Männerrollen gut und erhebend war. Die Frauen sollten zu allen Berufen und Positionen freien Zugang haben und die Männer Gefühle zeigen, fürsorglich sein und sich daheim engagieren können. Für die Kinder sollte das nicht bedeuten, daß sie einer engagierten Erziehung beraubt würden, wie das allzuoft der Fall ist. Nun, da wir das Ergebnis einer jahrzehntelangen, weitverbreiteten Vernachlässigung der Kinder vor Augen haben, ist es an der Zeit, daß beide Eltern das Kind aufwerten und die Gemeinschaft ihren Einsatz unterstützt und würdigt. Die Eltern in einer kommunitären Familie, im »Zeitalter des Wir«, haben nicht nur gleiche Rechte – wie gleicher Lohn für gleiche Arbeit, gleiche Kredit- und Wohnungschancen, das Recht der Namenswahl –, sondern auch die gleiche Verantwortung, vor allem für ihre Kinder.

Der große Bericht der National Commission on Children im Jahre 1991 war ein Aufruf an die Nation, das Kind aufzuwerten.[15] Auch der Prädident der American University, Joseph Duffey, und die führende Liberale Anne Wexler meldeten sich mahnend zu Wort: »Die große Frage an die amerikanische Gesellschaft«, schrieben sie, »wird vielleicht sein, ob wir fähig sind, für die Zukunft unserer Kinder zu sorgen und Opfer zu bringen, für die Zukunft aller Kinder dieses Landes und auch der Kinder künftiger Generationen. Ob wir fähig sind, dafür zu sorgen und Opfer zu bringen, daß sie eine gute Zukunft haben.«[16] Mit Fragen wie »Was meint denn ihre Jenny dazu, daß sie in der Schule zu Mittag essen muß?« pflegte man in den 50ern berufstätigen Frauen Schuldgefühle einzuflößen. Bis zu den 80ern schlug das Pendel der Werte so weit zur anderen Seite aus, daß man nun die »Nur-

Hausfrauen« (oder Hausmänner!) mit Kommentaren wie »Ach, Sie arbeiten *nicht*!« herabsetzte, was ja andeutete, daß man mit jemandem, der zu Hause blieb und keinem Beruf nachging, auch keinen gemeinsamen Gesprächsstoff habe. Wir brauchen wieder eine Situation, in der *engagierte Erziehung ein angesehener Beruf ist.*

Ein wichtiger Indikator für Engagement ist die Zeit, die man pro Tag oder Woche für eine bestimmte Aufgabe aufbringt. Laut der Untersuchung eines Soziologen der Universität von Maryland verbrachten die Eltern 1985 im Schnitt nur siebzehn Stunden wöchentlich mit ihren Kindern, verglichen mit dreißig im Jahre 1965.[17] Dabei dürfte sogar dieser armselige Wert übertrieben sein, da er auf Selbstangaben beruht. Obwohl ich gemeinhin nicht empfehle, auf Schuldgefühle zu bauen – wenn man schon einmal mit dem Finger zeigen soll, dann auf diejenigen, die in der Tat ihre Kinder vernachlässigen, um sich ganz auf andere Interessen zu konzentrieren.

Aber da sind wir alle gefordert. Viele Eltern verweisen auf das große Problem, Kinder in einer Kultur auf den rechten Weg zu bringen, die sie einem Trommelfeuer ungesunder Botschaften folgenden Tenors aussetzt: daß es vor allem darauf ankomme, mit anderen in puncto Wohlstand Schritt zu halten; daß man sich durch Konsum von seinen menschlichen Pflichten freikaufen und seine Gefühle ausdrücken könne; daß Gewalt und nackter Sex so allgegenwärtig, dominant seien, wie das Fernsehen und die Musikindustrie vorgaukeln. Eine Gemeinschaft mit mehr Herz und Sinn für Kinder würde *den Eltern das Erziehen leichter machen.*

Die Höherbewertung des Kindes hat zwei wichtige Konsequenzen: Zum einen müssen sich potentielle Eltern überlegen, was für sie wichtiger ist: höheres Einkommen oder bessere Beziehungen zu ihren Kindern. Die meisten Menschen können nicht beides zugleich haben. Sie müssen überlegen, ob sie ihre einträgliche Beruftsätigkeit eventuell einschränken, um mehr Energie und Zeit in ihre Sprößlinge investieren zu können. Das könnte ihre Verdienstmöglichkeiten direkt (durch geringere Arbeitszeit) oder indirekt schmälern (durch langsameren beruflichen Aufstieg).

Viele Eltern, vor allem aus ärmeren Gesellschaftsschichten, sind nach eigenen Angaben nicht etwa berufstätig, weil ihnen das Spaß macht oder die Möglichkeit der Selbstverwirklichung bietet, wie viele Radikal-Individualisten behaupten, sondern weil sie nur so »über die Runden kommen können«. Sie glauben, gar keine andere Wahl zu haben, als beide ganztätig arbeiten zu gehen, wenn sie das Geld für Miete, Essen, Kleidung und andere grundlegende Dinge zusammenbringen wollen. Nach einer Gallup-Umfrage 1990 sähe es über die Hälfte der Haushalte mit berufstätigen Müttern lieber, daß die Mütter zu Hause blieben – wenn »das finanziell ginge«. (Man hätte dieselbe Frage auch in bezug auf die Väter stellen sollen.)[18]

An diesem Argument des wirtschaftlichen Drucks ist sicher viel Wahres. In den 90ern brauchen viele Paare zwei Gehälter – um sich kaum mehr leisten zu können als eine Familie der frühen 70er mit nur einem Gehalt. Dieses Problem wird uns mindestens bis zu einem erneuten Aufschwung der amerikanischen Wirtschaft erhalten bleiben. Es gibt bei uns Millionen von Menschen, vor allem die Armen und an der Armutsgrenze Lebenden, die selbst dann kaum existieren können, wenn beide Eltern viel und hart arbeiten. Wer mehrere Kinder hat und den Mindestlohn erhält (oft ohne Krankenversicherung), kann sich womöglich nur mit fremder Hilfe über Wasser halten. In der Arbeiterklasse haben immer mehr Familien wirtschaftlich schwer zu kämpfen, aber auch so manche Familie in der unteren Mittelschicht. Auch viele alleinerziehende Mütter müssen sicherlich arbeiten, um sich und ihre Kinder durchzubringen. Aber ab einem bestimmten Einkommensniveau – das niedriger liegt, als man uns gemeinhin glauben machen möchte – haben die Eltern die Wahl zwischen mehr Verdienst und mehr Zeit für ihre Kinder.

Über dieses notwendige Einkommen gibt es sehr unterschiedliche Ansichten. Einige Sozialwissenschaftler haben gezeigt, daß ein Großteil dessen, was wohlhabendere Familien für »unabdingbar« halten, nicht objektive Notwendigkeiten sind, sondern nur von ihrer Kultur und ihren Gemeinschaften dazu erklärt werden. Sie verweisen darauf, daß der Mensch objektiv nur wenig braucht:

ein Dach über dem Kopf, etwas zu trinken, eine gewisse Menge von Kalorien und Vitaminen pro Tag und ein paar andere Dinge, die wenig kosten. Das meiste von dem, was man angeblich »haben muß«, vom Videorecorder bis zu den Schuhen, die zur Handtasche passen, von Nike-Stiefeln für 150 Dollar bis zu den Designer-Sonnenbrillen – ist eine gesellschaftliche Vorgabe. Das zeigt sich auch darin, daß Art und Umfang des »Notwendigen« in einer Gesellschaft und im Laufe der Zeit erheblich variieren.[19] Manche Leute können ohne modische Jeans nicht leben. Andere *brauchen* rosarote Flamingos auf dem Rasen vor ihrem Haus (und den Rasen selbst!). Ein Kollege, der in einem New Yorker Vorort wohnt, ärgerte sich über meine implizite Kritik an Leuten, die vor lauter Beruf, Geld und Konsum ihre Kinder vernachlässigen. In einem Brief gab er zu bedenken, daß er und seine Frau aufgrund ausgedehnter außerhäuslicher Beruftätigkeit ja in der Lage seien, ihren Kindern Autos zu kaufen. Nun, für die Kinder wäre es sicher besser gewesen, zu Fuß zu gehen oder mit dem Rad zu fahren und dafür mehr Zeit mit den Eltern zu verbringen. Kurz, auch wenn man sich über die Höhe des Einkommens streiten kann, das eine Familie zur Befriedigung des Grundbedarfs braucht, so gibt es doch eindeutig einen Schwellenwert, ab dem sie eine Wahlfreiheit hat.

Nach der Lektüre einer früheren Version dieses Textes meinte ein Kollege, die vorgängige Argumentation klinge so, als ob die Sozialwissenschaftler die Barrieren zwischen den sozialen Klassen zementieren und Unterschichtenangehörigen den Wunsch nach sozialem Aufstieg ausreden wollten. Wohl kaum. Denn wir fordern niemanden zu einem Leben in Entsagung und Armut auf, sondern versuchen den Leute nur klarzumachen, daß sie ständig die Wahl haben und auch ständig (ob bewußt oder unbewußt) eine Wahl treffen. Sie wählen zwischen dem rascheren Aufstieg auf der gesellschaftlichen Leiter und einem Mehr an Zeit für ihre Kinder. Der Kommunitarier würde hinzufügen, daß die Eltern auf die Dauer zufriedener sein und mehr für die Gemeinschaft tun werden, wenn sie sich mehr um ihre Kindern kümmern und weniger um ihren sozialen Status. Aber auch wenn sie ihre Prioritäten anders setzen, haben sie eine Wahl getroffen. Die Jagd nach Berufserfolg ist kein Naturgesetz.

Kehren wir zu dem Wert zurück, den wir als Gemeinschaft dem Kinderhaben und der Erziehung beimessen. Wenn die Gesellschaft Armani-Kleidung, Skifahren und Ferienhäuser höher bewertet als Erziehung, stehen die Eltern aller Einkommensschichten unter dem Druck, mehr zu verdienen. Dann halten sie es für wichtig, Überstunden zu machen und sich ganz auf die Steigerung ihres Einkommens und ihr berufliches Fortkommen zu konzentrieren. Nach zwei Jahrzehnten der Verherrlichung des wirtschaftlichen Erfolgs und angesichts einer Generation von vernachlässigten Kindern, müssen wir nun wieder erkennen, wie wichtig es ist, daß wir unsere Kinder erziehen.

Nehmen wir etwa ein erfolgreiches junges Paar mit gehobenen Berufen – Anwälte, vielleicht –, das ein Kind haben möchte. Die beiden müssen sich entscheiden, ob sie sich auch künftig ganz ihrem Beruf widmen wollen – bis spät im Büro bleiben, Aktentaschen voll Arbeit mit nach Hause bringen und an den Wochenenden Klientenbeziehungen pflegen – oder ob sie ihre Beruftstätigkeit nach der Geburt des Kindes etwas reduzieren. (Die Arbeitszeit verkürzen heißt natürlich, die Honorarstunden und so das Einkommen reduzieren und womöglich erst viel später Teilhaber ihrer Kanzlei zu werden.) Sie müssen sich außerdem entscheiden, wieviel Elternurlaub sie nehmen werden, ob sie sich um unterschiedliche Arbeitszeiten bemühen werden, damit zumindest einer von ihnen die meiste Zeit zu Hause sein kann, und ob einer von beiden versuchen wird, mehr daheim als im Büro zu arbeiten. (Ihre Wahl wird selbst sehr stark von dem beeinflußt werden, was ihre Kanzleien gutheißen oder zumindest dulden; aber die können sich auch nicht einfach dem sozialen Wertewandel verschließen.) All diese Entscheidungen spiegeln das Spannungsverhältnis zwischen der Sorge für das Kind und dem Berufs- und Einkommensinteresse; sie zeigen auch, daß beide Eltern hinsichtlich der relativen Intensität ihres Erziehungsengagements (in Konkurrenz mit anderen Werten) trotz voller Erwerbstätigkeit immer noch einige Wahlmöglichkeiten haben. Es tut mir leid, daß Dan

Quayle um die alleinerziehende Mutter Murphy Brown so einen Wirbel veranstaltet hat; es wäre nützlicher gewesen, auf die Huxtables zu verweisen. Da haben wir nämlich einen Rechtsanwalt und eine Ärztin, die beide voll berufstätig und dennoch sehr für ihre Kinder und für einander da sind.

Oh, Sie meinen Yuppies: *Die* haben die Wahl. Nun, erstmal haben auch sie Kinder. Und andere haben auch Wahlmöglichkeiten, auch wenn sie – um das zu wiederholen – um so enger und schwerer zu realisieren sind, je geringer ihr Einkommen und Vermögen ist.

Innere Freude

Der Prioritätenwechsel weg von Konsum und Karriere und hin zum Kind ist weitgehend ein Wertewandel, hat aber einige lohnende Folgen. Die Wirtschaft beklagt sich ständig und zu Recht über die mangelnde Qualifikation der jungen Leute, die sich um eine Stelle bewerben. Ein Gutteil dieser Klagen (ich werde darauf später näher eingehen) bezieht sich auf Charaktermängel und die Unfähigkeit zur Triebkontrolle, zum Belohnungsaufschub und zur Identifikation mit der Arbeit. Wenn die Wirtschaft es den Eltern erleichtern würde, ihren Lebensunterhalt zu verdienen und sich um ihre Kinder zu kümmern, würde sie sich damit mehr als nur soziale Anerkennung einhandeln: Sie erhielte ein weit besseres Arbeitskräftepotential. Auch die Gemeinschaft würde von Mitgliedern profitieren, die nicht nur größeres Gespür und Interesse für einander hätten, sondern wohl auch mehr zum Gemeinwohl beitragen würden. Die Eltern schließlich würden feststellen, daß man trotz mancher Fehlschläge, vor denen einen auch die besten Absichten und der größte Einsatz nicht bewahren können, und obwohl es fürs Kinderaufziehen keine Erfolgsgarantien und keine materielle Belohnung gibt – *daß man trotz alledem im großen und ganzen erntet, was man gesät hat.* Wenn die Menschen einen Teil ihres Lebens den Kindern widmen, dürften sie auch Söhne und Töchter haben, auf die sie stolz sein können, die ihr Alter mit Liebe erfüllen.

Ann Landers hat den Brief eines Mannes veröffentlicht, der bei einem Klassentreffen deprimiert festgestellt hatte, daß er materiell längst nicht so erfolgreich war wie viele seiner Klassenkameraden. Das löste eine Flut von Zuschriften aus, deren Tendenz der folgende Brief gut wiedergibt:

Mein Mann dürfte zu denen gehören, die er bewundert. Wir sind in zehn Jahren sechsmal umgezogen, jedesmal wegen einer besser bezahlten, höheren Position. Bei jedem Umzug muß man sich neue Freunde suchen, Teil einer neuen Gemeinschaft werden. Ich träume davon, einmal so lange an einem Ort zu bleiben, daß meine Kinder stabile Beziehungen entwickeln können, weiß aber, daß es nie dazu kommen wird.

Wir fahren den BMW, den jene »Klasse von '73« als Statussymbol bewundert. Wir haben sogar zwei davon. Wunderbar? Nicht wirklich. Was würde ich nicht für einen Mann geben, der mit seiner Stelle, seinem Gehalt und der Stadt, in der wir wohnen, zufrieden wäre![20]

Die Ethiker haben eine Methode, mit der man seine Prioritäten ermitteln kann. Sie fragen die Leute nach dem Spruch, den sie gern auf ihrem Grabstein stehen hätten, der für ihr Lebenswerk stünde. Wie sollte der Ihre lauten? Daß sie mehr Geld verdient haben, als sie je für möglich gehalten hätten, mehr als ihre Klassenkameraden oder Nachbarn? Oder möchten Sie, daß man Sie als den in Erinnerung behält, der einige wunderbare Menschen, Ihre Kinder, großziehen half? Da ich selbst mitgeholfen habe, fünf wunderbare Kinder großzuziehen, meine ich, daß Kinder keine Eigentumsobjekte sind, die man auf die Liste seiner Erwerbungen setzt und dann dem Personal übergibt. Der große Moralphilosoph Immanuel Kant hätte es so formuliert: Kinder sind ein Selbstzweck, vollwertige Personen – wie Sie und ich.

Die Gemeinschaft – also wir alle – leidet unter den schlimmen Folgen der *Elternabwesenheit.* Die Sozialwissenschaftlerin Jean Richardson und ihre Kolleginnen erhoben, daß Achtkläßler, die sich elf Stunden oder mehr pro Woche selbst überlassen waren, eher zum Konsum legaler Drogen (Marihuana, Tabak und Alkohol) neigten als Kinder, die in der Obhut von Erwachsenen waren.[21] »Die erhöhte Gefährdung war unabhängig von Geschlecht, Rasse oder sozioökomischem Status der Kinder«, betonten sie.[22]

31 Prozent der Schlüsselkinder ihrer Untersuchungsgruppe nahmen zwei oder mehr Drinks auf einmal, gegenüber 17 Prozent bei beaufsichtigten Kindern; 27 Prozent der Schlüsselkinder, aber nur 15 Prozent der anderen, meinten, sie würden sich später richtig betrinken. Bei Schülern, die elf Stunden oder mehr pro Woche auf sich gestellt waren, war die Wahrscheinlichkeit »hoher Skalenwerte bei Risikoverhalten, Zorn, familiäre Konflikte und Streß« eineinhalb- bis zweimal so groß wie bei ständig betreuten Kindern, wie eine spätere Untersuchung des Richardson-Teams ergab.[23]

James Q. Wilson berichtet in seinem Artikel zu Travis Hirschis *Ursachen der Jugendkriminalität*:

> Die Häufigkeit kriminellen Verhaltens wurde, nach Aussagen der Kinder selbst, von ihrer Verbundenheit mit ihren Eltern stark beeinflußt. Je stärker ihre Überwachung durch die Mutter, je vertrauter ihre Kommunikation mit dem Vater und je intensiver die affektiven Beziehungen zwischen Kindern und Eltern, desto geringer die Delinquenz. Selbst bei Vätern mit niedrigem Berufsstatus galt: Je stärker die Verbundenheit des Kindes mit ihm, desto geringer die Delinquenz. Es gab andere relevante Faktoren – etwa, ob das Kind in der Schule Erfolg hatte und gern zur Schule ging –, sie wurden aber ihrerseits durch die Familienbedingungen beeinflußt.[24]

Andere Untersuchungen kommen zu ähnlich traurigen Schlüssen.[25]

Bandenkrieg auf den Straßen, massiver Drogenmißbrauch, geringe Arbeitsmotivation, hoch entwickeltes Anspruchsdenken und schwach ausgeprägtes Verantwortungsbewußtsein – all das ist weitgehend das Produkt mangelnder Erziehung, »Beelterung«. Natürlich spielen da auch wirtschaftliche und soziale Gründe eine Rolle. Aber der Mangel an effektiver elterlicher Fürsorge und Erziehung ist eine Hauptursache, und die anderen Faktoren könnten wir leichter kontrollieren, wenn wir an der Bedeutung des Kindergroßziehens festhielten. Tatsache ist, daß wir, bei gleichen wirtschaftlichen und sozialen Bedingungen, in armen Vierteln anständige, hart arbeitende Jugendliche unmittelbar neben antisozialen finden. Genau wie wir in reichen Vororten antisoziale Jugendliche direkt neben anständigen und hart arbeitenden finden. Der Unterschied ist häufig nur eine Frage des Elternhauses, aus dem sie kommen.

Was können wir tun?

Was wir zuerst tun müssen? Der »Erziehungswirtschaft« wieder mehr Arbeitskräfte und vor allem mehr Rückhalt geben. Das kann auf verschiedenen Wegen geschehen, die uns alle wohlvertraut sind, aber bei weitem nicht oft genug gegangen werden.

Wenn Gewerkschaften und Arbeitgeber mitziehen würden, könnten Millionen von Eltern *zu Hause arbeiten.* Über Computer, Modem, Satellit und andere moderne Kommunikationsmittel kann man heute weltweit Geschäfte tätigen, ohne auch nur einen Fuß vor die Haustür zu setzen, und vom Wohnzimmer aus per heißem Draht ärztlichen Rat erteilen oder an irgendeinem Schreibtisch im Haus Versicherungsfälle bearbeiten oder Bücher editieren.

Wenn beide Eltern draußen arbeiten müssen, dann möglichst *in unterschiedlichen Schichten,* damit ihre kostbare häusliche Anwesenheit verlängert wird. Manche Paare kommen finanziell zurecht, *wenn nur einer ganztägig und der andere teilzeit arbeitet.* Mitunter können sich die Eltern den *Arbeitsplatz teilen* und damit auch die häusliche Erziehung (so teilt sich etwa ein Ehepaar den Posten des stellvertretenden Leiters des Washingtoner Büros der *St. Louis Post-Dispatch*). Manche finden eine *Gleitzeitarbeit,* wo sie später anfangen oder später gehen können (oder vereinbaren andere Arbeitszeitregelungen), wenn der Ehepartner beruflich verhindert oder ein Kind krank ist oder irgend etwas anderes anliegt.

Das sind keine aus der Luft gegriffenen, futuristischen Ideen. Schon heute bieten einige der größten Unternehmen derlei familienfreundliche Möglichkeiten an. DuPont hatte 1992 zweitausend Teilzeitkräfte und zwischen zehntausend und fünfzehntausend Gleitzeiter. Bei IBM gibt es das Programm »flexible Arbeitsbeurlaubung«, das eine bis zu dreijährige Teilzeitarbeit erlaubt – bei vollen Sozialleistungen. Avon Products und eine Tochtergesellschaft des Zeitungsverlags Knight-Ridder haben ihre eigenen Versionen dieser Programme, und diese Liste ließe sich fortsetzen.[26]

Der Staat könnte ein übriges tun, um die Familie zu fördern. Etwa durch das in Europa gängige Kindergeld, das jeder Familie bei der Geburt eines Kindes zusätzliche Mittel zur Verfügung stellt. Andere schlagen ein Programm nach dem Vorbild des GI-Gesetzes vor, bei dem Eltern, die zur Erziehung ihrer Kinder daheimbleiben, für eine künftige Ausbildung oder Umschulung »Punkte« erhalten.[27]

All das setzt den Willen der Eltern voraus, ihre beruflichen Angelegenheiten so zu regeln, daß sie ihre Elternpflichten besser erfüllen können, aber auch die tatkräftige Hilfe von seiten der Unternehmen und des Staates.

Der Streit über den dreimonatigen unbezahlten Elternurlaub ist lächerlich und ein Zeichen dafür, wie sehr uns das Gefühl für die Bedeutung der familiären Kindererziehung abhanden gekommen ist. Ein 1991 im Kongreß beratenes Gesetz sah lediglich zwölf Wochen *unbezahlten* Urlaubs vor und das auch nur in Unternehmen mit über fünfzig Beschäftigten.[28] Das Gesetz wurde vom Kongreß verabschiedet, aber durch ein Veto Präsident Bushs gestoppt. Selbst das Magazin *Working Mother*, das alljährlich eine Liste der für berufstätige Eltern geeignetsten Firmen publiziert, verlangt für ihre *Bestnote* von den Unternehmen lediglich einen *sechswöchigen* Kündigungsschutz für die frischgebackene Mutter![29] Früher pflegte die US-Marine Schwangere zu entlassen. Heute gewährt sie ihnen nach der Entbindung sechs Wochen bezahlten Erziehungsurlaub und erwartet, daß sie sich dann wieder zum Dienst melden – ja, schon vier Monate nach der Geburt des Kindes wieder zur See fahren![30]

In so schrecklich kurzen Zeiträumen kann niemand auch nur das Minimum an emotionalen Banden knüpfen, das ein Neugeborenes braucht. Ein typischer Befund lautet denn auch, daß Kinder, die als Säuglinge zwanzig Stunden pro Woche »fremdbetreut« wurden, am Ende ihres ersten Lebensjahres in den Beziehungen zu ihren Eltern unsicher und zwischen drei und acht eher als andere aggressiv sind. (Man kann jedes Forschungsergebnis anzweifeln. Manche Sozialwissenschaftler sagen, diese Daten seien nicht durch Fremdbetreuung, sondern durch schlechte Fremdbetreuung zu erklären. Aber es ist ja kein Zufall, daß unsere professionelle Kinderbetreuung oft inadäquat ist – eine wirklich gute würde mehr kosten, als viele Frauen oder Männer verdienen.) Wenn man Kinder erst nach dem zweiten Lebensjahr mit gutem Gewissen in eine Kindertagesstätte geben kann, dann sind (mindestens) zwei Jahre intensiver elterlicher Betreuung eines Neugeborenen unabdingbar.[31]

Daß diese Empfehlung als utopisch gilt, ist nicht nur für die Eltern und Kinder traurig, sondern für alle, denen die Zukunft dieser Gesellschaft am Herzen liegt. Lassen Sie mich also ganz klar sagen: Die Wirtschaft sollte sechs Monate bezahlten und weitere achtzehn Monate unbezahlten Erziehungsurlaub gewähren. (Die Kosten sollten sich die Arbeitgeber der Eltern teilen.) Sechs der achtzehn Monate sollte der Staat aus öffentlichen Mitteln finanzieren (viele europäische Länder tun das oder sogar noch mehr), und den Rest müßte die Familie tragen.

Die erhöhte staatliche Hilfe und Flexibilität der Unternehmen vorausgesetzt, muß jedes Paar seine eigene Arbeitsteilung finden. In einer Familie meines Bekanntenkreises ist die Mutter Krankenschwester und der Vater Tagelöhner. Sie verdient viel mehr als er, und er fand Gefallen daran, ab und an außer Haus zu arbeiten, sich aber vorrangig um die Betreuung und Erziehung ihrer zwei kleinen Töchter zu kümmern. Er hat einen Abschleppwagen und nimmt telephonische Aufträge entgegen; wenn er in Abwesenheit seiner Frau einen Auftrag zu erledigen hat, nimmt er die Töchter mit. Ich lernte sie kennen, als er meinen Wagen abschleppen mußte. Sie wirkten glücklich und zufrieden, aber er schien seine Hausvater-Rolle etwas rechtfertigen zu müssen und kicherte, als ich über den Ablauf seines häusliches Leben sprach. Die moralische Stimme der Gemeinschaft sollte so eine Regelung vorbehaltlos unterstützen und loben, statt von der Frau zu erwarten, daß sie zu Hause bleibe. Zugleich müßten aber auch Frauen, die das Kindergroßziehen zu ihrer Berufung oder ihrem Beruf machen, das ohne soziales Stigma tun dürfen. Wir brauchen mehr Väter und Mütter, die solche Entscheidungen treffen; einen der beiden Elternteile zu stigmatisieren, wäre wohl kaum ein Weg, für ein Mehr an elterlicher Kindererziehung zu werben. Eine Neubewertung des Kindes wird zu dem fälligen Sinneswandel beitragen.

Die amerikanische Familie – eine gefährdete Spezies?

Als Wissenschaftler ist man mit Faktoiden nur allzu vertraut. Das sind »Fakten«, die von vielen Menschen für wahr gehalten werden, es aber nicht sind. Wenn sich ein Lemming von einer Klippe ins Meer stürze, dann sprängen alle anderen Lemminge hinterher – das ist beispielsweise ein Faktoid. Oder daß die Inuit vielerlei Begriffe für Schnee hätten (weil der Schnee, so sagt man, in ihrem Leben eine weit größere Rolle spiele als in dem unsren). Es ist auch ein Faktoid, daß die amerikanische Familie ein Auslaufmodell sei und nur noch 14 (oder 6 oder 7) Prozent dem traditionellen Muster entsprächen. Die Radikal-Individualisten stützen mit diesen tristen Zahlen ihre These, daß die Kernfamilie einfach deshalb nicht wiederzubeleben sei, weil sie durch ein breites Spektrum anderer »Familienformen«, von Alleinerzieherhaushalten bis zu schwulen Paaren, abgelöst worden sei. Ruth Messinger, Bezirksvorsteherin von Manhattan, veranschaulichte die dürre Zahl mit der Formulierung »die mythische Kategorie Kernfamilie beschreibt nur noch eine von siebzehn Familien im Amerika von heute«.[32] Die Abgeordnete Mary Jane Gibson behauptete in einer Anhörung des Parlaments von Massachusetts, weniger als 10 Prozent der Familien entsprächen dem vertrauten »Ozzie und Harriet«-Modell mit der Mutter als Stütze des Heims und dem Vater als Ernährer. Die Kernfamilie, heißt es, habe aufgehört, Grundzelle des Gesellschaftskörpers zu sein, und stelle nur noch eine von mehreren »Life-style«-Optionen dar.[33]

Um die Wahrheit hinter diesem Faktoid zu erkennen, muß man sich klarmachen, daß die radikal-individualistische Definition der Familie Elemente einbezieht, die zwar historisch mit der

Kernfamilie verbunden waren, aber nicht zu ihrem Wesen gehören. Demnach bestehe sie aus dem Vater, der das Geld verdient; der Mutter, die sich ganz dem Heim widmet; und *zwei* Kindern.[34] Diese Struktur ist aber kaum notwendige Voraussetzung dafür, daß die Familie ihre primäre Aufgabe erfüllen kann: die Basis für die moralische Erziehung der nächsten Generation zu schaffen. Die zitierten Zahlen sind daher in Wirklichkeit familienfeindlich und dienen dazu, die Familie herabzusetzen.

Tatsächlich lebt heute die Mehrheit der Vorschulkinder (etwa 78 Prozent) in funktionierenden Familien unterschiedlicher Strukur: bei 33 Prozent geht der Vater arbeiten, bleibt die Mutter zu Hause; bei 29 Prozent sind beide Eltern ganztägig berufstätig; bei 16 Prozent hat die verheiratete Mutter eine Teilzeitarbeit. Die Zwei-Eltern-Familie ist zwar seltener geworden, aber weit davon entfernt auszusterben.[35]

Sollten wir Scheidungen erschweren?

Wäre die Zwei-Eltern-Familie nur eine Option unter vielen, müßten wir uns über die hohe Scheidungsrate keine Sorgen machen. Da aber vieles darauf hindeutet, daß intakte Familien vorzuziehen seien, stellt sich die Scheidung problematischer dar. Zuerst einmal verliert das Kind durch die Scheidung ein Elternteil, oft vollständig. Die meisten Väter ignorieren ihre Sprößlinge aus erster Ehe gleich nach der Gründung einer neuen Familie, wenn nicht schon vorher. Bereits in der Phase kurz nach der Scheidung sieht nur ein Sechstel aller Kinder ihre Väter auch nur einmal wöchentlich; fast die Hälfte begegnet ihnen überhaupt nicht mehr. Zehn Jahre danach haben praktisch zwei Drittel *keinerlei Kontakt* mehr.[36] Alleinerziehende Mütter, die im Normalfall das Sorgerecht haben, sind wirtschaftlichen Zwängen, die das Kindergroßziehen beeinträchtigen, sogar noch mehr ausgesetzt als ihre verheirateten Pendants. Außerdem hat eine Scheidung ihre ganz eigenen schädlichen Folgen, weil die Kinder oft zu Schachfiguren in erbitterten Gefechten gemacht und in Loyalitätskonflikte verstrickt werden. Die Folge ist, daß viele Kinder sich – verständlicherweise – verlassen und ungeliebt fühlen.

Nach einer Scheidung werden Kinder auch häufig mit einer für sie verwirrenden Rotation elterlicher Freunde oder Freundinnen konfrontiert. Viele dieser durchreisenden Partner entwikkeln eine gewisse Beziehung zu den Kindern; dann verschwinden auch sie, aus Gründen, die sich den Kindern entziehen, die sie aber nur allzuoft bei sich selbst suchen. Falls und wenn die Kinder dann endlich Stiefeltern haben, stellen sie oft fest, daß ihre zweite Familie noch instabiler ist als die erste. Es gibt zwar Stiefeltern, die ein erstaunlich enges Verhältnis zu ihren Stiefkindern entwickeln, aber sehr viel verbreiteter ist doch die gespannte Beziehung, die etwa im Märchen vom Aschenputtel ihren mythischen Ausdruck fand.

Die sozialwissenschaftliche Erforschung der Scheidungsfolgen hat gewiß zu widersprüchlichen Ergebnissen geführt; man kann auch jeden Befund in Frage stellen. So meint Douglas Besharov, ein Familienexperte des Amerikanischen Unternehmens-Instituts (American Enterprise Institute) zu dem Befund, Verheiratete seien glücklicher als Alleinstehende: »Vielleicht, weil nur die Glücklicheren heiraten.«[37] Aber vieles weist darauf hin, daß die Auflösung der Familie zumeist schlimme Folgen hat. Claire Berman, Autorin des Buches *Erwachsene Scheidungskinder melden sich zu Wort,* behauptet, Scheidungskinder wiesen »generell eine seelische Verwundung auf. Sie haben das Gefühl, zu kurz gekommen und in einem Geburtsrecht beschnitten worden zu sein, dem Recht, in einem vollständigen Elternhaus aufzuwachsen.«[38] Ich kenne keinen Fall einer für die Kinder harmlosen Scheidung – obwohl es natürlich in dem Ausmaß des Schadens erhebliche Unterschiede gibt und manche kaputte Ehe genausoviel Unheil anrichten kann wie eine Scheidung (oder gar mehr).

Der Familienexperte David Popenoe bringt bei seiner Diskussion des »neuen Familismus« das Problem auf den Punkt, das eine Scheidung für die Kinder darstellt:

Es ist eine Tatsache, daß ein Großteil der in neuerer Zeit erfolgten Scheidungen negative Auswirkungen auf die Kinder hat. Ich bin wohl noch keinem Kind begegnet, das nicht, wenn möglich, bei seinen biologischen Eltern aufwachsen wollte, die es gemeinsam großziehen und, zumindest bis es erwachsen ist (und möglichst das ganze Leben), zusammen bleiben.«[39]

Judith Wallerstein berichtet in ihrem Buch *Neue Chancen: Männer, Frauen und Kinder ein Jahrzehnt nach der Scheidung*, daß Kinder, die unmittelbar nach der Scheidung ihrer Eltern in die Adoleszenz kommen, besonders verwundbar seien:

In unserer Untersuchung ist einer von drei jungen Männern und eine von zehn jungen Frauen (19 bis 23 Jahre alt) an der 10-Jahres-Schwelle delinquent, agiert also seinen (ihren) Zorn in gesetzwidrigen Handlungen aus, wie Körperverletzung, Einbruch, Brandstiftung, Drogenhandel, Diebstahl, Trunkenheit am Steuer und Prostitution. Viele dieser Jugendlichen waren vor ihrem 18. Lebensjahr einmalig in Gesetzesverstöße verwickelt, aber eine beunruhigend hohe Anzahl behält dieses kriminelle Verhaltensmuster bis Anfang zwanzig bei.

Sie führt weiter aus:

Das sichtbare Fehlverhalten – Drogen- und Alkoholmißbrauch, geringfügige Sachbeschädigung und ähnliches – ist in unserer Gesellschaft weit verbreitet, unabhängig von den Scheidungen. Noch häufiger als dieses Verhalten zeigt sich im Leben der Scheidungskinder aber das Muster Leistungsschwäche, geringes Selbstwertgefühl und unterdrückter Ärger im Zusammenhang mit Gefühlen des Zurückgewiesenseins.[40]

Andere Untersuchungen haben in der intellektuellen, sozialen, moralischen und körperlichen wie emotionalen Entwicklung der Kinder Scheidungsfolgen nachgewiesen. Teenager aus Haushalten mit Stiefelternteil oder mit Alleinerzieher brechen häufiger die Schule ab als die aus Familien mit beiden natürlichen Eltern.[41] Nach einer 1991 von Forschern der Princeton- und der John-Hopkins-Universität durchgeführten Studie schneiden Schüler »aus Ein-Eltern-Familien bei Notenmittel, Schulbesuch und ... Fertigkeiten schlechter ab.«[42] Das galt auch für Kinder mit einem Stiefelternteil. Laut einer Untersuchung der Staatlichen Gesundheitsbehörde haben Kinder Alleinerziehender oder mit einem

Stiefelternteil mit einer zwei- bis dreifach höheren Wahrscheinlichkeit als Kinder aus Familien mit beiden biologischen Eltern emotionale oder Verhaltensprobleme.[43]

Bei einer Studie des Nationalverbandes der Grundschulrektoren wurden 30 Prozent der Grundschüler aus Zwei-Eltern-Familien als »leistungsstark« eingestuft, gegen 17 Prozent bei Kindern aus Ein-Eltern-Familien. Leistungsschwach waren nur 23 Prozent der ersteren, aber 38 Prozent der letzteren. Letztere hatten höhere Werte bei Schwänzen, Zuspätkommen, Maßregelungen und Schulabbruch.[44] 70 Prozent der Jugendlichen in den staatlichen Besserungsanstalten sind in Ein-Eltern-Familien oder elternlos aufgewachsen.[45]

Der Psychiater James M. Herzog vom Children's Hospital Medical Center in Boston hat untersucht, wie sich das Fehlen einer aktiven Vaterfigur auf kleine Kinder auswirkt. Seine Befunde legen nahe, daß die Abwesenheit des Vaters spezifische und langfristige Konsequenzen für die Art und Weise haben könnte, wie kleine Kinder mit ihren Aggressionstrieben umgehen. Bei den 72 Scheidungskindern seiner Untersuchungsgruppe machte sich die Abwesenheit des Vaters vor allem bei den Eineinhalb- bis Fünfjährigen (zumeist Jungen) dramatisch spürbar. Der Benjamin hatte bezeichnenderweise Monster-Alpträume; die Drei- bis Fünfjährigen neigten zu Machismo und Hyperaggressivität und hingen Vorstellungen von strenger männlicher Disziplin an. Bei den Fünf- bis Siebenjährigen beiderlei Geschlechts war die Depression – also die nach innen gerichtete Aggression – die üblichere Folge der Vaterabwesenheit. Nach Herzogs These kontrollieren und absorbieren die Eltern ein ganzes Spektrum von Gefühlen und Konflikten und erzeugen dadurch eine Art Schutzschild, der es beiden erlaubt, fürsorgliche und gute Eltern zu sein. Beim Weggang des Vaters bricht dieser Schild leicht zusammen, werden die Kinder verwundbar.[46 47]

Scheidungskinder tragen den Keim künftiger Probleme in sich. Laut einer Studie der Soziologinnen Norval Glenn und Kathryn Kramer von der University of Texas (1987) neigen Kinder, die vor ihrem 16. Lebensjahr die Scheidung oder Trennung ihrer Eltern erleben, stärker dazu, sich später selbst scheiden zu lassen.[48]

Ein überraschendes Forschungsergebnis ist in der Tat, daß die Scheidung nicht nur kleine Kinder, sondern auch Jugendliche, ja noch ältere Sprößlinge tief verletzt. Wie der britische Psychiater Bryan Rodgers bei einer Gruppe von dreitausend Erwachsenen feststellte, treten bei Frauen, deren Eltern sich getrennt hatten, affektive Störungen mit eineinhalb- bis zweimal so großer Wahrscheinlichkeit auf wie bei denen, deren Eltern zusammengeblieben waren.[49]

Vielleicht gibt es alternative Erklärungen für einige dieser Ergebnisse; sie sind auch keineswegs allgemein akzepiert. So hat die prominente Soziologin und Feministin Jessie Bernard bei ihrer Überprüfung einiger früher Untersuchungen zum Thema Stiefkinder ein vielfältigeres und komplexeres Bild erhalten, als es die oben zitierten Studien zeichnen. Dieses Bild wird zudem durch wirtschaftliche Hintergrundsfaktoren beträchtlich kompliziert.[50] Da Alleinerzieher oft ärmer sind als verheirate Eltern, sind die Auswirkungen der Armut nur schwer von denen der Ein-Eltern-Situation zu trennen. Wie schon gesagt, gibt es ja auch einige Ehen, für die eine Scheidung die beste Lösung ist. Die vernünftigste Schlußfolgerung, die auf einem ganzen Komplex von Daten, statt auf dieser oder jener Studie basiert, ist die: *Man sollte die Scheidung zwar nicht verbieten oder verdammen, wohl aber erschweren. Eine leichte Scheidung liegt weder im Interesse der Kinder und Gemeinschaft noch, wie wir sehen werden, im Interesse der Eltern.*

Die moralische Stimme verändern

Es gibt weder eine Wunderpille für bessere Ehen noch einen Mechanismus, um die Scheidung wieder zu stigmatisieren. Es gibt aber sehr wohl Möglichkeiten, die jungen Leute zu einer verantwortungsbewußteren Eheschließung zu ermuntern, die bestehenden Ehen zu stützen und zu stärken und zugleich die moralische Idee der Gemeinschaft auszudrücken, daß eine Ehe keine Wegwerfbeziehung ist.

Vor der Ehe

Um den Run auf die Scheidung zu vermeiden, müssen wir den Run auf die Ehe bremsen. Diesen Weg gehen heute viele Kirchen und Synagogen. So weigern sich immer mehr Priester, Pastoren und Rabbiner, die Leute von der Straße weg zu verheiraten, und verlangen, daß Braut und Bräutigam *in spe* zuerst an ein paar Gruppenberatungen teilnehmen und die Geheimnisse gemeinsamer Entscheidungsfindung, gegenseitiger Achtung oder familiären Wirtschaftens ergründen.

Im kalifornischen Modesto vereinbarten 63 Religionsführer für Heiratswillige eine viermonatige *Wartezeit* mit wenigstens zwei Beratungsgesprächen. In einer Presseerklärung begründeten sie das damit, daß »Paare, die ernsthaft an einer vorehelichen Prüfung und Beratung teilnehmen, besser verstehen, was eine Eheschließung bedeutet... Eine Hochzeit dauert nur einen Tag; eine Ehe ist ein Bund fürs Leben.«[51] Die First Baptist Church in Modesto verlangt eine achtmonatige Wartezeit, während der die Ehekandidaten mindestens achtmal einen kirchlichen Dozenten aufsuchen müssen. Der dortige Ledigengeistliche berichtet, daß die Hälfte der Kursteilnehmer der letzten sechs Jahre auf eine Heirat verzichtet hat, und nennt das Programm denn auch eine »wirksame Scheidungsprävention«.[52 53]

Es ist gut möglich, daß diese Wartephasen für manche zu lang sind. Wichtiger als die Dauer ist die Chance herauszufinden, wie tief die Bindung der beiden ist, ob sie die elementaren Kommunikationsfähigkeiten haben, die man für eine stabile und befriedigende Beziehung braucht, sowie die Chance, diese Fähigkeiten nötigenfalls zu entwickeln.

Wenn die Gemeinschaft mit der Ehevorbereitung schon früher begänne, wären Heiratswillige noch besser vorbereitet. Eine gute Möglichkeit sehe ich darin, *daß die Schulen mehr Kurse über zwischenmenschliche Beziehungen anbieten.* Das würde das soziale Klima insgesamt verbessern, nicht nur das eheliche. Die Amerikaner sind recht durchsetzungsbetont, streitsüchtig. Wir verstehen uns zu sehr darauf, jemanden anzugreifen, uns zu schlagen und unser Revier und unsere Rechte zu verteidigen. Es dürfte uns allen gut bekommen, sanftere, sozial zuträglichere Wege der Konfliktlösung zu erlernen. Das wäre ein sinnvolles Thema, das man aber besser in Rollenspielen als mit Vorträgen angehen sollte. In derlei Kursen lernt man, wie man Probleme angreift statt einander, wie man vermeidet, längst Vergangenes hervorzukramen, wenn es um Aktuelles geht, und wie man für die Diskussion bestimmter Dinge bestimmte Zeiten festlegt. Wie die Forschung zeigt, kommt es in »guten« Ehen etwa genauso oft zu Konflikten wie in »schlechten«; der Unterschied liegt darin, daß die Partner in stabilen, relativ glücklichen Ehen weniger verletzende und effektivere Methoden der Auseinandersetzung entwickelt haben. (*Der intime Feind* von George R. Bach und Peter Wyden gibt eine allgemeinverständliche Darstellung eines solchen Ansatzes.)[54]

Die Psychologen John Gottman und Lowell Krokoff haben die Entwicklung von Ehen über einen Zeitraum von drei Jahren verfolgt. Sie fanden heraus, daß die Ehepartner ihre Konflikte herunterfahren können, wenn sie die Argumente des anderen einmal in ihre eigenen Worte fassen und nach Lösungen suchen, anstatt an ihren Standpunkten festzuhalten. Gottman betont: »Ehepaare mit einem gesunden Streitmuster entwickeln eine Art ehelicher Effizienz, die ihre Beziehung mit der Zeit stärkt.«[55] [56]

Nach den Untersuchungen des Psychologen Howard Markman, der an der University Denver Ehepaare in Konfliktverhalten trainiert, macht die wachsende Argumentationsfähigkeit die Paare zuerst unglücklich, später jedoch zufriedener. Bei Kursteilnehmern war die Scheidungsrate nach sechs Jahren nur halb so hoch wie bei Nichtteilnehmern.[57]

Eine andere Möglichkeit sind »Vorverpflichtungen«, wie eine Juristin diese Absprachen genannt hat, die dem Ehegelübde vorausgehen und es erweitern würden. Die Professorin Elizabeth Scott von der Juristischen Fakultät der University of Virginia schlägt Heiratswilligen oder Verheirateten für den Fall, daß sie eine Scheidung erwägen sollten, zu vereinbaren: 1. die Entscheidung darüber für zwei, drei Jahre zu vertagen; 2. an einer Eheberatung teilzunehmen; und 3. davon auszugehen, daß der Scheidungswillige zusätzliche wirtschaftliche Opfer auf sich nimmt.[58]

Schließlich könnte man auch eine gesetzliche Wartepflicht für Heiratswillige einführen, um ihnen mehr Bedenkzeit in dieser Phase des Gefühlsüberschwangs zu geben. Vergessen wir auch nicht, daß die leichte Scheidung die Menschen zu einer allzu unbeschwerten Eheschließung verleitet. Weil sie erwarten, daß die Ehe wohl nicht halten wird, geben sie sich weniger Mühe, sie gut zu führen. So gebiert die Scheidung neue Scheidungen.[59] Umgekehrt wird die verantwortungsbewußte Heirat die Ehe dauerhafter machen, was wiederum den Willen der Paare stärken wird, eine gute Ehe zu führen.

Während der Ehe

Das Ritual der Familienmahlzeit – das einst so fest zu unserem Tagesablauf gehörte wie das Zähneputzen – wird neuerdings von einer illustren Schar von Gesellschaftsexperten gerühmt, zu der Robert Bellah und seine Kollegen ebenso zählen wie ein stellvertretender Gesundheitsminister. Bellah und Co. erweisen der gemeinsamen häuslichen Mahlzeit folgende Reverenz:

> Die Familienmahlzeit ... ist die wichtigste Zelebration der Familie, ja ein Familiensakrament. ... Wenn sich alle an der häuslichen Arbeit beteiligen, der Mann, die Frau und (soweit es in ihren Kräften steht) auch die Kinder, kann die Familie zumindest ein paar Mahlzeiten pro Woche gemeinsam einnehmen und daraus ein Fest machen, bei dem sie ihr Zusammensein und all die guten Dinge genießt, die man gemeinsam zubereitet hat. Diese Mahlzeiten können auch zu Konflikten führen, wie jeder Vater und jede Mutter weiß; aber daß man lernt, sie zu lösen, und lernt, zuzuhören und Gehör zu finden, das ist Teil ihrer unentbehrlichen erzieherischen Funktion. Wir können sicher sein, daß die zusammen vorbereitete, gemeinsame Mahlzeit die Familie wärmer macht und die Aufmerksamkeit jedes einzelnen erhöht.[60]

Zu den im Bereich der Familie nötigen »Aktionen und Reformen« gehört laut Patrick F. Fagan vom Gesundheitsministerium:

... daß die Familien zur Praxis der gemeinsamen Hauptmahlzeit zurückkehren, damit sie wenigstens eine Stunde am Tag zusammen sind und über all die Trivialitäten sprechen, aus denen unser Alltag zumeist besteht. Aber eine Stunde der Familie kann es nur sein, wenn der Vater dabei ist. Das erfordert vatergemäße Anpassungen der Arbeitszeitregelungen.[61]

Das ist nur ein Beispiel für die vielen Möglichkeiten, Ehe und Familie zu stärken. Daneben gibt es etwa Programme religiöser Organisationen (wie *Encounter*- Gruppen), die Erneuerung des Ehegelübdes, die Eheberatung und anderes mehr.

Vor der Scheidung

»Bremsmechanismen« einzuführen, die dem Paar genug Bedenkzeit vor dem Scheidungsprozeß geben, hat der führende Kommunitarier William Galston angeregt, der Walter Mondale als Themenberater beim Präsidentschaftswahlkampf 1984 diente.[62] Eine der von ihm vorgeschlagenen Maßnahmen hat auch die britische Rechtsreform-Kommission empfohlen. Dabei wären die beiden gehalten, in den neun Monaten nach ihrem gerichtlichen Scheidungsantrag die wichtigen Details der Scheidung zu klären. Sie müßten alle Fragen, die die Kinder betreffen, vorrangig lösen und könnten erst danach vor Gericht treten und geschieden werden. Diese Regelung soll die Eltern veranlassen, sich mit den Folgen der geplanten Trennung auseinanderzusetzen, und sie so womöglich von ihrem Vorhaben abbringen.[63]

Eine andere Methode, Scheidungen unattraktiver zu machen, hat das Parlament von Oklahoma beraten, und zwar die Einführung einer gesetzlichen Frist von neun Monaten zwischen Scheidung und erneuter Heirat.[64]

Ich unterstütze derartige Schritte, wenn auch widerstrebend. Zum einen, weil mir der Gedanke mißfällt, das Verhalten der Menschen durch immer mehr und neue Gesetze und Verordnungen zu regulieren. Zum anderen, weil eine Abkühlphase von nur dreißig Tagen wohl zu kurz sein dürfte und eine längere Wartezeit aus praktischen Gründen schwer zu vertreten ist. Ich möchte jedoch an Galstons Vorschlag anknüpfen, um die Rolle des Gesetzes in kommunitaristischer Sicht etwas allgemeiner darzulegen.

Mit Gesetzen assoziieren wir Zwang, Strafe und Abschreckung. Sehr zu Recht. Sie erinnern uns an Gerichte, Gefängnis- und Geldstrafen. Als gesellschaftliche Instrumente sollten sie daher möglichst wenig gebraucht werden. Aber Gesetze haben auch noch eine andere Funktion. Sie können dazu dienen, die Werte der Gemeinschaft zu vermitteln und zu symbolisieren. Das ist einer der Gründe, warum sich die Kommunitarier gegen die Legalisierung des Drogenkonsums wenden. Das wäre eine falsche Botschaft, würde sie doch implizieren, die Gemeinschaft billige den Drogenrausch.

Mary Ann Glendon legt in ihrem Buch *Abtreibung und Scheidung im westlichen Recht* die sehr unterschiedlichen Botschaften der amerikanischen beziehungsweise europäischen Scheidungsgesetze dar. Während viele Europäer die Scheidung noch als ein Übel betrachten, ist sie für viele Amerikaner sozial akzeptabler geworden. Vor allem die Abschaffung des Verschuldensprinzips hat die Bedeutung des Ehegelübdes geschmälert. Das neue Recht sollte die Scheidungskosten senken, das Verfahren vereinfachen und den Staat aus unserem Privatleben fernhalten. Gut, aber es hat auch die Scheidung sanktioniert. Denn seine moralische Botschaft lautet: Die Ehe ist primär eine Beziehung, in der zwei Menschen Erfüllung finden sollen. Wenn sie diese Funktion nicht mehr erfüllt, ist daraus keinem ein Vorwurf zu machen, steht es den beiden frei, sie zu beenden. Damit, so Glendon, gäben diese Scheidungsgesetze der Gemeinschaft zu verstehen, daß die Ehe kein auf Dauer angelegter Vertrag mehr sei.[65]

Für die Einführung des Zerrüttungsprinzips haben sich vor allem Frauen eingesetzt, weil sie sich davon eine Stärkung ihrer Rechte erhofften. Ironischerweise hat die Änderung, wie Lenore Weitzman in ihrem Buch *Die Scheidungsrevolution* zeigt, ihre Verhandlungsposition jedoch geschwächt und den Nicht-Sorgeberechtigten (meist der Vater) finanziell begünstigt.[66] [67]

Das moralische Gütesiegel für die verschuldensunabhängige Scheidung und die oft ungleiche Güterteilung besagen für die

Männer, von denen das Scheidungsbegehren ja zumeist ausgeht, die Gemeinschaft akzeptiere es, wenn sie sich ihrer familiären Verpflichtungen entledigen. Um die hohe Scheidungsrate zu senken, muß man die umgekehrte moralische Botschaft aussenden und die ökonomischen Lasten der Scheidung entsprechend neu verteilen.

Finanzielle Sanktionen

Daß die Gesellschaft ihr Moralkonzept zum Ausdruck bringt, hält Galston für unzureichend: »Um den Bürgern klarzumachen, daß die Gemeinschaft es mit ihren Verantwortungsnormen ernst meint, braucht es zwingende Vorschriften – Gesetze mit Zähnen. Ob Trunkenheit am Steuer oder Rassendiskriminierung: strenge gesetzliche Sanktionen sind stets eine wesentliche Bedingung für Verhaltensänderungen gewesen.«[68]

David T. Ellwood von der Harvard-Universität hat in seinem Buch *Problem Unterhalt* eine Sorgerechtsänderung vorgeschlagen, die beide Elternteile für ihre Kinder verantwortlich macht, ob sie bei ihnen leben oder nicht. So sei in die Geburtsurkunde des Kindes beider Sozialversicherungsnummer aufzunehmen, damit man jeden, der seine Kinder verlassen habe, jederzeit finden könne. Der abwesende Elternteil sollte verpflichtet werden, einen Teil seines Einkommens, der wie die Sozialbeiträge von seinem Gehalt abzuziehen wäre, für den Unterhalt beizusteuern.[69] Die Verletzung dieser Unterhaltspflicht wäre eine »Straftat ähnlich der Steuerhinterziehung«.[70] Das würde die Pflichten des abwesenden Elternteils klarstellen und einklagbar machen. Die größeren Pflichten abwesender Väter, so Ellwood, würden den »finanziellen Anreiz zur Schaffung von Ein-Eltern-Familien verringern«.[71]

Eine andere Möglichkeit sehe ich darin, das Familienvermögen bei einer Scheidung nicht allein zwischen dem Vater und der Mutter aufzuteilen, sondern zu dritteln und den dritten Teil dem zuzusprechen, der das Sorgerecht erhält (im Normalfall die Mutter). Dieses Drittel wäre nach Anzahl und Alter der Kinder zu bemessen. Soweit bekannt, hat die Politik diesen Gedanken noch nicht diskutiert, geschweige denn verwirklicht. Er steht aber in Einklang mit Mary Ann Glendons weithin anerkannter Formel »Die Kinder zuerst«, der Idee, daß ihre Bedürfnisse bei allen Scheidungsvereinbarungen Vorrang haben sollten.

Andere politische Beobachter bevorzugen finanzielle Anreize, die das Erziehungsgeschäft erleichtern und die Fluchttendenzen besonders der Väter verringern sollen. Viele Länder Europas gewähren den Eltern neben dem Kindergeld für jedes Kind noch vielfältige andere Unterstützung, von der Gesundheitsfürsorge bis zur Erziehungsberatung. Die Ökonomen C. Eugene Steuerle und Jason Juffras schlagen pro Kind eine Steuergutschrift von 1000 Dollar vor, was eine Art von Kindergeld darstellen würde.[72] Die Steuer hat im Lauf der Zeit einen immer größeren Teil des Familieneinkommens aufgefressen. 1950 hatte eine Familie mit mittlerem Einkommen 2 Prozent ihres Bruttojahreseinkommens in Form von Bundeseinkommensteuer und Sozialversicherungsteuer zu zahlen. Heutzutage sind es über 20 Prozent. Andererseits ist aber die persönliche Befreiung geschrumpft; um der von 1950 zu entsprechen, müßte sie fast 7000 Dollar betragen – es sind aber kaum mehr als 2000 Dollar.[73]

Leider stand im Wahlkampf von 1992 der Kinderfreibetrag im Zentrum der Debatte, weil Präsident Bush ihn erhöhen wollte, statt ein Kindergeld einzuführen. Wenn wir in dieser Richtung fortschreiten, begünstigen wir Doppelverdienereltern gegenüber den Haushalten, bei denen ein Elternteil daheimbleibt und sich um die Kinder kümmert oder beide teilzeit arbeiten. Das liegt daran, daß Kindergeld (oder eine vernünftige Steuergutschrift) allen Eltern zugute kommt, eine Steuerbefreiung nur denen mit steuerpflichtigem Einkommen. Arme und Geringverdiener gehen bei diesem Prinzip leer aus. Reiche profitieren weit mehr als Schlechtergestellte, vor allem als die Familien, in denen man dem Kindergroßziehen mehr Zeit widmet als dem Geldverdienen. Eine Politik, die auf Kindergeld baut, ist also die wahrhaft familienfreundliche Politik.

Auch das Sozialrecht ist reformbedürftig. Heute streicht fast jedes Gericht dem Wohlfahrtsempfänger, der einen berufstätigen Partner heiratet, die Sozialleistungen und macht so die Heirat für ihn unattraktiver. Wir haben fast jeden steuerrechtlichen Ehemalus getilgt (und sollten verbliebene tilgen), müßten aber auch im Sozialbereich alles tun, die Menschen zur Heirat zu ermutigen, statt sie davon abzuschrecken.

Des weiteren sollte das Beispiel jener vierzehn Bundesstaaten Schule machen, in denen sich die Sozialämter nun aktiv um den Erhalt der Familien bemühen, statt sie zu ignorieren. Das Familienschutzprogramm der Stadt New York stellt pro zwei von der Wohlfahrt lebende Familien einen Sozialarbeiter, der jede von ihnen ganze 20 Stunden wöchentlich betreut. Er arrangiert häusliche Angebote wie Elternschulung, Haushaltsführung und berufliche Qualifizierung. Das kostet pro Familie 8000 Dollar im Jahr – also wenig im Vergleich zu dem jährlichen Pflegesatz von 20000 Dollar für ein einziges Kind.[74]

Der Autor und Familienexperte Karl Zinsmeister formuliert das in allgemeinerer Weise:

> Die Interventionen müssen über und durch die Eltern erfolgen, nicht an ihnen vorbei. So sollten bei Tagesstättenprogrammen alle Eltern nach einem Rotationsprinzip in der Schule präsent sein. Sie sind auch bei der Kinderberatung einzubeziehen. Ohne die gebotene Umsicht können gutgemeinte behördliche Versuche, elterliche Distanz zu kompensieren, derlei Distanz ungewollt noch entschuldigen und verstärken.[75]

Aber um zum Ausgangspunkt zurückzukehren: Wenn wir deutlich machen wollen, daß wir uns heute mehr um den Familienerhalt sorgen als in jener Blütezeit der Toleranz abweichenden Verhaltens, der Experimente in alternativen Lebensformen, der Antifamilienideologie, sollten wir die Scheidung erschweren. Das ist ohne eine Neuauflage des Scheidungsverbots möglich, das ja zu diversen ungesunden sozialen Praktiken führte – angefangen vom Zusammenleben Verheirateter mit Ledigen bis zu den Blitzscheidungen im Ausland (eine Politik, die all jene diskriminierte, die sich eine Reise nach Mexiko oder in die Dominikanische Republik nicht leisten konnten).

Solche Änderungen des Scheidungsrechts werden nicht alle Ehen retten; das gelingt auch anderen Mitteln nicht und sollte gar nicht versucht werden. Aber wir sollten Anreize bieten, die den Verbleib in der Ehe und das Kindergroßziehen attraktiver machen. Und wir sollten jenen geschiedenen Vätern (Müttern) zu Leibe rücken, die nichts zum Unterhalt ihrer Kinder beitragen – weil sie ihre Pflicht verletzen *und* weil die Scheidung weniger lukrativ werden soll. Aber Anreize oder Strafen sind nicht mein Hauptanliegen. Mir geht es vor allem um einen Sinneswandel: daß man die Ehe verantwortungsbewußter und mit dem Willen angehe, sie gut zu führen.

Ehe und Kinderlosigkeit

Ich habe mich bisher bewußt auf die Verantwortung der Eltern gegenüber ihren Kindern konzentriert. Ehepaare mit Kindern sollten alles daran setzen, gut miteinander zurecht zu kommen, und eine Scheidung wenn irgend möglich vermeiden. Aber wie steht es mit denen, die keine Kinder haben wollen oder deren Kinder aus dem Haus sind? In ihrem Buch *Die Gleichheitsfalle* geht Mary Ann Mason das Thema ohne Umschweife an. Sie plädiert für zwei Arten von Ehe: eine (sehr viel verpflichtendere) für Paare mit Kindern und eine für kinderlose. Letztere fällt aus ihrer Sicht in die Kategorie der »Beziehungen« und sollte die individuelle Freiheit akzentuieren. Sie könnte durch einen – sorgfältig ausgearbeiteten, schriftlichen Vertrag – geregelt werden.[76]

Diese Idee basiert auf einem liberalistischen Konzept der menschlichen Natur. Nach Masons Vorstellung können Erwachsene »ihr eigenes Spiel spielen«, wenn Kinder nicht davon betroffen sind. Der Sozialphilosoph Michael Novak charakterisiert diese Sicht der Ehe folgendermaßen:

> Die zentrale Idee unseres vagen Lebensstils scheint mir jedoch hinreichend klar: Das Leben sei einsam und kurz und diene der Selbstverwirklichung. Dazu gesellt sich der Glaube an die Machtergreifung des Ich. Eine völlige Beherrschung der eigenen Umgebung, die Kontrolle über das eigene Zeit-

budget – das sind notwendige Bedingungen für die Selbstverwirklichung.... Bei einer solchen Selbstwahrnehmung ist die Ehe nicht mehr als ein Bündnis.[77]

Manchmal sagen wenige Zeilen alles über ein Charakteristikum einer Kultur, wie diese *Newsweek* - Meldung zeigt: »Festgefahrene Ehen gehen oft in die Brüche – oft leider nicht. Viele werden dann zu dem, was der Familienberater Dr. William B. Phillips aus Atlanta die ›Amerikanische Golduhr-Familie‹ nennt – wenig erregend und erfüllend, aber sehr beständig.«[78] Das implizite Werturteil ist so schlicht wie trist: Es stellt Erregung und Erfüllung über Sicherheit und Kontinuität beziehungsweise Stabilität. Jeder hat das Recht, sich so zu entscheiden. Aber das heißt nicht, daß dies automatisch und generell die bessere Option wäre! Viele Paare, die nicht der Populärpsychologie anhängen, scheinen da ganz anders zu denken, wie ihr ständiges »festgefahrenes« Verhalten nahelegt.

Gegen diese Idealisierung des autonomen Individuums sprechen harte sozialwissenschaftliche Daten. Sie zeigen, daß Menschen, die einsam, ohne dauerhafte Beziehungen leben – deren primäre die Ehe ist – mehr zu physischen und psychischen Krankheiten neigen. Unverheiratete haben eine höhere Sterblichkeitsrate als Verheiratete (bei allen Todesursachen).[79] In einer Gruppe von über 2500 Erwachsenen hatten isoliert lebende Männer eine 3,87fach höhere Sterblichkeitsrate als Männer mit intensiven sozialen Beziehungen (Ehe, Kontakt in der erweiterten Familie, etc.) und sozial wenig integrierte Frauen eine fast doppelt so hohe Mortalität wie gesellschaftlich sehr integrierte Frauen.[80] Bei vier ähnlichen Studien fanden sich für sozial isolierte Individuen 1,07- bis 4fach so hohe Sterblichkeiten wie für sozial sehr integrierte Personen.[81] Der Faktor »Integration in soziale Netzwerke« konkurriert mit so bekannten Verhaltens- und physischen Faktoren wie »Rauchen, Blutdruck, Blutlipide und Bewegung«.[82] Alleinstehende Herzinfarktüberlebende hatten binnen sechs Monaten fast doppelt so oft einen zweiten Infarkt wie jene, die mit einem Partner lebten.[83]

Aber die Verheirateten sind nicht nur langlebiger und gesünder und für die Gemeinschaft weniger kostspielig. Bei den über

6500 Erwachsenen, die Lawrence A. Kurdek von der Wright State University 1991 untersuchte, stuften sich »Verheiratete als glücklicher und weniger depressiv ein als Unverheiratete«.[84] Eine andere Studie ergab, daß geschiedene Frauen mehr zum Alkoholmißbrauch neigen als verheiratete.[85]

Der tiefere Grund dieser Phänomene ist der, daß die meisten Erwachsenen einander brauchen. Sie brauchen enge, emotionale Beziehungen – nicht so sehr wie Kinder mit ihrer nur teilweise geformten Persönlichkeit, aber doch sehr. In der Isolation deformieren sich die meisten oder geraten gar aus den Fugen. Die Menschen können zwar eine Vielfalt von Beziehungen haben – zu Freunden, Verwandten und Haustieren –, aber für die meisten sind das Ergänzungen oder ein ungenügender Ersatz für die stabilen und institutionalisierten Bindungen in der Ehe.
Die Soziologen Peter und Brigitte Berger erklären:

> Die Ehe soll als »Hort« stabiler Identität und Sinngebung in einer sozialen Situation dienen, in der diese Mangelware sind. Hier gilt die Norm integraler Teilhabe am Leben des anderen. Hier auch sind zwei Individuen in der Lage, »ihre eigene Welt« zu konstruieren, was anderswo, inmitten der Komplexitäten des modernen Lebens, nur schwer möglich ist.[86]

Die Stärke ehelicher Bande wird bei einer chronischen oder tödlichen Krankheit eines Ehegatten besonders deutlich. In solchen Situationen steht ihm der Partner im allgemeinen fest zur Seite und umsorgt ihn liebevoll. Es gibt viele Berichte über Ehemänner, die ihre Frauen jahrelang tagaus, tagein im Pflegeheim besucht haben; auch von Frauen weiß man, daß sie ihre Männer nach einem Schlaganfall oder während eines langen Krebs- oder Alzheimerleidens geduldig pflegen. Die wenigsten Freundschaften (es gibt natürlich Ausnahmen) sind so tragfähig und stützend. Auch gutmeinende Freunde besuchen einen Kranken bald immer seltener und haben im Vergleich zu dem Ehegatten relativ wenig Zeit und Kraft für ihn übrig.

Wir sollten auch hier keine Gegensätze konstruieren, nicht in ein »Entweder-Oder« verfallen. Die Behauptung, daß die meisten Erwachsenen in engen emotionalen Beziehungen aufblühen, meint nicht, daß sie darin ihre Individualität aufgeben müßten. Wer eine Ehe eingeht und lebt, muß sich nicht – wie die Frau in der traditionellen Familie – gedrängt fühlen, seine eigenen Ambitionen zu unterdrücken, gar Teil des Familieninventars zu werden – eine »Frau und Mutter«, statt ein Individuum. Das Plädoyer für die Höherbewertung der »Wir«heit – ein Paar (und ein Ehe*partner*) zu sein – impliziert nicht die Aufgabe der persönlichen Individualität. Man kann Grenzen ziehen, die den »Wir«-Bereich des Paares, der Familie definieren (gemeinsame Mahlzeiten etwa) und die »Ich«-Zonen der Individuen (meine Studien, dein Football). Eine dauerhafte Ehe verlangt nur, daß die »Wir«heit wichtig ist, daß Konflikte zwischen den »Ich«-Zonen der Familienmitglieder (und zwischen »Ich«-Zonen und »Wir«-Feld) mit Blick auf den Erhalt der Gemeinschaft gelöst werden.

Weil die Menschen ohne eine dauerhafte Beziehung oft im vollen Wortsinne beschädigt sind, sollte die moralische Stimme der Gemeinschaft wieder klar und deutlich sagen, was schon unsere Vorfahren wußten: daß die Menschen als Hälften zur Welt kommen und voneinander angezogen werden, nach Ganzheit streben. Wir wollen nicht die Ledigen als »alte Jungfern« oder »Hagestolze« diskriminieren und können die Scheidungen kinderloser Ehepaare gelassener aufnehmen als die, bei denen Kinder im Spiel sind. Aber wir würden der Gemeinschaft und ihren vielen Mitgliedern einen schlechten Dienst erweisen, wenn wir nicht klarstellten, daß ein Leben in Gemeinsamkeit für die meisten Menschen meist besser ist.

Fazit

Ein Kind zu zeugen, ist keine rein persönliche und private Angelegenheit, sondern ein Akt, der erhebliche Konsequenzen für die Gemeinschaft birgt. Wer Kinder in die Welt setzt, hat daher die soziale Verpflichtung, für ihre moralische Erziehung zu sorgen. Da sie keine angeborenen Wertvorstellungen haben, muß man sie ihnen vermitteln, damit sie zu guten Mitgliedern der Gemeinschaft werden. Die Erziehung der meisten Kleinkinder (mindestens bis sie zwei Jahre alt sind) gelingt am besten in der engen emotionalen Beziehung mit den Eltern. Tagesstätten, vor allem ihre bei uns häufigste Version, sind ein schlechter Ersatz. Daher sollten die Eltern, wenn einmal ihr ökonomischer Grundbedarf gedeckt ist, ihre Karriere- und Konsuminteressen zugunsten ihrer Kinder zurückstellen, um mehr Zeit für sie zu haben, ihnen mehr von sich geben zu können. Die Gemeinschaft sollte ihnen dabei helfen – für bezahlten Urlaub, Gleitzeit und ähnliches eintreten – und eine solche Prioritätensetzung ausdrücklich würdigen. Das ist keine indirekte Aufforderung an die Mütter, daheim zu bleiben; das Kindergroßziehen ist eine gemeinsame Aufgabe der Eltern. Die Gemeinschaft sollte nicht brandmarken, sondern bestärken.

Kapitel 3

Die kommunitäre Schule

Charakterbildung und moralische Erziehung

Wenn die moralische Infrastruktur unserer Gemeinschaften wiederhergestellt werden soll, müssen die Schulen nachholen, was Familien, Nachbarn und religiöse Institutionen versäumt haben. In der idealen Welt des Kommunitariers besäßen die Schulanfänger eine gut entwickelte Grundpersönlichkeit und hinreichend internalisierte Wertvorstellungen. Ihre (sehr früh geprägten Charaktermerkmale) würden im Lauf der Jahre zu Hause weiter verstärkt werden. Unter solchen Voraussetzungen könnten sich die Lehrer auf die Vermittlung von Wissen und Fähigkeiten konzentrieren – auf die sogenannte kognitive Entwicklung –, statt einen Großteil ihrer Zeit auf Persönlichkeitsbildung und Wertevermittlung verwenden zu müssen.

Aber das ist heute in Amerika nicht der Fall. Die ABC-Schützen in vielen staatlichen – und etlichen privaten – Schulen sind charakterlich unterentwickelt und moralisch ungefestigt. Das liegt vor allem daran, daß die Familien zerstört wurden oder die Eltern überarbeitet sind oder durch andere Interessen und Sorgen aufgefressen werden. Das läßt die Kinder leicht zu schlechten Schülern werden. Und wenn die Schule diese Moral- und Persönlichkeitsmängel nicht behebt, besteht zudem die Gefahr, daß die Jugendlichen nach ihrem Schulabgang schlechte Arbeitskräfte, Bürger, Gemeinschaftsmitglieder werden. Dieses moralische Defizit herrscht nicht nur in den Schulen der Innenstädte, in denen Gewalt und Drogenkonsum grassieren und häufig die Grundvoraussetzungen des Lernens fehlen. Etwa jeder zwanzigste amerikanische Schüler (5,3 Prozent) schleppt ein Schießeisen mit sich herum.[1] Viele staatliche Schule sehen sich gezwungen, am Schuleingang Metalldetektoren zu installieren und Wachleute einzustellen. 1990 wurden gut doppelt so viele junge Amerikaner erschossen wie 1970 (2162 gegenüber 1059).[2] Ein Indiz für die traurige Lage an unseren Schulen ist der Streit, ob die Schüler einen Piepser tragen dürfen oder nicht – mit dem man sie zum Drogenhandel ruft.

Darüber, was den Jüngsten not tut, gibt es viele Vorstellungen. Aus kommunitaristischer Sicht haben sie aber zwei grundlegende Anforderungen zu erfüllen: elementare Persönlichkeitsmerkmale selbständiger Individuen zu entwickeln und zentrale Werte zu internalisieren. Die umfangreiche pädagogische Literatur zu diesem Thema faßt beides manchmal unter »Charakterentwicklung« zusammen. Wir verstehen unter *Charakter* die psychischen Muskeln, die uns zu Triebkontrolle und Befriedigungsaufschub befähigen – der Basis für Leistung und moralisches Verhalten. Die von Generation zu Generation weiterzugebenden *zentralen Werte* bergen moralische Essenzen, die ein Mensch mit adäquater Grundpersönlichkeit zu schätzen, zu übernehmen und in sein Leben zu integrieren lernen kann: Harte Arbeit zahlt sich aus, selbst in einer ungerechten Welt; erweise anderen die Achtung, die du von ihnen erwartest (oder sei bereit, die Folgen deines Verhaltens zu tragen); wer das Rechte tut, fühlt sich besser als der, der seinen moralischen Grundsätzen untreu wird.

Charakterbildung

Was adäquate Charakterentwicklung heißt, ist schnell gesagt. Man muß einfach lernen, seine Triebe zu kontrollieren und sein Handeln nicht nur an der Befriedigung biologischer Bedürfnisse und momentaner Wünsche auszurichten. Die Arbeiter brauchen derlei Selbstkontrolle, um ihre Aufgaben erfüllen zu können – statt zu spät zu kommen und schludrig zu arbeiten –, und um eine Arbeitsroutine ertragen zu können, die für sich genommen oft unbefriedigend ist. Die Bürger und Gemeinschaftsmitglieder brauchen Selbstkontrolle, damit sie nicht ständig neue Gelder und Leistungen fordern und sich zugleich – in einer Form von staatsbürgerlichem Infantilismus – sträuben, Steuern zu zahlen und einen Beitrag zum Gemeinwohl zu leisten. Selbstkontrolle – plus wachsendes Wertengagement – macht uns toleranter gegen Menschen aus anderen Völkern, Rassen und politischen Lagern. Eine solche Toleranz ist eine wesentliche Basis demokratischer Gesellschaften und Staatswesen.

Ein Blick auf die gewalttätigen Methoden, mit denen man in anderen Ländern – von Indien bis Somalia, von Jugoslawien bis Irland – mit dem Anderssein der anderen »umgeht«, verdeutlicht die Notwendigkeit, jeder neuen Generation sowie denen, die aus anderen Kulturen zu uns kommen, die Fähigkeit zu vermitteln, ihre Handlungsimpulse in Schach zu halten. Triebkontrolle ist für das Funktionieren einer demokratischen Gesellschaft noch wichtiger als die oft zitierte »politische Informiertheit und regelmäßige Wahlteilnahme«. Deren Betonung setzt die Annahme voraus, daß mit der Charakterbildung bei uns alles in Ordnung sei. Die Rassenkonflikte in Los Angeles, New York und Miami zeigen jedoch schmerzlich, daß diese Persönlichkeitsbildung stetes Engagement fordert – nicht nur in fernen Weltgegenden, sondern in unseren urbanen Zentren und in vielen Vororten, Städten und Dörfern.

Erziehung knüpft Belohnungen an die Entwicklung von sozial nützlichen und moralisch angemessenen Eigenschaften. Indem man also lernt, sein Glück in der Aufgabenerfüllung, der Rücksicht auf fremde Gefühle oder in regelgemäßem Verhalten zu finden, wird man fähig, nach moralischen Grundsätzen zu leben und seine gesellschaftlichen Pflichten zu erfüllen.

Sicher kann Erziehung auch zuviel Ich-Energie in die inneren Mechanismen der Selbstkontrolle lenken. Das meinen wir, wenn wir von den »Verbissenen« sprechen – Menschen, die nur an Karriere, Leistung und Erfolg denken, sich nicht entspannen, keine Gefühle zeigen können. Dieses Übermaß an Selbstkontrolle hat die Sozialwissenschaftler in der Vergangenheit, vor allem in den 60er Jahren, beschäftigt und beunruhigt und ließ sie nach weniger Erziehung und mehr Ausdrucksfreiheit für das Ich rufen (damals sollte man die »Sau rauslassen«). Im Amerika von heute ist exzessive Selbst-Kontrolle aber unüblich; so kommen viele unserer Kinder mit einer recht dürftigen Fähigkeit zur Selbststeuerung in die Schule. Daß es zahlreichen Kindern und Jugendlichen schwerfällt, pünktlich zu sein, morgens aus dem Bett zu kommen, von sich aus ihre Hausarbeiten zu machen und ihre Aufgaben ordentlich und rechtzeitig zu erledigen – das sind nur die sichtbarsten Anzeichen eines tiefer gehenden Mangels: einer unzureichenden Selbstkontrolle.

So fällt der Schule die Aufgabe zu, das Defizit an familiärer Erziehung auszugleichen, die psychische Basis des Charakters und moralischen Verhaltens zu schaffen. Leider haben aber die diversen Kommissionen zur Untersuchung des Erziehungsdefizits diesen entscheidenden Punkt außer acht gelassen. Sie wollten den Schülern vor allem mehr Unterricht in Naturwissenschaft, Sprachen, Mathe und anderen Fertigkeiten und Wissensbereichen aufbürden. *Aber man kann doch kein Gefäß füllen, das erst noch zu modellieren ist.*

Selbstdisziplin als Schlüsselbegriff

Ich möchte das Problem, um das es geht, mit einem Beispiel aus dem praktischen Leben verdeutlichen. Eine von mir engagierte junge Sekretärin sollte anhand der Gelben Telephonbuchseiten eine Liste erstellen. Da sie das nicht schaffte, wurde klar, daß sie weder das englische Alphabet beherrschte noch die Prinzipien hierarchischer Kategorisierung verstand.

Solches Unvermögen wird normalerweise als kognitives Defizit gewertet und auf schlechten Unterricht oder einen niedrigen IQ zurückgeführt. Wenn man sich aber fragt, warum es so schwer sein soll, jemandem 26 wohlgeordnete Schriftzeichen und die Grundsätze eines simplen Klassifikationssystems beizubringen, wird man bald merken, daß hier ein anderes Defizit vorliegt. Es geht nicht nur darum, daß sich keiner die Zeit genommen und die Mühe gemacht hätte, der Betreffenden sowie vielen anderen beizubringen, was ein Alphabet ist und wie man klassifiziert. Bei den meisten ist das keine Frage des Intelligenzquotienten, denn dafür braucht es wirklich nicht viel Intelligenz und Auffassungsgabe. Um ein »Gefühl« für das eigentliche Problem zu bekommen, sollte sich der mit den Gelben Seiten vertraute Leser vorstellen, er müßte sich eine 26stellige Telephonnummer einprägen. Was würde das von ihm fordern? Erhebliche Anstrengung, aber *keine* kognitive, sondern viel Konzentration, Triebkontrolle, Selbstmotivierung und die Fähigkeit, Streß auszuhalten und zu überwinden (um Ablenkungen zu widerstehen und die mit dem Auswendiglernen verbundene »Routine«-Arbeit zu akzeptieren). An diesem Element psychischer Organisation – der Fähigkeit, für eine Aufgabe innere Energie zu mobilisieren und einzusetzen – scheint es denen zu fehlen, die schlecht lernen. Das dürfte ihre »Unfähigkeit« erklären, einfache Berechnungen durchzuführen (etwa sich ein paar Regeln einzuprägen und sie strikt zu befolgen) oder einen brauchbaren Text abzufassen (sich die Interpunktionsregeln zu merken und daß ein Satz ein Hauptwort hat etc. – keine effektvolle Formulierungen, bloß korrektes Englisch).

Die Schulverwaltungen, Abgeordneten und vielen Kommissionen, die klären wollten, warum Johnny nicht lesen kann, fanden es leichter und problemloser, sich auf meßbare Angelegenheiten wie Mathematik und Vokabeln zu konzentrieren, und haben die gemieden, die moralische Fragen stellten. Sie ignorierten, beispielsweise, Probleme wie die charakterliche Verfassung der Kleinen und die Auswirkungen von allzugroßer Nachgiebigkeit, Noteninflation und automatischer Versetzung.

Disziplin, Selbstdisziplin und Internalisierung

Wie erziehen wir charakterlich? Nach Ansicht vieler Eltern und Pädagogen muß die *Disziplin* bei der moralischen Erziehung und Charakterbildung unserer jungen Generation eine entscheidende Rolle spielen. Bei mehreren Meinungsumfragen stuften Lehrer, Schulverwalter und Eltern den Disziplinmangel als das größte

Problem an unseren Schulen ein. Sie sagten zu Recht, in einer Klasse unruhiger, ungeduldiger, ungezogener und respektloser Schüler, bei denen man keine Regel und keine Arbeitsroutine entwickeln und durchsetzen kann, sei Lernen unmöglich.

Leider hat das Wort *Disziplin,* so wie viele es verstehen, eine autoritäre Bedeutung. Mit diszipliniert sind oft die Schulen gemeint, in denen Lehrer und Direktoren das »Gesetz sind« und keine Widerrede dulden und die Schüler den »nötigen Respekt zeigen«, indem sie beim Eintreten des Lehrers aufstehen und nur dann reden, wenn sie gefragt werden. Sharon Pratt Kelly, Bürgermeisterin in Washington, D.C., hat sogar vorgeschlagen, die Schulen sollten über eine Neubelebung der körperlichen Züchtigung nachdenken.[3] Tatsächlich halten einige Bundesstaaten die Prügelstrafe noch für ein geeignetes Mittel zur Erhaltung der Disziplin. Zudem hat das Oberste Gericht die Entscheidung einer unteren Instanz bestätigt, wonach unsere Verfassung die Schulkinder nicht vor Körperstrafen schütze. Die Richter ließen auch ein Gesetz des Staates Texas unbeanstandet, das außer »tödlicher Gewaltanwendung« jede Körperstrafe erlaubt.[4]

Wenn man mit derlei autoritären Methoden für Disziplin sorgt, werden sich die Kinder und Jugendlichen wohlverhalten, solange sie sich überwacht fühlen und eine Bestrafung fürchten, aber ungezogen sein, wenn ihnen die Autoritäten den Rücken kehren. Außerdem werden sie ihre Wut über diesen Zwang in irgendeiner Art antisozialen Verhaltens austoben. Das kommt daher, daß diese Disziplin auf Strafen baut, statt auf der Einsicht und Neigung, das Rechte zu tun und das Unrechte zu lassen.

Was der Schüler – und der künftige Erwachsene – aber braucht, das ist *Selbstdisziplin,* die innere Bereitschaft, seine Kräfte für überzeugende Aufgaben zu mobilisieren, einzusetzen, und aus der Erledigung ein positives Gefühl – eine Selbstbelohnung – zu ziehen.

Werte werden in strukturierten Umwelten internalisiert, nicht unter autoritären Bedingungen. Eine ständige enge Überwachung von außen und strafende Umgebungen sind kontraproduktiv. Wir brauchen eine Schulstruktur aus Erziehern und Regeln und einer Arbeitsorganisation, die den Schüler motivieren, weil sie klare Richtlinien setzen. Sie müssen nachhaltig durchgesetzt werden, aber auch vernünftig und *gerechtfertigt* sein, damit die Schüler die Notwendigkeit, sie zu beachten, erkennen und einsehen können.

Meine These wird durch einige sozialwissenschaftliche Befunde gestützt; sie sind aber relativ dünn gesät und etwas indirekt. Den folgenden Befund brachte eine Studie von James S. Coleman et al., die in Umfang und Systematik zu den bedeutendsten auf diesem Gebiet zählt. Sie untersuchten 58728 Oberstufenschüler und Zehntkläßler von 1016 staatlichen, privaten und konfessionellen Schulen. Dabei erwies sich *Disziplin* als einziger Faktor, der erfolgreiche von erfolglosen Schulen trennte – von den Schülern als legitim wahrgenommene Disziplin und nicht etwa »Willkürherrschaft«. Dieser Punkt ist sehr wichtig: Wenn die Schüler das von ihnen Geforderte nicht für vernünftig und angemessen halten, werden sie es auch nicht internalisieren und charakterlich nicht davon profitieren.[5]

Die erzieherischen Anforderungen müssen klar formuliert sein, ihr Verhältnis zu den Zielen ist umfassend zu erklären. Die Lehrpläne dürfen weder willkürlich sein noch von jedem Lehrer nach Lust und Laune gehandhabt werden. Um Selbstdisziplin zu fördern, müssen die Aufgaben für den Schüler »machbar« sein, muß ihre Erledigung entsprechend überprüft und belohnt werden. Wenn sie übertrieben oder rein mechanisch sind (wie die meinem Sohn in der High School einst gestellte Aufgabe, die Namen aller Indianerstämme Amerikas auswendig zu lernen) oder die Belohnungen nach sachfremden Kriterien verteilt werden (an Lehrerlieblinge, an Kinder mit hohem sozialem Status oder einflußreichen Eltern), dann werden die Forderungen zum Diktat und verhindern Engagement, Internalisierung von Pflichten und Entwicklung von Selbstdisziplin.

Moralische Erziehung

Die Charakterbildung schafft die psychische Basis sowohl der aufgabenorientierten Selbstmobilisierung wie des moralischen Verhaltens durch Ausbildung der Fähigkeit zur Triebkontrolle und zum Belohnungsaufschub. Sie erzieht jedoch nicht per se zu spezifischen Wertvorstellungen oder Tugenden; sie hat keinen konkreten moralischen Inhalt. Sie vermittelt beispielsweise die rechtschaffene Einstellung, auch auf die Gefahr negativer Konsequenzen hin die Wahrheit zu sagen, lehrt aber nicht den Wert der Wahrhaftigkeit. Sie befähigt uns zum Verzicht auf die gewaltsame Durchsetzung sexueller Gelüste, lehrt uns jedoch nicht, daß eine Vergewaltigung moralisch inakzeptabel ist. Den Charakter der Kinder und Jugendlichen formen zu wollen, ohne ihnen soziale Werte zu vermitteln, entspräche dem Versuch, die Muskeln eines Athleten bloß so, ohne Blick auf eine konkrete Sportart zu trainieren. Wenn die junge Generation, die wir erziehen, zu wertorientiertem Handeln gelangen soll, muß sie also nicht nur die Fähigkeit zum Engagement erwerben – den psychologischen Muskel moralischen Verhaltens –, sondern auch die Wertvorstellungen, von denen die Übung gelenkt wird, die Anwendung der moralischen Fähigkeit. Soweit die Familie diese Werte nicht mehr vermittelt, verlangt die Gemeinschaft von der Schule, die Kinder und Jugendlichen zu lehren, Gut und Böse zu unterscheiden.

Diese moralische Erziehung sollte ein integraler Bestandteil des Unterrichts sein. Der Lehrer Richard McCloud aus dem Bezirk Fairfax in Virginia hat das gut erkannt:

> Wenn ich in der Mittelstufe unsere Unabhängigkeitserklärung vorlese und sie mit den Schülern analysiere ... geht es mir nicht um die Vermittlung historischer Fakten als Selbstzweck. Ich vermittle ihnen vielmehr implizit auch Thomas Jeffersons Engagement für die Freiheit und für hohe moralische Werte. Molières *Tartuffe* hat meinen Oberstufenschülern viel über Heuchelei und Betrug zu sagen; Twains *Huckleberry Finn* erzählt ihnen von menschlichem Anstand und Freundschaft.[6]

Die Opposition

Leider wehren sich die Schulen (vor allem die staatlichen) mit Händen und Füßen gegen eine explizit moralische Pädagogik. Die Schulverwaltungen sagen, sie seien eh schon überfordert. Die Öffentlichkeit verlangt von den Schulen, daß sie immer mehr Themen abdecken, in immer größerer Tiefe. Die Familien und die Gemeinschaft bürden ihnen viele ihrer ungelösten Probleme auf, wie Teenagerschwangerschaft, Drogen- und Alkoholmißbrauch und Gewalt.

Außerdem ist die moralische Erziehung ein heißes Eisen. (Das gilt vor allem für die staatlichen Schulen mit 88 Prozent der Schüler.[7]) Die Schulausschüsse finden es politisch klüger, die moralische Erziehung nicht auf ihre Tagesordnung zu setzen. Wie meinte doch ein Beratungslehrer aus Teaneck, New Jersey, mit Blick auf eine mögliche Moraldebatte der Schülerschaft? »In Fragen von Gut und Böse kann ich nicht ihr Berater sein« – eine typische Reaktion.[8]

»Wessen Moralvorstellungen wollen Sie denn vermitteln?« lautet eine oft gestellte Totschlagfrage, die jede weitere Erörterung des Themas verhindern soll. Die Gegner moralischer Erziehung bezeichnen deren Anhänger häufig als autoritäre Zeitgenossen, die uns allen ihre Wertvorstellungen aufzwingen wollten. Zur Abschreckung verweisen sie darauf, daß die Lehrer in einer Schule in Dallas, Texas, auf Geheiß der Schulverwaltung eine anstößige, weil die männlichen Genitalien und Körperfunktionen darstellende Seite aus den Schulbüchern herausrissen[9], oder daß die Leitung der Oberschule von Simsbury in Connecticut die Aufführung des mit dem Pulitzer-Preis ausgezeichneten Stücks *The Shadow Box* von Michael Cristofer verbot, weil die Schüler sich geweigert hatten, unanständige Textpassagen zu ändern.[10]

Sie verweisen auch mahnend auf Versuche autoritärer Christen, die moralische Erziehung durch die Einführung des Schulgebets zu fördern, das als Türöffner für das christliche Dogma dienen solle. Als nächstes würden diese Leute wohl versuchen, auf die Auswahl »geeigneter« Lesetexte Einfluß zu nehmen, was dazu führen würde, daß die unwissenschaftliche Schöpfungslehre an der Schule Einzug hielte. Dem würde die blanke Indoktrinierung auf dem Fuße folgen. Derlei Vorstöße beunruhigen Anhänger anderer Religionen ebenso wie Agnostiker, Atheisten sowie all jene, die dem Christentum zwar nahe stehen, aber die Trennung von Kirche und Staat beibehalten wollen. Zudem bietet wohl das tägliche Gebet (oder auch mehrere) für die Moral der Schüler ebensowenig eine Gewähr wie der Treueschwur der Schulabgänger für deren Patriotismus. So einfach ist moralische Erziehung nicht.

In obigen Fällen ging es zwar um die schulische Vermittlung von Werten, aber ganz sicher nicht um die Werterziehung, die wir Kommunitarier meinen. Wir haben dabei die zahlreichen, von der Gemeinschaft geteilten Wertvorstellungen im Auge – etwa die Ablehnung von Rassismus, sexueller Diskriminierung und Gewalt sowie Nächstenliebe und gegenseitige Achtung. Wenn wir den Schülern auch nur diese gemeinsamen Werte vermittelten, würde unsere Welt von Grund auf besser werden.

Die Grenzen moralischen Räsonnierens

Einige Schulen haben sich gegen diese Opposition durchgesetzt und die moralische Erziehung aufgenommen (im staatlichen Sektor sind sie noch in der Minderheit). Leider gehen nicht wenige von ihnen die ethische Bildung in einer Weise an, die viel zu wünschen übrig läßt. Sie haben bei dem hochkognitiven Ansatz des »moralischen Urteils« Zuflucht genommen, der auf den Arbeiten von Jean Piaget und Lawrence Kohlberg aufbaut, die vor allem an der Förderung des moralischen Raisonnements, aber nicht an der Wertinternalisierung interessiert waren.[11] In diesen Schulen bringt man den Kindern bestenfalls bei, über Moral zu reden, unternimmt aber keinen Versuch, sie moralisch zu festigen. Letzteres verlangt, daß man jene Werte emotional stärker verankert, die sie schon mitbringen oder in der Schule übernehmen, was mit der Lektüre von Geschichten und Dramen, mit Rollenspielen, Videovorführungen, »Gerichtssitzungen« oder dem Besuch von Obdachlosentreffpunkten und verseuchten Seen und anderen pädagogischen Veranstaltungen erreicht werden kann, die nicht nur informieren, sondern sensibilisieren.

Eine Stunde in moralischem Raisonnement beginnt typischerweise mit der »Abklärung von Werten«. Dazu müssen die Schüler alles notieren, was ihnen lieb und wichtig ist – wie Geld, Ansehen und Macht – und die Nennungen je nach Bedeutung einstufen. Sie versagen nur dann – und kommen für eine moralische Nachhilfe in Betracht –, wenn sie nicht angeben können, was auf *ihrer* Interessenskala oben oder unten rangiert.

Zur weiteren Klärung ihrer Präferenzstruktur sollen ihnen dann Übungen wie das Rettungsboot-Training verhelfen. Dabei müssen sie sich vorstellen, sie befänden sich mit einer Gruppe, zu der etwa ein Wissenschaftler, ein Künstler, ein Lehrer und ein General gehören, in einem Rettungsboot. Da es überladen ist, müssen sie entscheiden, wen sie als ersten über Bord werfen, wen als zweiten und so fort. Das soll ihre Wertehierarchien offenbaren. Also, ob sie etwa die Kunst höher bewerten als das Militär. (Normalerweise muß der Lehrer zuerst über Bord und dürfen die Schüler bis zuletzt bleiben.) Solange sie sich über die Reihenfolge der Überbord-Kandidaten und damit über ihre Wertordnung im klaren sind, gilt das moralische Erziehungsziel als erreicht.

Dieses Raisonnement verlangt keine Diskussion darüber, wen man zuerst über Bord werfen hätte werfen *sollen* und warum nicht genügend Rettungsboote vorhanden waren. Das ist das eine. Aber zudem halte ich es für fraglich, daß man jemanden mit derlei Extrembeispielen (»Grenzsituationen« in der Sprache der Ethik) wirklich auf moralische Entscheidungen vorbereiten könnte, wie sie das Leben verlangt. Der Kolumnist William Raspberry sagte einmal treffend, etwas *über* Ethik zu lernen sei etwas anderes als Ethik lernen. »Beim Büffeln für eine Prüfung in vergleichender Religionswissenschaft,« meinte er in anderem Zusammenhang, »hat noch keiner eine Erscheinung gehabt.«[12]

In Fortgeschrittenenkursen (teils auf College-Niveau) lernen die Schüler sogar auf noch höheren Ebenen zu argumentieren.

Sie werden in Ethiklehren wie Utilitarismus und Deontologie unterrichtet, hören von Autonomie und Wohltätigkeit und so fort. Man erwartet, daß sie aus der Vielzahl gegensätzlicher Forderungen Verhaltensempfehlungen destillieren. So in dem von der University of Minnesota konstruierten und in einer Ethik-Diskussion benutzten Fall einer Sozialarbeiterin, die einen Hausbesuch bei einer kranken Frau macht. Die sagt ihr, daß sie bei einer weiteren Verschlimmerung ihres Zustands zum Revolver greifen werde – »bevor mich jemand in ein Pflegeheim steckt«. Die Frage lautet: Soll die Sozialarbeiterin die Behörden über die Selbstmorddrohung informieren und der Kranken den Revolver abnehmen lassen? Und eine Antwort: Nach dem »Prinzip der Autonomie sind die Wünsche der Klientin zu respektieren«; die Sozialarbeiterin solle folglich nichts unternehmen. Aber wenn einer mehr Gewicht auf die Wohltätigkeit lege, sei ihr der Revolver abzunehmen.[13]

Wer bereits feste Moralvorstellungen hat, kann von solchen »Werteabklärungen« und Schulungen in moralischem Räsonnieren eventuell profitieren. Er kann dabei lernen, sein allgemeines Gefühl, daß er das Rechte tun solle, zu spezifizieren und auf konkrete Fälle anzuwenden sowie moralische Werte zu ordnen, die sich nicht ohne weiteres miteinander in Einklang bringen lassen. Aber für Kinder und Jugendliche mit unterentwickelten moralischen Bindungen werden solche Kurse leicht zu sinnlosen Debattierstunden. »Weil der typische Unterricht in angewandter Ethik die Probleme und Konfliktsituationen ins Zentrum stellt, kann der Schüler leicht die Tatsache aus den Augen verlieren, daß einige Dinge eindeutig richtig und andere eindeutig falsch sind, daß manche ethische Wahrheiten eben nicht zur Diskussion stehen«, vermerkt dazu die Philosophie-Professorin Christine Hoff Sommers von der Clark University.[14] Dem Lehrer fällt beim moralischen Räsonnieren die Rolle eines Moderators zu, nicht die eines aktiven Werte-Anwalts. Der Erfolg der Schüler bei diesen Übungen beruht weniger auf der Tiefe und Bandbreite ihrer moralischen Sensibilität als auf der Feinsinnigkeit ihrer Argumente. Sie könnten ebensogut darüber diskutieren, ob sie ein Schiff mit einem Motorschaden, den keiner behebt, nach Nordost oder Südost steuern sollen. Was der Räsonnierschulung im Vergleich zur Charakterbildung (sich engagieren und steuern lernen) fehlt, ist die *Verinnerlichung* (zu einem Teil von sich machen) eines Wertesystems, die nur über eine moralische *Erziehung* gelingt.

Wessen Werte?[15]

Die provokante Frage »Wessen Moralvorstellungen wollen Sie denn vermitteln?« läßt sich leicht beantworten. Es geht erst einmal um unsere zahllosen gemeinsamen Werte. (Von denen viele nicht nur in einer Gemeinschaft oder in Amerika, sondern weit darüber hinaus akzeptiert sind.) Niemand hält den Mißbrauch von Kindern für moralisch oder Vergewaltigung und Diebstahl (von Mord ganz zu schweigen) oder respektloses Verhalten und Diskriminierungen und anderes mehr.

An diesem Punkt kommt stets die Frage: »Was soll in bezug auf Abtreibung gelten?« Die Abtreibungsdebatte ist eine Ausnahme, die die Regel nicht widerlegt. Einige Werte, ein kleiner Teil aus dem Wertegesamt funktionierender Gemeinschaften, sind umstritten. Diese Ausnahmen kann man auf zweierlei Weise behandeln: den Schülern beide Seiten der Medaille zeigen oder sie schlicht ausklammern. Außerdem läßt sich anhand solcher Streitfragen sehr gut lernen, wie schmerzhaft ein moralischer Konflikt und wie verdienstvoll echte Konsensbildung ist, die bezüglich der meisten Werte ja gegeben ist.

Sicherlich, sagt die Gegenseite, aber einig sei man sich nur über vage und fast schon banale Allgemeinplätze. Sobald es konkret werde, gingen die Ansichten weit auseinander – und wessen Vorstellung wollen Sie dann den Schülern beibringen? So schreibt Pfarrer Charles Fink aus Northport, New York, der an einem Versuch zur Erstellung eines Werte-Lehrplans teilnahm:

> Nehmen wir einmal an, daß Mr. Castelli [er war bei *People for the American Way* für den Bereich Kirche und Staat zuständig], Norman Lear ... und ich in einem Komitee zusammen einen Werte-Lehrplan für die staatlichen Schulen

gestalten sollen. Ja, wir würden alle auf Begriffe wie »Ehrlichkeit, Wahrheitsliebe, Verantwortung, Selbstachtung oder Rücksicht« sehr ansprechen, aber sobald wir diese bürgerlichen Tugenden auf konkrete Fälle zu übertragen hätten, würde sich vermutlich zeigen, daß Mr. Lear und ich uns gar nicht einig sind, was »Verantwortung« im Gebiet sexuellen Verhaltens bedeutet oder was »Rücksicht« in bezug auf Abtreibung oder Euthanasie impliziert oder was »Selbstachtung« heißt, wenn es ums Haschischrauchen geht.[16]

Nicht so schnell! Auch im Konkreten besteht mehr Konsens, als man auf den ersten Blick meinen könnte.

Nehmen wir die folgenden recht konkreten Verhaltensweisen, die laut Pädagogikprofessor William Damon in so mancher Schule zu beobachten sind:

Als ein Beratungslehrer die Eltern eines Schülers anruft, der schon mehrfach »entschuldigt« gefehlt hat, erfährt er, daß die Entschuldigungsbriefe gefälscht sind. Ein Junge muß zum Direktor, weil er einen Lehrer mit dem Messer bedroht hat. Drei Schüler werden wegen rassistischer Beschimpfung eines Kameraden aus der Klasse verwiesen. Ein Mädchen zeigt an, daß jemand ihren Spind aufgebrochen und ihre Sachen gestohlen hat. In einer Ecke schirmen Jungen ein Drogengeschäft ab. Auf dem Schulhof stürzen sich zwei Mädchen auf ein drittes und boxen es in den Magen, weil es mit dem falschen Jungen flirtet.[17]

Wohl kaum jemand würde diese Verhaltensweisen als moralisch in Ordnung bezeichnen; den Schülern beizubringen, was daran schlecht ist, würde eine Heerschar von Erziehern auf Jahre hinaus beschäftigen.

Nehmen wir die Vergewaltigung in einer Beziehung. Die Schüler müssen begreifen, daß sexuelle Gewalt moralisch inakzeptabel ist. Darüber dürften wir uns alle einig sein. Wenn wir ihnen das vermitteln wollen, stoßen wir aber auf ein »Spezifikum«: auf die bei erstaunlich vielen jungen Männern anzutreffende Meinung, wenn eine Frau »nein« sage, heiße das in Wirklichkeit »ja«, und daher sei es völlig in Ordnung, wenn man trotz ihrer Proteste weitermache. Der Lehrer sollte auf ihrer allgemeinen Wertvorstellung – »ein echtes Nein« muß man respektieren – aufbauen, um ihnen zu zeigen, daß ein anständiger Mensch sich zu bremsen hat, wenn eine Frau »nein« sagt, und daß er, wenn er an ihrem

»Ja« irgendwelche Zweifel hat, das erst mit ihr abklären sollte, bevor er weitermacht. Mit anderen Worten: Wenn die grundlegenden Werte gegeben sind, kann man daraus oft spezifische Positionen ableiten, die für fast jeden moralisch zwingend sind.

Dasselbe gilt für den Wert, den wir dem Leben beimessen, und die Frage, wann die medizinische Behandlung bei einem Menschen abzubrechen sei. Es besteht ein breiter Konsens, daß wir dies nicht bei denen tun sollten, die bei Bewußtsein sind oder es wieder erlangen können. Es gibt einen starken und wachsenden Konsens, daß wir die medizinische Betreuung bei Gehirntoten, die keine Chance auf ein menschenwürdiges Weiterleben haben, nicht fortsetzen sollten. Viele sind für ein Widerspruchsrecht des Menschen gegen sogenannte heroische Maßnahmen (etwa die Wiederbelebung nach Herzversagen), weniger aber sind für ein Recht auf Nahrungsverweigerung – auch hier also ein recht spezifischer, hoch entwickelter Konsens. Sicher, manche Detailfragen sind umstritten, aber es gibt hier mehr als genug Stoff, um den Schülern klarzumachen, welch hohen Wert unsere Gesellschaft dem Leben beimißt.

Oder nehmen wir die Wahrhaftigkeit. Niemand würde schamloses Lügen als löblich bezeichnen. Aber wir wissen alle auch, daß es Raum für Notlügen gibt, Unwahrheiten oder Unterlassungen, mit denen wir dem anderen eindeutig helfen wollen. So ist es beispielsweise besser, einem Patienten, der gleich in den OP gefahren werden soll, nicht sämtliche Operationsrisiken vor Augen zu führen, es sei denn, er besteht darauf.

Natürlich kann man sich darüber streiten, ob die Regierung aus Gründen der nationalen Sicherheit lügen dürfe. Aber das führt zu der allgemeineren Frage des Verhaltens bei Wertekonflikten, ein Thema, mit dem sich die Schüler unbedingt befassen müssen. Dieses Problem darf jedoch nicht davon ablenken, daß es ohne wirklich zwingende Gründe keine ethische Rechtfertigung für Regierungs-Lügen gibt (wobei auch in solchen Zwangslagen ein »Kein Kommentar« moralisch angemessener wäre als explizite Lügen).

Tiefschürfende, gut geschulte Philosophen oder Debattierer werden in spezifischeren Aspekten dieses komplexeren Themas einigen Konfliktstoff finden, etwa in der Frage: »Was, wenn die Regierung unsere Militärbasen in dem Land X wirklich für gefährdet hält, ihr aber Wahlen ins Haus stehen?« Der Streit über solche Feinheiten darf uns jedoch nicht davon abhalten, unseren Zweit-, Dritt- und sogar Zehntkläßlern beizubringen, daß die Wahrhaftigkeit dem Lügen in den allermeisten Fällen vorzuziehen ist.

E. J. Dionne jun. gibt in seinem ausgezeichneten Buch *Warum die Amerikaner politikverdrossen sind* ein anderes Beispiel für den Konsens in moralischen Grund- und Detailfragen, der bei uns häufig gegeben ist: Der Kongreß, der oft symbolische, also nicht an politischen Sachfragen orientierte Debatten führt, hat 1991 eingehend und offen über die moralische Legitimation einer Militäraktion der USA gegen Saddam Hussein diskutiert, dessen Truppen Kuwait besetzt und verwüstet hatten und der nun andere Länder bedrohte. Einige Kongreßmitglieder plädierten für Abwarten, damit man sehen könne, ob die ökonomischen Sanktionen griffen, andere hingegen waren für ein sofortiges militärisches Eingreifen. Man war sich aber prinzipiell einig, daß Gewaltanwendung nicht nur abstrakt, hypothetisch, sondern auch unter den konkreten Bedingungen dieser Situation legitim sei. Wichtig ist nicht, daß die Mehrheit für diese oder jene Strategie sprach, sondern daß man eine spezifische Situation anhand der Kriterien des »gerechten Krieges« prüfte und daß die meisten Beteiligten zu dem Schluß kamen, der bevorstehende Golfkrieg sei ein gerechter Krieg. Der ungelöste Konflikt – Abwarten vs Zuschlagen – war primär politischer, strategischer Natur und für die Frage der Legitimität der Gewaltanwendung, die fast einhellig bejaht wurde, unerheblich.[18]

Moralische Erziehung muß keineswegs ein Zankapfel sein, sie kann vielmehr breite Zustimmung finden. An den 148 staatlichen Schulen des Bezirks Baltimore in Maryland wird ein gemeinsamer Kernbereich von 24 Werten gelehrt, die von Wahrhaftigkeit und Verantwortungsbewußtsein bis zum Rechtsstaatsprinzip reichen. Bei einer Befragung im Jahre 1991 bezeichneten 98 Prozent der Bezirksbeamten, 85 Prozent der Eltern sowie *75 Prozent der Schüler* diese ethische Erziehung als eine gute Idee.[19]

Vor allem besteht keine Gefahr, daß die Lehrer die ihnen im Unterricht »völlig ausgelieferten« Schüler einer Gehirnwäsche unterziehen oder sie mit ihren ganz persönlichen moralischen Ansichten indoktrinieren könnten. Auf die Schüler dringt eine Vielzahl von Stimmen ein, ob sie vom Fernsehen und Radio, von Magazinen und Pornoläden, Gleichaltrigen oder wem immer kommen. Ihre soziale Umwelt ist also voller natürlicher Gegenkräfte, besitzt ein eingebautes Sicherungssystem. Wenn irgendwo ein Lehrer ein moralisches Konzept vertreten würde, das weit außerhalb des Gemeinschaftskonsens läge – etwa, daß wir alle Vegetarier, Pazifisten oder Zen-Buddisten werden müssen –, könnten die Schüler aus genügend anderen Quellen genügend Argumente gegen derlei Lehren beziehen. In Wahrheit sieht die Sache nämlich umgekehrt aus: Wenn die typischen Lehrer mit ihren meist im Gemeinschaftsspektrum liegenden Wertvorstellungen darauf verzichten würden, der ringsum herrschenden moralischen Kakophonie ihre Stimme hinzuzufügen, würden die Schüler eine Perspektive vermissen – und nur all die anderen Stimmen zu hören bekommen, von denen viele den Werten der Gemeinschaft weniger verpflichtet sind. Es macht wenig Sinn, den Lehrern einen Maulkorb zu verpassen und zugleich allen anderen zu gestatten, ihre Botschaften ohne jede Hemmung zu verbreiten.

Die Schule als Erfahrungsraum

Wie vermittelt man moralische Werte – also nicht bloß die Gabe moralischen Räsonnierens und Diskutierens? Wie baut man ein Wertbewußtsein auf? Es gibt einen Weg, der allen anderen weit überlegen ist. Denn die wichtigste sozialwissenschaftliche Erkenntnis zu diesem Thema besagt: *Aus Erfahrungen lernt man mehr als aus Vorträgen.* Das zeigen besonders gut Aktivitäten außerhalb des Stundenplans, vor allem der Sport. Natürlich gibt es auch da Fehlentwicklungen, etwa wenn der Trainer den Sieg zum Fetisch erhebt und darüber die Lernziele Fairplay, Teamarbeit und Kameradschaft vernachlässigt. Die »Abgänger solcher Lebensschulen« dürften aggressive Menschen sein, die sich nicht in die Gemeinschaft einfügen können. Wenn aber die Trainer – und die von ihnen vermittelten Botschaften – gut in die Werteerziehung einer Schule integriert sind und die Eltern die erzieherische Seite des Sports über das Siegen stellen, dann kann Sport ein höchst effektives Medium der moralischen Erziehung sein.

Warum verspricht man sich so viel von diesen unterrichtsfernen Aktivitäten? Weil sie Erfahrungen bieten, die wirkungsvolle Erziehungsinstrumente sind. Wenn etwa eine Mannschaft als ein Haufen von Einzelkämpfern spielt und verliert, weil ihr Gegner als gutes Team spielt, dann verdeutlicht ihr dieses Erlebnis – wie kein aufmunterndes Wort, kein Diavortrag es könnte – den Wert und die Vorteile der Kooperation.

Das gilt auch für andere Schulaktivitäten. Sie ermöglichen Erfahrungen mit einem Potential tiefgreifender erzieherischer Wirkungen, positiver wie negativer Natur. Der erste Schritt zur Kräftigung der moralpädagogischen Rolle der Schulen muß also darin bestehen, *die Schule verstärkt als Erfahrungsraum wahrzunehmen und zu analysieren.* Man sollte sie nicht als eine Ansammlung von Lehrern, Schülern, Klassenzimmern, Lehrplänen betrachten. Sehen Sie sich mal auf den Parkplätzen um – kurven da die Schüler wild im Auto herum, bar jeder Aufsicht, oder lernen sie dort unter Anleitung von Lehrern oder Mitschülern Rücksicht auf andere nehmen? Und in den Cafeterias – bewerfen sich die Schüler da mit Pommes und Brot und veranstalten einen Höllenlärm, oder geht es da so zivilisiert zu, daß man sich beim Essen vernünftig unterhalten kann? Oder die Flure – haben dort Muskelpakete das Sagen, werden die Kleinen und Schwachen kujoniert und herumgeschubst, oder sorgen da Lehrer oder Schüler für Sicherheit und Ordnung? Bleibt Vandalismus ungesühnt, wird offen mit Drogen gehandelt, werden Schüler nach anderen als Leistungskriterien belohnt (vielleicht für Konfliktvermeidung, blinden Gehorsam, ein wohlhabendes oder sonst gesellschaftlich privilegiertes Elternhaus)? Oder tut man etwas gegen blinde Zerstörungswut, muß ein Schüler für die Schäden geradestehen, die er anrichtet? Wird Drogenhandel schnell und nachhaltig geahndet? Werden die Schüler nach vernünftigen und nachvollziehbaren Kriterien behandelt?

An manchen staatlichen Schulen in unseren Großstädten ist die Aufrechterhaltung von Ruhe und Ordnung das alles beherrschende pädagogische Thema; sie ist die Mindestvoraussetzung, ohne die es keine moralfördernde Erfahrungen gibt. Wenn die Schüler bewaffnet in den Unterricht kommen, Drogen verkaufen und ihre Lehrer terrorisieren, verdient das höchste Aufmerksamkeit – erst wenn man dagegen etwas unternommen hat, kann man sich den subtileren Fragen der moralischen Erziehung zuwenden.

In vielen anderen Schulen, auch in staatlichen Vororts- und Privatschulen, verhindern diverse radikal-individualistische Ansätze eine moralische Erziehung. Hier behandelt man die Schüler oft als kleine Erwachsene mit reifem Urteilsvermögen und grenzenlosen Rechten statt als unfertige Personen, deren Entwicklung zu fördern ist. In solchen Schulen sind die Unterrichtsaktivitäten und Regeln mehr darauf ausgerichtet, dem Geschmack der Schüler zu schmeicheln als sie zu bilden, zu bereichern. Die Zensuren sollen ihnen ein gutes Gefühl geben, ihr Selbstbewußtsein stärken – nicht ihre Weiterentwicklung lenken. Die Hausarbeiten (ein gutes Mittel zur Förderung der Selbstdisziplin, weil sie weitgehend ohne strenge Überwachung zu erledigen sind) werden verringert, um die Schüler nicht zu »überfordern«.

Auch das Klassenzimmer kann zum Erfahrungsraum werden. Wie man im Unterricht Erfahrungen organisieren kann, hat die Lehrerin Jane Elliott in Riceville in Iowa eindrucksvoll demonstriert. Sie wollte ihre Schüler im April 1968 mit der tristen Lage der schwarzen Amerikaner kurz nach der Ermordung Martin Luther Kings konfrontieren. Eine konventionelle Diskussion darüber schien ihr aber nicht der richtige Weg. Sie beschloß, ihren Drittkläßlern eine persönliche Erfahrung in Diskriminierung zu verschaffen. Nach Elliotts Eindruck hatten sie ein neutrales, distanziertes Verhältnis zu diesem Problem – »wohlwollende Indifferenz«, nannte sie das – und keine Ahnung von dessen wirklicher Bedeutung.

So teilte sie ihre Klasse in zwei Gruppen auf – die Schüler mit blauen Augen in die eine, die mit braunen in die andere. »Heute«, sagte sie eines Freitags, »werden die Blauäugigen ganz unten sein und die Braunäugigen ganz oben.« Dann fuhr sie fort: »Das heißt, daß die mit den braunen Augen besser sind als die mit den blauen. Sie sind sauberer als die Blauäugigen. Sie sind zivilisierter als die Blauäugigen und klüger als die Blauäugigen.« Neue Verhaltensregeln und Elliotts Auftreten begünstigten von da an die braunäugigen Kinder.

Die schlimmen Folgen ließen nicht auf sich warten. »Schon lange vor Mittag war mir hundeelend«, erinnert sich Jane Elliott. »Ich wünschte, ich hätte das nie angefangen. ... Schon zur Mittagszeit identifizierte man jedes Kind ganz automatisch als blau- oder braunäugig. Ich brauchte sie nur anzusehen: Die braunäugigen Kinder waren glücklich, aufgeweckt und fühlten sich herrlich. ... Die blauäugigen waren völlig deprimiert.« Kurz gesagt: Die Schüler hatten *erfahren*, was Diskriminierung bedeutet.

Die Übung hatte die Kinder eindeutig berührt. Die braunäugige Debbie Anderson sagte: »Ich war zornig [am Montag, dem Tag der Blauäugigen]. ... Ich fühlte mich schmutzig. Und ich kam mir weniger klug vor als am Freitag.« Theodore Perzynski schrieb: »Ich mag Diskriminierung nicht. Sie macht mich traurig. Ich möchte nicht mein ganzes Leben lang wütend sein.«

Besonders aufschlußreich ist, was die Mutter einer Schülerin Jane Elliott berichtete:

> Sie sollen wissen, daß Ihre Übung mit dem Diskriminierungstag unser Leben ganz gewaltig verändert hat. Meine Schwiegermutter ist oft bei uns zu Besuch. Als sie nach Ihrem Unterricht das erste Mal wieder ihren Standardausdruck »Nigger« gebrauchte, ging meine Tochter zu ihr hin und sagte: »Oma, das sagt man in unserem Haus nicht, und wenn du es nochmal tust, geh ich raus, bis du weg bist.« Wir waren entzückt; ich hatte ihr das selbst schon lange einmal sagen wollen. Und es hat gewirkt! Sie sagt es jetzt nicht mehr.

Solche Erfahrungen hinterlassen starke, bleibende Eindrücke. Das zeigte sich auch bei dem Treffen der ehemaligen Schüler Jane Elliotts im Jahre 1984. Susan Rolland sagte damals: »Ich ertappe mich immer mal wieder dabei... Also, wenn ich ein paar

Schwarze beisammen sehe und sehe, wie sie sich verhalten, daß ich denke: typisch... Und später – wie gesagt, dann habe ich diesen Gedanken noch nicht zu Ende, da fällt mir ein, wie ich selber in dieser Position war.«

Verla Buls erzählte: »Bei einem Softball-Match vor ein paar Wochen ... da war auch dieser Schwarze, ein Bekannter von mir. Wir sagten ›Hallo!‹ und umarmten uns, und da guckten doch tatsächlich einige Leute so, als ob sie sagen wollten: ›Was machen Sie denn da mit dem?‹ Da spürt man dann so eine heiße Welle im Körper. Da möchte man das alles rauslassen und die einmal das durchmachen lassen, was wir durchgemacht haben, um zu begreifen, daß sie überhaupt nicht anders sind.« Andere berichteten, daß diese Diskriminierungs-Erfahrung sie in ihrer Berufswahl beeinflußt habe. Einige sind aus diesem Grund dem Peace Corps beigetreten oder nach Übersee gegangen, um mit und in anderen Kulturen zu arbeiten.[20]

Es wäre ideal, wenn die Lehrer und Schuldirektoren alle drei Jahre oder öfter in Klausur gingen, um an irgendeinem ruhigen, abgeschiedenen Ort und mithilfe professioneller Moderatoren ein Wochenende lang die Erfahrungen zu analysieren, die ihre Schulen hervorbringen. Sie sollten sich darauf verständigen, Probleme der Wissensvermittlung und des Lehrplans einmal ganz beiseite zu stellen – etwa die Diskussion über die Einführung der neuen Mathematik oder über die beste Unterrichtsmethode im Fach Englisch –, und sich nur auf eine Frage konzentrieren: Was für Erfahrungen erzeugen wir? (Wenn möglich, sollte ein Sozialwissenschaftler vorher die Schüler dazu befragen und seine Ergebnisse den Teilnehmern zur Verfügung stellen.)

Wenn sich eine Schule mit Blick auf die von ihr geschaffenen Erfahrungen selbst analysiert hat, muß sie letztere mit ihren moralischen und sozialen Lernzielen vergleichen. Sollte sich zeigen, daß die Erfahrungen mit den akzeptierten pädagogischen Intentionen in Konflikt stehen, dann sollte die Schule darüber nachdenken, wie sie ihre eigenen Verhaltensmuster ändern kann. Thema könnte etwa sein: die Aufsicht auf dem Schulhof, in den Fluren und auf dem Parkplatz, die Rolle des Leistungssports, die

Kriterien der Notengebung und so fort – um die Erfahrungen zu ermöglichen, von denen man erzieherisch mehr erhofft als von den bisherigen.

Wenn eine Schule beispielsweise die Botschaft verbreiten will, daß Schwarze und Weiße einander mit Achtung begegnen und ihre Beziehungen nicht an der Hautfarbe orientieren sollten, dann braucht es dazu mehr als nur Vorträge über Rassenharmonie. Sie täte gut daran, einmal das »Sitzmuster« in der Cafeteria unter die Lupe zu nehmen. Wenn sich dabei zeigt, daß man dort nach Rassen getrennt seinen Kaffee trinkt, wäre eine Zusammenkunft mit Schülern beider Hautfarben zu empfehlen, bei dem man die Gründe für das selbstauferlegte ghettoartige Verhalten klärt. Als nächstes könnte man mit den Schülern gemischtrassige Mittagessen zu initiieren versuchen (zweimal wöchentlich?) oder Zweierkontakte von Schwarz und Weiß oder Gruppentreffen zum Thema Toleranz und anderes mehr. Was immer die Schule unternimmt, sie muß bedenken, daß ihre Aktionen – und die damit erzeugten Erfahrungen – das moralische Verhalten der Schüler tiefer beeinflussen als die meisten Belehrungen und Appelle.

Weniger Wechsel, mehr menschlicher Kontakt

Damit die Lehrer nicht nur Vermittler von Wissen und Können, sondern Erzieher sind, müssen sie engere Beziehungen zu den Schülern aufbauen können, als das heute vielerorts möglich ist. Eine wichtige Voraussetzung dafür ist die Verringerung der Schülerrotation. Viele amerikanische High Schools sind so organisiert, als ob sie die kalte Idee eines Sozialingenieurs verwirklichen wollten, die Beziehungen zwischen Schülern und Lehrern zu minimieren und sicherzustellen, daß ja keine der womöglich doch entstehenden Beziehungen aus dem Unterricht hervorgehe. Ich meine damit die Tatsache, daß die Schüler nach jedem Läuten, also etwa alle 45 Minuten, aufstehen und sich auf andere Unterrichtsräume verteilen, während der Lehrer bleibt, wo er ist. Das hat zur Folge, daß die Schüler nur selten so etwas wie eine Klassengemeinschaft bilden. Natürlich formen auch sie *Peer groups* – also Gleichaltrigengruppen, die oft, vor allem in moralischen Fragen, großen Einfluß auf ihre Mitglieder haben –, aber nicht im Rahmen der Klasse, sondern in anderen, erzieherisch irrelevanten Strukturen. Ihre Gruppen bilden sich meist um andere Werte oder Interessen, sei es der Rennsport oder Heavymetal-Rock. Diese Gleichaltrigengruppen *müssen nicht* in Opposition zu Gemeinschafts- und pädagogischen Werten stehen, tun es aber häufig, wie soziologische Studien zeigen. Die Lehrer der typischen Rotations-Schule mobilisieren sie nur selten für die moralische Erziehung.

Aber auch zwischen Lehrern und Schülern kann sich aus Mangel an Gelegenheit kaum ein enger Kontakt entwickeln. Die Lehrer sind für ein Fach, nicht für eine »Klasse« zuständig – also nicht für eine bestimmte Gruppe, etwa alle Schüler des 11. Schuljahres, 3. Sektion. So verhindert die hoch spezialisierte Schulorganisation systematisch die Entstehung der für die moralische Erziehung unerläßlichen Schüler-Lehrer-Beziehung.

Wir müssen die Oberschulen neu organisieren, damit sie eine erfahrungsorientierte Erziehung leisten können. Die Lehrer sollten für eine bestimmte »Klasse« verantwortlich sein, in der sie, sagen wir, drei Fächer unterrichten (vor allem so werthaltige Fächer wie Geschichte und Literatur) oder zwei plus Staatsbürgerkunde. Sie sollten auch das Klassenbuch führen und für soziale und administrative Probleme sowie für Diziplinarmaßnahmen zuständig sein. Natürlich sollten sie nicht als Racheengel oder Polizeibüttel auftreten, sondern als Mitglieder des Lehrkörpers, die ein bestimmtes Fehlverhalten zum Ansatzpunkt moralischer Erziehung machen. Gut wäre auch, wenn die Lehrer ihre Schüler von der neunten bis zur zwölften Klasse behielten, sie also ein ganzes Stück Wegs begleiteten.

Solche Veränderungen erfordern ihrerseits einen Wandel in der Lehrerausbildung – hin zu weniger Spezialisierung. Ich möchte aber betonen, daß viele Lehrer, vor allem Altphilologen und Geisteswissenschaftler, dafür schon richtig ausgebildet sind. Jedenfalls braucht es mehr menschliche Nähe und umfassendere, ausgedehntere und werthaltigere Kontakte, damit die moralische Erziehung gelingen kann.

McDonald's ist kein Platz für Jugendliche

In unserer heutigen Welt muß man den Blick über die Schule hinaus richten, wenn man jene Faktoren erfassen will, die pädagogisch relevante Erfahrungen – das Lebenselixier der Charakterbildung und moralischen Erziehung – verhindern oder ermöglichen. Die modernen Oberschüler verbringen viel Zeit außerhalb der Schule und mit irgendwelchen Jobs. Es wäre kurzsichtig, den Erziehungseffekt dieser Umwelt zu ignorieren. Wie gesagt: ein Großteil der Erziehung erfolgt durch das Medium der Erfahrung; weil das Jobben inzwischen im Leben vieler Oberschüler eine so wichtige Rolle spielt, muß man auch dies im Licht der Frage prüfen: Was bedeutet das erzieherisch?

Leider muß ich sagen, daß McDonald's (und der Rest, von Roy Rodgers bis zu Dunkin' Donuts) in diesem Licht alles andere als eine heilsame Einrichtung ist. McDonald's ist schlecht für Ihre Kinder. Ich meine nicht die flachen Dinger, die Brötchen aus Weizenmehl. Ich meine die Jobs hinter diesen Delikatessen. Heute jobben zwei Drittel der Unter- und Oberstufenschüler, vor allem in Fast-Food-Ketten, deren Pionier, Trendsetter und Symbol McDonald's nun einmal ist. Auf den ersten Blick könnte man meinen, daß derlei Jobs direkt aus der Verfassungsväter Erziehungshandbuch für selbständige und von Arbeitsethik beflügelte Jungverdiener entsprungen wären. Vom Limonadenboy zum Zeitungsausträger – Jugendliche im Arbeitsprozeß –, das hat bei uns Tradition. Dort lernen sie die Früchte der Arbeit ernten, lernen Handel und Wandel kennen und üben sich in der Tugend der Selbstdisziplin. (Viele Europäer haben eine andere Vorstellung von Arbeitsethik – dort gehört es sich, daß die Teenager in der Freizeit Ski fahren, Tennis spielen oder zum Ballettunterricht gehen oder gar ihre Manieren verfeinern – aber nicht etwa Tankwart spielen).

Hardee's, Baskin-Robbins, Kentucky Fried Chicken und andere – sind sie nicht bloß eine Art überdimensionaler Limonadenstand? Sie bieten zahlreiche feste Jobs für Jugendliche, geben ihnen Gelegenheit, ihr Stehvermögen zu testen, und bezahlen sie ganz gut im Vergleich zu anderen Jugend-Arbeitgebern. Bei näherer Betrachtung erweist sich die McDonald's -Job-Variante aber in vieler Hinsicht als recht unerzieherisch. Sie ist keineswegs eine Schule der Selbstdisziplin, eigenständigen Planung und Selbstkontrolle (wie das gute alte Zeitungsaustragen). Dazu sind diese Tätigkeiten viel zu strukturiert und routinehaft. Sicher, die Schüler brauchen auch hier eine Arbeitsmotivation; aber sobald sie ihre Uniform anhaben, sind sie kleine Rädchen in einer Maschine. Die McDonald's Corporation schreibt ihren abertausend örtlichen Verkaufsstellen die Kaffeetassenform ebenso vor wie Größe, Gewicht, Form und Farbe der Pastetchen und die Textur der Servietten (falls vorhanden) oder den Takt des Kaffeekochens (alle acht Minuten) und anderes mehr. Da ist wenig Raum für Initiative, Kreativität oder ein Minimum an Mitbestimmung. So sind diese Fast-Food-Franchiseunternehmen Roboterschulen für die Fließbandfertigung von gestern statt Übungsfelder für den engagierten Hightech-Arbeitnehmer von morgen.

Nun, sagen da manche, diese Jobs sind zwar für Oberschüler aus der Mittelschicht ungeeignet, aber »ideal« für arbeitslose, ungebildete Jugendliche aus den ethnischen Minderheiten vom unteren Ende unserer Gesellschaft. Die Minoritäten sind hier in der Tat stark vertreten (über 22 Prozent der Arbeitnehmer im Gaststättengewerbe sind Schwarze oder Hispano-Amerikaner)[21], und ihr Anteil wächst schnell – von 1980 bis 1986 mit einer doppelt so hohen Rate wie die gesamte Industrie.[22] Sicher, diese Arbeitsplätze bieten den gering qualifzierten Jugendlichen ein Einkommen und sogar eine gewisse Schulung, festigen aber auch tendenziell ihre soziale Benachteiligung. Sie bieten keine Aufstiegsanreize und kaum arbeitsmarktfähige Qualifikationen und können Schulbesuch und Lerneifer schwer beeinträchtigen.

Die Arbeitszeit ist lang und geht bis spät in die Nacht. Nach Geschäftsschluß müssen die Jugendlichen aufräumen und putzen. Diese Arbeitsbelastung bleibt nicht ohne Auswirkungen auf das schulische Lernen, insbesondere die Hausaufgabenerledigung. 58 Prozent der Oberstufenschüler der Walt Whitman High School im wohlhabenden Bezirk Montgomery in Maryland räumten bei einer Befragung ein, daß die Schule durch ihre Jobs zu kurz komme.[23]

Es gibt eine Studie[24], die McDonald's und ähnlichen Unternehmen zugute hält, Erfahrung in Teamarbeit und Arbeitsdisziplin zu geben. Das mag stimmen, bedeutet aber nicht automatisch, daß dieses Lernen erzieherisch wertvoll und zuträglich ist. So fördert die Aufsicht in den Schnellimbiß-Ketten vorwiegend die falsche Art von Disziplin und Anpassung (blinden Gehorsam oder die Haltung des »Ich hab' von allem die Schnauze voll«, die viele Aufseher an den Tag legen). Derlei Unterwürfigkeit ist eine schlechte Grundlage für die Bildung von Arbeitsqualitäts-Kreisen, in denen Mitarbeiter und Leitung gemeinsam organisatorische Verbesserungen angehen.

Die Aufsicht ist leider oft ebenso streng wie unangemessen. In vorindustrieller und vorkapitalistischer Zeit vollzog sich die Einführung in die Arbeitswelt im Rahmen enger persönlicher Beziehungen, wie sie etwa zwischen dem (erwachsenen) Meister und dem Lehrling gegeben waren. Wer nicht zu Hause arbeitete, lebte beim Lehrherrn oder Bauern und war in dessen Familie integriert – also nicht Teil einer Horde von Jugendlichen.

Die Fast-Food-Ketten von heute (und ähnliche Unternehmen wie Schallplattenläden, Bowling-Bahnen) lassen ihre jugendlichen Mitarbeiter aus Kostengründen von Jugendlichen beaufsichtigen. In diesen Betrieben arbeitet oft kein einziger Erwachsener. Die jungen Leute sehen dort also keine reife Persönlichkeit, mit der sie sich identifizieren, der sie nacheifern könnten, die ihnen ein Rollenmodell oder eine natürliche moralische Autorität sein könnte. Die Arbeitskultur variiert von Betrieb zu Betrieb: Manche sind knallhart geführt (dort muß die Kasse klingeln!), in anderen schieben die Beschäftigten eine ruhige Kugel und fühlen sich von den Kunden in ihren Privatgesprächen gestört. Nur selten gibt es einen »Meister«, von dem man etwas lernen könnte, und nur selten viel Lernenswertes. Nur allzuoft werden statt solider Arbeitstugenden die Werte jugendlicher Subkultur vermittelt. So wurde einer meiner Söhne, als er bei Baskin Robbins in Upper Manhattan als Eisverkäufer arbeitete, von seinen jungen Kollegen als Schlappschwanz verhöhnt, weil er sich nicht auch aus der Kasse bediente. Die meisten von ihnen hielten es für ihr gutes Recht, sich an ihrem letzten Arbeitstag selbst eine »Abfindung« von 50 Dollar zu gewähren.

Das Geld ist ein weiteres Problem. Was der Zeitungsausträger oder Limonadenverkäufer verdiente, war Taschengeld. Soweit die Lehrlinge wirklich etwas verdienten, gaben sie das meiste oder gar alles zu Hause ab, für den Unterhalt der Familie.

Der Lohn dieser Jugendlichen mag niedrig sein im Vergleich zu dem der Erwachsenen, ist aber oft eine hübsche Summe. Vor allem Mittelschichten-Jugendliche können darüber weitgehend oder hundertprozentig allein verfügen. Sie leben also zu Hause umsonst und dürfen erhebliche Beträge für sich behalten. Wohin das Geld fließt, ist etwas unklar. Manche, vor allem Kinder armer Eltern, bestreiten davon ihren Unterhalt. Einige Mittelschichten-Jugendliche sparen für ihr Studium oder für eine größere Anschaffung, ein Auto etwa. Aber ein Großteil finanziert den frühen Eintritt in die Konsumwelt mit all ihren banalen Elementen, wie schicke Kleidung, Schmuck und andere Objekte einer hektischen Jugendmode.

Na und, werden manche sagen, das ist doch völlig in Ordnung: Die jungen Leute sind eben gute Mitglieder der amerikanischen Konsumgesellschaft, sie arbeiten und geben ihr Geld für das aus, was ihnen Spaß macht. Zumindest setzen sie es nicht in Drogen oder Alkohol um, könnte ein Zyniker ergänzen. Der Erzieher könnte aber beklagen, daß diese jungen, unfertigen Menschen dazu getrieben werden, Dinge zu kaufen, die keinerlei pädagogischen, kulturellen oder sozialen Wert besitzen. Sie erlernen früh und schnell die zweifelhafte Tugend, jeder Laune der Marktstrategen und Konsumgüterindustrie zu folgen.

Zudem finden viele Jugendliche die Sofortbelohnung Geld – und die damit käuflichen Statussymbole – weit attraktiver als gute

Noten in Algebra, amerikanischer Geschichte oder Französisch. So ist es kein Wunder, daß nicht wenige von ihnen lieber die Schule schwänzen oder zumindest ihre Hausaufgaben ausfallen lassen, um länger bei Burger King arbeiten zu können.

- Daher sollten Unternehmen, die Jugendliche beschäftigen, mit den Schulen gemeinsam Arbeitszeitregelungen treffen (höchstens x Stunden wöchentlich, während der Woche nur bis 21 Uhr) und deren Einhaltung sichern.
- Die Schulen könnten für Jobs, die pädagogischen Kriterien gerecht werden, Pluspunkte bei den Zensuren geben.
- Die Unternehmen sollten die Schulen in puncto Zeitkontrolle, Ausbildung am Arbeitsplatz und dergleichen zu Rate ziehen.
- Die Schule sollte das Recht haben, die Arbeitsplätze ihrer Schüler zu inspizieren.
- Beratungslehrer sollten die Schüler in Betriebe lenken, die bei der Arbeitsplatzgestaltung pädagogische Aspekte beachten.
- Die Eltern sollten ihre Kinder bei der Suche nach geeigneten Jobs unterstützen und von Fast-Food- und anderen Franchise-Unternehmen fordern, jugendgemäße Arbeitsplätze einzurichten – wenn sie weiter ihre Sprößlinge beschäftigen wollen.
- Die Eltern sollten mit ihren jobbenden Kindern vereinbaren, daß sie einen Gutteil ihres Gehalts zum Unterhalt der Familie beisteuern oder für gemeinsam akzeptierte Zwecke sparen.
- Vor allem aber sollten die Eltern diese Jobs nicht per se als erzieherisch sinnvoll betrachten, sondern als Aktivitäten, die, wie der Sport, zum Besten, aber auch zum Schaden der Kinder gestaltet werden können. Hier müssen die Jugendlichen lernen, ihr Verdienststreben gegen zukunftsorientierte Anstrengungen abzuwägen, die sich erst auf längere Sicht auszahlen.

Ein Jahr im Dienst der Nation

Ein Dienstjahr könnte den Höhepunkt der Erziehungserfahrungen des Schülers darstellen. Immer mehr Politiker unterstützen die Idee eines Dienstjahres – als Unterbrechung des »Formations«-Marsches von Klasse zu Klasse und in und durch die Universität (oder direkt zur Erwachsenenwelt der Ganztagsarbeit). Es ist ein wichtiges Medium der moralischen Reifung der Jugendlichen und schärft ihr Gefühl gesellschaftlicher Verantwortung. Die vorgeschlagenen Programme unterscheiden sich in dem einen oder anderen Detail, meinen aber zumeist ein freiwilliges Jahr beim Militär oder Peace Corps, bei VISTA (Volunteers In Service To America) oder beim Umweltschutz. Manche wollen es zum Abschluß der Oberstufe machen; ich sähe es lieber nach der High School, als ein Jahr zwischen Schule und Universität oder zwischen Schule und Arbeit für die, die nicht studieren.

Für ein Dienstjahr sprechen primär pragmatische wie umfassende pädagogische Gründe. Um mit den pragmatischen zu beginnen: Die Gesamtarbeitslosenquote belief sich 1991 auf 6,7 Prozent – bei den 20- bis 24jährigen aber auf 10,8 Prozent und bei den 16- bis 19jährigen gar auf 18,6 Prozent.[25] Arbeitslosigkeit ist vor allem für Jugendliche eine demoralisierende Erfahrung. Sie unterminiert auch die übrige Gesellschaft: Junge Arbeitslose stellen einen beträchtlichen Teil der Kriminellen. Das Jahr im Dienst des Landes würde viele arbeitslose Jugendliche von den Straßen holen; es würde ihnen, oft zum ersten Mal in ihrem Leben, eine ehrliche und sinnvolle Arbeit bieten; und es würde sie vor der Versuchung der Kriminalität schützen helfen. Vor allem böte es die Möglichkeit, sie charakterlich zu fördern, ganz gleich, welche konkreten Qualifikationen sie erwerben. Das wesentliche Potential des nationalen Dienstjahres betrifft die psychische Entwicklung der Teilnehmer: ihre Selbstachtung, ihr Selbstwertgefühl und ihre Zukunftsorientierung.

Der Einsatz für gemeinsame Werte ist aber vor allem gut gegen jugendliche Egozentrik. Gemeinnützigkeit sollte ein wichtiges Kriterium für die Auswahl der Bereiche sein. Damit eröffnen sich tausenderlei Möglichkeiten, die von Umweltschutz und Landschaftsverschönerung bis hin zur Nachhilfe für schwache Schüler und dem Einsatz in Pflegeheimen reichen. Tabu wären aber Tätigkeiten, die in die Rechte anderer eingreifen: Diese Freiwilligen sollen ja nicht als billige Arbeitskräfte anderen den Job wegnehmen.

Schließlich hätte das nationale Dienstjahr auch eine wichtige gemeinschaftsbildende Funktion, da es ein riesiger sozialer Mixer wäre. Im heutigen Amerika haben Angehörige verschiedener Rassen, Schichten und Regionen kaum Gelegenheit, gemeinsame Erfahrungen zu machen, Beziehungen zueinander und gemeinsame Werte zu entwickeln. Ein Hauptgrund für die geringe Fähigkeit unserer Gesellschaft, Konsens herzustellen, ist die lokale Organisation der Schulen. Sie folgen keinem gemeinsamen Lehrplan und vermitteln verschiedene regionale, rassen- oder schichtenspezifische Wertsysteme. Ein auf geographischen und sozialen Teilnehmermix angelegtes Dienstjahr könnte Jungen und Mädchen – weiße und farbige, aus Konfessions- und staatlichen Schulen, aus Nord und Süd, aus den Großstädten und vom Lande – eine konstruktive Begegnung bei gemeinsamer Arbeit für eine gemeinsame Aufgabe ermöglichen.

Eine Umfrage im Jahre 1989 ergab, daß viele Jugendliche ihre gemeinnützige Arbeit als positive Erfahrung werten. 57 Prozent der Befragten sagten, anderen zu helfen, gebe ihnen ein gutes Gefühl, und 40 Prozent nannten es eine gute Lernerfahrung. Nur 1 Prozent beklagte sich über den Verlust an Freizeit, und nur 2 Prozent meinten, ihre freiwillige Arbeit habe ihnen absolut nichts gebracht.[26]

Was fehlt, sind die Gelegenheiten zum Dienen. 42 Prozent der Schüler gaben an, daß niemand ihnen gesagt habe, wo und wie sie helfen könnten; 45 Prozent meinten, daß die Eltern sie nicht zur Gemeinschaftsarbeit ermunterten, sei ein wichtiger Grund dafür, daß sie sich nicht stärker engagierten.[27]

Die Kosten eines solchen Programms wären enorm. Wenn jeder 18jährige Amerikaner teilnehmen würde – eine unrealistische Annahme –, würde das jährlich mindestens 33 Milliarden

Dollar kosten (wenigstens 11000 Dollar mal 3 Millionen Jugendliche)[28]. Sicher, davon wäre einiges abzuziehen: der Sold, den zum Militär gehende junge Leute ohnehin bekämen; die für Dienstleistende entfallende Arbeitslosenunterstützung und Sozialhilfe; sodann »Ersparnisse« durch verminderte Kriminalität und Polizeiarbeit und Gefängnisbelegung. Trotzdem wäre das Programm in unserem Etat ein Multimilliardenposten.

Wenn das Dienstjahr eine substantielle soziale und ökonomische Dividende abwürfe, könnte es dennoch mit anderen nationalen Prioritäten konkurrieren. Indem es soziale Tugenden wie Fleiß, Verantwortungsbewußtsein und Kooperationsfähigkeit – um nur einige zu nennen – bekräftigt und entwickelt, unterstützt es die Nation in ihrem Bemühen, ein Klima staatsbürgerlichen Verantwortungssinns wiederherzustellen und die Produktivität unserer Wirtschaft zu erhöhen. So wären die jungen Leute nach ihrem Dienstjahr beispielsweise reifer und qualifizierter als Studien- oder Berufsanfänger, die nicht diesen Weg gingen. Sie würden mehr von ihrer akademischen oder beruflichen Ausbildung und Erziehung profitieren – zu ihrem eigenen Vorteil und zum Nutzen der Gemeinschaft.

Fazit

Die These, daß Erziehung die erste Aufgabe der Schule sei, ist zwar eine Selbstverständlichkeit, aber präzisierungsbedürftig. Zum einen ist Erziehung nicht, wie das häufig geschieht, mit Qualifizierung (der Vermittlung von Wissen und Fähigkeiten) gleichzusetzen. Zum anderen ist die Rolle der Charakterbildung bei der effektiven Qualifizierung und moralischen Erziehung adäquat zu berücksichtigen. Persönlichkeitsbildung ist auch gefragt, wenn wir junge Erwachsene heranbilden wollen, die rechtschaffene Mitglieder der Gemeinschaft sein und sich als Arbeitnehmer im Konkurrenzkampf von heute behaupten können.

Der für die Erziehung wichtigste schulinterne Faktor ist nicht der Lehrplan und auch nicht der Unterrichtsstil – wenn man die übliche Bedeutung dieser Begriffe unterstellt –, sondern die Art der Erfahrungen, die eine Schule produziert. In vielen, vielleicht der Hälfte unserer Schulen sind sie keine Basis für eine gesunde Charakterbildung oder moralische Erziehung.

Die Schulmisere verdankt sich vielen Faktoren. Am leichtesten überwindbar ist wohl die egozentrische Mentalität. So sollten wir hier ansetzen, um die Schule als *Erziehungsinstitution* zu rekonstruieren, als Ort, der *Selbstdisziplin* fördert. Ohne eine solche Erneuerung wird sie weder ihren Schülern noch der Gemeinschaft gerecht, deren moralische Infrastruktur sie ja mitzutragen hat.

Kapitel 4

Zurück zum Wir

Der Verlust der traditionellen Gemeinschaft

Kaum zu glauben, aber wahr: Der Zerfall der Gemeinschaft ist lange als etwas Befreiendes verstanden worden. Die soziale Entwicklung, so hieß es, schreite von der engen, »primitiven« oder dörflichen Welt zur freien, »modernen« oder urbanen fort. Erstere gründe auf Verwandtschaft und Loyalität (eine suspekte Angelegenheit!), letztere aber auf Vernunft (»Rationalität«). Dieses Konzept entstand in einer Zeit, in der man die Fackel der Vernunft pries und die dunklen Schatten, die sie erzeugte, kaum sah. Für diese zwei Typen sozialer Beziehungen benutzte man häufig die von dem deutschen Soziologen Ferdinand Tönnies entwickelten Begriffe *Gemeinschaft* (das deutsche Wort für *community*) und *Gesellschaft* (*society*).[1] Mit *Gesellschaft* meinte er Gruppen von Menschen, die nur wenig verbindet, wie die Menschenmenge oder die Massengesellschaft.

Weit davon entfernt, den Verlust der Gemeinschaft zu beklagen, schilderte diese optimistische Theorie der Moderne die Dörfer und kleinen Städte als rückständig und beengend. Amerikanische Schriftsteller wie Sinclair Lewis und John O'Hara verspotteten die Kleinstadt als engstirnig und klaustrophob, ihre Bewohner als Kleingeister. Sie galt als das Gegenteil der »Großstadt« mit ihrer befreienden Atmosphäre und Anonymität, in der die Menschen nach ihren Vorstellungen leben könnten und nicht dem Diktat der Gemeinschaft gehorchen müßten. In der *Gesellschaft*, hieß es, basieren Beziehungen nicht mehr auf traditionellen, »zugeschriebenen« Sozialbanden, wie denen zwischen Vettern oder Kusinen, sondern auf Verträgen, die autonome Individuen frei miteinander aushandeln.

Diese Bewegung von der dörflichen Welt hin zur städtischen zeitige aber auch auf anderen Gebieten immense Fortschritte. Magie, Aberglauben, Alchimie und Religion – »rückständige Glaubenssysteme« allesamt – würden durch die hell strahlende (Natur)Wissenschaft und Technik abgelöst. Vorbei die Zeit der Dörfler, die ihre Waren nicht an Dorffremde verkaufen (ein von Anthropologen häufig beobachtetes Phänomen). Die altmodischen Werte und Pflichtgefühle würden der Logik, dem Kalkül weichen. Die sozialen Bindungen, die einst alle Beziehungen dominierten – von einem anderen Gemeinschaftsmitglied Kreditzinsen zu verlangen, galt als Wucher –, würden zugunsten eines freien Marktes weggefegt, der Preise und Zinssätze nach seiner Logik bestimme. Ebenso würde das Netzwerk gegenseitiger Pflichten und Fürsorge – das Zentrum der Gemeinschaften – den vom Staat geschützten Individualrechten weichen. Das unpersönliche Recht auf soziale Dienste und Sozialhilfe, beispielsweise, würde die Abhängigkeit von Familie, Stamm oder ethnischen Verbänden und ihrer Wohltätigkeit tilgen.

Das neue Universum sollte unter dem Stern des Individuums und nicht dem der Gemeinschaft stehen. Nach diesem Prinzip sprach das Oberste Gericht dem Sierra Club die Befugnis ab, mit Bezug auf Gemeinschafts-Interessen eine Landschaftsschutz-Klage zu erheben. Klagebefugnis *(Standing)* habe nur, wer persönliche Betroffenheit nachweisen könne.[2]

Als sich im Lauf dieses Jahrhunderts in Amerika der Übergang zur *Gesellschaft* vollzog, sahen selbst ihre Verfechter ihre Schattenseiten. Sicher konnten die Menschen, die aus Dorf und Kleinstadt in die urbanen Zentren abwanderten, oft sehr enge Beziehungen und starke Gemeinschaftsbindungen abschütteln. Aber die Folge war häufig Isolation, Mangel an gegenseitiger Fürsorge, Rowdytum und Kriminalität.

Die Kriminologen sagen, daß die jungen Landarbeiter im Amerika des frühen 19. Jahrhunderts nicht nur auf dem elterlichen Hof arbeiteten, aber, wo sie in fremde Dienste gingen, zumeist bei anderen Farmern wohnten und an deren Familienleben teilnahmen. So waren sie in einer Gemeinschaft, die die moralische Stimme stützte und die Werte ihres Elternhauses bekräftigte, sozial konstruktives Verhalten förderte. Erst als diese Landarbeiter in die Städte und Fabriken zogen – und auf sich gestellt, ohne fest geknüpfte soziale Netzwerke, ohne Älteste und Werte, in ihren Baracken hausten –, griffen Rowdytum und Kriminalität, Alkoholismus und Prostitution um sich. Schon damals versuchte man dem Übel nicht etwa dadurch abzuhelfen, daß man die jungen Leute zu ihren Familien aufs Land zurückschickte, sondern man bemühte sich, in den Städten selbst kommunitäre Elemente zu schaffen. Diese Entwicklung hat der führende Politologe James Q. Wilson bestens analysiert. Er betont, daß Verbände wie der Christliche Verein Junger Männer (YMCA, Young Men's Christian Association), Temperenzvereine und die Kinderhilfsgesellschaft (Children's Aid Society) einen sozial angemessenen Rahmen für die jungen Menschen zu schaffen suchten, der ihnen moralischen Rückhalt bot.[3]

Ein anderes Beispiel gibt die amerikanische Pionierzeit. Heute denken sich viele den Zug nach Westen als ein Unternehmen frei schweifender Individuen, die allein ins Ungewisse vorstießen und sich in der Prärie ihr eigenes Leben aufbauen. In Wahrheit zogen aber viele Pioniere in Karawanen gen Westen und bildeten Siedlergemeinschaften, obwohl natürlich jede Familie ihr eigen Stück Land beanspruchte. Gegenseitige Hilfe war in so rauhem Terrain selbstverständlich und einfach lebensnotwendig. In den Bergwerksstädten und Handelsstationen, wo oft ein ungezügelter Individualismus herrschte, waren Willkür und Gewalt an der Tagesordnung: Skrupellose Händler brachten die Goldgräber um den Ertrag ihrer Arbeit; Eisenbahngesellschaften und andere vertrieben die Siedler von ihrem Grund und Boden; windige Banken verweigerten die Annahme von Banknoten, die sie selbst ausgegeben hatten. Kurz, diesem freien Markt, einem Markt ohne Gemeinschaftsrahmen, fehlte die für Handel und Wandel unerläßliche moralische Basis.

Diese Grenzsiedlungen mit ihren schwachen sozialen Bindungen, ihrer lockeren Moral und Habgier waren in vielfacher Hinsicht die Vorläufer der Wall Street der 1980er. Die *Street* wurde in jenem Jahrzehnt zu einer »Räuberhöhle«, zu einem Tummelplatz von Schurken, die glaubten, wenn sie ein paar Millionen mehr als andere verdienten, sei alles erlaubt. Diese egozentrische Erfolgsmentalität der Ich-Generation hat sich wie ein Ölfleck über weite Bereiche unserer Gesellschaft ausgebreitet. Das Weiße Haus und viele Kongreßmitglieder waren begeistert und stilisierten den hemmungslosen Egoismus zur sozialen Kraft, die Wirtschaft und Gesellschaft erblühen lasse. Aber am Ende des Jahrzehnts hatte selbst mancher Ego-Ideologe das Gefühl, daß die Habgier Amok gelaufen war.

Anfang der 90er wurde der Niedergang der Gemeinschaft, der die Soziologen schon lange beunruhigt hatte, so deutlich, daß er immer mehr Menschen zu beschäftigen begann. Der Autor Jonathan Rowe hat gesagt: »Die Gemeinschaft war für uns etwas wie die Luft oder das Wasser: Sie ist da. Sie sorgt für sich selbst und kann und wird alles schlucken, was wir ihr zumuten.«[4] Nun wurde klar, daß die soziale Umwelt ebenso schutzbedürftig war wie die Natur. George Bush hatte die Zeichen der Zeit schon 1988 erkannt und die »freundlichere, sanftere« Gesellschaft zu einem Kernthema seines ersten Wahlkampfes gemacht. Es war Zeit für eine Rückbesinnung auf die Gemeinschaft und ihre Werte. So hat auch Bill Clinton den Gemeinsinn 1982 zum Wahlkampfthema gemacht.

Die lange Rezession von 1991/92 und unser insgesamt niedriges und sinkendes Wirtschaftswachstum haben gegen dieses neue Wir-Bewußtsein gearbeitet. Die ethnischen und Rassenspannungen haben erheblich zugenommen – nicht nur zwischen Schwarzen und Weißen, auch zwischen Schwarzen und Hispano-Amerikanern sowie zwischen verschiedenen Teilen der Gemeinschaft und Amerikanern asiatischer Herkunft. Auch deshalb müssen wir alles dafür tun, daß unsere Wirtschaft stärker, dynamischer, konkurrenzfähiger wird: Wachstum ist eine bessere Basis für sozialen Frieden als Stagnation. Das bedeutet aber nicht, daß der Wiederaufbau der Gemeinschaft bis dahin vertagt werden muß. Es besagt nur, daß die Stärkung der Wir-Dimension größere Anstrengungen von Staat und Volk verlangt, wenn die Rekonstruktion der Gemeinschaft in einer Wirtschaftsflaute erfolgen soll.

Die neue Gemeinschaft

Soll das heißen, daß wir alle wieder in Dorf und Kleinstadt wohnen müssen, um die soziale Basis der Moral zu sichern und die Wir-Orientierung neu zu schaffen oder zu stärken? Kann man nicht auch in der Großstadt anständige Jugendliche aufziehen? Kann man nicht in einer modernen Gesellschaft mit ihrem hohen Maß an Arbeitsplatzkonzentration und geographischer Mobilität leben – und dennoch ein Netz sozialer Beziehungen unterhalten, in die Gemeinschaft eingebunden sein? Auf diese Fragen wissen die Soziologen mehr als nur eine Antwort.

Zum einen haben viele Großstädte kommunitäre Elemente bewahrt (oder kultiviert). Der Soziologe Herbert Gans von der Columbia University hat in den Großstädten Gebilde beobachtet, die er »urbane Dörfer« nennt.[5] Er stieß auf Viertel, wo die Nachbarn im großen und ganzen »freundlich zueinander waren und einander gern guten Tag sagten«, wo die diversen ethnischen Gruppen, »Durchreisenden« und Bohemiens »ohne große Probleme Seite an Seite leben konnten«. Zudem »war für die meisten *West Enders* [in Boston] ... das Leben im Viertel fast so wie im Dorf, in der Kleinstadt oder im Vorort«. Sogar in den großen Metropolen wie New York gibt es Viertel, in denen viele ihre Nachbarn, Ladenbesitzer und lokalen Größen kennen. Sie treffen sich in der Bar, beim Bowling und beim Beten, kümmern sich um die Sicherheit und die Kinder im Viertel, bilden politische Clubs und sind eine lokalpolitische Kraft. (Hervorragend beschrieben sind diese New Yorker Gemeinschaften in Jim Sleepers Buch *Die allernächsten Fremden.*)[6]

In manchen Städten leben Angehörige einer ethnischen Gruppe eng und gut beieinander, wie in New Yorks *Chinatown* oder in Miamis *Little Havana.* In anderen wohnen sie eher verstreut, halten aber durch Institutionen wie Kirchen und Synagogen, Vereine und Privatschulen die Bande ethnischer Gemeinschaft aufrecht. In den letzten Jahrzehnten gab es eine für die Rückkehr zur Gemeinschaft förderliche Neubelebung ethnischer Loyalität. Während die »zweite Generation«, die Söhne und Töchter der Einwanderer, häufig eine völlige Anpassung, eine amerikanische Identität anstrebten, besinnen sich *ihre* Kinder und Enkel oft auf ihre ethnischen Wurzeln und Bindungen.

Wie läßt sich das vereinbaren – hier James Q. Wilsons Stadt als *Gesellschaft* mit geringer Gemeinschafts- oder Moralbasis und dort die *Gemeinschaft* von Herbert Gans, das urbane Dorf? Zunächst ist zu sagen, daß sie beide nebeneinander existieren. Zwischen diesen urbanen Dörfern liegen riesige Reihen- und Hochhaussiedlungen, in denen man den nächsten Nachbarn nicht kennt, der vielleicht schon ein Leben lang im selben Stock oder Flur wohnt und denselben Fahrstuhl benutzt. Vor allem ältere Menschen, die keine beruflichen und kaum noch familiäre Kontakte haben, führen oft ein ziemlich einsames Leben. Im Jahre 1950 lebten 14,4 Prozent der Altersgruppe ab 65 ganz allein, 1990 waren es fast 31 Prozent.[7] [8]

In neuerer Zeit gab es auch eine löbliche Rückkehr in eine Art Kleinstadtleben. Millionen von Städtern sind inzwischen in die Vororte hinausgezogen. Nicht immer hat das zu funktionierenden Gemeinschaften geführt, aber gemeinhin doch die kommunitären Bande gestärkt.

Zudem erlaubt die postmoderne Technik wieder mehr Menschen, zu Hause oder in der Nähe ihrer Wohnung zu arbeiten, und läßt die für das Industriezeitalter typische Arbeitsplatzkonzentration zunehmend obsolet werden. Man kann daheim per Computer und Modem einen Großteil der Büroarbeit erledigen, weltweit Waren-, Aktien- und Rentengeschäfte tätigen oder Versicherungsfälle bearbeiten, als Architekt ein Bauprojekt planen, als Ingenieur ein fernes Kraftwerk überwachen.

Es galt lange als ausgemacht, daß die Amerikaner, im Gegensatz zu den Europäern, so oft umziehen, daß sie nur schwer in einer Gemeinschaft Wurzeln schlagen können. Das ganze Land, so heißt es, ziehe im Schnitt alle fünf Jahre einmal um. Diese Zahl dürfte etwas überholt sein. Seit einigen Jahren scheinen die Amerikaner nämlich weniger häufig umzuziehen.[9] Warum? Ein Grund könnte ihre wachsende Abneigung sein, die Freundschaftsbande und lokalen gesellschaftlichen Wurzeln von Frau, Mann und Kind zu kappen. Es ist kaum zu befürchten, daß die Wirtschaft unter diesem Trend (wenn er sich denn fortsetzte) leiden würde. Sie könnte von mehr Seßhaftigkeit sogar profitieren. Profitieren würde davon ganz sicher der kommunitäre Nexus.

Schließlich gibt es neue nichtgeographische Gemeinschaften von Menschen, die nicht Seite an Seite wohnen. Ihre Basis könnte weniger stabil und tief als die residentieller sein; aber sie nehmen viele soziale und moralische Funktionen traditioneller Gemeinschaften wahr. Es sind meist kollegiale Gemeinschaften. Zwischen den Kollegen in einem Walzwerk oder einem High-Tech-Unternehmen wie Lotus oder Microsoft entwickeln sich ja oft Freundschaften und Gemeinschaftsnetze; man trifft sich, um die Zeit gemeinsam totzuschlagen, man hilft sich gegenseitig und macht ein Spielchen, feiert zusammen oder unternimmt einen Ausflug. So lernt man sich kennen, kümmert sich um einander und – formuliert und bekräftigt moralische Erwartungen.

Solche Gemeinschaften gibt es in manchen Anwaltskanzleien und an vielen Universitäten (wobei nicht alle auf dem Campus zur selben gehören müssen); auch die Ärzte eines Krankenhauses können sich zusammentun oder alle Ärzte eines Fachgebietes, die in derselben Stadt praktizieren, oder Gewerkschafter und andere.

Manche halten die »kollegiale Gemeinschaft« für ein Artefakt: Das seien geographisch undefinierte Beziehungsgebilde oder soziale Netzwerke ohne residentielle Konzentration. So empört sich Ray Oldenburg, Autor von *The Great Good Place*, über die neuen Gemeinschafts-Definitionen, die Kollegengruppen ebenso einbeziehen wie eine Radiodiskussion mit Hörerbeteiligung: »Können wir wirklich eine befriedigende Gemeinschaft ohne geographische Einheit schaffen?« fragt er.[10] »Meine Antwort ist ›nein‹.« Dabei verbringen Arbeitskollegen täglich mehr Zeit miteinander als Leute, die in derselben Dorfstraße wohnen. Und vor allem: Diese nichtgeographischen Gemeinschaften bieten oft wenigstens einige Elemente des kommunitären Zusammenhangs und besitzen so tendenziell die moralische Infrastruktur, die eine zivile und humane Gesellschaft unseres Erachtens benötigt.

Kurz gesagt, unsere Gesellschaft ist weder gemeinschaftslos noch kommunitär genug; sie ist (im Tönniesschen Sinne) weder

Gesellschaft noch *Gemeinschaft*, vielmehr eine Mischung aus beiden. Was Amerika braucht, ist nicht einfach die Rückkehr zur *Gemeinschaft*, also zur traditionellen Gemeinschaft. Das ist nicht nur aufgrund der modernen ökonomischen Erfordernisse unmöglich, sondern gar nicht wünschenswert, waren doch die traditionellen Gemeinschaften allzu beengend und autoritär. Sie waren meist homogen.[11] Wir benötigen heute Gemeinschaften, die Vielfalt mit Einheit verbinden. John W. Gardner hat das so formuliert: »Damit die Ganzheit nicht die Vielfalt erstickt, brauchen wir eine pluralistische Philosophie, Offenheit für Dissens und die Chance für Teilgemeinschaften, ihre Identität zu bewahren und umfassendere Gruppenziele mit zu definieren.«[12] Wir müssen die kommunitären Elemente in unseren Großstädten und Vororten stärken, um die sozialen Bande zu schaffen, die die moralische Stimme stützen, dürfen aber keine beengenden Netze knüpfen, die Pluralismus und Dissens unterdrücken. James Pinkerton, ein ehemaliger Mitarbeiter des Weißen Hauses zu Zeiten von George Bush, rühmt beredt ein neues Paradigma, dessen Kern die »neue *Gemeinschaft*« bilde, die weder repressiv noch hierarchisch sein werde. Mit einem Wort: Wir brauchen neue Gemeinschaften, in denen die Menschen Wahlmöglichkeiten haben, die genug Raum für divergente *Sub*gemeinschaften bieten und doch gemeinsame Bande aufrechterhalten.

Was können wir tun?

Wer das Gemeinschaftsband stärken will, muß viererlei tun: Er muß die Orientierung, die »Herzensbräuche« ändern; Konflikte zwischen Berufserfordernis und kommunitären Bindungen lösen; unsere materielle Umwelt gemeinschaftsfreundlicher gestalten; sowie freiwillige Aktivitäten fördern, die unser Engagement für das Gemeinwohl nicht trivialisieren und vergeuden. Was bedeutet das im einzelnen?

In die Gemeinschaftsbande investieren

Ob bewußt oder unbewußt – wir entscheiden uns ständig, wie wir unsere psychische Energie investieren, unsere Zeit aufteilen und unsere Ressourcen einsetzen wollen. Manche modernistischen Zeitgenossen, die dem Bild der *Gesellschaft* gerecht werden möchten, entscheiden sich dafür, immer mehr von sich selbst in die Jagd nach Erfolg zu investieren: um eine Gehaltserhöhung oder Beförderung zu erreichen, um noch höher zu klettern, um den Gewinn nochmal zu steigern, um noch... Wenn diese Jagd nach Erfolg dominant und alles andere zweitrangig wird, dann wird sie sinnlos, wird sie zur Sisyphusarbeit. Sie erreicht nie einen Sättigungspunkt, ist per se *un*befriedigend. Sie ist wie eine Sucht. Je mehr der Süchtige einnimmt, desto mehr braucht er – und desto weniger genießt er es. Gleichgültig, wieviel man verdient oder wie hoch man aufsteigt, es gibt stets noch höhere Gehälter und Posten, immer einige Müllers oder Meiers, die einem voraus sind. Als der Financier Michael Milken 550 Millionen Dollar im Jahr machte (mehr als mancher Staat), stieg er in krumme Geschäfte ein, um noch ein paar Millionen mehr zu machen.[13]

Wie die Sozialforschung nachweist, findet man so keine echte innere Befriedigung. Besserverdiener sind nicht glücklicher als Geringerverdiener. Diane Swanbrow hat die relevanten Daten so auf den Punkt gebracht: »Natürlich macht Armut unglücklich. Die Studien zeigen aber durchgängig: Mehr als genug Geld zu haben, ist keine Garantie für ein Mehr an Zufriedenheit.« So sei das Realeinkommen der Amerikaner zwischen 1946 und 1978 drastisch gestiegen, ihr Glück (laut Selbstauskunft) aber nicht: Der Anteil der mit ihrem Los Zufriedenen blieb dabei unverändert.[14]

Laut einer Vergleichsstudie des Politologen Ronald Inglehart und des Meinungsforschers Jacques-René Rabier gibt es im Punkt persönliche Zufriedenheit auch zwischen sozioökonomisch sehr verschiedenen Ländern kaum Unterschiede. So lagen die USA und Großbritannien mit ihren Zufriedensheitswerten von 7,57 bzw. 7,52 Kopf an Kopf, obwohl das Durchschnittseinkommen in den Vereinigten Staaten zum Befragungszeitpunkt doppelt so hoch war wie in Großbritannien. Sie wurden zudem von Nordirland und Irland – beide mit einem recht niedrigen Bruttosozialprodukt (BSP) pro Kopf der Bevölkerung – mit Zufriedenheitswerten von 7,77 bzw. 7,77 überflügelt. Japan war Vorletzter und wurde nur noch von Griechenland unterboten, das ein *weit* geringeres BSP pro Kopf aufweist.[15]

R. A. Easterlin kommt nach Prüfung anderer Daten aus neunzehn Ländern zu dem Schluß: »... reichere Länder sind im Normalfall nicht zufriedener als ärmere. ... Insgesamt weist nichts auf einen – positiven oder negativen – Zusammenhang zwischen Zufriedenheit und Volkseinkommen hin.«[16] Kurz gesagt, wenn die elementaren Bedürfnisse abgedeckt sind, macht einen die Jagd aufs Geld nicht zufriedener.

Es geht dem Menschen besser, wenn er sowohl in seinen Erfolg wie in die Gemeinschaft investiert. Was ich über Kinder und Ehegatten sagte, gilt auch für Verwandte, Freunde, Nachbarn: Menschen, die mehrere signifikante Andere haben, zu denen sie tiefe, stabile, emotionale Beziehungen unterhalten – und vor allem mit einer oder mehreren Gruppen ein Wir-Gefühl teilen –, sind psychisch besser dran als andere.[17]

Es gibt viele, wohlbekannte Möglichkeiten, derlei Beziehungen zu entwickeln, zu kultivieren und auszubauen. Die populären Single-Ratgeber liefern Anregungen zuhauf, die auch für Paare gelten: Man trete einem kirchlichen Verein bei, übernehme ein Ehrenamt oder treffe sich mit anderen Paaren zum Fischen oder Bowling. Da viele ganztägig arbeiten und wenig Zeit zum Kochen haben, lädt man Freunde oder Bekannte heute nicht mehr so oft zum häuslichen Mahl; dafür genießt die kommunitäre Mahlzeit (zu der jeder Teilnehmer etwas vorbereitet) wachsende soziale Akzeptanz. Dies alles sind kleine Schritte, die – potentiell – nicht nur zwei Individuen einander näherbringen, sondern auch die Wir-Dimension stärken.

Aber das Problem ist nicht, möglichst viele Wege zur Stärkung der Gemeinschaftsbande aufzulisten. Es geht vielmehr darum, diese schüchternen Versuche zu unterstützen und miteinander zu verbinden. Vielleicht braucht unsere Zeit dazu Vermittler. Ich meine nicht den Partner-Service, der aufs Geld aus ist und oft den Einsamen ausbeutet, sondern jene Menschen, die gesellige Aktivitäten organisieren, bei denen zwischenmenschliche und soziale Beziehungen wachsen können. Das Spektrum des Möglichen ist weit und reicht vom Kirchenchor bis zum Wochenendausflug und vom Literaturzirkel bis zum Organisationskomitee einer Wohltätigkeitsveranstaltung.

Ein *gutes* geselliges Ereignis fördert aber nicht nur soziale Beziehungen, sondern dient auch einem Gemeinschaftszweck, etwa der Organisation einer Bürgerwache oder einer Suppenküche für Obdachlose. Auf die Beziehungen selbst konzentrierte Treffen – wie Single-Partys zur Partnersuche – sind sozial oft weniger konstrukiv; effektiver sind die Veranstaltungen, die sich dem Wohl anderer widmen und Sozialkontakte als Nebenprodukt sehen. Selbst Investment- und Bridge-Clubs scheinen da besser abzuschneiden als die meisten Partner-Börsen.

Natürlich können einige dieser geselligen Aktivitäten ganz schön oberflächlich sein, vor allem dann, wenn sie in Umfang, Intensität und Häufigkeit begrenzt sind. So ist ein einmaliger Volkstanzabend in der Gemeindekirche sozial bei weitem nicht so konstruktiv wie eine Volkstanzgruppe, die sich jede Woche trifft. Auch die besten Literaturclubs sind nicht annähernd so integrierend wie die Anonymen Alkoholiker (oder andere Gruppen nach dem AA-Prinzip, die etwa Krebskranke oder Angehörige von Drogenabhängigen unterstützen). Altenzentren sind besonders effektiv, weil sie außer individuellen Kontaktmöglichkeiten oft Gruppenaktivitäten und einen regelmäßig, oft täglich verfügbaren Ort der Gemeinschaft bieten.

Es wäre soziologisch naiv, sich zurückzulehnen und einfach zu warten, bis neue Gemeinschaften entstehen. Es ist oft nötig – und keineswegs komisch oder künstlich –, Organisatoren und Initiatoren des *Wir* zu finden oder auszubilden. (So kann man, wie der Volunteer and Community Service im Bezirk Montgomery, ein Büro einrichten, das Freiwillige schult, sie bei der Suche nach Einsatzmöglichkeiten unterstützt und Kontakte zu Kollegen vermittelt, damit sie Erfahrungen austauschen, Erfolge feiern – und soziale Beziehungen anknüpfen können.) Sicher wird es da langweilige, anmaßende, aufgeblasene Gruppenleiter geben. Aber »menschelt« es nicht auch bei den Leitern natürlicher Gruppen? Festzuhalten ist: Je mehr sich der Stärkung des kommunitären Nexus widmen, desto mehr schließen sich an, um geschwächten Gemeinschaften neue Kraft zu geben.

Berufsinteresse plus Gemeinschaftsbindung

Viele junge Leute sind in dem unseligen Entweder-Oder-Denken verfangen, das so große Verwirrung stiftet. Man müsse sich für eines entscheiden, glauben sie, entweder für die egozentrische Jagd nach Erfolg und Selbstbestätigung (»bis dreißig Millionär sein«) oder für den selbstlosen sozialen Einsatz. Früher trat man einem religiösen Orden bei, um ein Leben der Hingabe und Askese zu führen, und in neuerer Zeit bot das Peace Corps ein Betätigungsfeld für derlei altruistische Aspirationen.

Aber in der sozialen Wirklichkeit kann man Karriere und Dienst an der Gemeinschaft in vielfacher Weise miteinander verbinden und die Extreme Erfolgstrip oder Selbstaufopferung sehr wohl vermeiden. Der frühere US-Präsident Carter zeigt vorbildlich und im Gegensatz zu anderen Ex-Präsidenten, daß man seinen Lebensunterhalt verdienen kann, ohne sich von dem ständigen Gedanken an ein fettes Bankkonto auffressen zu lassen. Er verkauft seine Zeit nicht an den Meistbietenden, wirbt nicht für japanische Produkte, verbringt seine Pensionärsjahre nicht mit Golfspielen. Er hat ein Studienzentrum für internationale Schlüsselprobleme gegründet, hat bei den Friedensverhandlungen in Äthiopien mitgewirkt und in mehreren Großstädten Wohnungen für die Armen gebaut – und ist nicht verhungert (allerdings muß er auf eine Großraumlimousine verzichten und seine Frau auf Diadem und Designer-Kostüm). Die Folge ist: Jimmy Carter gilt heute weithin als der beste Ex-Präsident der Vereinigten Staaten und genießt die Achtung vieler Amerikaner. So dürfte er wohl die tiefe innere Befriedigung dessen empfinden, der spürt, daß er recht gehandelt und das Gute getan hat.

Wir anderen finden in den Bereichen Krankenpflege, Erziehung und Sozialarbeit genügend Berufe, die auch im traditionellen Karrieresinn durchaus lohnend sind und gleichzeitig (bei entsprechendem Engagement) oft unmittelbar der Gemeinschaft nützen. Der Arzt steht nicht vor der Alternative: entweder in Beverley Hills Bäuche abzuspecken und Brüste zu liften oder in der Wüste Gobi Hausarzt zu werden. Es gibt viele Gebiete, etwa die Unfallmedizin, die sowohl einträgliche wie verdienstvolle Tätigkeiten bieten.

Auch Anwälte stehen nicht vor der Alternative, sich entweder auf das Schüren von Ehekonflikten zu spezialisieren (um sie in langwierige, honorarträchtige Scheidungen zu verwandeln) oder ihr Leben als Pflichtverteidiger zu verbringen. Rechtsanwälte, die sich vorrangig bemühen, Konflikte zwischen ihren Klienten zu *lösen*, werden ihre Arbeit als sozial konstruktiv empfinden und trotzdem ihre Miete bezahlen können.

Als *Gesellschaft* Mode und Modernität Trumpf waren, galt es als kluge Unternehmenspolitik, Manager häufig zu versetzen. So kappte man aus richtig oder falsch verstandenem Firmen- und Karriereinteresse soziale Bande aller Art – Verwandtschafts- und Nachbarschafts-, Freundschafts- und Schulbeziehungen und andere mehr. Alle drei Jahre ein Stellenwechsel und Umzug, das war keine Seltenheit. In letzter Zeit wurde klar, daß viele Firmen gut und vielleicht sogar besser damit fahren, wenn ihre Angestellten seltener umziehen und ihre kommunitären Wurzeln behalten und pflegen können.

Aber die Firmen sollten nicht nur familien-, sondern insgesamt gemeinschaftsfreundlicher werden. Damit meine ich nicht primär die Spende für das örtliche Rote Kreuz, das Kindermuseum und die Kammermusik-Gesellschaft. Es geht vor allem darum, daß sie ihre Strategien unter kommunitären Gesichtspunkten überdenken. Die Konzernleitung in eine andere, achtzig Kilometer entfernte Stadt zu verlegen, mag die Raumkosten des Unternehmens senken, setzt aber auch die sozialen Beziehungen vieler

Mitarbeiter schweren Belastungen aus. Die Mietersparnisse der Firma sind womöglich weit kleiner als die Verluste aufgrund sinkender Arbeitsmoral und wachsender Unzufriedenheit, Unpünktlichkeit und Fehlzeit, die solche Eingriffe oft zur Folge haben.

Betriebsschließungen sind, auch wenn sie eine Gemeinde ins Mark treffen, manchmal unvermeidlich. Sie sollten aber nie leichtfertig oder abrupt vorgenommen werden. Die betroffenen Gemeinden sollten Gelegenheit bekommen, die Unternehmen bei der Lösung ihrer wirtschaftlichen Probleme oder – falls der Betrieb nicht verlegt, sondern verkauft werden soll – bei der Suche nach einem Käufer (das kann auch die Belegschaft sein) zu unterstützen. Das Unternehmen sollte den Beschäftigten auf jeden Fall etwas Zeit (und, wenn möglich, finanzielle Hilfe) geben, damit sie und die Gemeinde sich neu orientieren können. Auch wer Staatseingriffe gemeinhin ablehnt, müßte die Vorzüge neuer Gesetze sehen, die Betriebsschließungen bei grober Vernachlässigung von Gemeindeinteressen bremsen.

Kommunitäre Gestaltung, Architektur und Planung[18]

Damit unsere materielle Umwelt gemeinschaftsfreundlicher wird, sind unsere Häuser, Arbeitsplätze, Straßen, öffentlichen Räume – ganze Siedlungen, Vororte, ja Städte – so zu gestalten, daß sie den kommunitären Nexus stärken. Die Idee, die Auswirkungen der Architektur und Stadtplanung auf das Gemeinschaftsleben zu berücksichtigen, ist sicher nicht neu, wird aber oft schnell beiseite geschoben. Eine Ära auf dem Weg zum Wir würde eine gemeinschaftsfördernde Gestaltung schätzen und unterstützen.

Die vielen Vorgehensmöglichkeiten systematisch zu erforschen, wird ein Hauptanliegen künftiger kommunitaristischer Studien sein. Hier nun einige Ausgangspunkte, über die auch andere nachgedacht haben, aber noch mehr nachdenken sollten:

Im kleineren Rahmen: *Schafft Begegnungsräume für die Menschen.* Um das zu begründen, bedarf es keiner sozialwissenschaftchen Studie: Wenn man in öffentlichen Gebäuden auf den Flächen in Fahrstuhlnähe ein paar Stühle aufstellt, finden sich dort oft »Besucher« ein, um Platz nehmen. Ähnlich anziehend sind die Parks mit ihren Bänken und die Eingangshallen öffentlicher Bibliotheken mit ihren Sesseln oder Stühlen und viele andere Orte, wo man sitzen kann. Sicherlich gibt es auch sterile Plätze (wie die riesigen, windgepeitschten Piazzas zwischen den Wolkenkratzern im Zentrum von Minneapolis), die wohl keine Bankgruppe anheimelnd machen könnte. Das sind aber Ausnahmen, die wir vernachlässigen dürfen.

Spielplätze und Sandkästen sind nicht nur für die Kleinen ein Geschenk. Ich selbst habe einige meiner besten Freunde bei den Sandkästen am Riverside Drive in New York City kennengelernt, als ich meinen Sohn beim Spiel beaufsichtigte. In den park- und daher sandkastenlosen Nebenstraßen des Riverside Drive herrscht sehr viel weniger geselliges Leben.

Sogar Hochhäuser kann man gemeinschaftsfreundlicher machen. Dienstleistungsbetriebe im Haus, wie ein Selbstbedienungs-Waschsalon oder Friseurladen, geben den Bewohnern Gelegenheit, sich kennenzulernen oder ein bißchen herumzustehen. In manchen Häusern gibt es Restaurants, in denen (nicht nur) die Mieter essen können. Gemeinschaftseinrichtungen wie ein Schwimmbad, ein Tennisplatz, aber auch zwei simple Basketballkörbe oder ein Volleyballnetz sind sozial konstruktiv. Daß sie, wie der Karten-, Domino- und Schachspielraum, meist eifrig genutzt werden, ist ein Indiz für das unausgesprochene Bedürfnis nach sozialem Kontakt.

In größerem Rahmen: *Plant bei Neubausiedlungen soziale Vielfalt ein. Sie kräftigt die Gemeinschaft.* Wenn man etwa pro Komplex einige Wohnungen nach den Bedürfnissen alter Menschen plant – kleine Einheiten, kleine Küche, Schutzvorrichtungen –, sorgt man für die Präsenz wie den Komfort der Senioren. Damit hat man auch Erwachsene im Haus, die tagsüber, und wenn die Kinder von der Schule kommen, daheim sind. Die Familien können sich um Großeltern, die im selben Haus wohnen, leichter kümmern. Man ist für sich und doch beisammen, und die Alten müssen nicht vorzeitig in irgendein ein fernes Pflegeheim.

Statt Gebäudereihen baut man heute Wohnkomplexe, die sich um Innenhöfe gruppieren. Öffentliche und gesellschaftliche Räume erhalten die Funktionen traditioneller Plätze. So wurden eine alte Schokoladenfabrik in San Francisco (Ghirardelli Square) und ein Bahnhof in Washington, D.C. (Union Station), in sehr lebendige soziale Orte verwandelt, wo die Menschen fröhlich, sicher und konstruktiv interagieren. Viele Einkaufszentren öffenen früh, um älteren Bürgern gefahrlose und geheizte (oder klimatisierte) Spazierräume anzubieten. In zahlreichen Städten entstehen autofreie Fußgängerzonen, in denen man bummeln und promenieren und ein Schwätzchen halten kann.

Vor dreißig Jahren plädierte die Stadtplanungs-Studentin Jane Jacobs für eine »Integration von Häusern und Straße«. Niedrig angebrachte Fenster zur Straße hin bräuchten die Mütter, damit sie die draußen spielenden Kinder beim Kochen im Auge behalten könnten. So würden die Straßen sicherer und zum einladenden Feierabendtreff. Auch kurze Wohnblocks mit Eckläden förderten die Geselligkeit. Breite Gehsteige laden die Kinder ein, vor dem Haus zu spielen. Parks und Gärten im Westentaschenformat sind gemeinschaftsfreundlicher als große oder rein dekorative und pompöse. In London etwa findet man oft Gebäudegruppen, die eine als Garten genutzten Fläche einschließen. Jeder Bewohner hat einen Schlüssel zu den Toren und kann seine Kinder in den sicheren gemeinsamen Garten zum Spielen schicken.[19]

Extreme Versuche in Gemeinschaftsfreundlichkeit findet man in Retortenstädten wie Reston in Virginia, Columbia in Maryland, Roosevelt Island in New York und Irvine in Kalifornien. Dort wurden alle Schulen und Bibliotheken, Radwege und Plätze mit Blick auf Gemeinschaftsstärkung plaziert. Nicht alle Projekte dieser Art sind erfolgreich. Manche sind höchst autoritär und kostspielig. Andere unterstellen, daß die Leute auf ihr Auto verzichten.

Inzwischen haben einige »Neue Dörfer«-Planer darauf verwiesen, daß die heutigen Zoneneinteilungen aus der Zeit der Fabriken stammen, die so qualmten und so häßlich waren, daß man sie aus den Wohnvierteln verbannte. Nun könne und solle man Wohn- und Arbeitsort wieder miteinander zusammenbringen, auch Geschäfte und Läden integrieren. Bei dieser Struktur wären die meisten relevanten Punkte nicht mehr als 500 Meter entfernt und alle zu Fuß erreichbar. Das würde heißen: weniger Auto, aber mehr soziale Beziehungen – die Grundlage der Gemeinschaft.[20]

Diese Ideen sind vielleicht nicht ganz ausgereift, mit Blick auf die Praxis noch klärungsbedürftig. So möchte ich mir, da ich weiß, wie schwer ein volles Einkaufsnetz sein kann, in meinen alten Tagen die Lebensmittel liefern lassen, wenn ich auf mein Auto verzichten soll. Aber sie weisen in die richtige Richtung: Wir brauchen eine Raumplanung, die Gemeinschaft fördert und nicht verhindert.

Kommunitäre Aktionen, die lohnen

Man hat über Tocquevilles Amerika – das Land der freiwilligen Vereinigungen und Aktivitäten – so viel geschrieben, daß die Vorstellung, der Amerikaner engagiere sich weit mehr für die Gemeinschaft als der Europäer, zum soziologischen Klischee geworden ist. Es gibt bei uns tatsächlich abertausend Vereine, die Nachbarschaftsfeste, Babysitting-Gemeinschaften, Logen und Clubs organisieren. Ist also alles zum Besten bestellt? Genügt es zu sagen: »Mögen sie wachsen, gedeihen und sich vermehren«? Wohl nicht ganz. In einer Gesellschaft, die zur *Gesellschaft* tendiert, können kommunitäre Aktivitäten der Gemeinschaft nur dann helfen, wenn sie nicht trivialisiert werden.

Wir müssen also unterscheiden lernen zwischen Tätigkeiten, die das Gemeinwohl wenigstens etwas fördern, und solchen, die dazu dienen, der Gemeinschaft eigene Lasten aufzubürden. Sicher, die voll berufstätige Mutter mit einem Stall voll Kinder wird oft nicht mehr tun können, als für die PTA (Parent Teacher Association) ein paar Plätzchen zu backen. Insgesamt muß die Gemeinschaft aber einen größeren und substantielleren Beitrag verlangen können.

Peter Drucker, einer unserer führenden Köpfe, ist überzeugt, daß wir in den 90ern noch mehr als früher auf freiwillige Leistungen angewiesen sein werden. Nach seiner Einschätzung werden die Versuche des Staates, die zahlreichen sozialen Bedürfnisse zu befriedigen, weiterhin unter seinen knappen Mitteln und seiner »angeborenen« Unfähigkeit leiden, so gute Leistungen wie freiwillige Organisationen zu erbringen.[21]

Nur mit dem Appell, das Licht auszumachen, wird man wohl nicht genügend Energie sparen können, und auch nicht genügend Wasser sparen, wenn man die New Yorker bittet, sich im Restaurant ihr Glas Wasser zu bestellen (statt es automatisch serviert zu bekommen). Die Reparatur der vielen alten Hauptwasserleitungen von New York City würde mehr bringen als diese »Gemeinsinn«-Aktion. Derlei Maßnahmen, könnte man einwenden, sollen ja vor allem für die Notwendigkeit des Sparens sensibilisieren. Unglaubwürdige Aktionen wirken aber nicht erzieherisch. Da die meisten Menschen erkennen, daß solche Aktivitäten wenig (oder gar nichts) nützen, fühlen sie sich verschaukelt und gehen zu Staat und Gemeinschaft noch mehr auf Distanz. Es geht darum, der Öffentlichkeit machbare und wirklich wirksame Schritte zu empfehlen.

Trivialisierung droht vor allem dann, wenn Politiker an unsere kommunitären Neigungen appellieren, um von ihrer Verantwortung und der des Staates abzulenken. George Bushs Wahlkampfslogan von 1988 (»Eine freundlichere, sanftere Gesellschaft bauen«) war, nach acht Jahren dreister Verherrlichung von Konsum und Habgier, sehr zu begrüßen und höchst zeitgemäß. Als sich seine Rhetorik aber zumeist auf das »Tausend Lichtpunkte«-Programm beschränkte, konnten selbst viele seiner Anhänger das nicht ernst nehmen. Die »Punkte« werden allzuoft für Bagatelldienste vergeben, etwa für ein paar Pflegeheimbesuche von ein paar Gemeinschaftsmitgliedern – sicher löbliche Aktivitäten, aber wohl kaum präsidentieller Ehren würdig.

Ich trete schon lange für ein nationales Dienstjahr ein, habe daher schon an mehr als genug Veranstaltungen zu diesem Thema teilgenommen und gehöre noch heute einem Bundesverband zur Förderung dieses Programms an. Dabei habe ich ein seltsames Phänomen beobachtet. Alle paar Jahre taucht jemand auf und schlägt für das Dienstjahr Aufgaben vor, die dem Teilnehmer weniger abverlangen und der Gemeinschaft weniger nützen würden – so soll es etwa plötzlich genügen, aus dem schönen Vorort in die Innenstadt zu gehen, um dort ein paar Stunden in einer öffentlichen Bibliothek zu arbeiten. (Manche möchten derlei »Dienst an der Nation« gar mit einem Universitätsstipendium belohnen.) Wir wären aber schlecht beraten, unsere kommunitäre Anerkennung so zu vergeuden. Das Prädikat »Dienstjahr« sollte für Aktivitäten reserviert sein, die erheblich Zeit oder Mühe erfordern.

Welcher Einsatz unser Lob verdient, möchte ich anhand von zwei Beispielen illustrieren, die für viele andere stehen:

Fast 50 Prozent der 486000 Rettungssanitäter sind unbezahlte Freiwillige.[22] Sie haben praktisch dieselben Aufgaben wie Berufssanitäter: die Lebenszeichen des Patienten überwachen, eine Erstdiagnose stellen, Blutungen stillen, den Verletzten in ein Krankenhaus fahren oder einen Rettungshubschrauber alarmieren. Diese Freiwilligen absolvieren eine umfangreiche Ausbildung (von bis zu 120 Stunden Dauer) und sind meist in Erster Hilfe und Herz-Lungen-Wiederbelebung geschult.[23] Sie müssen Schwerverletzte leiden und vielleicht gar sterben sehen und dann mit diesen traumatischen Erlebnissen fertigwerden; sie riskieren Gesundheit und Leben, um Menschen aus brennenden Häusern oder Autos zu bergen. Viele Städte und Dörfer haben bis heute nur freiwillige Notarztwagen-Besatzungen und Rettungssanitäter.

Auch das Wiederbelebungs-Programm von Seattle verdeutlicht, was Gemeinschaftsdienst wirklich ist. Die Forschung zeigt, daß sofortige Reanimationsmaßnahmen die Überlebenschancen bei Herzversagen deutlich erhöhen. Bis ein Notarzt eintrifft, kann einige Zeit vergehen – was oft einen menschenunwürdigen und teuren Tod bedeutet. Wenn ein normaler Bürger den Betroffenen auf der Stelle wiederzubeleben versucht, hat er eine *doppelt* so hohe Genesungschance wie bei verzögerter professionellen Hilfe.[24]

Versuchen Sie daher in Seattle zu sein, wenn Sie schon eine Herzattacke haben müssen! Dort bekommen nämlich 40 Prozent derer, die außerhalb eines Krankenhauses einen Herzinfarkt erleiden, von Passanten die erste Reanimation *vor* ihrer Einlieferung. Bis 1988 sind über 400000 Einwohner von Groß-Seattle dank des Programms *Medic II* in kardiopulmonaler Reanimation ausgebildet worden. Die guten Bürger von Seattle haben schon Hunderte und noch viel mehr – Leben erhalten.[25]

Das sind zwei Beispiele dafür, wie individuelles Engagement der Gemeinschaft nützt. Telephonhilfe für Lebensmüde oder Ausreißer, Küchen und Kliniken für Obdachlose, Häuser für geschlagene Frauen, Patenschaften für Kinder am Rande unserer Gesellschaft – das sind weitere, aber bei weitem nicht alle Betätigungsfelder eines echten Gemeinschaftsdienstes.

Fazit

Die 90er Jahre werden insgesamt wirtschaftlich schwierig sein. Wir haben nicht nur konjunkturelle Probleme, sondern eine Wirtschaft, deren Wachstumsrate jahrzehntelang gesunken ist, die zur Belebung des Konsums (nicht so sehr der Investitionen) immense Schuldenberge angehäuft hat – eine Wirtschaft also, die nicht so schnell auf den Pfad hohen Wachstums zurückkehren wird. Daher müssen die Mitglieder der Gemeinschaften künftig erst recht die Hand ausstrecken und einander sowie Angehörigen weniger begüterter Gemeinschaften helfen.

Selbst wenn die amerikanische Wirtschaft ihre lange Schwäche überwindet, brauchen wir wieder stärkere soziale Bande, nicht nur zwischen Freunden, sondern zwischen Gruppenmitgliedern – Gemeinschaftsbande.

Jede Gemeinschaft – ob örtlich oder kollegial, mono-ethnisch oder »integriert« – muß ihre Aufgaben und Prioritäten selbst bestimmen, je nach den lokalen Bedingungen und Bedürfnissen. Einige Prinzipien gelten aber für alle. Die Gemeinschaften brauchen mehr Individuen, die mehr Zeit, Energie, Ressourcen – mehr von sich – fürs Gemeinwohl einsetzen. Junge Menschen oder Berufswechsler und Umschüler sollten auf jeden Fall versuchen, Karriere- und Gemeinschaftsinteresse zu kombinieren. Zudem ist unsere materielle Umwelt gemeinschaftsfreundlicher zu planen. Eine besondere Rolle kommt bei der Rückkehr zur Gemeinschaft den Institutionen zu. Sie sind daher unser nächstes Thema.

Kapitel 5

Die Institutionen der Gemeinschaft rekonstruieren

Institutionen als gemeinsame Kerne

So wie die amerikanische Gesellschaft seit den 50er Jahren die Familie geschwächt hat (und dafür nun die tristen moralischen und sozialen Konsequenzen tragen muß), so hat sie auch die Gemeinschaften geschwächt – mit ähnlich antisozialen Folgen. Beides geht ja oft Hand in Hand. Wenn die Eltern täglich zur Arbeit in die Stadt fahren, dann bleiben die Kinder ohne die erzieherische Präsenz der Erwachsenen, verwaisen die Straßen, die öffentlichen Räume (von Bushaltestellen bis zu Parks) und auch die Nachbarschaften. Die Kommunen müssen heute weit mehr Polizisten zum Schutz der tags leergefegten Vororte einstellen und finden weniger Kräfte für den Dienst an der Gemeinschaft. Die Wirtschaft hat immer mehr Menschen aufgesaugt – und muß nun auch für die Bezahlung einst ehrenamtlicher Tätigkeiten Steuern entrichten. Früher hatten wir viele ethnische Gruppen, die sich um Neueinwanderer kümmerten – heute haben wir die *U.S. Refugee Resettlement Agency* und eine Unmenge staatlicher Wohlfahrtseinrichtungen. Früher kümmerten sich die Familien um ihre Alten, heute sind sie anderweitig beschäftigt und viele Senioren in Pflegeheimen untergebracht (die oft, im Gegensatz zur kommunitären Versorgung, staatlich kräftig subventioniert sind). Und so weiter und so fort.

Die aus unserer Sicht *per se* fällige Rückkehr zur Familie wird auch zur Stärkung kommunitärer Institutionen beitragen. Wenn wieder mehr Menschen zu Hause arbeiten, stehen mehr Menschen tagsüber für Bürgerwachen zur Verfügung. Wenn die Amerikaner das Kind wieder mehr schätzen, werden sie eher die Zeit und Energie und auch das Geld aufbringen, um öffentliche Parks einzurichten und für deren Sicherheit zu sorgen. Wenn Nachbarn mehr Zeit haben, einander zu helfen – auch Neueinwanderern und vorübergehend in Not Geratenen –, wird auch der Druck auf die staatlichen Institutionen nachlassen.

Institutionen als Stütze der Gemeinschaften

Institutionen wie die Gemeindeschule, die bürgernahe Polizei, die Ortskirche, das Stadtmuseum sind für die Gemeinschaften nicht nur wegen ihrer Dienstleistungen wichtig: Sie sind auch Kristallisationskerne des Gemeinschaftslebens. Wenn man die Institutionen mehrerer Gemeinschaften im Namen der Effizienz zusammenlegt, höhlt man die Gemeinschaften oft aus.

Nehmen wir beispielsweise die kommunalen Schulen. Sie sind häufig mehr als nur ein Ort, an den die Eltern ihre Kinder schikken. Das Schulhaus und die Sportmannschaften der Schule sind Objekte der Identifikation. Denn in der Schule finden Bürgerversammlungen und Tanz- und Musikveranstaltungen statt, erhalten Opfer von Naturkatastrophen Obdach. Wenn irgendwelche Erbsenzähler aus Spargründen die Schulen mehrerer Gemeinden zusammenlegen, verlieren viele ihre verbindende Institution. Sicher kann es aus einer engen buchhalterischen Perspektive höchst sinnvoll sein, einige kleine Gemeindeschulen zu einer regionalen Einrichtung zu vereinen. Bezieht man aber den Verlust an Gemeinschaft und die daraus resultierenden sozialen Kosten in die Rechnung mit ein, könnte die Beibehaltung vieler dieser Schulen sehr wohl gerechtfertigt sein.

Das gilt auch für andere Institutionen, von den lokalen Kirchen und Synagogen bis zu den Sozialzentren (wie etwa Altentreffs) und Tante-Emma-Läden. (Ein Schwarzenviertel an Chicagos South Side verkam noch mehr, als diese kleinen Läden durch unpersönliche, ferne Einkaufszentren verdrängt wurden.)

Vor Übertreibungen sei aber gewarnt. Manche Zusammenlegungen sind durchaus gerechtfertigt, und Gemeinden veröden auch aus anderen Gründen. Daher sollten Kommunitarier nicht immer und um jeden Preis alle Institutionen aufrechterhalten wollen. Sie sollten aber jeweils eine *umfassende* Analyse fordern, die den moralischen und sozialen »Konsolidierungs«-Kosten ebenso Rechnung trägt wie den finanziellen. Ihr Ergebnis wird wohl in vielen Fällen nahelegen, zentrale kommunitäre Institutionen zu erhalten.

Aber nicht nur die Schließung von Kern-Institutionen schwächt die Gemeinschaften, die ja, wie weithin bekannt und anerkannt, das soziale Fundament jener vermittelnden Institutionen sind, die zwischen Individuum und Staat stehen und den einzelnen vor exzessiven staatlichen Eingriffen schützen. Damit sie diese wichtige Funktion erfüllen können, sind sie selbst vor dem Staat zu schützen. Diese Mittler-Institutionen zu bewahren, ist ein vorrangiges Ziel der kommunitaristischen Bewegung.

Das folgende – sicherlich extreme – Beispiel für die Methoden staatlicher Behörden, eine Gemeinschaft ihrer Funktionen zu berauben und damit zu schwächen, soll für viele andere stehen: Carlos A. Padilla, ein Bewohner der wenig integrierten South Bronx, wollte das mit stinkendem Müll knietief bedeckte und rattenverseuchte Areal neben der Schule seiner Kinder säubern, freiwillig und unentgeltlich. Die Schule hatte bereits bei der Gemeinde ein Aufräumkommando angefordert, war aber hingehalten und endlich mit dem Bescheid abgespeist worden, der Verwaltung seien die Hände gebunden, weil es sich um ein Privatgrundstück handle. So opferten Padilla und 15 Mitstreiter ein Wochenende, um die Parzelle zu entmisten, den Müll in Tüten zu stopfen und auf einen von Padilla gemieteten Lastwagen zu laden. Die *New York Times* schrieb dazu:

> Trotz der Natur der Arbeit nahm diese Wochenend-Müllaktion beinahe festliche Züge an. Der Besitzer einer nahen Bodega spendierte den Freiwilligen Getränke. Die örtliche Feuerwehr schaute vorbei und bot den Fleißigen ihre großen Mülltonnen an. Der Pfarrer der nahegelegenen Sankt-Lukas-Schule gesellte sich dazu und segnete jeden, der ihm unter die Augen kam. Daß diese sonst meist von Apathie und Interesselosigkeit geprägte Gemeinschaft so positiv agierte und sich selbst half, war für jedermann ein erhebendes Erlebnis.[1]

Alles verlief bestens – bis, ja bis Polizisten der New Yorker Stadtreinigung den Truck mit Waffengewalt stoppten, Padilla verhafteten und seinen Laster beschlagnahmten, wegen illegalen Mülltransports. Es kostete einige Gerichtsverfahren – und Anwaltshonorare und Arbeitsstunden –, um Padilla samt Vehikel wieder freizubekommen.

Was uns nottut, ist das genaue Gegenteil davon: die Ermutigung existierender oder potentieller Gemeinschaften, zumindest zu versuchen, eigene Probleme zu lösen. Jede Stadt bräuchte einen Prüfungsausschuß, der die kommunale Praxis darauf untersucht, ob sie die Gemeinschaftsbande stärkt oder schwächt. Er könnte zusammen mit dem Stadtrat Regelungen abschaffen, dank derer man Leute wie Padilla ins Gefängnis wirft, statt sie auf der Rathaustreppe öffentlich zu ehren.

Ein gutes Beispiel: die bürgernahe Polizei

Es kann oft sinnvoll sein, Kern-Institutionen zu erneuern, um Gemeinschaften zu rekonstruieren. Ein gutes Beispiel dafür ist die Initiative »bürgernahe Polizei« (Kontaktbereichsbeamte). (Andere wären die Renovierung heruntergekommener Wohnviertel – statt der Sanierung mit der Abrißbirne – und die Einrichtung kommunaler Psychozentren, die uns die traurige Alternative ersparen, viele Patienten in ferne staatliche Heilanstalten einzuweisen oder sie auf der Straße sich völlig selbst zu überlassen.)

In Madison, Wisconsin, ist die bürgernahe Polizei Realität, in New York City wird sie erprobt, und in Los Angeles hat sie der neue Polizeipräsident nach den Unruhen von 1992 eingeführt. Läßt man die pompöse Rhetorik mancher Enthusiasten beiseite, dann bleibt ein einfacher und interessanter Kerngedanke: statt motorisierter Patrouillen Polizisten, die zu Fuß auf Streife gehen. Die Polizeibeamten sollten die Menschen in ihrem Revier kennen und vertrauensvolle Beziehungen zu ihnen aufbauen – was praktisch unmöglich ist, wenn sie in ihrem Wagen durch die Straßen brausen.

Der Polizei-Experte Robert Trojanowicz illustriert das mit einem Erlebnis seines Vaters, der Polizist in Bay City in Michigan war. Der war einmal, nach Meinung von Augenzeugen, bei der Bändigung eines streitsüchtigen Barbesuchers allzu gewaltsam vorgegangen. Als er in den nächsten Tagen auf Streife ging, sprachen ihn Bewohner seines Reviers auf den Vorfall an. Dabei konnte er ihnen erklären, warum er Gewalt angewandt hatte, und sich, mit Verweis auf die Frustrationen seines Jobs, für ein mögliches Übermaß entschuldigen, was sie, dank ihres engen Verhältnisses zu ihm, denn auch akzeptierten. So konnte er weiterhin effektive Polizeiarbeit leisten. Die Leute blieben offen zu ihm, und er bekam mit, wen in »seiner« Straße er ignorieren konnte und wen er im Auge behalten mußte.[2]

Durch die Fußstreife wird die Polizei zum integralen Teil der Gemeinde, statt eine Art Besatzer zu sein, die mit dem Terrain wenig vertraut und daher suspekt ist. (Manche Kritiker nennen das »unprofessionell«. »Was wollen Sie – auf die Straße gehen, den Leuten im Viertel guten Tag sagen und ihnen allen die Hand schütteln? Was für eine Polizeiarbeit ist das? Wie wär's mit Verbrechensbekämpfung?«)

Diese Bürgernähe macht viele aufwendige formelle Prozeduren mit schriftlichen Anzeigen, mit Untersuchungen und Verhören überflüssig, da Beschwerden häufig direkt vorgetragen und erledigt werden können. Mehr Bürgernähe führt oft auch zur Dezentralisierung der Befehlsgewalt und zu mehr Flexibilität, die eine Anpassung gesamtkommunaler Strategien an örtliche Gegebenheiten erlaubt.

Ich will hier keine Gesamtbewertung dieses Ansatzes vornehmen. Er bringt sicher, wie die meisten Innovationen, auch Probleme mit sich; der bürgernahe Polizist könnte beispielsweise eher korrumpierbar sein als der traditionelle Beamte, der weniger enge Beziehungen zu einem bestimmten Viertel hat. Ich will nur zeigen, daß kreative Konzepte wie dieses mehr Anklang finden könnten, wenn man die Gemeinschaftseffekte einer Institution berücksichtigen und derlei kommunitäre Ziele in eine breitere Effizienzdefinition aufnehmen würde.

Noch streiten sich die Gelehrten darüber, ob Institutionen wie eine bürgernahe Polizei die Gemeinden von sich aus stärken können oder ob es dazu auch anderer Mittel bedarf. Würde das Konzept auch dort in Los Angeles funktionieren, wo es bitter wenig Gemeinschaft gibt? Das ist eine eher akademische Frage. Denn selbst wenn es isoliert umsetzbar wäre – die Stärkung der Gemeinschaft ist so wichtig, daß wir dazu alle verfügbaren Möglichkeiten nutzen sollten, auch synergetische Effekte. Das ist wie die Frage, ob man sich bei der Gebäudesanierung mehr um das Fundament oder um das Stahlskelett kümmern müsse. Man sollte weder das eine noch das andere vernachlässigen.

Die öffentliche Sicherheit erhöhen – auf kommunitäre Weise

Man kann auch ohne spezifische Institutionen wie die örtliche Schule oder Polizei für mehr Sicherheit – Grundbedingung des Gemeinschaftslebens – sorgen und dazu den kommunitären Nexus erneuern: durch direkte Kooperation der Menschen. *Crime watches*, die über des Nächsten Sicherheit und Eigentum wachen, und *citizen patrols*, die im Viertel patrouillieren, können bei adäquatem Vorgehen zur Befriedigung kommunitärer Bedürfnisse beitragen und zwischen den Beteiligten Gemeinschaftsbande entstehen lassen. Bei derlei Programmen informieren die Leute einander über die voraussichtliche Abwesenheit eines Nachbarn und kontrollieren zu Fuß oder im Wagen ihren Wohnbezirk. In Fairfax, Virginia, gehen je zwei Bürger mit CB-Funkgeräten zusammen auf Streife. Die *Beat Keepers* in Los Angeles wenden eine aggressivere (gefährlichere) Taktik an, um Drogendealer zu vertreiben. Gruppen wie die *Orange Caps* in Washington, D.C., und die *Guardian Angels* in New York City haben sich mit ihren gut organisierten *Anticrime*-Patrouillen einen Namen gemacht.

Diese Bürgerwachen sind ihrerseits zu überwachen. Wir müssen sicherstellen, daß sie wirklich nur die Nachbarschaft schützen und nicht etwa Menschen anderer Hautfarbe oder Sozialschichten verjagen oder im Privatleben ihrer Mitbürger herumschnüffeln.

Man sollte den Staat näher zu den Menschen bringen. Das ist auch das Ziel der im September 1991 in Brooklyn in New York begonnenen Dezentralisierung der Justiz. Dieses *Brooklyn Community Prosecution Program* teilt den Bezirk nach Revier- und Kommunalgrenzen in fünf Zonen mit eigener Zuständigkeit und Leitung auf; die Gesamtleitung liegt beim Zentralgericht. Jetzt können sich die Staatsanwälte mit ihrem Viertel und den Problemen seiner Bewohner vertraut machen und die Verbrechen, die dort so passieren, und die Polizisten, die dort arbeiten, wirklich kennenlernen.[3]

Gewaltlose Straftäter (Postdiebe, Betrüger) zu gemeinnützigen Arbeiten, vom Laubrechen bis zum Müllsammeln, zu verurteilen, beugt kriminellen Rückfällen vor, ist für die Öffentlichkeit billiger und hilft der Gemeinschaft unmittelbar.[4]

Die öffentliche Anprangerung ist ein erstaunlich wirksames und preiswertes Abschreckungsinstrument – und Ausdrucksmittel der Moralordnung einer Gemeinschaft. In einigen Gerichtsbezirken veröffentlicht man die Namen der ertappten Freier von Dirnen. In Lincoln County, Oregon, läßt sich die Staatsanwaltschaft nur dann auf »Kuhhändel« (Absprache über Schuldigerklärungen) mit Kriminellen ein, wenn sich diese zuvor per Annonce im Lokalblatt für ihre Verbrechen entschuldigt haben, und auch nur bei gewaltfreien Straftaten, wie Einbruch oder Diebstahl. Diese Zeitungsanzeige enthält ein Bild des Übeltäters und ist von ihm zu bezahlen. In Sarasota in Florida und in Midwest City in Oklahoma wurden »Alkoholsünder« schon dazu verdonnert, an ihrem Wagen gut sichtbar einen Sticker mit der Aufschrift »Wegen Trunkenheit am Steuer verurteilt« anzubringen.

Manche meiner sozialwissenschaftlichen Kollegen, denen ich von derlei Urteilen erzähle, reagieren so entsetzt wie ungläubig. Eine solche Strafe gilt als entwürdigend, als Verletzung der Persönlichkeitsrechte. Aber wenn überführte Kriminelle zu bestrafen sind – welche Alternativen haben wir dann? Wir sind uns ja einig, daß Gefängnisstrafen kaum ein geeignetes Mittel sind, vor allem bei Ersttätern. Rehabilitation ist im Knast die Ausnahme; homosexuelle Vergewaltigung, Drogenmißbrauch und Verbrechen sind dort an der Tagesordnung. Der Häftling ist von seiner Familie isoliert, was seine Reintegration in die Gemeinschaft noch schwieriger macht. Ein Platz im Gefängnis ist teuer – oft sogar noch teurer als ein Studienplatz. Die Haftanstalten sind überbelegt, und manche Richter weigern sich, Straftäter hinter Schloß und Riegel zu bringen, weil ihnen die Lebensbedingungen im Knast als menschenunwürdig erscheinen. Eine öffentliche Anprangerung dagegen ist schnell, kostet nicht viel, bewahrt den Straftäter vor dem Umgang mit anderen Kriminellen und erlaubt ihm die Reintegration in die Gemeinschaft, die er ja gar nicht verlassen muß.

Manche fühlen sich dabei an den Judenstern im Nazideutschland erinnert. Der war aber deshalb so schreckliches Unrecht, weil man damit Menschen ob ihrer Religion und »Rasse« brandmarkte. Diese Anprangerung wäre auf Straftäter beschränkt (Ersttäter, keine hartgesottenen Kriminellen) und würde dazu dienen, die *Verbrechen*, nicht den Verbrecher, zu sanktionieren. In einem rechtsstaatlichen Prozeß Verurteilte zeitweise bloßzustellen, scheint mir ein legitimes und gemeinschaftsbildendes Vorgehen zu sein.

Politische Partizipation – weitgefaßt

Es ist eine alte Vorstellung, politische Partizipation sei *die* kommunitäre Aktion par excellence. (William F. Buckley gab ihr pathetisch Ausdruck, als er den Wahlakt ein *ziviles Sakrament* nannte.)[5] Man romantisiert die griechische *Polis* gern als einen Ort der Teilnahme aller Freien am öffentlichen Leben, das mit dem politischen Leben gleichgesetzt wird. Was impliziert, daß die permanente Bürgerversammlung das beste kommunitäre Handeln sei. Zwar werden nur wenige Gemeindemitglieder das öffentliche Leben ganz so faszinierend finden. Dennoch sollten alle – im Interesse einer lebendigen Gemeinde – oft über deren Ziele und Organisation mitbestimmen können.

Ich denke dabei nicht nur oder primär an die Wahlen, bei denen man alle paar Jahre über die Zusammensetzung des Stadtrates entscheidet. Auch wer in einer der kommunalen Institutionen – wie Schulen, Kliniken, Bibliotheken – mitbestimmt, hat teil am öffentlichen Leben, oder wer sich mit örtlichen Müllproblemen befaßt, die Parade zum 4. Juli [Nationalfeiertag] organisiert oder sich ins Begrüßungskomitee für neue Gemeindemitglieder einreiht.

Der gemeinsame Nenner all dessen *Empowerment*, wie man das heute nennt – der Versuch, die Menschen offen und direkt an den für ihr Leben zentralen Entscheidungen partizipieren zu lassen. Was das konkret heißt, läßt sich am besten am Beispiel unserer Schulwirklichkeit demonstrieren. In allen Schulen, die ich untersucht oder als Vater besucht habe (bei meinen fünf Kindern kommen da einige zusammen!), hielt man offensichtlich nicht allzuviel von »Elternbeteiligung«. Man lädt die Eltern zwar offiziell zur Teilnahme ein. Aber den meisten Direktoren und Lehrern gelten sie, insbesondere die aktiven Mütter und Väter, als ausgemachte Plage. Die Lehrer glauben selbst zu wissen, was für die Kinder gut ist. Nach ihrer Meinung wird die Schule durch Elternbeteiligung in eine »unprofessionelle« Richtung gedrängt.

Nach meiner Ansicht sollten die Lehrer und Rektoren versuchen, die Eltern für ihre pädagogischen Vorstellungen zu gewinnen – oder ihnen erlauben, den Kurs der Schule zu ändern. (Das heißt nicht, jeden Elternwunsch aufzugreifen, sondern den weisen Rat zu nutzen, die eine Elterngruppe nach umfassender Information und Diskussion zur Situation der Schule formuliert, als ihren Konsens präsentiert.) Die Schulen müssen die Eltern weit mehr als bisher beteiligen – zum einen, um ihre Aufgabe erfüllen zu können (was ohne aktive elterliche Unterstützung kaum möglich ist), zum anderen, weil Eltern-Mitbestimmung die Gemeinschaft stärkt.

Über die Möglichkeiten, die Menschen an Entscheidungsprozessen zu beteiligen und Gemeinschaftsaktivitäten zu fördern, wurden schon viele Bücher publiziert (auch über die damit verbundenen Probleme). Ich will diese Flut nicht vermehren, sondern einige wichtige Methoden nennen, die wir zum Bau der Gemeinschaften, also für die Rückkehr zur »Wir«-heit anwenden können: unsere Investition in die Gemeinschaft erhöhen; Berufsinteressen mit Gemeinschaftsbindungen harmonisieren; unsere Lebensräume gemeinschaftsfreundlicher gestalten; sinnvolle statt triviale gemeinnützige Dienste anbieten und leisten; von anderen ein ähnliches Interesse und Engagement für die Gemeinschaft fordern. Wir wollen letztlich den Boden für jene Art tiefer menschlicher Befriedigung bereiten, die wir nur im Mit- und Füreinander finden, und die Gemeinschaft als eine moralische Infrastruktur stärken, als den neben dem Gewissen wichtigsten moralstärkenden Faktor.[6]

Persönliche Verantwortung, Selbsthilfe und soziale Gerechtigkeit

Gemeinschaftsdienst ist eine feine Sache, sagen die Liberalen, genügt aber bei weitem nicht. Was Amerika braucht, behaupten sie, ist eine massive »Umverteilung« (wie das Codewort dafür lautet, daß man Besitzenden nimmt und Habenichtsen gibt) in und vor allem zwischen den Gemeinschaften: Nimm den Reichen und gib den Armen. Sie empören sich vor allem über die Idee, die Menschen und insbesondere die Gemeinschaften sollten für sich selbst verantwortlich sein.

In seinem Buch *Was unseren Charakter ausmacht* appelliert der schwarze Autor Shelby Steele an die Schwarzen, das Klagen sein zu lassen und nicht länger Forderungen an das weiße Amerika zu stellen.[7] Sie sollten die Haltung des hilflosen Opfers aufgeben und die Verantwortung für ihre Zukunft übernehmen und lernen, sich selbst zu helfen. Steele wendet sich scharf dagegen, die armen Schwarzen als die wahren Schwarzen zu bezeichnen. Das besage doch, daß alle, die den Aufstieg in die Mittelschicht schaffen, irgendwie weniger schwarz seien. L. Douglas Wilder, der als erster Schwarzer zum Gouverneur von Virginia gewählt wurde, vertritt eine ähnliche Position. Er sagt unverblümt, die schwarzen Amerikaner müßten den langen, schweren Weg der Selbsthilfe zu gehen bereit sein.[8]

Einige schwarze Kritiker – wie Roger Wilkins von der George-Mason- und Ronald Walters von der Howard-Universität – werfen Steele, Wilder und ihren intellektuellen Verbündeten vor, die »Repressivität« unserer Sozialstruktur außer acht zu lassen.[9] Die sozioökonomische Lage der Schwarzen sei auch heute durch umfassende, gesellschaftsimmanente Diskriminierung geprägt. Daher sei für die schwarzen Amerikaner der Aufstieg ungleich schwieriger als für Weiße. Alle Minderheiten sollten sozialstrukturelle Veränderungen als eine Grundvoraussetzung ihres Vorwärtskommens fordern. Den psychologischen Aufwind, den die Schwarzen als Individuen dringend bräuchten, gäben ihnen kollektive Aktionen – wie Protestdemonstrationen – zur Verbesserung ihrer Lage als Gruppe. Schließlich würden auch andere Gruppen in Amerika – Juden, Iren, Italiener, Asiaten – sich selbst helfen. Warum nicht auch die Schwarzen?

William Julius Wilson, ein schwarzer Soziologe der University of Chicago, rügt das unselige Entweder-Oder-Denken, das Elend intellektueller Polarisation. Natürlich sei an die Schwarzen zu appellieren, sich nicht in Selbstmitleid zu ergehen, »das System« für alles verantwortlich zu machen. Aber man müsse zugleich sagen, daß die Minderheiten strukturell benachteiligt seien und daß entsprechende Veränderungen ihren Aufstieg in der amerikanischen Gesellschaft erleichtern würden.[10]

Ein kommunitaristisches Konzept sozialer Gerechtigkeit (für *alle* Gruppen) schließt folgendes ein: Erstens, *jeder hat die moralische Pflicht, sich nach besten Kräften selbst zu helfen.* Auf den ersten Blick mag es herzlos wirken, etwa Behinderte, ältere Arbeitslose und diskriminierte Minderheitenjugendliche aufzufordern, selbst etwas zur Verbesserung ihrer Lage zu tun. Sicher schulden wir ihnen etwas, haben sie Anspruch auf unsere Hilfe. Aber unsere Forderung, die in dieser oder jener Form Benachteiligten sollten auch etwas für sich tun – anstatt sich zurückzulehnen und darauf zu warten, daß man sie entschädige, aufrichte und bevorzuge –, basiert auf der Idee von der Würde des Menschen. Jede Abhängigkeit von anderen hat – wie ja die Konservativen ständig betonen – etwas zutiefst Entwürdigendes. So gebietet es die Achtung vor der Menschenwürde, jeden zu ermutigen, sein Leben – soweit unter den Umständen möglich – selbst in die Hand zu nehmen. Für manche heißt das »nur«, nach einem Schlaganfall zu versuchen, sich die Schuhe selbst zuzubinden oder ohne fremde Hilfe zu essen. Für andere heißt das zuzugeben, daß sie Analphabeten sind – und nun lesen und schreiben zu lernen. Für wieder andere könnte es heißen, trotz häufiger Ablehnungen weiter eine Arbeit zu suchen. Aber man sollte die Menschen – in ihrem eigenen Interesse – nicht von ihrer Selbstverantwortung freisprechen.

Gemeinschaften, die der Anspruchsinflation und dem (selbst in recht gut gestellten Schichten) weitverbreiteten Rechtedenken wehren, lassen sich weniger durch Schuldgefühle motivieren und sind eher bereit, ihre Verpflichtungen gegenüber jenen zu erfüllen, die sich selbst zu helfen versuchen. Auf die Dauer hilft niemand gern denen, die untätig auf einen Retter warten oder Wiedergutmachung für erlittene Diskriminierung fordern.

An zweiter Stelle verantwortlich sind die Nächsten, Verwandte, Freunde, Nachbarn und andere Gemeinschaftsmitglieder. Sie sind gefordert, weil sie die Probleme am besten kennen (und weniger leicht hinters Licht zu führen sind als Wohlfahrtsbürokraten) und die Hilfe auf die Bedürfnisse zuschneiden können. Wenn etwa der Staat »Essen auf Rädern« liefert, hat der Empfänger keine oder nur geringe Wahlmöglichkeiten. Wenn aber Nachbarn für einen Kranken, Bedürftigen kochen, können sie auf seine Vorlieben Rücksicht nehmen. Der Rat eines Nachbarn, Freundes beruht eher auf Vertrautheit als der des (oft überarbeiteten) Sozialarbeiters. Warum übernachten viele Obdachlose lieber auf der Straße als in staatlichen Unterkünften? Unter anderem weil das oft triste, streng geführte Schuppen sind (»Um 22 Uhr sind alle im Bett!«, »Ruhe und Licht aus!« etc.). Wo Nachbarn einen Immigranten oder ein Kind aufnehmen, dessen Eltern krank sind, richten sie ihre Hilfe an diesem persönlich aus. Zudem ist im Beziehungsgeflecht der eigenen Gemeinschaft *Reziprozität* am besten aufrechtzuerhalten. Damit meine ich nicht das kalte Kalkül, das den Ökonomen zufolge die Tauschbeziehungen der Menschen regiert, sondern die zukunftsoffene, gegenseitige Hilfe unter Nachbarn.

Vor einiger Zeit, als der Distrikt Washington zugeschneit war, blieb ich auf der Heimfahrt stecken und wurde von einem Wagen mit Allradantrieb mitgenommen. Als ich dann bei mir zu Hause in Bethesda, Maryland, eintraf, standen meinen Nachbarn, in Tränen aufgelöst, in meiner Küche. Ich erfuhr, daß meine Frau und mein kleiner Sohn einen schweren Autounfall gehabt hatten und in ein Krankenhaus gebracht worden waren. Zwei Nachbarn fuhren mich trotz der vereisten Straßen zur Unfallstation (wir kamen unterwegs auch wirklich ins Schleudern), während andere einfach versprachen, dazubleiben und auf die Heimkehr meiner anderen Söhne zu warten. Meine Frau ist ihren Verletzungen erlegen. In den folgenden Wochen kümmerten sich meine Nachbarn um mich. Sie kochten für mich, und ein Paar verbrachte den ganzen Abend mit mir, obwohl ihr Sohn, ein Student, zu Besuch gekommen und nur zwei Abende da war. Ein anderer opferte seinen einzigen arbeitsfreien Tag, um zu dem Unfallwagen zu fahren und daraus einige Dokumente zu bergen, wozu ich einfach nicht in der Lage war. Viele Wochen lang haben mich meine Nachbarn immer wieder besucht.

Ich weiß so sicher, wie man das im Bereich menschlicher Motive überhaupt kann, daß sie dabei nicht abwogen, was ich früher für sie getan hatte oder künftig für sie tun würde, wenn sie Hilfe bräuchten. Es war klar, daß sie aus Mitgefühl handelten. Natürlich gibt es in jeder Beziehung oder Gemeinschaft, und zu Recht, ein *vages* Gefühl für angemessene Reziprozität, für die Notwendigkeit, zum Klima der Gegenseitigkeit beizutragen. Aber der tiefere Grund dafür, daß die Menschen einander helfen und den Gemeinschaftsgeist pflegen, ist der, daß sie das für gut und richtig halten.

Deshalb sollte man auch *grundsätzlich von jeder Gemeinschaft erwarten, daß sie sich nach besten Kräften selbst zu helfen versucht.* Die Gesellschaft, als eine Gemeinschaft der Gemeinschaften, sollte die moralische Erwartung stärken, die besagt, daß jede lokale Gemeinschaft für ihr Wohlergehen erst einmal selbst verantwortlich ist. Diese Regel befolgen wir ja schon, wenn es brennt. Dann alarmieren wir zuerst die örtliche Feuerwehr; und nur wenn sie das Feuer nicht unter Kontrolle bringt, rufen wir die Feuerwehren andere Gemeinden zu Hilfe. Dasselbe gilt für viele andere Probleme, wie Müllnotstand, Kriminalität, Drogenmißbrauch und derlei mehr: Die soziale Verantwortung für deren Lösung liegt in erster Linie bei den Mitgliedern der jeweiligen Gemeinschaft.

Das Sprichwort *Charity begins at home* [Man muß zuerst an seine eigene Familie, die Eigenen denken] hat aber in seiner vollen Bedeutung zu gelten: Nächstenliebe – oder allgemeiner: soziale Verantwortung – sollte *zuerst, aber nicht nur* die Eigengruppe meinen. Eine der größten Gefahren bei der Rekonstruktion der Gemeinschaften besteht ja darin, daß sie egoistisch und für das Los Außenstehender gleichgültig werden. Man muß aber von jeder Gemeinschaft fordern, daß sie Mitgliedern anderer *Communities*, die schlechter gestellt sind und ihre Probleme nicht allein lösen können, die Hand reicht und beisteht. Sei es, daß die Gemeinde einem überfluteten Nachbarort Lebensmittel und Decken und freiwillige Helfer schickt, Menschen aufnimmt, die vor einem Hurrikan oder Erdbeben flüchten, oder anderen Gemeinden ihre Schneepflüge zur Verfügung stellt.

Aber auch *die Gesellschaften (also die Gemeinschaften der Gemeinschaften) müssen jenen Gemeinschaften beispringen, die ihren Mitgliedern nicht ausreichend helfen können.* Wenn etwa die amerikanische Zentralbank ihre Zinssätze erhöht, um die Inflation zu drosseln, kann sie eine Rezession auslösen, die manche Gemeinden – durch Schließungen wichtiger Betriebe in ihrem Bereich – härter trifft als andere. Wäre es nun sinnvoll oder gerecht, daß die Einwohner dieser Kommunen die Hauptlast einer Krise tragen, die eine staatliche Maßnahme im Interesse der Gesamtwirtschaft heraufbeschwört? *Soziale Gerechtigkeit ist eine interkommunitäre, nicht nur eine intrakommunitäre Angelegenheit.* Hier wäre nun eine Arbeitslosenunterstützung aus Bundesmitteln gerechtfertigt, die durch die Steuern aller mitfinanziert wird. Dasselbe gilt bei Entschädigungszahlungen für Japano-Amerikaner, die im Zweiten Weltkrieg widerrechtlich interniert wurden, und bei den Förder- und Chancengleichheits-Programmen für Arme, wie *Head Start.* »Umverteilungen« zwischen Gemeinschaften sind notwendig und angebracht – aber nicht das einzige oder erste Mittel, nach dem Kommunitarier greifen. Wir beginnen mit der Verantwortung gegenüber uns selbst und den Mitgliedern unserer Gemeinschaft und weiten von dort unsere moralischen Forderungen aus.

Amerika als eine Gemeinschaft der Gemeinschaften – oder die Grenzen des Multikulturalismus

Die Kommunitarier müssen sich der Gefahr bewußt sein, daß eine Gemeinschaft zu selbstbezogen wird, sich gegen andere kehrt. Solche Prozesse schwächen die Bande, die Gemeinschaften zu umfassenderen (gemeinde- oder landesweiten) Übergemeinschaften vereinen. Sie behindern zudem die Entwicklung noch größerer, regionaler oder transnationaler Gemeinschaften, wie etwa der Europäischen Union.

Daß lokale oder ethnische Konflikte eine Nation spalten, ja in einen mörderischen Bürgerkrieg stürzen können, hat sich in den letzten Jahren mehrfach bewiesen, als so verschiedene Länder wie Indien und Somalia, die frühere Sowjetunion, Äthiopien und Jugoslawien durch gewaltsame interne Auseinandersetzungen erschüttert wurden. In den USA war »Los Angeles 1992« ein nicht zu überhörendes Warnsignal: Die Spannungen zwischen den Rassen wachsen.

Wie die Beziehungen zwischen den Gemeinschaften sowie zwischen ihnen und der amerikanischen Gesellschaft insgesamt aussehen sollten, diskutiere ich unter zwei zentralen Fragestellungen: Was sollten wir den Schülern und Studenten zu diesen Problemen beibringen? Welche Art von Gesellschaft bauen wir für sie? Die Klärung der ersten (Streit um die multikulturellen Lehrpläne) ist ein guter Einstieg in die zweite – die kontroverse und komplexe Frage nach der künftigen Gestalt Amerikas: Was soll unser Ziel sein – der Schmelztiegel, das multirassische und ethnische Konglomerat oder der Pluralismus in der Einheit?

Amerika im Klassenzimmer: Spaltung im Lehrplan

Daß die verschiedenen rassischen und ethnischen Gemeinschaften Teile *einer* Übergemeinschaft sind, ist in den amerikanischen Schulen und Universitäten nicht mehr selbstverständlich. So schreibt Ellen K. Coughlin im *Chronicle of Higher Education*: »Damit stellen sich Grundfragen zum künftigen Verständnis amerikanischer Geschichte: Ist es die einer gemeinsamen Kultur oder die vieler verschiedener, ja unvereinbarer Kulturen?«[11]

Die Debatte konzentriert sich oft auf den *Multikulturalismus*, vor allem darauf, was über unser kulturelles Erbe gelehrt werden sollte – und wurde leider in der unseligen Tradition des Entweder-Oder-Denkens polarisiert. Coughlin bemerkt: »Die öffentliche Auseinandersetzung über den Multikulturalismus wird manchmal sehr simpel dargestellt – als Schlagabtausch zwischen ›Eurozentristen‹ einerseits und ›ethnischen Separatisten‹ andererseits«.[12]

Im Winter 1992 fragte die Fernsehproduzentin Rita McWilliams telephonisch bei mir an, ob ich an einer Talk-Show zum Thema Multikulturalismus teilnehmen wolle. Mein Gesprächspartner wäre Ronald Walters, ein schwarzer Politologe von der Howard University. Beim Vorgespräch legte ich Rita meine Position dar: Ein Multikulturalismus, der den Jugendlichen mehr über die verschiedlichenen Hintergründe aller Teilgruppen Amerikas vermittelt, wäre ein Gewinn für alle. Ein Multikulturalismus jedoch, der keine gemeinsamen Helden oder Werte und keinen gemeinsamen Kern anerkennt – vor allem Demokratie, Toleranz und individuelle Rechte, alles Werte, die in außereuropäischen Traditionen sehr wenig Rückhalt haben –, könnte unsere Einheit und damit unsere Gesellschaft zerstören. Rita McWilliams hörte interessiert zu und fragte dann etwas unsicher: »Aber Sie *sind* doch anderer Meinung als er?« Ich erwiderte, daß ich Ron sehr achte und ihn schon zu mir nach Hause eingeladen hätte, daß wir aber bei *einigen* dieser Fragen in der Tat unterschiedlicher Meinung seien.

Bei der Aufnahme führten Ron und ich ein sehr gutes Gespräch. Wir waren uns in manchen Punkten einig, klärten andere und blieben in wieder anderen bei unserer jeweiligen Ansicht. Als der Moderator Morton Kondracke und ich uns dann im Waschraum abschminkten, merkte ich, daß Mort sehr ärgerlich war: »Sie hätten sich mehr streiten sollen!« rief er aus. »Hätten wir doch bloß Pat Buchanan geholt!« Für die Sendung kürzte man unseren Dialog um die Hälfte und gab dafür Daniel Boorstin Gelegenheit zur einseitigen Kritik des Multikulturalismus.

Solchen Pressionen sind ich und viele meiner Kollegen häufig ausgesetzt: »Sie sind entweder ein Teil der Lösung – oder ein Teil des Problems.« Eine klare Botschaft: Wer seine Ansichten über die Medien verbreiten will, muß aggressiver auftreten und polarisierender. Er soll sich vor allem entscheiden, ob er die amerikanischen Werte und Kulturen als eine homogene Einheit definiert (als die Kultur der »weißen männlichen Europäer«) – oder als einen Mischmasch isolierter Konglomerate, für jede ethnische Gruppe eines, wie die Tiere in der Arche Noah. Aber der Kommunitarier verweist auf die dritte Möglichkeit, die uns eine Reihe gemeinsamer Werte bietet und zugleich den einzelnen ethnischen und rassischen Gemeinschaften die Chance gibt, ihr spezifisches Erbe als wichtige, ja bereichernde Subkultur zu begreifen und zu würdigen.

Die eine Partei dieser multikulturellen Debatte verlangt, die Oberschüler und Studenten mit den großen Werken ihrer Kultur vertraut zu machen. Die Minoritäten sollten ihre Traditionen kennenlernen und nicht die »europäischen« oder »westlichen« Klassiker (wie Plato, Shakespeare, die Autoren der *Federalist Papers*).[13] Schwarze sollten die Bücher schwarzer Autoren wie Richard Wright, Langston Hughes, Gayle Jones und John Oliver Killens lesen. Frauen sollten Werke von Frauen lesen, wie *Das andere Geschlecht* von Simone de Beauvoir oder *Frauen und Wirtschaftswissenschaften* von Charlotte Perkin Gilmans und andere mehr.[14]
Lewis H. Lapman schrieb dazu in *Harper's*:

Wenn ich den Zeitungen glaubte, könnte ich mich kaum noch als »Amerikaner« begreifen. Das Substantiv bekommt wohl erst einen Sinn, wenn es durch wenigstens ein Adjektiv näher bestimmt wird. Als bloßer Amerikaner habe ich weder ein Mitspracherecht noch eine verbürgte Existenz. Zu sein beginne ich erst als alter Amerikaner, weiblicher Amerikaner, weißer Amerikaner, reicher Amerikaner, schwarzer Amerikaner, schwuler Amerikaner, armer Amerikaner, eingeborener Amerikaner, toter Amerikaner. Diese Unterordnung des Substantivs unter das Adjektiv ist ein Hohn auf die amerikanische Prämisse und die Demokratie.[15]

Nach diesem einseitigen Multikulturalismus-Konzept sollten wir auf einen Kernlehrplan – einen gemeinsamen Wissensfundus, auf den wir uns zentral einigen – verzichten und dafür eine Art Lehrbüffet mit Menüs der unterschiedlichsten kulturellen und historischen Provenienz einrichten, für jeden Geschmack eines, aber eher unverbindlich: etwas *Soul*, etwas Chinesisches, etwas Cajun, etwas Texanisch-Mexikanisches, etwas Italienisches... Serviert man diese ethnisch-rassischen Speisen in der Schule, würzt man sie nur allzuoft mit dem Gewürz der »Überlegenheit« der jeweiligen Kultur über alle anderen oder übergießt sie mit dem Haß, der die amerikanische Geschichte praktisch auf eine Geschichte der Unterdrückung und Eroberung reduziert.

Dazu sagt Albert Shanker, der Vorsitzende des Amerikanischen Lehrerverbandes:

> ... die neuen Multikulturalisten möchten ... so weit gehen, alles Amerikanische herabzusetzen. Das Wort »Amerikanisieren« ist für sie anstößig. Glaubt man ihnen, dann ist es in diesem Land allen, die nicht weiß, nicht europäischer Herkunft waren, immer nur schlecht ergangen. Anstatt die Kinder zu lehren, daß sie einer politischen Kultur angehören, zu der jede Gruppe beigetragen hat, wollen sie ihnen einreden, die gemeinsame Kultur sei eine Lüge, und ihre wahre Identität, ihr wahres Interesse gründe darauf, daß sie zu verschiedenen Kulturen gehörten.[16]

Die andere Partei in diesem unnötigen Konflikt ist eine Gruppe meist weißer, männlicher Traditionalisten aus dem Bereich der Geisteswissenschaften, die sich im Nationalen Gelehrtenverband zusammengetan haben und einen einheitlichen Lehrplan fordern.[17] Für sie sind die von anderen Gruppen präsentierten Materialien literarisch minderwertig (»nichts, was die Zeit überdauert hätte«), ideologisch motiviert und mit historischem Unsinn befrachtet (etwa der Behauptung, viele historische Größen, von Aristoteles bis Beethoven, hätten schwarze Vorfahren gehabt oder seien schlicht Schwarze gewesen). Für sie ist die Idee absurd, die Lehrpläne sollten auf die psychischen Bedürfnisse der Schüler eingehen, ihre Selbstachtung fördern. Der Verband verkündet: »Selbst wenn es die Schüler demotivieren würde, daß sie nicht mehr Werke von Angehörigen ihres Geschlechts, ihrer Rasse oder ethnischen Gruppe kennenlernen, würde das nicht die Auseinandersetzung mit schlechten Autoren rechtfertigen. Derlei Paternalismus vermittelt die falsche Botschaft.«[18] Und weiter: Die Verbandsmitglieder seien mehr als zufrieden, ja stolz, die Werke toter weißer Männer vom Format eines Plato oder Shakespeare weiterzugeben, würden aber sehr wohl andere berücksichtigen, sofern sie »allgemeingültigen intellektuellen und ästhetischen Maßstäben« genügten.

Zwischen diesen beiden Extrempositionen liegt *die fruchtbare gemäßigte Zone* eines Multikulturalismus, der die Lehrpläne so gestalten will, daß die Schüler und Studenten mehr über die je anderen Kulturen erfahren, insbesondere über die kulturellen Wurzeln der verschiedenen amerikanischen Minoritäten und der Frauen. Das ist das angemessene Konzept. Zum einen, weil diese Subkulturen für die Mitglieder dieser Gruppen natürlich von Interesse und Wert sind. (Warum sollte ein Schüler asiatischer Herkunft in Kernkursen nur etwas über die Geschichte Europas erfahren und das nur durch europäische Autoren?) Zum anderen, weil ein gebildeter Mensch – gleich welcher Herkunft – mit den wichtigen Werken und fruchtbaren Ideen anderer Zivilisationen vertraut sein sollte, besonders mit denen, die viele seiner Mitbürger als zu ihrem Erbe gehörig betrachten, wie etwa die afrikanischen Traditionen und die hispanische Kultur.

Aber Lehrmaterialien dienen nicht nur der Wissensvermittlung, sondern auch der Weitergabe von zentralen Wertvorstellungen einer Gesellschaft. Es ist zwar zu wünschen, daß die Schüler ebenso Grundkenntnisse des Islam und des Konfuziuanismus wie des Alten und Neuen Testaments erwerben. Aber *Mein Kampf, Das Kapital* und andere ideologische Traktate, die tyrannische politische Systeme legitimierten, dürfen nicht gleichrangig neben Lokke oder Kant, den *Federalist Papers,* der Verfassung und anderen

Kerntexten unserer Demokratie stehen. Man sollte die Vorzüge unserer Institutionen und die Übel der Diktatur nachdrücklich und klar herausstellen.

Um Mißverständnissen vorzubeugen: Ich meine keineswegs, daß man diese Schriften unterdrücken oder den Schülern verwehren soll, mit denen Tyrannen ihr Terrorregime rechtfertigten. Aber ich meine schon, daß man sie nicht als neutrale Alternativen darbieten sollte, so als ob uns die historischen Quellen und die menschliche Erfahrung nichts über die großen Vorteile der demokratischen Kultur unserer Gesellschaft und unserer Gemeinschaften (ja unserer Lebensart) und die Bedrückung in anderen politischen Systemen lehren könnten.

Die Details auszuarbeiten ist Sache der Lehrplanausschüsse, Schulbehörden, Eltern und Schüler. Aber die Richtlinien für einen kommunitären Unterricht zu diesem Thema sind klar: Kulturelle Bereicherung ist willkommen, kultureller Dünkel nicht. Kulturelle Vielfalt bereichert; ein Angriff auf die Kernwerte untergräbt das Gerüst, das die Teile aufnehmen soll, untergräbt die gemeinsamen Werte, die uns als Gemeinschaft der Gemeinschaften zusammenhalten.

Regenbogengesellschaft, Schmelztiegel oder Pluralismus in der Einheit?

Das Thema »Lehrpläne« war nicht mein Hauptanliegen, aber ein guter Einstieg in die grundlegenderen, komplexeren Fragen, die sich der amerikanischen Gesellschaft bei ihrem Ringen um ihr Fortbestehen als Übergemeinschaft stellen. Die Kernfrage ist: Sollen wir die Idee der *einen* Gesellschaft zugunsten der eines Konglomerats aus Stämmen verschiedener Hautfarbe aufgeben? Und wenn wir eine gewisse gesellschaftliche Einheit wahren wollen: Gelingt uns das nur oder am ehesten, wenn wir die Subkulturen wegschmelzen?

Der Gedanke, Amerika solle seinen Kern aufgeben und erkennen, daß es eine Gesellschaft von *Menschen verschiedener Hautfarbe,* eine Regenbogengesellschaft, geworden sei, ist politischen wie demographischen Ursprungs. Jesse Jackson hat diesen Begriff im Präsidentschaftwahlkampf 1984 eingeführt. Um seine politische Basis über seine schwarzen Wähler hinaus zu erweiteren, rief er Minoritäten, Gewerkschaften, Farmer und Unweltschützer auf, ihm in ein neues Amerika zu folgen, in dem die Menschen sozial und kulturell gleichrangig wären. Er hat sich nie darüber ausgelassen, wie eine solche Gesellschaft aussehen würde oder worin ihre zentralen Werte bestünden. (Ich habe Ron Walters, seinen persönlichen Berater, wiederholt danach gefragt. Aber er schwieg sich aus und ließ sich nicht einmal dann zu einer Antwort verleiten, als ich ihn ironisch fragte, ob Weiß für ihn und Jesse denn eine Farbe sei.) In neuerer Zeit steht der Begriff *People of color* oft für die Prognose oder den Wunsch, daß Amerika eine Kollage aus unterschiedlichen rassischen und ethnischen Gruppen mit ihrer je eigenen Kultur werde – und beileibe keine homogene Nation.

Den Beweis lieferte angeblich eine vom Arbeitsministerium finanzierte Studie der erwerbstätigen Bevölkerung, die zeige, daß Minoritätenangehörige im (gar nicht so fernen) Jahr 2000 hier die Mehrheit stellen würden.[19] Ähnliche Prognosen gibt es zur Entwicklung der Gesamtbevölkerung.

Dieses neue multikulturelle Amerika proklamiert auch Martha Farnsworth Riches Artikel »Es gibt nur noch Minoritäten«, der in der angesehenen wissenschaftlichen Zeitschrift *American Deographics* erschien und schon im Titel Riches multikulturelle These auf den Punkt bringt, die besagt: »... die Vereinigten Staaten machen eine neue Phase des demographischen Übergangs durch: Wir sind auf dem Weg zur multikulturellen Gesellschaft. In den 90er Jahren wird unsere von Weißen dominierte und in der westlichen Kultur verwurzelte Gesellschaft zur Weltgesellschaft, die durch drei große rassische und ethnische Minoritäten geprägt sein wird.«[20] Ergänzend heißt es, daß nur wenige der Neueinwanderer weiß seien und Schwarze sowie Hispano-Amerikaner im Schnitt mehr Kinder zur Welt brächten als die Weißen. Vor allem aber seien die »Zeiten vorbei, da man vom nicht-weißen, nichtwestlichen Teil der Bevölkerung erwarten konnte, sich an die dominante Mehrheit anzupassen.« Im Gegenteil, nun sei es an den Weißen, sich in die neue Regenbogengesellschaft zu integrieren.

Andere haben die These noch zugespitzt. So meint June Jordan in ihrem *Progressive*-Artikel »Vielfalt oder Tod« bündig: »Ein Nein zur Vielfalt ist ein Nein zum Leben.«[21] Kein Wunder, daß sich manche Amerikaner europäischer Herkunft bereits wie eine Minderheit organisieren, um sich in dieser schönen neuen Welt ihre Rechte bewahren zu können.

Aber der vom Arbeitsministerium gesponsorte Bericht *Workforce 2000* zeigt nur, daß von 1989 bis 2000 20 Prozent der Netto-*Neu*zugänge auf dem Arbeitsmarkt Nicht-Weiße und 22 Prozent Einwanderer sein werden. 42 Prozent werden in Amerika geboren, weiß und weiblich und nur 15 Prozent der Netto-*Neu*zugänge in Amerika geboren, weiß und männlich sein.[22] [23] Aus dieser Prognose oder vergleichbaren auf einen baldigen Minoritätenstatus der weißen Männer zu schließen, ähnelt der Behauptung, wenn man in einen verwässerten Drink etwas Scotch nachgieße, habe man bald kaum noch Wasser im Glas. Tatsache ist, daß laut Statistischem Bundesamt der Anteil der Schwarzen in den Vereinigten Staaten von 1989 bis 2000 nur von 12,1 auf 13,1 Prozent steigen wird, der Anteil der Hispano-Amerikaner von 8 auf 9,4 Prozent und der anderer Minoritäten, vor allem asiatischer Herkunft, von 3,4 auf 4 Prozent. Alles in allem wären das dann 26,5 Prozent – ein stattlicher Anteil, aber doch nur etwa ein Viertel der amerikanischen Bevölkerung.[24]

Außerdem gibt es keinen Grund für die Annahme – für den Traum einiger linksgerichteter Radikaler –, daß die verschiedenen Minoritäten drauf und dran seien, sich in einer Art großer neuer Allianz gegen die Weißen zusammenzutun. Im Gegenteil, in jeder einzelnen Gruppe und zwischen ihnen gibt es erhebliche Differenzen – zwischen Hispano-Amerikanern und Schwarzen etwa und vor allem zwischen diesen beiden Gruppen und Amerikanern asiatischer Herkunft. Die verschiedenen Minoritäten haben oft konkurrierende Kandidaten für ein öffentliches Amt unterstützt und sich fast nie hinter ein und demselben geschart, dieselben »Minoritäten«-Werte vertreten. Konkurrenz und Konflikt in bezug auf Wohnungen, Arbeitsplätze und Geschäfte sind zwischen Schwarzen, Hispano-Amerikanern und Asiaten gang und gäbe – von New York City bis zu den Fischereihäfen Floridas und hinüber nach Los Angeles.[25]

Auch in jeder ethnischen Gruppe gibt es erhebliche moralische, soziale und politische Brüche. Nur eine Minderheit der Frauen definiert sich als feministisch. Manche Frauen unterstützen manche feministischen Positionen und lehnen andere ab. Manche sind stockkonservativ (wie die Anhängerinnen Phyllis Schlaflys und vieler anderer, die ein konservatives »Lebensschützer«-Programm vertreten.) Es gibt heute viele bedeutende schwarze Intellektuelle oder Politiker – wie Alan Keyes, Shelby Steele, Thomas Sowell und Michael L. Williams – und Wähler, die dem konservativen und/oder Republikaner-Lager angehören. Es wäre ja auch ziemlich rassistisch, anzunehmen, daß alle Menschen derselben Hautfarbe politisch derselben Meinung wären und die anderer Pigmentierung die entgegengesetzte Meinung verträten. Kurz gesagt, die Regenbogengesellschaft ist nicht in Sicht. Sollte sie das?

Absage an den Schmelztiegel

Als Kritik am Schmelztiegel-Klischee ist das Bild von der Regenbogengesellschaft eine nützliche Metapher. Wer die amerikanische Kultur als Schmelztiegel ansieht, meint, daß die Einwanderer und ihre Kinder ihr kulturelles Erbe aufgeben und zu Einheitsamerikanern werden müssen. Ihm schwebt das vor, was James Bryce »die erstaunliche Löskraft [nannte], die Amerikas Institutionen, Sitten und Ideen auf die Neuankömmlinge aller Rassen ausüben ... die alle hereinströmenden fremden Körper auflöst und assimiliert« (*Das Amerikanische Commonwealth*).[26]

Ganz auf dieser Linie fordert Shelby Steele in seinem Buch *Was unseren Charakter ausmacht*, die Schwarzamerikaner sollten nicht als Angehörige einer Rasse, sondern als Individuen voranzukommen versuchen. (»Die Verzweiflung wird nicht enden, keines unserer Probleme wird gelöst, wenn wir uns nicht in der amerikanischen Mitte individuell um unser Fortkommen bemühen – statt auf kollektive Aktion gegen die Mitte zu bauen.«)[27] Andere haben über den Verzicht von Amerikanern irischer, polnischer und sonstiger Herkunft auf ihre Bindungen zu ihren Ursprüngen und ihren jeweiligen ethnischen Gruppen geschrieben. Woodrow Wilson sagte seinen amerikanischen Mitbürgern: »... ihr könnt nicht wirklich Amerikaner werden, wenn ihr euch immer nur als Teil einer Gruppe begreift. Amerika besteht nicht aus Gruppen. Wer sich hier einer bestimmten nationalen Gruppe zurechnet, ist noch kein Amerikaner geworden.«[28] Kurz gesagt, das Ziel war: ein Volk, eine Kultur, eine Nation ohne Binnendifferenzierung nach Gruppengrenzen.

Vor zwei Generationen haben viele dieses Konzept akzeptiert. Aber für uns Kommunitarier ist klar, daß es auf *unnötige Gleichmacherei* zielt. Es spricht nichts dafür, daß alle Amerikaner dieselbe Küche schätzen lernen sollten (Hamburger, Pommes frites, Coca Cola? Roastbeef, Kartoffelpüree und grüne Erbsen?) und denselben Volkstanz (Squaredance?) oder dieselbe Musik (Rap?). Nein, die verschiedenen Traditionen, Subkulturen und Gemeinschaften sind als Bereicherung der amerikanischen Gesellschaft zu verstehen. Diane Ravitch, Ministerialrätin im Erziehungsministerium, erhofft sich vom Multikulturalismus ein neues Verständnis von amerikanischer Kultur – mit der Vielfalt eines Bildteppichs.[29] Kurz, kulturelle Vielfalt ist bis zu einem bestimmten Punkt mit Einheit vereinbar; die Alternative heißt nicht: »Schmelztiegel – oder der Zerfall der amerikanischen Gesellschaft in einen Haufen zerstrittener Nationalitäten«.

Pluralismus in der Einheit

Leider sehen einige Multikulturalismus-Konzepte die umfassende Gemeinschaft nicht mehr vor, in der die einzelnen Subkulturen ihren legitimen Platz finden. Damit meine ich die Gemeinschaft der Gemeinschaften, die amerikanische Gesellschaft, nicht die

Teilgemeinschaften wie ethnische Gruppen oder Nachbarschaften. Ohne festen Bezug auf eine Übergemeinschaft besteht aber die große Gefahr, daß sich die Einzelgemeinschaften gegeneinander wenden. *Wer die Gemeinschaften stärken will* – ein zentrales kommunitaristisches Ziel –, *muß dafür sorgen, daß sie sich als Teile eines übergreifenden Ganzen begreifen*, und nicht etwa als völlig unabhängige, antagonistische Gruppen.

Aus dieser Sicht ist das Konzept der Regenbogengesellschaft nicht nur hilfreich. Es hat nämlich zwei Implikationen, die über die Bereicherung unserer Gesellschaft und die Freiheit ethnischer und rassischer Gemeinschaften zur Bewahrung ihrer Wurzeln hinausgehen. Diese Ideen stellen die amerikanische Gesellschaft als eine Gemeinschaft der Gemeinschaften in Frage, die übergreifende und Halt gebende Werte und Bande bereithält.

Laut einer relativ gemäßigten Version dieses Konzepts soll es künftig viele Amerikas geben – eine schwarze Nation, eine hispano-amerikanische Hemisphäre, ein Indianerland etc., ohne gemeinsame Bande und Werte. Diese Idee eines *grenzenlosen Pluralismus* droht Amerika zu balkanisieren, in eine Vielzahl verfeindeter Stämme zu verwandeln, wie Arthur M. Schlesinger jun. in seinem Buch *Die Spaltung Amerikas* schrieb.[30] Die Nation zerfiele in Gruppen, die keine gemeinsame Vision hätten, kein Bewußtsein dafür, daß sie in alle einem Boot sitzen – denen jene gemeinsamen Perspektiven fehlen würden, die zur Lösung grundlegender Konflikte zwischen den einzelnen Gemeinschaften unerläßlich sind. Paul Berman kritisiert die einschlägigen Publikationen:

> Wenn die Erziehung die ethnischen Besonderheiten überbetont und die demokratischen Institutionen Amerikas in Frage stellt, kappt sie die Bande, die das Land zusammenhalten. Das führt früher oder später zu politischen und sozialen (nicht nur erzieherischen) Problemen, spaltet die Vereinigten Staaten in Gruppen, die einander so spinnefeind sind wie die Kroaten und Serben.[31]

Der Vorrang der Gruppenloyalität und Gruppenidentität vor dem Gemeinwohl hat Jugoslawien 1991 in den Bürgerkrieg gerissen und gefährdet die Gesellschaften Kanadas und Indiens, um nur einige zu nennen. Wir Amerikaner brauchen nur an die Schrecken des Sezessionskrieges denken, um zu erkennen, wie grausam und zerstörerisch die Konflikte über grundlegende Werte zwischen antagonistischen Gemeinschaften sind. Die Zivilgesellschaften versuchen ihre Differenzen ohne interne Kriege zu beheben – auf der Basis ihrer gemeinsamen Werte.

Eine weniger gemäßigte »Regenbogen«-Variante postuliert, daß diese übergreifenden Werte (wenn sie denn für den Zusammenhalt der Gesellschaft erforderlich seien), keineswegs westlich oder europäisch sein müßten.

Welche Position die Leute hier einnehmen, läßt sich an ihrer Haltung in der Sprachfrage messen. Die »Schmelztiegel«-Partei postuliert, daß alle Englisch lernen und ihre Herkunftssprache vergessen (so wie das früher ja oft geschah). Einige gemäßigte »Regenbogen«-Befürworter billigen jeder Gruppe das Recht auf ihre eigene Sprache zu (Schwarze sprechen demnach »schwarzes Englisch«) und scheren sich nicht darum, wie die verschiedenen Gruppen dann mit einander kommunizieren können. Dazu hat der Schwarzenführer Bayard Rustin schon vor langer Zeit bemerkt: »Der zweisprachige Unterricht soll allzuoft ein Instrument zur Schaffung einer separatistischen, alternativen Kultur sein, in der Englisch keine zentrale Rolle spielt.«[32]

Die Extremisten gehen einen Schritt weiter und fordern, wir sollten alle Spanisch lernen, da wir ja in einer hispanischen Hemisphäre lebten. Englisch solle die Zweitsprache derer sein, die sie lernen wollen.[33] Die Kommunitarier, die für »Pluralismus in der Einheit« eintreten, sagen, daß jeder Englisch lernen, aber seine Herkunftssprache – sei es Hebräisch, Italienisch oder Japanisch – bewahren oder neu erwerben sollte.

Die Kernwerte

Wichtiger noch als die gemeinsame Sprache sind die gemeinsamen Kernwerte, zu denen insbesondere »Demokratie«, »Grundrechte« und »gegenseitige Achtung zwischen gesellschaftlichen Gruppen« zählen. Solange die einzelnen Gemeinschaften sie als die ihren akzeptieren, können sie ihren sonstigen Werten folgen, ohne die Gesellschaft zu gefährden. Die Kernwerte sind der Rahmen, der die Teile zusammenhält, ermöglichen die Gleichzeitigkeit von Pluralismus und Einheit.

Zum Glück sind die meisten Minoritätenangehörigen in den USA – anders als einige radikale Führer – von den amerikanischen Kernwerten sehr überzeugt (obwohl sie europäischen Ursprungs sind). So war der Anteil der Schwarzen und Hispano-Amerikaner, die bei einer Umfrage im Jahre 1992 für »eine faire Behandlung aller, ohne Vorurteil und Diskriminierung« waren, sogar noch größer als bei den Amerikanern insgesamt (86 bzw. 85 Prozent gegenüber 79 Prozent).[34] Ein ähnliches Bild ergab sich bei einer Befragung von New Yorker Bürgern, die mit großer Mehrheit die »Vermittlung des gemeinsamen Erbes und unserer amerikanischen Werte« als »sehr wichtig« einstuften – wobei auch hier die Akzeptanz bei den Minoritäten am stärksten war: mit 88 Prozent bei Hispano-Amerikanern und 89 Prozent bei Schwarzen gegen 70 Prozent bei Weißen.[35] Das kann aber nur Extremisten überraschen. Denn schließlich profitieren zuerst und vor allem verwundbare Gruppen (besonders Minderheiten) von der Verfassung, von Demokratie und Toleranz.

Vergessen wir nicht, daß diese Kernwerte in anderen Kulturen entweder nicht existieren oder nur schlecht verankert sind. Nur wenige schwarze Amerikanerinnen möchten gern so behandelt werden wie Frauen in fundamentalistischen islamischen Ländern. In manchen müssen sie einen Schleier tragen, dürfen sie kein Auto fahren, müssen sie sich ganz allgemein den Männern und ihren Launen fügen.[36] Ein Gesetzesbrecher genießt dort wenig Rechte. Nach dem strengen islamischen Gesetz, der *Scharia*, werden Dieben Gliedmaßen amputiert, werden Ehebrecherinnen zu Tode gesteinigt und Alkoholkonsumenten ausgepeitscht.[37]

Den Minderheiten ergeht es nicht viel besser. Der Islam kennt drei religiöse Hauptkategorien: Muslime, *Ahl Al Kitab* (»Leute des Buches«, vor allem Juden und Christen) und Ungläubige. Die Buchleute haben Anspruch auf einen gewissen Respekt, aber keinen Zugang zu Positionen, die ihnen Autorität über Muslime verleihen.[38] Was die Ungläubigen angeht, so haben sie, wie Abdullahi A. An-Na'im betont, nach dem islamischen Gesetz »kein Wohnrecht... Ungläubige sind auf der Stelle zu töten, es sei denn, man habe ihnen vorübergehend ... freies Geleit zugesichert.«[39]

Habib C. Malik, Philosophie-Professor der Catholic University of America, schreibt: »In allen arabischen Ländern, außer im Libanon, haben islamische Regierungen die christlichen Araber schon vor langer Zeit zu Menschen ... zweiter Klasse gemacht.«[40] Diese Deklassierung »besteht überall fort und bedeutet schwere Einschränkungen im Bereich der persönlichen, politischen und religiösen Freiheit, besonders der Meinungsfreiheit.« Wie die irakischen Regierungen mit den Kurden umgesprungen sind, ist ja allseits bekannt.

Es gibt gemäßigtere Versionen des Islams, und einige – vor allem die bei uns von manchen Schwarzen praktizierten – sind viel toleranter. Aber im Prinzip bietet diese Religion keine gute Grundlage für Bürgerrechte, Toleranz oder Demokratie.

Auch die Kulturen Asiens sind alles andere als ein Hort der Bürgerrechte, der Freiheit und Toleranz. Japan gilt als ein Land, in dem die Gemeinschaft und Gesellschaft große Macht über die Menschen haben. Ihm fehlt aber die andere Komponente: die feste Verankerung der individuellen Rechte. Der für den CIA bestimmte Bericht *Japan: 2000*, den der Direktionsassistent des Rochester Institute of Technology und acht angesehene Gelehrte und Japanspezialisten verfaßten, kommt zu dem Schluß:

> Die japanische Gesellschaft weist den Frauen eindeutig eine untergeordnete Rolle zu und möchte daran auch nichts ändern; in dieser Kultur ist kein Platz für Frauen, die über dem Mann stehen. In der Arbeitswelt erhalten sie inferiore Jobs, als Liftführerinnen, Türöffnerinnen oder Teekellnerinnen, und

sind per kultureller Tradition und moderner Definition weniger wert als die Männer.[41]

Das ist sicher überzogen. Es gibt einige Frauen in Japan, die Managementpositionen innehaben. Aber das ist die Ausnahme und wohl vor allem dem Einfluß westlicher Ideale zuzuschreiben. Sogar die Bank of Tokyo, dem Vernehmen nach einer der progressiveren Arbeitgeber Japans, läßt verheiratete Frauen nur mit Erlaubnis des Ehemanns, ledige nur mit Zustimmung der Eltern, in Übersee arbeiten.[42]

Von den 120 Millionen Einwohnern sind lediglich 850000 Nicht-Japaner.[43] Trotzdem sind sie kaum geduldet. Koreaner, Japans größte Minderheit, finden bei Großunternehmen kaum Arbeit.[44] Die meisten von ihnen legen sich aus Angst vor Diskriminierung und Vorurteilen japanische Namen zu und verleugnen ihre Herkunft. Außerdem gibt es die *Burakumin*, die »Unberührbaren«, die noch heute wegen der Kastenberufe ihrer Vorfahren – Metzger, Leichenbestatter und andere als unrein geltende oder mit dem Töten von Tieren verbundene Berufe – stigmatisiert werden.[45]

Einige asiatische Gelehrte wollen nun bei Konfuzius Argumente für Bürgerrechte und Demokratie entdeckt haben. Nach Ansicht des Asienexperten Professor Jonathan Chaves versuchen sie nur, klammheimlich westliche Ideale in mehrdeutiges konfuzianisches Gedankengut zu integrieren – für Wissenschaftler ein suspektes Unterfangen.[46]

Kurz gesagt, die Verfechter von Demokratie, Bürgerrechten und Toleranz werden in den anderen großen Kulturen wenig Rückhalt finden.

Fazit

Zur Rekonstruktion der Gemeinschaften müssen wir kommunitäre Institutionen nutzen. Sie reichen von losen Zusammenschlüssen mehrerer Individuen – beispielsweise in einer Bürgerwache – bis zu denen, die eine Gemeinschaft als Gruppe anbietet, etwa staatliche Schulen. Je mehr von beiden Arten wir den Menschen zur Betätigung ihres Bürgersinns anbieten, je mehr Bürgersinn werden sie entwickeln und desto mehr wird die Gemeinschaft – nicht der Staat – die moralische und soziale Ordnung tragen.[47]

Daß wir die Rekonstruktion der Gemeinschaft so betonen, wird von manchen Fürsprechern sozialer Gerechtigkeit kritisiert. Aber die beiden Ziele müssen sich nicht widersprechen. Wir Kommunitarier wollen, daß alle Menschen, und seien sie noch so benachteiligt oder behindert, für sich selbst Verantwortung übernehmen. Um ihrer Selbstachtung willen sollten sie sich nach besten Kräften selbst helfen, auch wenn diese Kräfte nicht allzuweit reichen.

Wer Hilfe braucht, sollte sich zuerst an seine Gemeinschaften wenden. Freunde, Nachbarn – die Nächsten – können von Natur aus am ehesten helfen. Wir Kommunitarier verkennen aber nicht, daß manche Gemeinschaften besser gestellt sind als andere und daher den benachteiligten unter die Arme greifen sollten.

Sodann wollen wir eine Übergemeinschaft, eine Gemeinschaft der Gemeinschaften, erhalten – *die* amerikanische Gesellschaft. Die Behauptung, eine Allianz aus Nichtweißen und Frauen werde die Macht übernehmen und ihre Werte durchsetzen – ganz andere als die unserer »toten weißen Männer« –, ist Wahlkampfrhetorik und radikale Phantasterei. Diese Gruppen finden nicht zusammen; es gibt keine Koalition der Minoritäten und Frauen. Zu schmieden wäre sie auch nur auf der Basis der vorherrschenden Kernwerte, die ja, wie Studien zeigen, von den meisten geteilt werden.

Die Übergemeinschaft kann mit den verschiedensten Untergruppen gut leben – solange diese bestimmte Kernwerte und gemeinsame Bande nicht bedrohen. Man kann darüber diskutieren, wo genau die Grenzen zwischen gemeinsamen und subgruppenspezifischen Elementen liegen. Manchen ist beispielsweise die Schweiz Beleg dafür, daß eine Gesellschaft keine gemeinsame Sprache brauche. Aber was wir brauchen, ist jenes Engagement aller für zentrale amerikanische Werte – demokratische politische Institutionen, Rechtsstaatlichkeit, Verfassung, Grundrechte, die Idee der sozialen und religiösen Toleranz –, das Amerikas Gesellschaft zusammenhält, die Minderheiten schützt und die individuellen Rechte festigt.

Teil II

Zu viele Rechte, zu wenig Pflichten

Kapitel 6

Neue Pflichten: Öffentliche Sicherheit und Gesundheit

Autoritäre Stimmen

Das Versagen der Behörden angesichts von Gewaltverbrechen und Bandenkrieg, Drogenmißbrauch und AIDS hat autoritären Kräften Auftrieb gegeben. Erst waren es nur einige wenige, die für extreme Lösungen plädierten: etwa Drogen zu kontaminieren, um die Konsumenten »elend krank« zu machen[1]; alle Bürger zu bewaffnen (denn, wie ein Journalist es formulierte, »als jeder eine Schußwaffe hatte, gab es weniger Verbrechen«)[2]; HIV-Träger in Quarantäne zu stecken[3] und bis zum endgültigen Sieg über die Droge die Verfassung außer Kraft zu setzen.[4] Inzwischen haben prominente Persönlichkeiten derlei extremistische Forderungen aufgegriffen. So Chicagos Polizeipräsident LeRoy Martin, der empfahl, nach chinesischem Beispiel überführte Drogenhändler zu erschießen[5], und Richter Michael McSpadden am Bezirksgericht in Houston, der forderte, Gewaltverbrecher zu kastrieren.[6] Daß David Duke, einst Großhexenmeister des Ku-Klux-Klan, 1991 bei den Gouverneurswahlen in Louisiana 39 Prozent der Stimmen und aus den ganzen Vereinigten Staaten finanzielle Unterstützung bekam, ist ein beunruhigendes Symptom der großen Frustration, die viele Bevölkerungsschichten erfaßt hat.[7]

Sicher, bisher haben diese autoritären Geister wenig bewirkt (wer mit ihren Knüppeln Bekanntschaft macht, wird das wohl anders sehen). *Sie könnten aber zunehmend Anhänger finden und gefährlich werden, wenn wir nicht vernünftige und sorgfältig bedachte Schritte zur Stärkung der öffentlichen Sicherheit und Gesundheit entwickeln und anwenden.* Wir sollten den Unmut und Zorn der vielen Menschen nicht unterschätzen, die hinter dreifach verschlossenen Türen und vergitterten Fenstern leben müssen, die sich nach Einbruch der Dunkelheit kaum noch auf die Straße, geschweige denn in die Parks wagen, oder, wie es mancherorts der Fall ist, dort selbst am hellichten Tage nicht sicher sind. In Vierteln, in denen Drogenhändler ihr Unwesen treiben, schlafen manche auf dem Boden, um nicht von verirrten Kugeln getroffen zu werden, und leben viele in steter Furcht vor Gewalt, vor allem wenn sie alt, weiblich oder sonst besonders schutzlos sind. Wegen AIDS haben viele Angst vor Sexualkontakten, Bluttransfusionen oder Zahnbehandlungen. Kinder kommen bewaffnet zur Schule, weil sie schießwütige Zehnjährigen fürchten und von der Schule oder den Behörden nicht wirksam geschützt werden, und werden in manchen Gegenden nur allzuoft auf dem Schulweg überfallen – wegen ein bißchen Essensgeld oder einer Busfahrkarte. Manche dieser Ängste sind übertrieben, aber die meisten sind ziemlich realistisch. Kein Wunder, daß die Menschen so sehr auf wirkungsvolle Maßnahmen sinnen, die wieder für ein vernünftiges Maß an öffentlicher Sicherheit und Gesundheit sorgen.

Und hier arbeiten die Radikal-Individualisten den Autoritären unbewußt in die Hände: Denn durch ihre kompromißlose Linie – die Verabsolutierung der Individualrechte und Vernachlässigung der Gemeinschaftsinteressen – helfen sie, den Boden für einen Rechtsruck, für ein autoritäres Amerika zu bereiten.

Der Argwohn gegen jede staatliche Autorität

Für die extremen Individualisten ist jede Autorität zumindest potentiell autoritär. Sie behindern die Entwicklung legitimer, demokratisch kontrollierter Staatseingriffe, und seien sie noch so unabdingbar. So berief sich der ACLU-Vertreter Gene Guerrero auf ein Argument, mit dem der liberale Oberste Richter Brandeis gegen Drogentests plädiert hatte:

> Die Erfahrung sollte uns lehren, daß wir vor allem dann auf der Hut sein müssen, wenn der Staat Gutes im Sinn hat. Frei geborene Menschen sind von Natur aus bereit, ihre Freiheit gegen böswillige Herrscher zu verteidigen. Die

größte Gefahr für die Freiheit geht von den Unternehmungen eifriger und gutmeinender, aber naiver Staatsmänner aus.[8]

Wer diese Philosophie auf eine funktionierende Demokratie anwendet – also mit der Furcht vor einem *möglichen* staatlichen Machtmißbrauch spielt –, kommt zu so unhaltbaren Schlüssen wie der strikten Weigerung, zur Lösung sozialer Probleme bestimmte Verfassungsrechte neu zu interpretieren. Dem gelten dann die Grundrechte nicht mehr als Basis gesunder Regierungspolitik, sondern als ein Mittel zur Lähmung (fast) aller staatlichen Aktivitäten.

Dieses generelle Mißtrauen gegenüber dem Staat, das selbst in dessen löblichsten Zielen und angemessensten Leistungen noch Unrat wittert, spiegelt das 1991 erschienene Buch *Visionen der Freiheit* von ACLU-Vorstandsmitglied Ira Glasser. Er schreibt dort: »Früher kam er [der Staat] in Gestalt von britischen Soldaten; heute erscheint er in der von Sozialarbeitern oder bundesfinanzierten Kliniken. Machtmißbrauch hat viele Masken.«[9] Nach meiner Überzeugung müssen wir den Sozialmißbrauch und die Überbürokratisierung des Sozialwesens bekämpfen, aber dennoch zwischen britischen oder anderen Besatzern und Sozialarbeitern unterscheiden können, die nur den schwächsten Mitgliedern der Gemeinschaft helfen wollen. Wir müssen illegitime Autokraten von rechtmäßig gewählten, engagierten Politikern, die ihre legitimen Aufgaben erfüllen, unterscheiden können.

Wohin der Argwohn gegen jede Autorität führen kann, macht die ACLU überdeutlich, wenn sie trotz einer wachsenden Zahl von Kindesentführungen Schulen angreift, die ihren Schülern, mit deren Zustimmung, Fingerabdrücke abnehmen – eine Maßnahme, die erlaubt, entführte und nach Jahren wieder aufgespürte Kinder ihren Eltern zurückzugeben und zu beweisen, daß sie nicht den Kidnappern gehören, oder tot aufgefundene Kinder sicher zu identifizieren und so den Eltern den Schmerz einer jahrelangen vergeblichen Suche nach vermißten Kindern zu ersparen, die schon längst in irgendeinem Armengrab liegen.[10]

Warum ist die ACLU dagegen? Wegen der »Möglichkeit« eines staatlichen Zugriffs und Mißbrauchs. Ihr Strategiepapier »Die Rechte der Kinder« warnt:

Zu den mit der Abnahme der Fingerabdrücke verbundenen Gefahren gehört die Möglichkeit, daß staatliche Behörden Zugang zu den entsprechenden Karteiblättern bekommen und sie anderen ohne Zustimmung des Kindes und ohne elterliche oder richterliche Vollmacht zugänglich machen.[11]

Ihre institutionalisierte Paranoia treibt die ACLU sogar zu der These: »Die Abnahme von Fingerabdrücken konditioniert die Kinder und die Gesellschaft tendenziell, das unnötige Sammeln persönlicher Daten und andere Verletzungen der Privatsphäre widerstandslos zu akzeptieren.«[12] Was für ein soziologischer Unsinn! Ebensogut könnte man behaupten, mit Führerschein- oder Volkszählungsformularen »konditioniere« man die Leute, jedem, der sie befragt, über alles Auskunft zu geben.

Solche radikal-individualistischen Positionen – also das liberalistische Ethos – bewirken eine Lähmung der Behörden, die gravierende menschliche und moralische Folgen hat. *Wenn wir aus Angst, ein harmloses Gesetz könnte irgendwie und irgendwann zur Tyrannei führen, einfach nichts tun, schaffen wir womöglich die Bedingungen für eine Zunahme der sozialen Spannungen, die jenen nützt, die nach einem »starken Staat« rufen.* Wir brauchen einen schlanken, kontrollierten Staat – aber keine Phobie vor staatlichem Handeln.

Manche halten die dogmatischen Positionen der ACLU und anderer Radikal-Individualisten für ein gutes politisches Gegengewicht zu anderen, gleich extremen Ansichten, die unsere Grundrechte in Frage stellen. Das kann wohl sein. Aber jeder Extremismus bei der Verteidigung einer Tugend ist vom Übel. Die Aktionen der Radikal-Individualisten sind schädlich, weil sie Programme zur Lösung drängender sozialer Probleme oft vereiteln oder jahrelang juristisch blockieren.

Neue Wege

Wir Kommunitarier schlagen eine Reihe von Maßnahmen vor, die der öffentlichen Sicherheit und Gesundheit zugute kämen, ohne die Grundrechte und Verfassungsgarantien zu gefährden. Dabei geht es häufig nur um begrenzte Neuinterpretationen von Teilen unserer Rechtsüberlieferung – etwa der *nicht-willkürlichen* Durchsuchung, Verhaftung und Beschlagnahme, die die Verfassung natürlich zuläßt. Derlei Neudeutungen wurden in den letzten zwei Jahrhunderten ständig vorgenommen. Manche räumen ein, daß die Gerichte, allen voran der Supreme Court, die Verfassung als lebendiges Dokument behandeln, das dem Wandel der Zeiten und Werte anzupassen sei. Andere erklären sie zum sakrosankten Text, an dem man kein Jota ändern dürfe. Aber auch diese Rechtsgelehrten modifizieren sie – indem sie die Ziele der Verfassungsväter deuten. Wie auch immer: Wir sind nicht unwiderruflich an das gebunden, was vor zweihundert Jahren geschrieben wurde. Sonst würden wir die Schwarzen noch heute als Dreifünftel-Menschen behandeln, die Frauenrechte leugnen und vergeblich nach einer verfassungsrechtlichen Definition der Privatsphäre suchen.

Auch die *Miranda rule* (wonach die Polizei Verdächtige vor der Vernehmung über ihre Rechte belehren muß), die heute viele für eine wichtige Grundlage unserer Freiheit halten, gehört erst seit 1966 zu unserer Rechtstradition. Im Vergleich dazu nehmen sich die von uns gemeinten Modifikationen sehr bescheiden aus. Kurz, wir Kommunitarier wollen nur ein Fenster öffnen, damit etwas frische Luft in einen stickigen Raum kommt – und nicht mit einem Vorschlaghammer die Wand herausschlagen.

Bringt uns die Neudeutung auf Abwege, ja auf eine gefährliche, abschüssige Bahn? Verlieren wir durch kleine, in sich gesunde Änderungen den Halt an unseren Freiheiten, um dann tief unten auf unserem kollektiven Hinterteil zu landen? Nicht, wenn wir Sicherungen anbringen, auf denen wir als Gesellschaft höher steigen können, statt in den Abgrund des Autoritarismus zu rutschen.

Wie soll das geschehen? Mein Hauptvorschlag ist der: Einigen wir uns doch darauf, die öffentliche Sicherheit und Gesundheit durch Maßnahmen zu fördern, die zwar für uns etwas lästig, aber für die Gemeinschaft sehr nützlich sind. So könnten wir den anderthalbminütigen Stopp bei Alkoholkontrollen in Kauf nehmen, weil sie ja eine wirksame Waffe im Kampf gegen die allgemeingefährliche Trunkenheit am Steuer sind. Warum sollte irgend jemand gegen diese Maßnahme sein?

Am Beispiel des Streits um die Sicherheitsschleusen auf den Flughäfen läßt sich verdeutlichen, was angemessene und was unangemessene Problemlösungen sind.

»Willkürliche Durchsuchung«: Sicherheitskontrolle auf Flughäfen

Zwischen 1969 und 1972 stieg die Zahl der Flugzeugentführungen dramatisch – auf 115 oder mehr[13], darunter 24 terroristische Flugzeugsprengungen mit 256 Toten.[14] Das löste eine Debatte über Sicherheitsvorkehrungen aus, der aber kaum Taten folgten. Am 10. November 1972 kaperten dann drei entflohene Sträflinge in Birmingham in Alabama ein Flugzeug und starteten zu einem 29stündigen Irrflug mit neun Zwischenlandungen, der zweimal ins Ausland führte.[15] Die Luftpiraten verlangten ein Lösegeld, drohten zuerst, ein Atomkraftwerk zu rammen, und dann, alle Passagiere zu erschießen. Die Kubaner nahmen sie schließlich fest. Der Vorfall brachte die USA zum Handeln. Am 5. Dezember 1992 wurden die amerikanischen Flughäfen verpflichtet, binnen 60 Tagen in Boarding und Reboarding Areas Kontrollschleusen einzurichten.[16] Ab 5. Januar 1973 mußten sich alle Fluggäste einer elektronischen Überprüfung unterziehen und auch ihr Handgepäck kontrollieren lassen.[17]

Das Verfahren hat sich als sehr hilfreich erwiesen. Schon im ersten Jahr – damals passierten hier 165 Millionen Passagiere die neuen Schleusen – fand man so über 2000 Schußwaffen und 1600 Kilogramm Sprengstoff.[18] Die Zahl der Flugzeugentführungen in den Vereinigten Staaten fiel von neunundzwanzig im Jahre 1972 auf zwei im Folgejahr. In den ersten zehn Jahren wurden etwa 25000 Schußwaffen entdeckt und im Zusammenhang damit mehr als 10000 Personen festgenommen.[19]

Millionen von Amerikanern mit und ohne Gepäck werden täglich in den Airports und am Eingang vieler öffentlicher Gebäude auf gefährliche Gegenstände kontrolliert. Das kostet sie ein klein wenig Zeit. Aber die opfern sie offenbar gerne, als Beitrag zur Erhöhung der Sicherheit, zur Abschreckung von Terroristen und Luftpiraten und zur Abwehr jener, die im Kongreß oder in den Gerichten Bomben legen wollen.

Sie scheinen diese Form der Kontrolle auch jener vorzuziehen, bei der man Personen aufgrund von »Profilen« herausgreift und überprüft – ein Verfahren, das oft zur Diskriminierung von Minderheitenangehörigen oder Mitgliedern der Gegenkultur führte.

Diese Sicherheitsschleusen sind ein gutes Beispiel für die Art von Maßnahmen, die wir Kommunitarier meinen. Sie erfordern ein kleines Opfer von jedem – etwa eine geringe Beeinträchtigung in Kauf zu nehmen – und bringen uns allen erheblichen Nutzen. Das gilt auch für die Alkoholkontrollen, die unsere Straßen sicherer machen, und die Drogentests, die für mehr Sicherheit bei Zügen und Bahnen, Flugzeugen und Schulbussen sorgen.

Derlei als »willkürliche Durchsuchungen« zu bezeichnen, weckt deplazierte Ängste vor einem Kraken Polizeistaat, der seine Tentakel nach uns ausstrecke. Dabei sind es wohlüberlegte und kontrollierte Maßnahmen im Interesse der Gemeinschaft.

Die ACLU hat die Kontrollschleusen postwendend als Bedrohung eines Verfassungsprinzips kritisiert. Unsere Verfassung geht zu Recht davon aus, daß die Behörden nur Einzelpersonen – bei spezifischen, belegbaren Verdachtsmomenten – verfolgen dürfen und nicht etwa pauschal ganze Gruppen von Menschen. Auch wenn, statistisch gesehen, Jüngere häufiger Gewaltverbrechen begehen als Ältere, würde keiner vorschlagen, alle bis 25jährigen, die nach Mitternacht noch auf der Straße sind, zu durchsuchen oder zu verhaften. (Die Radikal-Individualisten wenden sich auch gegen Ausgangssperren für Minderjährige, eben weil sie eine Gruppe oder Kategorie von Personen treffen.) Um einen Jugendlichen durchsuchen oder festnehmen zu können, muß die Polizei konkrete Verdachtsmomente dafür haben, daß er ein Verbrechen begangen haben könnte (weil ein Beamter ihn vom Tatort weglaufen sah) oder eines vorhaben könnte (etwa, weil eine Streife ihn, mit eine Pistole bewaffnet, in einer dunklen Gasse in der Nähe eines Geldautomaten herumlungern sieht).

Normalerweise muß sie ihre Verdachtsmomente einer unabhängigen Instanz, meist einem Richter, präsentieren, die prüft, ob sie eine Wohnungsdurchsuchung oder Leibesvisitation rechtfertigen, und gegebenenfalls den Durchsuchungs- oder Haftbefehl erläßt. Wenn das aus praktischen Gründen nicht möglich ist, sind die Behörden laut Gesetz zu sofortigem Handeln befugt, müssen aber nachträglich beweisen können, daß für eine Verhaftung oder eine Durchsuchung genügend personenbezogene Verdachtsmomente vorlagen (wie das Vorhandensein von Waffen). Sollte sich aber herausstellen, daß die Polizei alle Cadillac-Fahrer angehalten hat, die auf der oft von Drogenhändlern befahrenen Interstate 95 unterwegs waren und das Tempolimit einhielten (wie Dealer mit heißer Ware an Bord das bekanntlich tun) – dann wird wohl kein Gericht den dabei geschnappten Drogenhändler verurteilen, eben weil die Polizei ihre Beweise bei der Verfolgung einer Kategorie von Personen (statt eines verdächtigen Individuums) erlangte.

Die ACLU berief sich bei ihrem Kampf gegen die Schleusen auf diese Rechtstradition und behauptete: »... der Sachverhalt der Flughafenkontrolle mag zwar ein Abgehen von der Erfordernis eines Durchsuchungsbefehls rechtfertigen, er rechtfertigt aber nicht den Verstoß gegen das Verfassungsgebot des dringenden Tatverdachts. Die gängige Praxis, *alle* Individuen, die ein Flugzeug besteigen wollen, zu durchsuchen, ist unvereinbar mit diesen Prinzipien des Vierten Verfassungzusatzes.«[20] Man spricht hier von »willkürlichen Durchsuchungen«, Durchsuchungen ohne Verdachtsmomente.

Aber nach dieser dramatischen Zunahme der Flugzeugentführungen und Terroranschläge versuchte man neue Wege zu gehen. Es war einfach unmöglich, »begründete Verdachtsmomente« zu suchen, bevor man jemanden kontrollierte, der ein Flugzeug besteigen wollte. Die Gerichte hatten schon für andere Bereiche kurze Reiseverzögerungen für zulässig erklärt (mit anderen Worten: für konstitutionell erlaubt), solange sie nicht mit weiteren Belastungen einhergingen (wie dem Zwang, sich auszuweisen). Zudem hatte die Öffentlichkeit das neue Kontrollverfahren fast einhellig angenommen. In diesem Fall haben wir »willkürliche Durchsuchungen« von Personen*gruppen* als legitim akzeptiert, *weil sie uns kaum beeinträchtigen, aber der Öffentlichkeit überaus nützlich sind.* (Wenn die Kontrollen sehr zeitaufwendig oder mit einer Leibesvisitation verbunden wären oder die Zahl der Flugzeugentführungen nicht reduzieren würden, dann würden die Gerichte, die Öffentlichkeit und die Kommunitarier diese Schleusen selbstverständlich ablehnen.)

Die ACLU hielt jedoch an ihrer institutionalisierten Paranoia fest:

> Der vielleicht beunruhigendste Aspekt der Flughafenkontrollen ist die Bereitwilligkeit, mit der die meisten Menschen, auch Bürgerrechtler, diese Verfahren akzeptiert haben und sogar begrüßen. Darin spiegelt sich eine gefährliche Tendenz, jede Maßnahme – wie routinemäßige Durchsuchungen in öffentlichen Räumen – zu akzeptieren, die angeblich dem Schutz unserer Sicherheit dient.[21]

Andere angemessene Maßnahmen und Beiträge

Alkoholkontrollen

Betrunkene Autofahrer richten viel Unheil an. Im vergangenen Jahrzehnt starben etwa 250000 Amerikaner bei Verkehrsunfällen, bei denen Alkohol im Spiel war[22] – alle zweiundzwanzig Minuten ein Toter.[23] In der Gruppe der 15- bis 24jährigen ist das die Haupttodesursache.[24] Zudem werden pro Jahr 500000 Menschen bei alkoholbezogenen Unfällen verletzt.[25] Zwei von fünf Amerikanern werden einmal im Leben in solch einen Unfall verwickelt.[26]

Eigentlich müßte schon der moralische Appell der Gemeinschaft die Leute davon abhalten, unmäßig zu trinken oder, schlimmer noch, sich betrunken ans Steuer zu setzen. In gewissem Umfang ist dem auch so, denn immerhin halten heute mehr Amerikaner als noch vor einem Jahrzehnt Trunkenheit für unanständig und findet die Idee des »vereinbarten Fahrers« zunehmend Anklang. Zudem versucht man, das Problem pädagogisch anzugehen und mit Kampagnen, die beispielsweise mit der Devise »Man läßt einen Freund nicht betrunken ans Steuer« der moralischen Stimme der Gemeinschaft Ausdruck geben. Aber das genügt nicht.

Deshalb wurden und werden die *sobriety checkpoints* eingeführt. Solche Alkoholkontrollen an den Straßen gibt es bereits in 38 Bundesstaaten (in 28 einmal monatlich) sowie im District of Columbia, in Puerto Rico und auf den Jungferninseln und in vielen anderen demokratischen Staaten (auch in Australien und Großbritannien).[27]

Eine Untersuchung in New Jersey ergab, daß sie die Zahl der nächtlichen Solo-Unfälle um 10 bis 15 Prozent verringerten und eine größere und dauerhaftere Wirkung hatten als alternative Maßnahmen.[28] Im australischen Neusüdwales reduzierten häufige Kontrollen die Zahl der alkoholbezogenen Unfälle um etwa 30 Prozent – und zwar nachhaltig (für mindestens fünf Jahre).[29]

Sie erlauben nicht nur, betrunkene Fahrer aus dem Verkehr zu ziehen, sondern haben vor allem einen abschreckenden Effekt. Sie schärfen das öffentliche Bewußtsein für das Risiko, bei Trunkenheit am Steuer geschnappt zu werden. Laut einer Studie trugen in Kanada die Berichte über diese Kontrollen mehr zum Rückgang alkoholbezogener Unfälle bei als die Festnahmen alkoholisierter Fahrer selbst.[30] In Charlottesville in Virginia berichteten 85 Prozent der Barkeeper, daß ihre Gäste über die Alkoholkontrollen diskutierten; viele Bargäste versicherten, weniger zu trinken und/oder je einen pro Wagen zu bestimmen, der nüchtern bleibe und fahre.[31]

In 29 Bundesstaaten ist die Polizei nun befugt, Fahrern den Führerschein abzunehmen, wenn sie den Alkoholtest verweigern – oder dabei durchfallen.[32] Nach kalifornischem Gesetz, das für die neue Strategie durchaus typisch ist, erhält der Ertappte eine befristete Fahrerlaubnis. Er hat dann 45 Tage Zeit, den Führerscheinentzug anzufechten; hat er damit keinen Erfolg, erlischt die Fahrerlaubnis. Bei ersten Mal kann er frühestens nach vier

Monaten einen neuen Führerschein beantragen und im Wiederholungsfall nach zwölf Monaten. Im ersten Jahr nach Inkrafttreten diese Gesetzes hat die kalifornische Polizei über 300000 Führerscheine kassiert; die alkoholbezogenen Verkehrsunfälle nahmen in den ersten sechs Monaten um 8,5 Prozent ab.[33]

Die Gerichte haben definiert, was eine zulässige, angemessene Kontrolle ist. Sie muß angekündigt sein, damit die Fahrer vorgewarnt sind, darf nicht zu erheblichen Verkehrsstörungen führen und darf den Fahrer nicht lange in Anspruch nehmen (im Schnitt dauern sie 90 Sekunden). Die Kontrollstellen müssen eindeutig markiert und so plaziert sein, daß es nicht zu Auffahrunfällen kommt.

Laut Meinungsumfragen ist eine überwältigende Mehrheit der Bevölkerung für diese Alkoholkontrollen. Annähernd 90 Prozent der Befragten begrüßten diese Maßnahme[34], darunter selbst die, die zugaben, sich auch dann ans Steuer zu setzen, wenn sie etwas getrunken haben.[35] Anthony Kimbrough, Redakteur beim *Daily Herald* in Columbia, Tennessee, gab die Meinung vieler wieder, als er schrieb:

> Stoppt meinen Wagen. Nehmt mir ruhig 30 Sekunden, eine ganze Minute, von meiner kostbaren Zeit, um euch zu vergewissern, daß ich nicht alkoholisiert fahre. Ich werde nicht meinen, ihr hättet meine Grundrechte nach dem Vierten Verfassungszusatz verletzt. Ich werde mich nicht als Opfer von Polizeiwillkür fühlen... Ich werde mich vielmehr ein wenig sicherer fühlen im Straßenverkehr.[36]

All das kann die ACLU aber nicht von ihrem zentralen Verdacht abbringen: Nach ihrer Rechtstheorie führen derlei begrenzte, genau definierte Kontrollen geradewegs in den Polizeistaat. Die ACLU in Michigan behauptet:

> Wenn das Oberste Gericht der Vereinigten Staaten auf seine historische Rolle verzichtet und sich dem Urteil der Polizei beugt und ihr erlaubt, Menschen, die nicht des geringsten Vergehens verdächtig sind, anzuhalten, festzunehmen und zu verhören, dann sind wir auf dem Weg in Richtung Polizeistaat wahrlich schon weit vorangeschritten.[37]

Nur Rhetorik? Die ACLU hat bei vielen Staatsgerichten gegen die Alkoholkontrollen geklagt und ist mitverantwortlich dafür, daß sie in vielen Bundesstaaten verspätet und in zwölf anderen noch nicht eingeführt wurden. Wir Kommunitarier tun gut daran, uns für diese Kontrollen einzusetzen, immer vorausgesetzt, daß sie genau definiert bleiben.

Drogenkontrollen

Da die Sicherheitsschleusen auf den Flughäfen fast allgemein angenommen und die Alkoholtests in 38 Bundesstaaten Praxis sind, wäre es ja logisch, nun Drogenkontrollen einzuführen, die demselben neuen Ansatz zugehören und auch ein akzeptables polizeiliches Instrument wären. Aber sehen wir uns an, was in Inkster in Michigan passierte. In diesem »von Armut geplagten« Vorort Detroits hatten sich die Straßen in einen öffentlichen Drogenmarkt verwandelt. Die Einwohner hatten Angst, durch die Straßen zu gehen – vor allem nachts. Viele schliefen auf dem Fußboden, um nicht von verirrten Kugeln getroffen zu werden. Die Kinder konnten abends nicht mehr draußen spielen. Alle Versuche, die Drogenhändler zu vertreiben, scheiterten.

Als man auch ihm Drogen zum Kauf anbot, kam Robert Ficano, der Sheriff von Inkster, auf eine Idee und postierte im September 1989 – nach Ankündigung – an einer wichtigen Durchgangsstraße, die zum Drogenmarkt führte, ein paar Beamte. Sie durchsuchten nicht etwa die Wagen, die sie anhielten, sondern ließen sich von den Fahrern nur den Führer- und Kraftfahrzeugschein und die Versicherungspapiere zeigen. Aber das genügte, um Dealer und Kunden zu verscheuchen, da weder die einen noch die andern ihre Identität gern preisgaben. Der Drogenmarkt verschwand – bis ein Liberalist und Ex-Bürgermeister, Edward Bivens jun., gegen die Kontrollen klagte, weil sie verfassungswidrig seien, dem Geiste Nazideutschlands entsprächen: Ohne »den Nachweis personenbezogener, klarer Verdachtsmomente dafür, daß dieser spezifische Fahrer in eine kriminelle Handlung verwickelt ist« dürfe die Polizei niemanden stoppen.[38]

Aus kommunitaristischer Sicht wäre es wohl am besten, wenn die Leute einfach keine Drogen nehmen würden und ihre Mitmenschen dazu bringen könnten, Trost, Lebenssinn und Profit in anderem zu suchen. Aber wenn wir den Drogenkonsum kontrollieren wollen und diesem Gemeinschaftskonsens auch mit Gesetzen Geltung verschaffen müssen, sind begrenzte Kontrollen vernünftig und angebracht. Der Eingriff ist minimal, aber der Nutzen für die Öffentlichkeit erheblich und die Grenze klar: Nur Fahrzeuge sind anzuhalten, und da nur im öffentlichen Bereich. Keine Hausdurchsuchungen. Keine Durchsuchung von Fahrer oder Wagen ohne Vollmacht. Es sind nur die Ausweispapiere vorzuzeigen, die man auch jetzt schon bei sich tragen muß.

Besondere Gemeinschaftsdienste

Die genannten Maßnahmen sollten alle akzeptieren, als Bürger. Von bestimmten Gruppen wären aber zusätzliche Leistungen für das Gemeinwohl zu fordern. Wir verlangen ja schon heute, daß sich die vom Präsidenten ernannten Obersten Richter, Minister etc. einer FBI-Überprüfung unterziehen, die die meisten Bürger als enormen Eingriff in ihre Privatsphäre betrachten würden. Wir fordern von Mandatsträgern, was den meisten von uns nicht im Traum einfiele: ihre Einkommensverhältnisse offenzulegen. Wir verlangen von Mitarbeitern des CIA, der National Security Agency und etlichen anderen, daß sie über die Details ihrer Arbeit Stillschweigen bewahren – was für eine Zumutung!

Der Grundgedanke dabei ist, daß bestimmte Funktionen derlei Zugeständnisse erfordern und daß alle, die eine solche Aufgabe übernehmen, vorher darüber informiert werden. (Wenn sie später mit für sie inakzeptablen neuen Pflichten konfrontiert werden, sollte man ihnen genügend Zeit geben, sagen wir: ein Jahr, um eine andere Arbeit zu finden.) Dieser Logik folgen wir, wenn wir als Gemeinschaft fordern, daß sich Lokführer, Polizisten, Schulbusfahrer und Piloten Drogentests unterziehen.

Sie haben es erraten: Die Radikal-Individualisten sind aus den üblichen Gründen dagegen. (Angemessen und vernünftig seien nur Leistungstests, die beispielsweise Aufschluß über verminderte Reaktionsfähigkeit geben. Diese Verfahren sind aber noch nicht ausgereift und dürften wohl kaum die erratischen Effekte von bewußtseinserweiternden Drogen wie PCP aufspüren. Mit anderen Worten: Ein Pilot, der Drogen genommen hat, kann diesen Test bestehen und dann trotzdem am Steuerknüppel verrückt spielen; nur ein Drogentest zeigt, ob und was er konsumiert hat.)

Andere vorgeschlagene Maßnahmen sind indiskutabel. Menschen ohne Gerichtsbeschluß einzusperren (weil sie beispielsweise HIV-Träger sind), Hausdurchsuchungen ohne richterlichen Beschluß durchzuführen oder in Wohnungen Wanzen zu installieren – das sind inakzeptable, schwerwiegende Eingriffe in die Freiheit der Person.

Aber wie können wir sicher sein, daß wir mit der Einführung von gemeinhin als akzeptabel geltenden Maßnahmen nicht auf die abschüssige Bahn hin zu immer härteren Eingriffen geraten, die zum Polizeistaat führen? Wie können wir zwischen angemessenen und überzogenen Forderungen an die Bürger unterscheiden?

Die abschüssige Bahn

Das gängigste Argument gegen jede Korrektur im Verhältnis von Individalrechten und Sozialpflichten ist das überstrapazierte soziologische Diktum, daß alle Traditionen zerfallen, sobald man sie zu verändern beginnt. Das behaupten orthodoxe Juden, die jedes Element religiöser Tradition erhalten wollen (etwa die Trennung von Frauen und Männern in der Synagoge), und katholische Traditionalisten, die landessprachliche Messen ablehnen. Die Gegner des Wandels sehen in jeder Neuerung einen Schritt auf eine abschüssige Bahn, auf der es kein Halten mehr gebe ... den kleinen Finger, den man dem Teufel reiche, der darauf prompt die ganze Hand nehme ... die erste Sünde, die der nächsten die Tür öffne, kurz: den Anfang vom Ende. Alle diese Klischees wecken die Furcht, daß schon begrenzte, zahme oder gar wohltätige Maßnahmen uns zwangsläufig, unaufhaltsam in irgendeinen Abgrund führen könnten.

Der Harvard-Professor Frederick Schauer[39] definiert den Schritt auf die schiefe Bahn als einen »besonderen Akt, der für sich betrachtet harmlos erscheint, jedoch viele ähnliche, aber zunehmend gefährliche Ereignisse auslöst«.[40] Er ergänzt: »Die Frage ›Wo muß man den Trennungsstrich ziehen?‹ impliziert, daß es keine genaue, natürliche Linie zwischen dem vorliegenden und dem Gefahrenfall gebe – daß unser Handeln im Fall A uns keinen logischen Haltepunkt vor dem Gefahrenfall mehr lasse.«[41]

Seinem soziologischen Kollegen Barry Glassner geben denn auch die Gesetze gegen das Rauchen zu düsteren Prognosen Anlaß:

> Wenn wir auf dieser Schiene weiterfahren, werden wir eine homogenisierte Bevölkerung haben... Dann wird jeder das ideale Körpergewicht haben, niemand mehr rauchen und niemand mehr trinken, aber jeder Gymnastik treiben.[42]

Ein anderes Beispiel: Ein bis zwei Drittel unserer Obdachlosen sind auf die Straße gesetzte Geisteskranke. Liberale Reformer hatten verlangt, die staatlichen Großanstalten (die gräßlich waren) durch schöne kommunale Zentren zu ersetzen. So weit, so gut. Aber die Kliniken setzten ihre Patienten vor die Tür, bevor eine größere Anzahl von – wie auch immer beschaffenen – kommunalen Psychozentren bereitstand. Es gibt noch immer nicht genug davon.

Heute erwägt man auch, viele dieser obdachlosen Kranken wieder in diese riesigen staatlichen Einrichtungen einzuweisen. Ein gemäßigterer Vorschlag lautet, sie zu ambulanter Behandlung zu verpflichten. Viele Geisteskranke kämen besser zurecht, wenn jemand darauf sähe, daß sie auch ihre Medikamente einnehmen – entweder ihre Angehörigen oder die Ärzte der Gemeindekliken. Dazu müßten aber viele Bundesstaaten ihre Gesetze ändern – die radikal-individualistische These aufgeben, daß man Personen, die für sich oder andere keine Gefahr bilden, nicht einfach ihret- oder unsertwegen therapieren darf. Aber wenn man solche neuen Wege diskutiert, beschwören Kritiker gleich die Gefahr, daß sie letzlich zur Zwangseinweisung aller möglichen Personen führen könnten: Heute Geisteskranke und morgen Dissidenten!

Noch ein Beipiel von »Wehret den Anfängen«: Die ACLU lehnt die Sicherheitsschleusen auf den Flughäfen nicht nur mit Blick auf den Vierten Verfassungszusatz ab. Sie sieht darin auch einen verhängnisvollen Präzedenzfall:

> Wir leben leider in gefährlichen Zeiten. Wenn eine bestimmte Gefahrenlage verfassungswidrige Notstandsmaßnahmen angeblich rechtfertigt, wo kann man dann den Trennungsstrich ziehen? Heute sind es die Flughäfen, morgen vielleicht die Banken oder die Straßen in der Innenstadt.[43]

Die Angst vor abschüssigen Bahnen ist nicht *ganz* unbegründet. Wenn eine Gemeinschaft eine Veränderung ihres ethischen Codes toleriert und Tabus zu brechen beginnt, ist das nicht leicht zu stoppen. Wer das traditionelle Ehegelübde in Frage stellte, hatte dann oft Mühe, seine Ehe aufrechtzuerhalten, und stand schließlich oft ohne jede stabile Beziehung da. Der »Reform« des Judaismus folgte eine massive Flucht aus der Religion (zu der es aber vielleicht ohnehin gekommen wäre). Auf der anderen Seite ist aber auch klar, daß nicht jeder individuelle oder kommunitäre Schritt auf eine potentiell abschüssige Bahn eine Rutschpartie in den Abgrund einleiten *muß*.

Nicht jede junge Frau, die sich vor der Ehe küssen läßt, endet als Nutte, nicht jeder, der einen Joint probiert, als Junkie. Die an vielen Schulen erteilte Sexualerziehung hat nicht, wie die Autoritären prophezeit haben, zu neuen Promiskuitäts- und Orgienrekorden oder zum Ruin der Vereinigten Staaten geführt. Eine Gesellschaft kann also ihr Wertesystem reformieren, ohne den Halt verlieren zu müssen. Um es zu wiederholen: Nicht nur das Handeln kann uns auf die abschüssige Bahn bringen, eine Lawine auslösen, die uns in den Abgrund reißt – sondern auch die Untätigkeit und Vernachlässigung der wahren Bedürfnisse der Gemeinschaft, die autoritären Tendenzen und Führern den Weg bereiten.[44]

Sicherung und Halt

Wir können Stufen und Griffe in die Bahn schlagen, Grundsätze aufstellen, die uns vor der Gefahrenzone anzuhalten erlauben. Diese Prinzipien kann man nur nacheinander einführen, muß sie aber zur Prüfung politischer Strategien sämtlich heranziehen. So ist jede Politik, die dem ersten Kriterium genügt, auch daran zu messen, ob sie das zweite und x-te erfüllt.

Erstes Kriterium: Eine eindeutige, unmittelbare Gefahr

Veränderungen sollte man nur bei Vorliegen einer eindeutigen, unmittelbaren Gefahr vornehmen – bei einem nachweisbaren und ernsten sozialen Problem oder Bedürfnis. Leider beunruhigen in einer Mediengesellschaft die Weltuntergangspropheten oft große Teile der Bevölkerung. Sie appellieren an die Politiker und Bürger, den Gürten enger zu schnallen und ihren Lebensstil zu ändern, oder fordern Eingriffe in grundlegende Rechte, weil nur so eine angeblich drohende Katastrophe abzuwenden sei. So versuchte man uns Mitte der 70er weiszumachen, daß wir bald unser Auto stehenlassen und in die öffentlichen Verkehrsmittel umsteigen müßten, weil den Vereinigten Staaten das Öl und Benzin ausgehe. In neuerer Zeit hieß es, wir bräuchten eine Planwirtschaft oder Industriepolitik, um mit den Japanern noch konkurrieren zu können.

Anfang der 90er Jahre prophezeite man uns neues Unheil: die Invasion der Killerbienen aus Mexiko. Noch weiß man von keinem Amerikaner, der ihren Stichen erlegen wäre; allerdings sollen sie in den späten 80ern und frühen 90ern 38 Mexikaner getötet haben, also etwa acht pro Jahr.[45] Natürlich zählt jedes einzelne

Leben. Neue Pflichten und soziale Verantwortlichkeiten sollte eine Gesellschaft aber nur bei ernsteren Herausforderungen formulieren. So wäre es unsinnig und unnötig, jeden per Gesetz zu zwingen, zum Schutz vor den Killerbienen lange Hosen und langärmlige Hemden zu tragen, die Autoscheiben hochzukurbeln und Fliegengitter an Fenstern und Türen anzubringen. Um es zu wiederholen: Diese Bienen sind für die USA bislang nur eine theoretische Gefahr. Diese Maßnahmen, die jetzt als groteske, unnötige Freiheitsbeschränkungen erscheinen, wären angemessen, wenn die Amerikaner wirklich von Bienenschwärmen angegriffen und zu Tausenden umkipppen würden – und nichts anderes Schutz böte.

Man sollte sich zügeln und sich großer Aktionen enthalten, die mit erheblichen wirtschaftlichen und menschlichen Kosten oder gar kleineren Freiheitsbeschränkungen verbunden sind – solange keine eindeutige und unmittelbare Gefahr besteht. Atombomben, Handfeuerwaffen, AIDS und Crack sind Beispiele für eindeutige, unmittelbare Gefahren. Daß sie das Leben vieler und vielleicht gar unsere gesellschaftliche Existenz bedrohen, ist erwiesen. Die Gefahr einer Klimakatastrophe mag zwar zunehmen, ist aber (im Jahre 1992, da ich diese Zeilen schreibe) noch nicht so groß, daß sie die von manchen Kassandras geforderten Schritte rechtfertigen würde.

Andere Maßnahmen rechtfertigen sich aus einer im konkreten Fall besonders engen Beziehung zwischen Ursache und Wirkung. Wenn einer jemandem seine Pistole an die Schläfe setzt, haben wir das Recht, ihm dieses sein »Eigentum« wegzunehmen oder ihn zu Boden zu werfen, auch wenn nur ein einziges Leben auf dem Spiel steht. Die Gefahr ist eindeutig und unmittelbar. Nicht erlaubt, ja strafwürdig wäre unsere Gewaltanwendung aber, wenn wir nur den Verdacht hätten, daß jemand von seinen Fäusten Gebrauch machen wolle.

Worum es hier geht, läßt sich an einem speziellen Fall zeigen. Das Verkehrsministerium hielt nach mehreren Zugunglücken eine Neudefinition der Rechte und Pflichten von Lokführern für geboten und ordnete für sie Drogen- und Alkoholtests an. Die

Radikal-Individualisten waren aus den üblichen Gründen dagegen – das sei nur fallweise, eben bei Vorliegen personenbezogener »begründeter Verdachtsmomente« erlaubt. Aber im April 1991 billigte das Neunte Bundesberufungsgericht eine Verordnung, die Speditions- und Busunternehmen Drogenstichprobentests bei Mitarbeitern gestattete; geklagt hatten Gewerkschaftsgruppen, die darin einen Verstoß gegen den Vierten Verfassungszusatz und eine Verletzung der Privatsphäre sahen. Dasselbe Gericht hatte schon entsprechende Tests des Bundesluftfahrtamts FAA (Federal Aviation Administration) beim Fluglinienpersonal als verfassungsgemäß bestätigt.

Auf welches Problem versuchte man mit den Tests zu reagieren? Zwischen 1975 und 1984 hatte es aufgrund von Drogen- oder Alkoholmißbrauch 48 Zugunglücke mit ingesamt 37 Toten und 80 Verletzten gegeben.[49] Bei 39 von 179 Zugunglücken im Jahre 1987 standen die Lokführer unter Drogen, wie spätere Tests ergaben.[50] Als im Januar 1987 ein Conrail-Zug in einen Amtrak-Zug raste, waren 16 Tote und über 170 Verletzte die traurige Bilanz. Im Blut und Urin des Conrail-Lokführers fand man Spuren von Marihuana.[51]

Am 28. August 1991 fuhr ein U-Bahn-Fahrer so schnell, daß sein Zug beim Wechsel vom Expreß- aufs Lokalgleis aus den Schienen sprang.[52] Dabei wurden fünf Fahrgäste getötet, über zweihundert weitere verletzt. Noch Stunden später hatte der Fahrer doppelt soviel Blutalkohol wie gesetzlich erlaubt.[53] Nach diesem Unglück gab die örtliche Verkehrsgewerkschaft ihren Widerstand gegen Drogen- *und* Alkohol-Stichprobentests auf.[54]

Laut einer Studie aus dem Jahre 1979 waren damals 23 Prozent des Bahnbetriebspersonals »Problemtrinker«, von denen sich viele während der Arbeitszeit betranken.[55] Sicher, es gibt kein einfaches Kriterium, um 23 Prozent als »zu viel« einzustufen. Aber wenn knapp ein Viertel eines Personals trinkt, das für das Leben anderer Menschen unmittelbar verantwortlich ist (was sich für die Mitarbeiter des Wetteramts, die man auch testen wollte, nicht sagen läßt), dürften Drogen- und Alkoholtetsts bei dieser Hochrisiko-Gruppe berechtigt sein. Dasselbe gilt für Piloten, Schulbusfahrer, Polizisten und Feuerwehrleute.

Auch die Handfeuerwaffen sind eine eindeutige und unmittelbare Gefahr. 1988 wurden in den USA damit 9000 Menschen ermordet und weitere 14000 versehentlich getötet. In Großbritannien hingegen gab es sieben Morde mit Handfeuerwaffen und acht in Kanada.[56] Auch AIDS müssen wir als eindeutige und unmittelbare Gefahr betrachten. Die AIDS-Epidemie griff so schnell um sich, daß 1992 schon über 200000 Erkrankungen gemeldet waren – nach 100000 nur 26 Monate zuvor (und »0« weitere 96 Monate zuvor). Man rechnet damit, daß nun in weniger als 24 Monaten weitere 100000 hinzukommen werden.[57]

Wenn die Gemeinschaft – sei es die lokale oder die nationale – eine eindeutige und unmittelbare Gefahr festgestellt hat, muß sie ihre dagegen entwickelte Strategie noch anhand der übrigen Kriterien prüfen. In diesem Punkt sind wir Kommunitarier mit den Radikal-Individualisten einer Meinung: Der Verweis auf die ernste Bedrohung reicht nicht, um eine Änderung im Verhältnis von Rechten und Pflichten zu rechtfertigen.

Zweites Kriterium: Es gibt keine Alternative

Gesetzt, die Gemeinschaft ist sich darüber einig geworden, daß das Rauchen eine eindeutige und unmittelbare Gefahr darstellt. (In den Vereinigten Staaten sterben daran jährlich über 300000 Menschen.)[58] Gesetzt auch, daß wir den Zusammenhang von Rauchen, Krankheit und Tod für hinrcichend bewiesen und so staatliches Handeln gemäß dem ersten Kriterium – »eindeutige, unmittelbare Gefahr« – für gerechtfertigt halten.

Weitere moralische Rechtfertigung dafür geben die Ethiker mit diesem Hinweis: Selbst wenn man die radikal-individualistische Idee akzeptiere, daß jedem freistehen sollte zu konsumieren, was er wolle (auch wenn es ihm schade), bleibe die Tatsache, daß sein Rauchen anderen schade.[59] Wegen Passivrauchen erkranken jährlich etwa 2400 Amerikaner an Lungenkrebs.[60] Andere sterben in Bränden, die Raucher entfachen. Zudem, fragen die Ethiker, was ist mit den Jugendlichen? Sie haben noch keine klaren

Präferenzen. Wir können nicht sicher sein, daß sie gemäß ihrem Eigeninteresse handeln; sie wissen oft noch nicht, was ihnen nützt oder schadet. Letzlich, so die Ethiker, legitimiere sich staatliches Handeln auch durch das Eingeständnis der Raucher, sie würden viel lieber aufhören zu rauchen. Daß 90 Prozent von ihnen es versucht haben, ist eine Art Hilferuf.[61] (Etwas anderes wäre es, wenn wir den Amerikanern den Buddhismus oktroyieren wollten, dem sie ja weder offen noch versteckt zugeneigt scheinen.)

Trotzdem, all das rechtfertigt keine Neubestimmung von Rechten und Pflichten. *Wir sollten zuerst Alternativen suchen, die keine Neuinterpretation der Verfassung erfordern.* Nach dem zweiten Kriterium wäre eine Erhöhung der Tabaksteuer eher angemessen als das (vorgeschlagene) Verbot der Zigarettenwerbung. Vor allem, weil Steuererhöhungen wirksamer zu sein scheinen. So soll nach einer steuerbedingten 10%igen Preiserhöhung der Zigarettenabsatz um 12 Prozent gesunken sein.[62] Werbebeverbote dürften hingegen wenig bewirken. Natürlich kann Werbung ein paar Jugendliche zu Rauchern machen; aber ihr Haupteffekt liegt nach allgemeiner Ansicht darin, die Raucher von einer Marke zur anderen zu locken. Ein Werbeverbot würde demnach eher die Marktaufteilung zementieren als Raucher vom Rauchen abbringen.

Was hier wichtiger ist: *Werbeverbote werfen Verfassungsfragen auf, berühren die Meinungsfreiheit – Steuererhöhungen nicht.* Dieses Argument wäre nur durch den Nachweis zu entkräften, daß Werbeverbote *doch* wirksamer sind als Preiserhöhungen, und zwar erheblich. Kurz gesagt: Weil wir die Autorität des Gesetzes bewahren wollen, dürfen wir es nicht leichtfertig verändern. Man sucht besser erst nach anderen Lösungen, sollte aber das Gesetz auch nicht als unwandelbar betrachten.

Drittes Kriterium: So behutsam wie möglich

Sobald feststeht, daß wir in die individuellen Rechte und die sozialen Pflichten eingreifen müssen (weil wir beispielsweise etwas gegen das Passivrauchen unternehmen und der Gesellschaft die Folgekosten des Rauchens ersparen wollen), müssen wir *nach behutsamen Eingriffsmöglichkeiten suchen.*

Wie man behutsam beschneidet statt radikal stutzt, möchte ich am Beispiel der *Miranda rule* [wonach die Polizei Verdächtige vor der Vernehmung über ihre Rechte – Aussageverweigerung und Zuziehung eines Anwalts – und die gerichtliche Verwendbarkeit ihrer Aussagen belehren muß] verdeutlichen. Diese Regel ist in den letzten Jahren als zu verbrecherfreundlich unter Beschuß geraten. Inwieweit sie unserer Polizei und Staatsanwaltschaft wirklich Fesseln anlegt, ist umstritten und ungeklärt. Es ist auch schwer auszumachen, ob ihre Gültigkeit durch neuere Gerichtsentscheidungen bereits drastisch oder nur behutsam beschnitten wurde. Die meisten Beobachter dürften sich einig sein, daß das Pendel seit Mitte der 80er zu weniger Rechten für Kriminelle bzw. mehr öffentlicher Sicherheit ausgeschlagen hat. Mir geht es darum, eine vernünftige Zwischenposition aufzuzeigen, nicht darum, die vielen Detailprobleme zu lösen.

Am einen Extrem stehen die Radikal-Individualisten, die jeden, auch den kleinsten Eingriff in die *Miranda rule* so kategorisch ablehnen, als ob diese erst seit 1966 gültige Regel zur Bill of Rights gehörte oder den Segen der Verfassungsväter hätte – und am anderen die Autoritären, für die sie nur eins der allzu vielen Rechte ist, die den Täter mehr verfassungsrechtlichen Schutz gewähren als dem Opfer. So forderte Ex-Justizminister Edwin Meese, diese Rechtsbelehrung zu streichen, da sie »die Kriminellen zum Schweigen ermuntert« und »nur den Schuldigen hilft«[63]. Das Office of Legal Policy des Justizministers unter Ronald Reagan publizierte ein Positionspapier, das pauschal die Abschaffung der *Miranda rule* verlangte.[64] Aber auch hier dürften soziale Klugheit und Gerechtigkeit für dritte, für Zwischenpositionen, sprechen, die ein ausgewogenes Verhältnis zwischen unseren individuellen Rechten und sozialen Pflichten verkörpern.

Solche Positionen gibt es bereits. Als der Supreme Court 1985 einen Fall zu prüfen hatte, bei dem ein Verdächtiger vor *und* nach Bekanntgabe seiner Rechte ein Geständnis abgelegt hatte, erklärte er das erste Schuldeingeständnis einstimmig als unzulässig, befand aber mit sechs zu drei Stimmen, das zweite werde durch das spontane, erste nicht beeinträchtigt und sei daher gerichtsverwertbar.[65]

In einer ähnlichen Frage entschied das Oberste Gericht 1987, die Polizei müsse einen Verdächtigen nicht in bezug auf jedes Verbrechen, dessen er beschuldigt werde, über seine Rechte belehren. Richter Lewis Powell führte aus, nach der *Miranda rule* müsse »die Polizei einen Verdächtigen [nur] informieren, daß er das Recht habe zu schweigen und daß *alles*, was er sage, gegen ihn verwendet werden könne«.[66]

Die Kommunitarier sollten auch jene umstrittene Forderung in Betracht ziehen, nach der Beweise zulässig wären, die zwar mit geringfügigen technischen Gesetzesverstößen, aber im guten Glauben gesammelt wurden.

Dazu ein Beispiel aus dem Jahre 1984: Ein Polizist glaubte, ein Mörder habe die Tatwaffe in einem bestimmten Haus liegen gelassen. Da es Sonntagnachmittag und das örtliche Gericht geschlossen war, suchte er einen Richter zu Hause auf, legte ihm einen Antrag auf einen Durchsuchungsbefehl vor und eine eidesstattliche Erklärung mit einer hinreichenden Begründung (wie es der Vierte Verfassungzusatz mit dem Wort *upon probable cause* verlangt). Der Richter hielt den »hinreichenden Grund« für gegeben und füllte ein entsprechendes Formular aus, wie es üblich ist. Der Beamte fand bei der Durchsuchung tatsächlich die Mordwaffe. Vor Gericht behauptete jedoch die Verteidigung, er habe gar keinen rechtmäßigen Durchsuchungsbefehl besessen – denn der Richter hatte sich vertan und »Drogen-Besteck« statt »Mordinstrument« eingetragen.[67] (Die Polizei hatte allerdings nur nach den in der eidesstattlichen Erklärung bezeichneten Objekten gesucht.) Die untere Instanz wollte den Mörder laufen lassen. Das Oberste Gericht ließ das belastende Material zu, weil die Polizei guten Glaubens gehandelt habe. Eine Klausel dafür sah der Entwurf für ein Verbrechensbekämpfungsgesetz von 1992 vor, den Demokraten wie Republikaner unterstützten, die Radikal-Individualisten unter Führung der ACLU aber erbittert bekämpften. In der endgültigen Fassung des Gesetzes war sie nicht mehr enthalten.

Auch die Debatte über Schülerrechte weist derlei vernünftige Zwischenpositionen auf. Nach Ansicht vieler Beobachter haben die Schüler an öffentlichen Einrichtungen so viele materielle *und* Verfahrensrechte, daß deren Funktionsfähigkeit bedroht ist. Die Rechtsberaterin des Verbandes der Schulbehörden von Michigan, Linda Bruin, schreibt: »Nach der nicht einstimmigen Entscheidung im Fall *Goss gegen Lopez* ... die ein Gesetz des Bundesstaates Ohio kippte, das einen Schulausschluß ohne Anhörung des Schülers erlaubte, gaben Lehrer ihrer Befürchtung Ausdruck, die Schuldisziplin nicht länger aufrechterhalten zu können.«[68]

Albert Shanker, der Vorsitzende des Amerikanischen Lehrerverbandes, stellt fest:

> Aufgrund zahlreicher Gerichtsurteile zu Schülerrechten ist es heute fast unmöglich, die paar Jugendlichen loszuwerden, die eine Schule zur Bewahranstalt machen können. Diese Urteile basieren auf den scheinbar besten Gründen: den Gesichtspunkten der Fairneß und des rechtsstaatlichen Verfahrens – und dem Mangel an Alternativen. Wenn die Richter sich fragten, ob die störenden Schüler auf der Straße oder in der Schule besser aufgehoben seien, lautete die Antwort meist: in der Schule. Aber wie wohlmeinend auch immer diese Urteile gewesen sein mögen, für unsere Schulen haben sie verheerende Auswirkungen gehabt.[69]

Letzten Endes, so Shanker, »müssen die Lehrer eine Wärterrolle übernehmen«.

Was läge zwischen den Extrempositionen »volle Verfahrensrechte für Schüler« (die Lehrer und Direktoren von Suspendierungen abhalten) und »Schüler haben nichts zu melden«? Wer von der Schule verwiesen werden soll, hat sicher ein Recht auf ein ordentliches Verfahren – er sollte also über die Natur seines Verstoßes informiert werden und dazu Stellung nehmen können, und zwar vor dem Ausschluß. Er sollte aber weder Anspruch auf einen Anwalt noch das Recht haben, Zeugen aufzurufen und ins Kreuzverhör zu nehmen. Das würde die Fähigkeit der Schule, ein pädagogisches Klima zu erhalten, ungebührlich beeinträchtigen. Außerdem sollte man die Schulen, im Interesse der Erziehung, als kleine Gemeinschaften und nicht als Stätten des Konflikts mit regelrechten Prozessen behandeln. Einige bundesstaatliche Gerichte haben inzwischen begonnen, die Schulpolitik diesem beileibe nicht neuen Prinzip anzupassen.

Bei der Suche nach Kompromissen sollte man auch die Art des Streitfalls berücksichtigen. So kann man Schülern sehr wohl einen Anspruch auf ein ordentliches Verfahren einräumen, wenn es um einen Ausschluß geht (vor allem, wenn sie rassische oder religiöse Diskriminierung geltend machen können), ihnen aber das Recht auf ein »ordentliches Verfahren«, im juristischen Sinne, verweigern, wenn es um die Anfechtung von Examensnoten geht.

Ein gutes Beispiel für »Maßnahmen mit Sicherheitsgriff« ist das neue, von Bürgern in Alexandria, Virginia, vorgeschlagene Gesetz gegen das Herumlungern, das von Radikal-Individualisten angefochten, aber von den Gerichten bestätigt wurde. Weil die Polizei frühere Gesetze dieser Art dazu nutzte, Minderheiten zu drangsalieren, enthält dieses, um Mißbräuchen vorzubeugen, *sieben* Bedingungen für eine Festnahme. Der Verdächtige muß sich über fünfzehn Minuten lang in einer Dealzone auf offener Straße aufhalten, in dieser Zeit mehr als einen direkten Kontakt von unter zwei Minuten Dauer haben und in Handlungen verwickelt sein, bei denen ein Objekt übergeben wird etc.

Die ACLU befürchtet vor allem mögliche Fehldeutungen harmloser Aktivitäten. So besage eines der Kriterien des neuen Gesetzes: Wenn der Betreffende einer Person verpackte Gegenstände in die Tasche schiebe, mache er sich des Drogenhandels verdächtig. (Das Ganze wäre irrelevant, wenn die Polizei erkennen könnte, daß derlei Päckchen Drogen enthalten. Dann hätte sie einen triftigen Grund zuzugreifen – aber genau deshalb verpacken Dealer ja auch ihre Ware.) Laut ACLU schafft diese Bedingung einen gefährlichen Präzendenzfall, denn unter denen, die an Straßenecken stehen und anderen Leuten verdeckte Objekte in die Taschen stecken, könnten ja auch Anwälte sein, die ihre Visitenkarten verteilen.[70]

Ein Katalog behutsamer Maßnahmen

Bevor ich das letzte Kriterium diskutiere, dem jede Strategie zur Verbesserung der öffentlichen Sicherheit und Gesundheit genügen muß, möchte ich die Maßnahmen vorstellen, die ich für akzeptabel halte, aber auch jene, die wohl schwer zu schlucken sind. Diese teils landesweit erprobten, teils erst erwogenen Methoden zeigen, wie diese wichtigen Kriterien zu erfüllen sind, dürften aber darüber hinaus jeden interessieren, dem die Gemeinschaft und das öffentliche Leben etwas bedeuten.

Zu den erwägenswerten Maßnahmen gehören die in Städten wie Atlanta, Newark und Detroit schon üblichen *Ausgangssperren*.[71] Sie werden unterschiedlich gehandhabt, sollen aber alle die Jugendlichen (meist die unter 18 Jahren) spät nachts von der Straße fernhalten, damit sie nicht in den Drogenschmuggel oder die gewaltsamen Auseinandersetzungen der Dealer verwickelt werden. Der Akzent liegt auf der elterlichen Verantwortung. Die Eltern müssen dafür sorgen, daß ihre Kinder an Wochentagen bis 23 Uhr und am Wochenende bis Mitternacht zu Hause sind. Ausgenommen sind Jugendliche auf der Durchreise oder auf dem Weg zu oder von politischen oder religiösen Veranstaltungen. Mancherorts informiert man die Eltern, deren Sprößlinge erstmals gegen das Ausgehverbot verstoßen; beim zweiten Mal hält man die Jugendlichen auf der Wache fest, manchmal die ganze Nacht, bis man ihre Eltern oder ihren Vormund ausfindig gemacht hat. Besser wäre es wohl, den Eltern eine Geldstrafe aufzuerlegen, als ihre Kinder festzusetzen. Ob so oder so: Ausgangssperren dürften kein überzogener Eingriff sein, wenn sie Jugendliche von Dealern und anderen Kriminellen fernhalten und das Verantwortungsbewußtsein der Eltern stärken.

Strittiger ist die *Einführung des nationalen Personalausweises* oder einer fälschungssicheren Sozialversicherungskarte. Solche Ausweise gibt es in vielen demokratischen Ländern. Mit ihrer Hilfe könnte man beispielsweise verhindern, daß jemand, der in einem Bundesstaat wegen Kindesmißbrauch verurteilt wurde, in einem anderen eine Kindertagesstätte aufmacht; sie wären auch bei der

Verbrecherfahndung und der Bekämpfung der illegalen Einwanderung von Nutzen. Der umfassende Gebrauch, der bisher – und ohne Schaden – von den Sozialversicherungsnummern gemacht wurde, hat für diesen Personalausweis den Boden bereitet. So haben selbst Liberale wie Robert Kuttner für ihn plädiert[72], obwohl viele Radikal-Individualisten gar nichts davon halten. Aber das Thema rührt weit tiefer an die Furcht vor dem Großen Bruder als viele andere. Man müßte noch praktische Fragen klären und vor allem sichern, daß die zur Ausweiserstellung benutzten Daten ständig aktualisiert und beim Ableben gelöscht werden. Schließlich wären die diversen Vorschläge zu prüfen, den nationalen Personalausweis mit anderen Ausweisen, wie einem nationalen Führerschein und/oder einer Wählerkarte, zu kombinieren.

Auch der *Polizeieinsatz von Drogen- oder Sprengstoffspürhunden* ist zumindest prüfenswert. Für viele ist das ein schrecklicher Gedanke. Sie denken an die zähnefletschenden Pit-Bulls, mit denen man in den Südstaaten Bürgerrechts-Marschierer bedrohte, oder, schlimmer noch, an die Nazi-Patrouillen am Zaun eines Konzentrationslagers. Abgesehen davon – auch nach gründlicher Überlegung könnte man den Einsatz dieser Hunde rundum ablehnen oder zu dem Schluß kommen, daß hier viel vom »Kleingedruckten« abhänge. Mit Spürhunden in Flughäfen ungeöffnete Gepäckstücke auf Bomben zu überprüfen (und zwar in Abwesenheit und damit ohne Gefährdung des Eigentümers), scheint vernünftig zu sein. Die Spinde in einer Schule (in Abwesenheit, ohne Gefährdung der Schüler) beschnüffeln zu lassen – dieser Gedanke könnte einem Unbehagen bereiten, zumindest wenn man einen Spind als privaten Raum ansieht. Oder stellen wir uns Fahrgastkontrollen in Stadtbussen vor: Vermutlich würden wir auf die Szene »Pudel beschnüffelt Mann mit Bombe im Gepäck« ganz anders reagieren als auf den Anblick eines Dobermanns, der eben dieser Person an die Kehle springt. Es geht hier also nicht darum, welcher Einsatz von Spürhunden »verfassungsgemäß« oder legitim wäre, sondern darum, daß die Details der fraglichen Maßnahmen und ihre Durchführung ausschlaggebend sein können.

Man sollte sich auch überlegen, ob man nicht bei jedem, der mit Blutungen in eine Unfallstation gebracht wird und (weil bewußtlos) nicht um seine Einwilligung gebeten werden kann, automatisch einen *HIV-Test* vornehmen sollte – im Interesse des Personals und der anderen Patienten. Ebenso sollte man HIV-positive medizinische Kräfte, die an körperlichen Eingriffen beteiligt sind, verpflichten, ihre Patienten entsprechend zu informieren oder in andere Arbeitsbereiche zu wechseln (etwa in die Gesundheitsberatung).

Besonders verdienstvoll ist der Vorschlag der Centers for Disease Control, die Krankenhäuser sollten jeden, dessen Blut ohnehin analysiert wird, um die Erlaubnis zu einem HIV-Test bitten, mit dem man ja oft HIV-Träger findet, die nichts von ihrer gefährlichen Krankheit wissen.[73]

Um es zu wiederholen: Nach dieser von verschiedenen Radikal-Individualisten kritisierten Empfehlung sollen die Patienten zur Einwilligung ermuntert, nicht genötigt werden – ohne ihre Zustimmung kein HIV-Test.

Homosexuelle lehnen den Vorschlag dennoch ab – weil der Befund »HIV-positiv« zur Diskriminierung des Betroffenen führe. Jeder von uns habe die üblichen Vorsichtsmaßnahmen zu treffen und nicht darauf zu warten, daß sich die Leute testen ließen.

Ich meine zum einen, daß man HIV-Träger und Homosexuelle nicht gleichsetzen sollte. Viele haben sich ja mit Drogenspritzen infiziert, manche wurden bei Bluttransfusionen angesteckt, vor allem als man die Blutprodukte noch nicht auf HIV testete. Zum anderen denke ich natürlich auch, daß wir viel mehr gegen die Diskriminierung von Homosexuellen tun sollten, ob sie sich nun testen lassen oder nicht; sie haben dieselben Bürgerrechte wie jeder andere, ohne dafür besondere Leistungen erbringen zu müssen.

Und schließlich: Wenn solche Tests routinemäßig durchgeführt würden, dann wären deren Ergebnisse vertraulich zu behandeln. Darüber hinaus meine auch ich, daß jeder verantwortungsbewußt handeln und nur Safer Sex praktizieren sollte, wenn überhaupt.

Aber trotzdem, die Gemeinschaft hat angesichts dieser AIDS-Tragödie, der auch viele junge und talentierte Menschen zum Opfer fallen, sehr wohl das Recht, potentielle HIV-Träger zu einem Test zu ermuntern. Bringt er das befürchtete Ergebnis, dann können sie andere leichter schützen, ihre Kontaktpersonen über ihre Erkrankung informieren und sie zu erhöhter Vorsicht motivieren – gebrauchte Injektionsnadeln nicht weiterzugeben, nur Safer Sex zu treiben und andere Vorkehrungen zu treffen.

Manche dieser Maßnahmen haben Straf- oder Vorbeugecharakter; und manche erlauben uns, anderen und der Gemeinschaft direkt zu helfen. Heute warten annähernd 24000 Amerikaner auf ein Transplantations-Organ.[74] Daher sollten die Kliniken jeden neuen Patienten fragen, ob er sich für den Todesfall zur Organspende bereit erkläre. (Die Patienten müssen sich ohnehin mit der Möglichkeit des Sterbens auseinandersetzen, weil sie über ihr Recht informiert werden, aussichtslose lebensverlängernde Maßnahmen zu untersagen.) *Wenn weder die Patienten noch ihre Angehörigen Organentnahmen im Todesfall widersprechen, sollte das als Zustimmung gelten.* Diese Regelung würde jährlich abertausend Menschen Hoffnung und neue Lebensqualität geben und ist daher ein kommunitäres Muß.[75]

Bei massiver Lebensmittelvergiftung sind die Gesundheitsämter befugt, Nahrungsmittel zu beschlagnahmen, ganze Einrichtungen präventiv zu schließen. Ebenso angemessen erscheint es mir, betrunkenen Autofahrer, die bei Alkoholkontrollen auffallen, *den Führerschein vorläufig zu entziehen.* Unangemessen wäre es hingegen, eine Familie aus ihrer Sozialwohnung auszuweisen, nur weil dort jemand mit Drogen gehandelt hat. Anders als bei vergifteten oder verdorbenen Nahrungsmitteln oder betrunkenen Autofahrern ist hier keine Gefahr im Verzug. Es ist genug Zeit für eine Anhörung. Häufig wußte der Wohnungsinhaber, etwa eine ältere Witwe, vom Drogenhandel des Angehörigen gar nichts oder konnte ihn nicht unterbinden. Auch der Vorschlag, Problem-Lokalen wegen Erregung öffentlichen Ärgernisses die Konzession zu entziehen, hat seine Tücken. Das wäre nur gerechtfertigt, wenn etwa der Inhaber einer Bar wußte, daß Drogenhändler bei ihm verkehren, und nichts dagegen unternahm, also weder die Polizei informierte noch diese Gäste systematisch vergraulte.

Der Umgang mit psychisch Kranken ist neu zu regeln. Wenn sie weder sich noch andere gefährden, behandelt man sie heute so, als ob sie im Vollbesitz ihrer Kräfte wären. Das führt dazu, daß vielen eine Behandlung verweigert wird (durch Entlassung aus einer Anstalt) oder viele sich einer Therapie entziehen. Die Behandlung sollte sich an den Wünschen orientieren, die der Betroffene vor der Erkrankung (etwa bei Altersschwachsinn) oder im Besitz seiner Kräfte (wie bei medikamentös behandelter Schizophrenie) äußert. Das könnte zu Reinstitutionalisierungen führen (in angemesseneren Einrichtungen als den einstigen staatlichen Anstalten) und dazu, daß die Angehörigen das Recht erhalten, erwachsenen Patienten – genau wie Minderjährigen – Medikamente zu verabreichen. Wir sind in diesem Bereich zu lange untätig geblieben.

Wir denken nicht daran, in den Chor derer einzustimmen, die jedes nicht-identifizierte Privatflugzeug und Schnellboot, das sich unserer Küste nähert, abschießen lassen und Drogenfahnder ermächtigen wollen, den Leuten zu mitternächtlicher Stunde die Tür einzutreten ... sondern empfehlen Schritte, die rechtlich wie praktisch minimale Eingriffe darstellen. Mehr von diesen und ähnlichen Maßnahmen einzuführen, ist ebenso überfällig wie legitim.

Viertes Kriterium:
Wir können wir Nebeneffekte minimieren, vermeiden oder kontrollieren?

Als letztes ist zu prüfen, wie die möglichen negativen Folgen bestimmter Vorhaben zu minimieren wären. Wenn man etwa HIV-Tests einführt und Kontaktpersonen von Infizierten ermittelt, könnten, bei mangelndem Datenschutz, Betroffene ihre Arbeit, Wohnung und Krankenversicherung verlieren. So wäre der Zugang zu den Namen der Testpersonen streng zu kontrollieren, wären die Verfahren zur Ermittlung von Sexualpartnern zu prüfen und alle Beteiligten in puncto Vertraulichkeit zu schulen sowie für die unbefugte Weitergabe von Daten und die Diskriminierung von Aidskranken oder HIV-Trägern Strafen zu verhängen. Wenn die Gemeinschaft von derlei Maßnahmen profitieren will, muß sie mehr für den Schutz derer tun, die getestet werden und ihre Kontakte offenlegen.

Zu prüfen wäre auch, ob und wie sich die Regelung: »In gutem Glauben erhaltenes Beweismaterial ist gerichtsverwertbar« auf das Verhalten der Polizei auswirkt. Wenn ein Polizist bei den Ermittlungen so einen Fehler begeht und das Gericht die dabei erlangten Beweise zu Ungunsten des Angeklagten für zulässig erklärt, sollte man das nicht einfach vergessen, sondern in der Personalakte des Beamten festhalten. Dann weiß er, daß man im Wiederholungsfall weniger bereit sein wird, Gutgläubigkeit zu unterstellen. Man muß ihm sagen, daß mehrfache, vor allem gleichartige Irrtümer, einen Verweis zur Folge haben.

Verbrechen und soziale Gerechtigkeit

Wenn engagierte Bürger über die Möglichkeit diskutieren, dem Staat neue Instrumente zur Verbrechensbekämpfung in die Hand zu geben, sagen die Liberalen häufig, damit sei Kriminalität vielleicht zu zügeln, aber nicht zu verhindern. Man müsse vielmehr dafür sorgen, daß jeder eine gutbezahlte Arbeit habe und menschenwürdig behandelt werde, daß keiner diskriminiert und der Gesellschaft entfremdet werde. Das sind ehrbare und legitime Ziele. Aber die Frage nach den Kriminalitätsursachen ist doch komplexer. James Q. Wilson, eine der Autoritäten auf diesem Gebiet, hat diesem Thema in seinem Buch *Verbrechen und menschliche Natur* gut 600 Seiten gewidmet.[76] Aber auch er hat keine einfachen Erklärungen anzubieten. Ich zitiere nun, in aller Kürze, einige wesentliche Ergebnisse, die für unseren kommunitaristischen Ansatz von Bedeutung sind.

Erstens: Die Schwachen in unserer Gesellschaft, jene, die sich wirklich nicht selbst helfen können, haben natürlich Anspruch auf unsere Hilfe, und natürlich brauchen wir auch mehr soziale Gerechtigkeit – aber diese und andere gesellschaftliche Ziele sollten wir anstreben, weil es Werte an sich sind, nicht weil wir uns davon eine signifikante Verringerung der Kriminalität erhoffen könnten. Tatsache ist doch, daß das Verbrechen in den Vereinigten Staaten mehr um sich gegriffen hat als in vielen Ländern mit erheblich geringerem Pro-Kopf-Einkommen (wie etwa Portugal, Chile, Spanien, Indonesien und Kenia).[77] Bei uns hat die Kriminalität *zugenommen*, während unser Einkommen *zunahm* (seit den 50er Jahren hat sich die Kriminalität in den USA verdrei- bis vervierfacht). Und es gibt unter den Armen viele gesetzestreue Bürger und unter den Wohlhabenden nicht wenige Gesetzesbrecher.

Zweitens: Der Gesamtzustand der Gemeinschaft ist entscheidend für das Kriminalitätsniveau. Für sich allein können starke Familien, erzieherisch glänzende Schulen oder anderes mehr die Kriminalität nicht minimieren. Dazu müssen sie zusammenwirken und sich gegenseitig verstärken. In jenen Teilen des Landes (und der Welt), in denen die Familien stark sind, vermitteln die Schulen Wertvorstellungen, sind die Gemeinden intakt und werden moralische Werte respektiert. Utah beispielsweise hat eine weit geringere Kriminalitätsrate als Bundesstaaten, in denen diese Faktoren fehlen. So kamen 1990 in den Vereinigten Staaten 730 Gewaltverbrechen auf 100000 Einwohner – in Utah 284.[78] Der erste Teil des Buches hat gezeigt, was Situationen wie die in Utah auszeichnet: Daß die Familien, die Schulen, die Gemeinschaften – die an der Konstruktion der moralischen Infrastruktur beteiligten Faktoren – sich verbünden, um das moralische Verhalten zu stützen. Sie tun das nicht nur oder hauptsächlich, um dem Verbrechen zu wehren, sondern um das staatsbürgerliche Verantwortungsbewußtsein und die Ethik im allgemeinen zu stärken. Eine niedrige Kriminalitätsrate ist ein Bonus für eine moralische und zivile Gesellschaft.

Drittens: Selbst in der intaktesten Gemeinschaft wird es immer einige Personen geben, die – aufgrund genetischer, chemischer oder physiologischer Störungen oder tiefsitzender psychischer Defekte – unmoralisch handeln. Es gibt einen harten Kern von

Psychopathen und Kriminellen, den auch die engagiertesten Eltern, die besten Schulen und die fürsorglichsten Nachbarn nicht erreichen können. Daher braucht jede Gemeinschaft die schützende und strafende Hand des Staates, damit sie nicht Massenmördern, Brandstiftern, Kinderschändern oder zügellosen Banden wehrlos ausgesetzt ist, die Menschen zum Spaß foltern, verstümmeln oder töten wollen. Daß man diese Leute durch nützliche Gemeinschaftsarbeit, sinnvolle kreative Tätigkeit, ein nationales Dienstjahr bessern könnte, ist ein Märchen. Für sie ist die Polizei zuständig. Ihre gesetzlichen Rechte sind in vollem Umfang zu wahren. Aber im übrigen muß klar sein, daß der Einsatz staatlicher Macht gegen Schwerverbrecher und gefährliche Geisteskranke zum Schutz der Öffentlichkeit nicht nur notwendig, sondern auch legitim, moralisch gerechtfertigt ist.

Kapitel 7

Gegen Haß-Parolen – ohne neue Gesetze

Ein Recht auf Diskriminierung? – Satirisches über Homosexuelle

Im Jahre 1986, bevor einige wegen rassistischer, sexistischer und homophober Diskriminierungen besorgte Bürger das Recht auf freie Meinungsäußerung in Frage stellten (vor allem auf dem Campus), hängte der Student Wayne Dick an der Yale University ein Poster auf, das zur *Bestiality Awareness Days (BAD) Week* aufrief, einem satirischen Pendant zu Yales jährlicher *GLAD Week*, den *Gay and Lesbian Awareness Days*, also den Schwulen- und Lesben-Tagen.[1] Aber nicht nur das, Dick führte auf seinem Plakat auch (kaum abgeändert) die Namen mancher homosexueller Fakultätsmitglieder und Studenten auf. Einer dieser Studenten, Pat Santana (auf dem Poster »Professor *Pet* Satanna«), fühlte sich »verleumdet« und sprach von »visueller Diskriminierung«.[2] Dick verteidigte sich mit dem Argument, Homosexualität sei »unmoralisch«. Daß »... Homosexualität heute als normal gilt, heißt nicht, daß alle Menschen sie für normal halten«.[3]

Nach einer stürmischen Anhörung erhielt Dick wegen Beleidigung und Nötigung Santanas und anderer Homosexueller eine Disziplinarstrafe (zweijährige Bewährung).[4] Seine Fürsprecher aber behaupteten, er habe nur eine Meinung geäußert. William Olds, Vorstandsmitglied der Bürgerrechtsunion von Connecticut, meinte, Dick sei »für eine Übung in Meinungsfreiheit« bestraft worden.[5] Andere verwiesen darauf, daß die Studienordnung der Yale University auch den Passus enthalte: »Selbst wenn ein Mitglied der Universitätsgemeinschaft gegen seine sozialen und ethischen Pflichten verstößt, muß die Universität zuvörderst sein Recht auf freie Meinungsäußerung schützen.«[6]

Die Gegenpartei sagte, man dürfe andere Menschen nicht mut- oder böswillig verletzen. Carrie Costello, Yale-Absolvent und Mitbegründer des *Ad Hoc Committee Against Defamation*, meinte: »... wir setzen uns für das Recht auf freie Meinungsäußerung ein, aber nicht für das Recht auf Beleidigung oder Nötigung oder das Recht, andere zu verleumden«.[7]

Andere konterten: Wenn wir anfangen, Äußerungen zu verbieten, weil sie andere verletzen, ist das der Anfang vom Ende der Meinungsfreiheit, besonders des Rechts auf Dissens, und ein Verstoß gegen das Prinzip des Ersten Verfassungszusatzes, wonach vor allem die Meinungsfreiheit derjenigen zu schützen ist, die mit ihren Äußerungen jemandes Zorn erregen. Schutzbedürftig seien ja eben diese und nicht die liebreizenden, die allen genehmen, die konformistischen Ansichten. Auf dieser Linie lag auch der Yale-Rektor Benno C. Schmidt jun. mit der These, die Universität habe der »Freiheit der Meinung, auch der törichten oder geschmacklosen ... Vorrang« zu geben.[8] Andere pflichteten ihm blumig bei: »Wohl können Stöcke und Steine mich verletzen, Worte aber nicht« – anders gesagt: Ein erwachsener Mensch sollte mit verbalen Diskriminierungen selbst fertigwerden.

Bei einer erneuten Anhörung vor dem Yale College Executive Committee im Oktober 1986 wurde die Disziplinarmaßnahme gegen Dick aufgehoben.[9] Sein Beistand, Professor C. Vann Woodward, nannte den Freispruch »einen Sieg der Meinungsfreiheit«.[10] Und dabei blieb es denn auch, an der Yale University.

Andere Universitäten sahen sich vor dasselbe Dilemma gestellt: Wie sind Meinungsfreiheit und Schutz einer Gemeinschaft in Einklang zu bringen? Gilt die Meinungsfreiheit auch für die Haßprediger, die die einen gegen die anderen aufhetzen? Wie können wir die Meinungsfreiheit respektieren und zugleich die Spannung reduzieren, die eine Gemeinschaft in verfeindete Gruppen spaltet?

Campus-Regeln

Im Jahre 1992 gab es schon an 130 amerikanischen Universitäten sogenannte Sprach-Kodizes – Verordnungen, die definieren, was man auf dem Campus sagen darf und was nicht, und für Verstöße Strafen festlegen. Zu diesen Universitäten gehörten Emory, Trinity, Tufts, die University of Connecticut, die University of Pennsylvania, die University of California, die University of North Carolina in Chapel Hill sowie Stanford.[11]

An der University of Pennsylvania können die Studenten wegen »verbalen oder körperlichen Verhaltens [bestraft werden], das andere stigmatisiert oder schikaniert« und »ein Klima der Einschüchterung oder Aggression erzeugt«.[12] (Ein Penn-Professor meint: »Penn ist eine tolerante, pluralistische Gemeinschaft und wird Sie gern umerziehen, wenn Sie mit Penns spezifischen Vorstellungen von Toleranz und Pluralismus nicht einverstanden sind.«[13]) Tufts verbietet Beleidigungen und Beschimpfungen im Hörsaal und Wohnheim, läßt sie aber in der Studentenzeitung, im Campus-Radio und bei öffentlichen Veranstaltungen zu.[14] Die University of Connecticut war weniger tolerant: Dort konnten Studenten, die »Schimpfwörter gebrauchen, deplaziert lachen, unangebrachte Witze erzählen und [Kommilitonen] offensichtlich aus einem Gespräch ausschließen«, relegiert werden.[15]

An der University of Wisconsin verstößt eine Studentin gegen den Kodex, wenn »er oder sie sich über eine Person mit Bezug auf deren ethnische Herkunft absichtlich herabsetzend äußerte – etwa in Form von Schimpfworten, rassistischen Beleidigungen oder ›Witzen‹ – und ... wenn er oder sie damit die Absicht verfolgte, ein für den Betreffenden feindseliges Studienklima zu erzeugen«.[16]

Das waren beileibe keine leeren Drohungen. So verwies man an der Penn zwei weiße Studenten wegen rassistischer Beschimpfung einer schwarzen Verbindung aus dem Wohnheim.[17] Die University of Michigan verurteilte einen Studenten, der einen Olympioniken in einem Limerick der Homosexualität zieh, dazu, an einer von Homosexuellen geleiteten Gruppendiskussion teilzunehmen und sich in der Campuszeitung zu entschuldigen. An der Stanford mußten zwei Studenten aus dem Wohnheim ins Gästehaus umziehen, weil sie ein Beethoven-Porträt auf einem Konzertplakat schwarz bemalten, weil afro-amerikanische Kommilitonen behaupteten, Beethoven habe schwarze Vorfahren.[18] Ein Rutgers-Student, der einem Freund die Mitteilung »Du bist schwul« an die Tür klebte (als Rache für dessen Botschaft »Clayton ist ein Hanswurst«), wurde zu dreißig Tagen Hausmeisterdienst verurteilt. Da half es auch nicht, daß sich sein Freund (und »Opfer«) für ihn einsetzte, denn, so das Rutgers-Argument, die Notiz hätte ja auch einem homosexuellen Studenten zu Gesicht kommen können.[19]

Tim Usher, Student im zweiten Jahr am Occidental College, wurde vorübergehend ausgeschlossen, weil er eine Kommilitonin sexistisch beschimpfte, die den Wachdienst rief, als er an die verschlossene Glastür ihres Wohnheims klopfte, um eingelassen zu werden.[20]

Noch härter traf es Doug Hann, Student im dritten Jahr an der Brown University: Er wurde nach einem nächtlichen Vorfall im Oktober 1990 relegiert. Der betrunkene Hann hatte, als er über den Campus auf einen Wohnkomplex zuging, über die Schwarzen geschimpft und *Nigger* geschrien und, als ihm jemand von einem Fenster aus zurief, er solle ruhig sein, geantwortet: »Wer bist du denn, ein Schwuler? Wer bist du denn, ein Jude?«[21]

Wer das falsche Magazin aushängt, ein gutgemeintes Kompliment macht oder zu intensiv schaut, kann an manchen Universitäten Probleme bekommen. An der SUNY-Binghamton wurde ein Student, der ein *Penthouse*-Poster an seine Wohnheimzimmertür klebte, von einem Studentenausschuß wegen unzüchtigen Verhaltens verurteilt; die Verwaltung schlug das Verfahren dann jedoch nieder.[22] Die Universitätszeitung berichtete über einen weiteren Fall von angeblicher Belästigung: Demnach hatte ein Mitglied der Wirtschaftswissenschaftlichen Fakultät über eine Kollegin gesagt: »Sie ist so intelligent und hübsch dazu.« Professor Richard Hummel, University of Toronto, wurde 1989 verurteilt, weil er die Badenden im Universitätsschwimmbad »unverwandt und intensiv angestarrt« habe.[23] Das Urteil zeige, so die *Maclean's*-Kolumnistin

Barbara Amiel, daß »die Diskussion um das sehr ernste Problem der sexuellen Belästigung völlig entgleist« sei.
Ein Schelm, wer da von abschüssiger Bahn spricht...

Wenig Rückhalt

Diese Sprachregelungen haben viel Aufsehen erregt. Vergessen wir aber nicht, daß nur eine Minderheit der Universitäten sie überhaupt eingeführt hat. Laut den meisten Umfragen ist die überwiegende Mehrheit der Studenten, Professoren und Bürger – beiderlei Geschlechts und aller Rassen, inner- und außerhalb des Campus – gegen diese Beschränkungen der Meinungsfreiheit.

Bei einer Befragung der Einwohner Colorados im Jahre 1986 fand die Aussage »Das öffentliche Eintreten für Rassismus sollte man verbieten« bei 62 Prozent keine Zustimmung (bei 30 Prozent Zustimmung).[24] In Alabama befürworteten 1989 stolze 87,5 Prozent die Aussage: »Jeder sollte das Recht haben, auch unpopuläre politische Ansichten öffentlich zu vertreten« (nur 8,7 Prozent waren dagegen).[25] Bei einer bundesweiten Erhebung im Jahre 1987 stuften 85 Prozent die Verfassungsgarantien für die Äußerung »sehr beleidigender Ansichten« als ungenügend bzw. als gerade angemessen ein; nur 10 Prozent hielten sie für überzogen.[26] Bei einer 1991er Umfrage stimmten aber 51 Prozent der Aussage zu, daß »der Staat Haß-Parolen verbieten sollte, die jemandes Rasse, Geschlecht, Herkunftsland oder Religion herabsetzen«; 41 Prozent waren dagegen und 8 Prozent unschlüssig.[27] Ob das ein Ausreißer war oder ein Indiz für die beginnende Erosion der Meinungsfreiheit, wird die Zeit erweisen.

»Verletzungs«-Verbot: Ein schwacher Damm

1942 erklärte das Oberste Gericht in dem Fall *Chaplinsky v. New Hampshire* Äußerungen für unzulässig, die »die Gefühle anderer verletzen oder den öffentlichen Frieden gefährden«.[28] Das war eindeutig ein Versuch, einen Damm gegen den Mißbrauch des First Amendment zu errichten. Das Gericht wollte also ein Kriterium festsetzen, das verbotene von zulässigen Äußerungen zu unterscheiden und bestimmte Formen der Meinungsäußerung zu untersagen erlaubt, ohne die Meinungsfreiheit insgesamt zu gefährden. Ein taugliches Kriterium? Wohl nicht. Einige untere Instanzen haben es zwar angewandt, aber der Supreme Court selbst hat es abgelehnt, erneut davon Gebrauch zu machen.[29]

Sieht man sich diesen berühmten Fall von 1942 näher an, bei dem das Oberste Gericht erst- und letztmalig eine Verurteilung aufgrund »verletzender Äußerungen« bestätigte, begreift man auch warum. Was hat Mr. Chaplinsky denn Unerträgliches gesagt? Er nannte die organisierte Religion »einen Schwindel«. Das würden heute wohl nur noch wenige als besonders beleidigend empfinden. Noch weniger würden bestreiten, daß es sich primär um eine politische Aussage handelt. Und um den Schutz solcher Äußerungen geht es dem Ersten Verfassungszusatz vor allem. Der Supreme Court trennt zwischen Aussagen »hohen« und »niedrigen« Ranges; erstere sind gesellschaftlicher, politischer Natur. Er hat mehrfach entschieden, daß das First Amendment eben deren Schutz intendiere und andere Äußerungen, vor allem wenn sie beleidigend oder obszön seien, weniger geschützt seien.)

Wie schwierig die Abgrenzung in der Praxis ist, zeigt auch ein Streit auf dem Campus von Harvard. Dort wollten Studenten verhindern, daß jemand eine Konföderierten-Fahne hisse, weil sie die Gefühle von Schwarzen beleidige, und andere protestierten gegen die Zurschaustellung eines Hakenkreuzes, weil es die Gefühle der Juden verletze. Die dadurch ausgelösten Fragen kreisten alle um das Problem, wo der Trennungsstrich zu ziehen sei: Würde die Universität auch untersagen, eine japanische Flagge zu zeigen, weil sie die Überlebenden Pearl Harbours schockieren könnte? Würde Harvard gegen jene vorgehen, die in der Nähe einer Synagoge ein Hakenkreuz auf eine Mauer malten? Was, wenn jemand ein Spruchband mit einem Zitat aus Hitlers *Mein Kampf* an einer Synagoge anbrächte (also nicht bloß ein Symbol, wie das Hakenkreuz, sondern eine »Meinungsäußerung«)?

Als St. Paul in Minnesota das Kreuzeverbrennen verbot, wurde das Oberste Gericht damit befaßt.[30] Der Richter Antonin Scalia fragte, warum die Gemeinschaft bestimmte rassistische Symbole verbieten und andere dulden sollte, die für andere Gruppen mindestens genauso verletzend seien.[31] Nach derlei Beispielen brauchte er nicht lange zu suchen. So betonte ein Leitartikel in *USA Today*: Die in dieser Verfügung gebrauchte »Definition [von Zorn, Erschrecken, Haß] ist breit genug, um auch ein T-Shirt der *Washington Redskins* zu erfassen, weil viele Indianer das Wort ›Rothaut‹ als rassistisches Schimpfwort empfinden.« Die *St. Paul Pioneer Press* meinte: »Was, wenn man nach dieser Verfügung einen Rabbi für seinen Davidstern belangt, der Araber als ›zionistisches Symbol‹ erzürnt, oder Abtreibungsgegner für ihre Photos abgetriebener Föten, die ›Abtreibungsbefürworter‹ erschrecken?«[32]

Im Juni 1992 erging das Urteil des Obersten Gerichts in der Sache St. Paul, das *Hate codes* für verfassungswidrig erklärte. Aber die knappe Entscheidung (mit fünf zu vier Stimmen) und die Urteilsbegründung zeigten eine tiefe Zerrissenheit des Gerichts in dieser Frage. Juristisch ist das Problem der Haß-Parolen schwer handhabbar.

Das Oberste Gericht hält zwar daran fest, das es eine »klar definierte« Kategorie »verbotener« Äußerungen gebe, hat der Definition tabuisierter Aussagen aber so viele Einschränkungen beigefügt, daß letztlich keine einzige gesetzlich sanktionierbar scheint. Ein Bündel von Bestimmungen verlangt, daß die »verletzende Äußerung« eine *äußerst* (undefiniert) provokative, persönliche Beleidigung sein und bei dem durchschnittlichen Adressaten eine *unmittelbare* heftige Reaktion auslösen müsse. (Unter »durchschnittlich« versteht man gemeinhin »vernünftig«. Was aber ein »vernünftiges Individuum« ist, wurde bislang nicht definiert.) Diese Äußerungen müssen eine bestimmte Person meinen (nicht eine Gruppe) und in deren Gegenwart fallen. Mit anderen Worten: Da man keine klare Abgrenzungslinie finden konnte, seien fast alle Meinungsäußerungen zu tolerieren.

Auch in der Pornographie-Frage sind wir nach jahrzehntelangem Streit nicht weiter als vorher: daß nämlich das, was der eine für schlichte Pornographie hält, dem anderen als Kunst gelten kann und daher jeder Versuch, gegen derlei vorzugehen, manchem als Angriff auf die Meinungsfreiheit gilt. (Wer Pornographie als eine Kommunikation ohne »ausgleichenden gesellschaftlichen Wert« definiert, sollte wissen, daß ein geistreicher Kopf die Post aufgefordert hat, ihm keine Werbung mehr zuzustellen, da sie nach seiner Ansicht weder einen ausgleichenden, noch sonst irgendeinen Wert besitzt.)

Das Oberste Gericht hat noch einen Pflock einschlagen wollen und gesagt: Werke, die nach Ansicht eines durchschnittlichen, an heute gängigen Kriterien orientierten Individuums »ihrem Charakter nach zur Lüsternheit anstacheln«, in offenkundig verletzender Weise sexuelles Verhalten darstellen und ohne sozialen Wert sind – können verboten werden. Als sich aber der Sheriff von Arlington in Virginia prompt darauf berief, um den *Playboy* zu beschlagnahmen[33], entschied es, der *Playboy* erfülle obige Kriterien nicht. Aber auch bei anderer Gelegenheit hat sich der Supreme Court mit der Pornographie schwergetan. Viele Oberste Richter sind über die gängige Obszönitätsprüfung sehr unglücklich. So hat Richter William O. Douglas einmal gesagt, »wenn man sich einmal ansieht, was das Oberste Gericht ... als obszön einstufte und was nicht, kann man nur verzweifeln«.[34] Der Richter Jon Paul Stevens würde die Pornographie-Gesetze gern abschaffen, weil die Trennlinie zwischen pornographischen und zulässigen Äußerungen »so unerträglich vage ist, daß ein unparteiischer Gesetzesvollzug praktisch unmöglich ist«.

Wie wahr: Nach dem Kinderschutzgesetz könnte man heutzutage für die Lektüre eines Kinderpornographie-Magazins belangt werden. Unklar ist aber, wie das Oberste Gericht zwischen der künstlerischen Statue eines nackten Kindes und dem, was manche für Kinderpornographie halten könnten, eine Trennlinie ziehen wird. Erst eine intensivere Auseinandersetzung der Gerichte mit dem Gesetz wird zeigen, ob zumindest Teilbereiche wie die Kinderpornographie justiziabel sind. Denn auch hier gilt: Die tabuisierte Zone läßt sich nur schwer von den künstlerischen, gesellschaftlichen und politischen Feldern abgrenzen.

Laut den Experten soll es in manchen eng definierten Bereichen anerkannte Tabus geben. So sind etwa vorsätzliche ehrenrührige Äußerungen strafbar oder besteht Konsens darüber, daß man in einem überfüllten Theater nicht mutwillig »Es brennt!« rufen darf, weil das eine Panik mit verheerenden Folgen auslösen kann. Aber davon abgesehen: Wer eine freie Gesellschaft will, muß wohl mit der Quasi-Absolutheit dieses sehr weit gefaßten Rechts der Meinungsfreiheit leben und es im großen und ganzen respektieren, um nicht den Zensoren und den Joe McCarthys Tür und Tor zu öffnen.

An Symptomen herumgedoktert

Kommunitarier wie ich halten gesetzliche Einschränkungen der Meinungsfreiheit nicht nur für problematisch, sondern auch für ineffektiv. Sie verringern höchstens die öffentliche Äußerung rassistischer oder sexistischer Ansichten, packen das Problem aber nicht bei der Wurzel. Ein Leitartikel der *Los Angeles Times* bemerkte dazu: »Die Sprach-Kodizes gehen nicht gegen den Rassimus und die Einstellungen an, mit denen die Studenten an die Universität kommen. Sie unterdrücken die Worte, ohne die Denkfaulheit und Irrationalität zu ergründen und zu bekämpfen, die ethnische, religiöse oder geschlechtsbezogene Vorurteile gebiert.«[35] Auch die ACLU-Vorsitzende Nadine Strossen betont: Sprach-Kodizes »... tun nichts gegen Rassismus und Bigotterie. Sie sind eine bequeme Antwort der Universitäts-Verwaltungen auf eine schwierige Frage.«[36]

Wem Haß-Parolen Sorgen bereiten, der sollte grundlegendere und erzieherisch wirksamere Gegenmittel suchen. Man könnte damit anfangen, eine Grenze zu ziehen zwischen dem, wozu man das Recht hat, es zu sagen und zu dem, was anständige, kommunitäre Äußerungen sind.

Aus kommunitaristischer Sicht ist das Ergebnis dieser Sprach-Debatte unbefriedigend. Sicher, die Meinungsfreiheit wurde gut verteidigt. Man kann diese Diskussion der letzten Jahre sogar als eine erneute gesamtgesellschaftliche Schutzimpfung sehen, die die Gegenkräfte des Staatskörpers gegen Beschränkungen der Meinungsfreiheit gestärkt hat. Bei diesem Streit wurde immer und immer wieder auf den hohen Rang der Meinungsfreiheit und der sie stützenden Werte verwiesen, und das war gut so. Aber man hat sich im großen und ganzen zu wenig um die Pein und den Schmerz derer gekümmert, die Objekt dieser Haß-Parolen sind und deshalb auch Gegenmaßnahmen forderten. *Die Meinung stand im Mittelpunkt, nicht die Gemeinschaft.* Wenn wir den Haß verurteilen, aber die Hetzer nicht zur Räson bringen, lassen wir es zu, daß unsere Gesellschaft sich immer mehr spaltet und ein Klima der Feindseligkeit um sich greift. Und diese Gefahr besteht heute durchaus.

Obwohl Intoleranz ein verbreitetes Problem war, übten sich die Universitäten, wie eine umfassende Studie aufzeigt, »in einer Kultur des Leugnens« – indem sie Lösungsvorschläge verwarfen oder unausgegorene und begrenzte Gegenmaßnahmen ergriffen. 57 Prozent der befragten Universitäten berichteten von Intoleranz auf dem Campus. Aber die Mehrheit gab auch an, keinerlei oder nur begrenzte Gegen-Programme zu haben.[37]

Franklyn S. Haiman, Professor für Kommunikation an der Northwestern University, betont in einem Artikel, in dem er für eine uneingeschränkte Meinungsfreiheit plädiert:

> Die Wurzeln des Gruppen-Hasses reichen weit über unsere Erziehungs-Institutionen hinaus... Sie sind mit den Problemen von Reichtum und Armut, von politischer Macht und Ohnmacht, psychologischer Unsicherheit und Angst verbunden. Gesetze und Erlasse gegen rassistische Äußerungen werden da keine Abhilfe schaffen.[38]

Das läuft letzten Endes darauf hinaus, zu den immer wieder beleidigten, diskriminierten und psychologisch terrorisierten Minderheiten zu sagen: »Ganz schön blöd für euch. Aber es dient dem Ersten Verfassungszusatz.« Wir können Besseres tun. Wir sollten mehr tun.

Kommunitäre Lösungen – ohne Gesetze

Daß man nach dem Gesetz fast alles sagen darf, was man will, ist kein ethischer Freibrief dafür, alles von sich zu geben, was einem so durch den Kopf geht. *Was Recht ist, muß nicht recht sein.* Antonin Scalia hat einmal gesagt: »Es gibt eine vielleicht zwangsläufige, aber dennoch beklagenswerte Tendenz, die Existenz eines Rechtes mit der *Nicht*existenz einer Pflicht gleichzusetzen. Anders gesagt, zu glauben, wenn man das *Recht* habe, etwas zu tun, sei es auch *richtig* oder gar *gut* (im Gegensatz zu bloß *legal*), es zu tun.«

Wir müßten erkennen, so Scalia weiter, daß wir als Verteidiger der absoluten Meinungsfreiheit nicht bloß Haß-Parolen dulden, sondern bereit sind, »*für die Freiheit zu unverantwortlichem, ja gesellschaftlich schädlichem Handeln* zu kämpfen und zu sterben, weil die Alternative hieße, mit den schlechten Äußerungen zu viele gute hinwegzufegen«.[39]

William Galston, ein führender kommunitaristischer Philosoph, schreibt:

> Die Sprache des Rechts ist moralisch unvollständig. Aus der Aussage »Ich habe ein Recht, X zu tun« folgt nicht »Es ist recht, X zu tun«. ... Meine Rechte sind Gründe für andere, mich nicht gewaltsam bei rechtlich geschützten Handlungen zu behindern – für mich aber kein hinreichender Grund, diese Handlungen vorzunehmen. Zwischen Recht und Rechtschaffenheit klafft eine Lücke, die nur mit einem reicheren moralischen Vokabular zu schließen ist, das mit Kategorien wie Anstand, Pflicht, Verantwortung und Gemeinwohl arbeitet.[40]

So kann es zwar legal sein, zu sagen: »Alle Schwarzen sollten wieder nach Afrika zurück« oder »Schade, daß Hitler nicht alle Juden umgebracht hat« oder die Vorzüge politischer Systeme zu loben, die auch die bigottesten oder aggressivsten Meinungen dulden. Es gibt aber keinen moralischen oder Rechtsgrund, die beschimpften, diskriminierten Mitglieder einer Gemeinschaft – und andere Gemeinschaftsmitglieder – daran zu hindern, ihre Mißbilligung offen zum Ausdruck zu bringen. Auch sie haben das Recht auf freie Meinungsäußerung! Wenn ein betrunkener Weißer auf dem Campus der Brown University rassistische Parolen von sich gibt, ist weder eine Beleidigungsklage noch Arrest das richtige Korrektiv; die empörte Kritik seiner Kommilitonen ist da wahrscheinlich sehr viel effektiver und auf jeden Fall die legitimere kommunitäre Reaktion. Hören wir auf Richter Learned Hand, der sagte: »Ich frage mich oft, ob wir nicht zu sehr auf Verfassungen, Gesetze und Gerichte bauen. Das ist ein Fehler, glaubt mir, ein Fehler. Die Freiheit lebt in den Herzen der Männer und Frauen; und wenn sie dort stirbt, dann kann keine Verfassung, kein Gesetz und kein Gericht sie retten.«[41]

Wir sollten denen, die diskriminieren, Haß predigen, deutlich machen, daß wir sie für miese, unzivilisierte Flegel halten und auf ihre Gesellschaft verzichten. »Natürlich«, könnten wir zu ihnen sagen, »haben Sie das Recht, fast alles zu äußern. Aber nicht alles ist moralisch, gesellschaftlich akzeptabel.« Wenn sie das von genug Leuten hören, werden sie ihre Rechte nach dem Ersten Verfassungszusatz wohl zu Besserem als zu Beleidigungen nutzen. Zumindest werden ihre Opfer wissen, daß die Gemeinschaft nicht hinter den Haß-Parolen und Vorurteilen mancher Zeitgenossen steht und sich *ebenfalls* verletzt fühlt.

Auch wenn wir künftig kaum Möglichkeiten sehen sollten, etwa durch Sprach-Kodizes an den Universitäten und anderswo dem moralischen und sozialen Mißbrauch der Meinungsfreiheit zu wehren, sollten wir die nicht allein lassen, die beschimpft und beleidigt, verspottet und verhöhnt werden. Natürlich gibt es auch angeblich Verfolgte, die sich nur wichtig tun wollen. Natürlich gibt es Agitatoren, dic nur auf eine unglückliche Formulierung oder einen geschmacklosen Witz lauern, um sich über Rassismus und Sexismus zu empören und mehr als nur eine Entschuldigung zu verlangen: den Rausschmiß aller weißen Männer beispielsweise und Entschädigung für sich selbst und ihre Anhänger. Und natürlich gibt es auch die, die angeblich nicht mehr leben können, nur weil sie »Japse« oder »Schwule« genannt wurden. Manche sind mit Reizwörtern wie »Lynchmord«, »Nazi-Deutschland« und »Genozid« schnell bei der Hand. Wie man ein sehr ernstes Problem ins Absurde verkehren kann, zeigte eine Professorin an der Penn State, die Goyas *Nackte Maja* aus einem Seminarraum entfernen ließ, weil sie sich durch das Bild sexuell belästigt fühlte. Der Leiter des Universitäts-Aktions-Komitees unterstützte sie dabei nachhaltig.[42]

Die Gemeinschaft täte zwar gut daran, derlei Übertreibungen und überzogene Vorwürfe zu ignorieren, sollte aber vor den ernsthaften Diskriminierungen nicht die Augen verschließen. Denken wir daran, wie man dem Unterstufenschüler Ryan White in Kokomo in Indiana das Leben zur Hölle machte, der bei einer Bluttransfusion mit AIDS infiziert worden war. Bei Mitschülern und Eltern machten sich Angst und Ablehnung breit. Er wurde aus der Schule ausgeschlossen, mußte zwar wieder aufgenommen werden, wurde aber »wie ein Aussätziger behandelt. Mitschüler kritzelten auf seinen Spind Obszönitäten und beschimpften ihn in den Fluren... Seiner Mutter, Jeanne White, warf man an der Kasse im Lebensmittelladen das Rausgeld hin, um ja nicht ihre Hand berühren zu müssen.« Wie er berichtete, beschuldigte man ihn fälschlich, Mitschüler zu beißen und an die Toilettenwände zu urinieren, warf man im Restaurant das Geschirr in den Müll, das er benutzt hatte, schrieb jemand »Schwuler« auf seinen Ordner. Weil Ryan White es in so einer Gemeinschaft auf die Dauer nicht aushalten konnte, zog er nach Cicero in Indiana.[43 44]

Wir sollten auch Vorfälle wie diesen nicht ignorieren, über den ein führendes Mitglied einer Homosexuellen-Organisation bei einer Grundrechte-Konferenz berichtete: An der University of Kansas quälten Studenten einen offen schwulen Kommilitonen, indem sie T-Shirts mit dem Aufdruck »Schlachtet Schwule, nicht Robben« trugen. Er bekam beleidigende Anrufe mit Kastrations-Empfehlungen. Die Situation wurde für den jungen Mann dann so unerträglich, daß er die Universität verließ.[45]

Die Intoleranz ist zwar keine so eindeutige und unmittelbare Gefahr wie eine Epidemie oder eine Mordserie, aber bedrohlich genug, um der Gemeinschaft Anlaß zum Handeln zu sein. Nur mit den Schultern zu zucken und zu sagen »Ganz schön hart. Aber der Erste Verfassungszusatz verlangt, daß Sie leiden«, das wäre eine gefühllose, legalistische und völlig unangemessene Reaktion. Charles Lawrence, Juraprofessor an der Stanford University, schreibt zu Recht: »Rassistische Parolen verletzen ... verletzen ernsthaft.«[46]

Was tun?

Intoleranz kann man sowohl persönlich und informell als auch organisiert und institutionell bekämpfen. Die persönlichen und informellen Möglichkeiten illustriert der für eine nationale Presseagentur arbeitende Kolumnist Nat Hentoff, der häufig über Bürgerrechte schreibt, anhand des folgenden Falls: An einer Tür in einem Wohnheim der Arizona State sahen vier schwarze Studentinnen ein Flugblatt mit dem Titel: »Stellenbewerbung – Vereinfachtes Formular für Minderheitenangehörige«. Bei der Frage nach den Einkommensquellen waren Vorgaben wie »Diebstahl, Wohlfahrt, Arbeitslosengeld« anzukreuzen, bei Familienstand »eheähnliche Gemeinschaft, wilde Ehe, Sonstiges«. Gefragt wurde auch nach der »Zahl der ehelichen Kinder (wenn vorhanden)«.[47]

Das Machwerk kränkte die vier Frauen zutiefst. Sie beschwerten sich aber nicht bei der Universitätsverwaltung, obwohl es an der Arizona einen Erlaß gegen derlei gab. Sie klopften bei dem Studenten und sagten ihm, wie sehr sie das empöre. Er nahm den Zettel von der Tür. Am nächsten Abend trafen sich die Frauen mit einigen Kommilitonen in eben diesem Wohnheim, um über den Vorfall zu diskutieren. Ein Professor unterstützte sie. Einige Weiße gaben ihrer Scham Ausdruck. Es gab weitere Foren zu dem Thema, eine Pressekonferenz und ein Seminar der juristischen Fakultät. An der ganzen Universität diskutierte man darüber. Die Lokalblätter griffen die Sache auf. In der Campus-Zeitung erschien ein Artikel mit einer Entschuldigung des Studenten, der das Formular aufgehängt hatte. Die vier Frauen sagten, sie hätten sich am Ende nicht mehr als Opfer, sondern »gestärkt« (*empowered*) gefühlt. Sicher, nicht alle Geschichten enden gut. So schloß Hentoffs Bericht mit dem Hinweis, auf dem Campus sei ein neuer Streit entbrannt: Da gab es anscheinend einen Studenten, der seine Notizbücher und Zimmerwände gern mit Hakenkreuzen versah... Erziehung ist eine Daueraufgabe.

Die Emory University veranstaltet für Studenten, Dozenten und Verwaltungsangehörige, die sexistischer Äußerungen beschuldigt werden, Seminare zum Thema sexuelle Belästigung. Zu Beginn befragt man die Teilnehmer nach ihrem Verständnis von Sexismus und sexueller Belästigung. Dann analysieren sie einschlägige Rechtsfälle und Beispiel-Videos und nehmen an Rollenspielen teil.[48] Robert Ethridge, Beauftragter für Chancengleichheit, meint dazu: »Die Workshops können den Leuten die Augen öffnen. Manche lassen sich durch die Sitzungen nicht von ihrer Meinung abbringen, aber bei anderen hat die Konfrontation mit diesem Thema langfristig eine positive Wirkung.«[49] Die Programme finden nicht jedermanns Beifall. Sue Wasiolek, Studenten-Dekanin an der Duke University, bereitet es »Unbehagen, daß man Studenten in die Workshops zwingt. Es wirft ein schlechtes Licht auf die Gesellschaft, daß man Verhaltensänderungen immer nur mittels Vorschriften zu erreichen können glaubt«.[50] Aber zwingt man die Schüler und Studenten nicht ständig, an irgendwelchen Kursen, sei es in Fremdsprachen oder Mathematik, teilzunehmen? Warum nicht auch zu einem Seminar in Anstand? Wenn sie die Botschaft einer zivilen Gemeinschaft vernommen haben, können sie ja frei entscheiden, ob sie an ihren Ansichten festhalten wollen oder nicht.

Ein anderes Mittel gegen Haß-Parolen ist dies: Wenn »Arier« [neo-nazistische *White Aryan Resistance*] im Studentenblatt eine Anzeige aufgeben wollen, die den Holocaust leugnet, könnte das Blatt, anstatt das abzulehnen, diese Anzeige im Leitartikel als Hetze entlarven und Beiträge angesehener Historiker zu diesem Thema bringen. So würde die Anzeige zum erzieherischen Anlaß.[51]

Wenn an einer Universität die Spannungen zwischen den Rassen (oder anderen Gruppen) eskalieren, sollte man Studenten bitten oder verpflichten, als Vermittler tätig zu werden. Schon die Übernahme einer solchen Rolle, betont die Politologin Jane Mansbridge, wirke verhaltensändernd. Die Betreffenden sähen sich als Sachwalter der Werte und Interessen der Gemeinschaft und handelten oft auch so. Entsprechend geschult, könnten sie verbale Konflikte entschärfen, bevor ernste Konfrontationen daraus werden.

Es gibt viele weitere erzieherische Mittel: Diskussionen und Versammlungen, Seminare zu den Ursachen und zur Dynamik von Vorurteilen, gemischtrassige Mahlzeiten zu zweit oder in Gruppen. Als besonders effektiv gilt der Einsatz von Videos, etwa des Films *Still Burning*, der zu einer Diskussion über Rassismus anregen soll. Er zeigt eingangs, wie Studenten rassistische Parolen und Drohungen auf die Zimmertür eines Kommilitonen schmieren. *Still Burning* wurde von der University of Baltimore produziert und ist in zwei Versionen verfügbar: eine für Dozenten und eine für Studenten. Eine Leiterin des universitären Office of Black Student Affairs berichtet, er habe sich bei der Toleranzerziehung sehr bewährt. Die Miami University in Ohio setzt bei ihrem Kultur-Bewußtseins-Programm ein interaktives Video ein, das die persönlichen Erfahrungen von Studenten bei rassistischen Vorfällen schildert. Es will mit Fragen wie »Gibt es so etwas wie *den* schwarzen Studenten?« oder »Wie würden Sie auf einen schwarzen Zimmergenossen reagieren?« zur Diskussion ermuntern.[52]

Andere berichten über gute Erfahrungen mit *Peer counseling* in Fragen sexueller Belästigung: Dabei beraten studentische Freiwillige nach entsprechendem Training ihre Kommilitonen und moderieren Informations- und Diskussionsrunden. Natürlich braucht man auch professionelle Berater, aber die Kombination von Studenten und Profis kann sehr günstig und produktiv sein.[53]

Kurz gesagt: Die Universitäten haben einen Erziehungsauftrag. Wenn die Professoren ihren Studenten nicht klarmachen können, wie verwerflich Intoleranz, Vorurteil und Diskriminierung sind, brauchen sie selbst eine berufliche Weiterbildung. Sie dürfen sich nicht aus der Verantwortung stehlen, indem sie Haß-Parolen verbieten, anstatt dem Haß zu Leibe zu rücken. Haß-Parolen sind häßlich und schädlich; sie verhindern vor allem das Engagement für jene gemeinsamen Unternehmungen, die eine Gemeinschaft stark machen.

Teil III

Das Gemeinwohl

Kapitel 8

Kommunitäre Politik

Eingebaute Korruption

»Der Kongreß ist gekauft!« rief Präsident Carter verzweifelt aus, als sich der Kongreß wieder einmal einer Politik zum Wohl der nationalen Gemeinschaft verweigert hatte. Von wem gekauft? Von den Lobbys, die sich die Abgeordneten mit satten Spenden, mit Einladungen zu Festgelagen und Honoraren für überflüssige Reden dienstbar machen (»Man kann sich auch einfach hinstellen und aus dem Telephonbuch vorlesen – und wird dennoch bezahlt«, hat Senator William Proxmire bei Gelegenheit gesagt).[1]

Als der Abgeordnete John Breaux aus Louisiana von Carters Bemerkung erfuhr, protestierte er: »Mich kann man nicht kaufen – nur mieten.«[2] Manche mögen darin nur einen müden Witz sehen. Aber Witze, lehren uns die Psychologen, sind verräterisch. Der Abgeordnete Breaux sagte ja, er sei nicht ein für allemal zu haben, sondern regelmäßig zu bezahlen und für verschiedene Seiten verfügbar. Aber schlimmer noch: Er machte – wie viele in seinen Kreisen – aus seiner Verfügbarkeit keinen Hehl und schämte sich ihrer nicht im mindesten. Diese Haltung ist in der Hauptstadt unseres Landes und auch in so manchen Bundes- und Gemeindeparlamenten weit verbreitet.

Ich rede ungern darüber, wie Politiker mit der Gemeinschaft Schindluder treiben. Wenn ich das Thema bei meinen Vorträgen anschneide, bekommen meine Zuhörer zusehends schläfrige Augen. (Noch schneller bei Statistikzitaten.) Das liegt einmal daran, daß sich die Amerikaner mehr für die individuelle Korruption als für die Mechanismen eines Systems interessieren, das eine *endemische* Korruption erzeugt, die fast jeden Volksvertreter infiziert. Dieses Interesse für das Individuelle, Persönliche ist auch der tiefere Grund dafür, daß uns die Presse ständig schlüpfrige Skandalgeschichten serviert. (Suzanne Grament, die ein Buch darüber schrieb, hat bei dem vierhundertsten Skandal zu zählen aufgehört.[3])

Im Präsidentschaftswahlkampf 1992 machte man großen Wirbel um die angeblichen außerehelichen Affären des Gouverneurs Bill Clinton und tischte immer neue Gerüchte über George Bushs »Geliebte«[4] auf. Senator Brock Adams aus dem Bundesstaat Washington erklärte, er stelle sich nicht zur Wiederwahl, weil acht Frauen ihn der sexuellen Belästigung beschuldigt hätten. Zuvor hatte man Senator Charles Robb die Hölle heiß gemacht, weil ihn eine Ex-Schönheitskönigin, die nicht seine Frau war, im Hotelzimmer besucht hatte. Robb behauptete, er habe sich zur Massage entkleidet. Kurz davor hatte man fünf Senatoren Begünstigung eines Charles Keating jun. vorgeworfen. Er war einer der Hauptschuldigen im Sparbanken-Skandal und hatte große Summen für die Wahlkampf-Kassen der Senatoren gespendet.

Womöglich ist all das unserem Gedächtnis entschwunden, wenn diese Zeilen gedruckt werden, so wie frühere Skandale jetzt vergessen sind. Aber es ist so sicher wie das Amen in der Kirche, daß bis dahin neue an ihre Stelle treten werden. Was Berichte über Probleme und Fehltritte öffentlicher *Personen* anbelangt: da scheinen wir unersättlich zu sein.

Laut Meinungsumfragen glauben die meisten Amerikaner, daß »alle Politiker unehrlich sind«, und sind bereit, die Ärmel aufzurollen, »um die Gauner an die frische Luft zu setzen«[5]; was die Popularität des Vorschlags erklärt, eine zeitliche Höchstgrenze für die Abgeordnetentätigkeit einzuführen. Aber sie sehen sich nicht gern mit Problemen konfrontiert, die in einem politisches System wurzeln, das an sich dem Gemeinwohl dienen sollte.

Für viele ist es unpatriotisch, »das System« zu kritisieren. Als ich in der *New York Times* schrieb: »Washington ist bis ins Mark korrupt« (nachdem ich zuvor fünf Jahre an den Schalthebeln der Macht in Washington gewesen war, unter anderem ein Jahr im Weißen Haus), stellte man meinen Patriotismus in Frage. Der Marine-Reservist John W. Nichols fragte in einem Leserbrief: »Aus welchem Land sind Sie eigentlich??? Aus Kuba? Der UdSSR? Bulgarien? So eine gottverdammte Unverschämtheit... Sie sind todsicher kein amerikanischer Patriot!«[6]

Er hätte sich nicht gründlicher irren können. Ich könnte meinen Beruf in vielen Ländern ausüben, aber ich habe mich für dieses Land entschieden, aus Hochachtung vor seiner Verfassung, seinen Institutionen, seinen zentralen Werten. Die Demokratie ist zwar beileibe keine perfekte Staatsform, aber die beste, die es gibt. Unser Wahlsystem hat jedoch einige schwerwiegende Mängel; sie zu ignorieren, hieße, der Korruption freien Lauf zu lassen. Daher muß ich mich notgedrungen mit denen befassen, die angeblich die Gemeinschaft repäsentieren, die für unser aller Interessen arbeiten sollten, aber zu oft den Interessen weniger dienen. Danach untersuche ich, wie wir *die Politik* für die Gesamtgemeinschaft wiedergewinnen könnten.

Nehmen wir einmal an, ich und andere langjährige Beobachter Washingtons – wie Elizabeth Drew *(Politik und Geld)*, Brooks Jackson (Ehrliche Schiebung) und William Greider (*Wer wird es den Leuten sagen?*) – hätten recht mit der These, das in die Politik fließende private Geld sei das eigentliche Problem. Nehmen wir an, so traurig das ist, daß viele Kongreßmitglieder oft gegen das Gemeinwohl handeln, um die Lobbys zu bedienen, denen sie verpflichtet sind. Träfe das zu, würden wir, wenn wir eine Bande von zwielichtigen Charakteren und »Gaunern« an die frische Luft setzen, nur für eine andere Bande Platz schaffen – die genauso zu einer Politik für Interessengruppen (nur eben andere) gezwungen wäre. Man sagt oft, die geringe Wahlbeteiligung sei das wirkliche Problem. Wenn die folgende Analyse stimmt, dann spielt es keine große Rolle, ob wir wählen gehen oder nicht – solange wir nicht das System ändern, das tendenziell alle unserer Repräsentanten korrumpiert.[7]

Es ist eine schlichte, aber gern ausgeblendete Tatsache: Wenn wir ein System akzeptieren, bei dem die meisten Politiker alle paar Jahre Hunderttausende (oder Millionen) von Dollars für ihren Wahlkampf aufbringen müssen, dann akzeptieren wir ein System, dessen Versuchungen nur Menschen mit ungewöhnlicher

Charakterstärke (oder beträchtlichem persönlichem Vermögen) widerstehen können, und akzeptieren ein politisches System, bei dem die Volksvertreter vor allem dem großen Geld und erst an zweiter Stelle der Gemeinschaft dienen, für die sich oft nicht mehr zuständig fühlen.

Um es anders auszudrücken: Ein ehrlicher Politiker läßt sich keinen Flug nach Hawaii oder Las Vegas spendieren; er bezahlt das Ticket zum Football Super Bowl aus der eigenen Tasche und läßt, wenn er besonders ehrlich ist, bei einer Kongreßbank keinen Scheck platzen. Wenn er aber eine Wahl gewinnen will, kommt er kaum umhin, nach den großen Geldtöpfen Ausschau zu halten, ohne die ein Wahlkampf kaum zu finanzieren ist. Weil einem aber niemand umsonst einen Haufen Geld gibt, muß sich der Gewählte natürlich bei den Lobbys, seinen verläßlichsten Geldgebern, revanchieren. Kurz: *Wer Politiker will, die der Gemeinschaft mehr dienen als den Interessengruppen, muß für ein sauberes politisches System sorgen.*

Um welche Beträge geht es dabei? Die Wahlkampfkosten steigen ständig. 1990 gaben die Kandidaten für das Repräsentantenhaus durchschnittlich 262000 Dollar aus (gegenüber 52000 im Jahre 1974 und 140000 im Jahre 1980) und die Senatskandidaten im Schnitt 2,8 Millionen Dollar (1974 waren es noch 400000 und 1980 schon 1,1 Millionen[8]). Der höchste Betrag, den 1990 ein Kandidat für das *House of Representatives* ausgab, belief sich auf 1,7 Millionen Dollar: bei den *Senate*-Kandidaten brachte es einer gar auf stolze 18 Millionen.[9] Das sind stattliche Summen. Wer auf Normalbürger baut, von denen er pro Nase zwischen 25 und 100 Dollar bekommt, muß den Großteil der Zeit Geld sammeln. Wer aber von Banken, Immobilien-Lobbys, Gewerkschaften, Japanern und anderen haufenweise Geld erhält, kann sich vor vor allem seinen Wahlkampfauftritten widmen.

Um es klar zu sagen: Wenn uns die Zukunft der amerikanischen Demokratie am Herzen liegt, dürfen wir uns nicht länger vom »Skandal der Woche« ablenken lassen, von den neuesten pikanten Enthüllungen über die Affären, Besäufnisse und Feste eines Kongreßmitglieds, Bundesstaatsparlamentariers oder Stadtrats. Wir dürfen Berichten über die Discountpreise in einem Kongreß-Frisiersalon, über kostenlose Benutzung der Kongreß-U-Bahn (die nur dort verkehrt), feudale Turnhallen und exklusive Spesen-Essen nicht mehr so große Beachtung schenken. Das sind Bagatellen, verglichen mit dem Ausverkauf unserer Legislative an Interessengruppen. Wer sich darauf konzentriert, handelt wie der, der sich über die Schmutzflecken auf dem Anzug eines Mannes aufregt, der in einem Schlammloch versinkt.

Überlegen Sie selbst, was Ihnen lieber wäre: Abgeordnete, die sich ab und an einen Haarschnitt, Flug oder Urlaub bezahlen lassen, aber für Gesetze stimmen, die dem Gemeinwohl dienen, oder Volksvertreter, die für derlei selbst aufkommen, aber im Parlament vor allem für den Meistbietenden arbeiten? Das sei doch nicht die Alternative, meinen Sie, und fragen, ob wir nicht ein paar anständige Leute finden könnten, die sowohl der Öffentlichkeit dienen wie ihre persönlichen Ausgaben selbst bestreiten können? Bisher hatten wir nur wenige, die auch nur eine dieser Forderungen erfüllten – ungeachtet anderslautender Rhetorik. Daher müssen wir, zumindest anfänglich, unsere ganze staatsbürgerliche Energie der entscheidenden Aufgabe widmen: den Verkauf der Legislative an die Lobbys zu stoppen.

Einschlägige Fälle

Wer es nicht glauben will, daß unser für den Dienst an den Gemeinschaften gedachtes politisches System oft korrumpiert ist, der prüfe einmal an x-beliebigen politischen Vorgängen, welche Kräfte da am Werk sind. Er wird feststellen, daß viele gemeinwohlorientierte Initiativen vom herrschenden System im Laufe der Zeit bis zur Unkenntlichkeit verwässert oder in ihr Gegenteil verkehrt wurden. Er wird festellen, daß sich, bei aller Verschiedenheit der Details des jeweiligen Falls, stets *eine* systemische Kraft ausmachen läßt, die unsere Politik so übel zurichtet: die Interessengruppen.

Nehmen wir die Geschichte der *Trade Adjustment Assistance* (TAA), eines 1962 verabschiedeten Gesetzes zur Unterstützung von Arbeitnehmern, deren Jobs steigenden Importen zum Opfer gefallen waren. Danach erhielt eine zusätzliche finanzielle Unterstützung, wer nachweisen konnte, daß staatliche Handels-Konzessionen für andere Länder eine *Haupt*ursache seiner Arbeitslosigkeit waren. Diese Bedingung erfüllten von 1962 bis 1974 nur 35000 Arbeitslose.[10] Dann führte der Kongreß, unter dem Druck der Gewerkschaften und bestimmter Industriezweige, eine Bestimmung ein, wonach die Importe nur noch eine *wesentliche* Ursache für den Arbeitsplatzverlust sein mußten. Was bewirkte, daß dieses Programm, das den amerikanischen Steuerzahler 1973 lumpige 9 Millionen Dollar gekostet hatte, 1979 bereits 400 Millionen und 1981 schon 1,5 Milliarden verschlang.[11] Schlimmer noch: 1980 kam ein Großteil der Mittel nicht den Arbeitslosen aus importgeschädigten Branchen zugute, sondern Personen, die aus irgendwelchen anderen Gründen zeitweilig arbeitslos waren.[12] Wen überrascht es da, daß ein Anwerber von General Dynamics arbeitslose Stahlarbeiter in Ohio nicht dazu bewegen konnte, in einem Werk im Nordosten der Vereinigten Staaten einen Job anzunehmen?[13] Sie wollten ihre TAA-Hilfe nicht verlieren! So wurde das TAA-Programm durch den Druck der Interessenverbände zum Arbeitsmarktanpassungs-Verhinderungsprogramm, also seine eigentliche Intention völlig pervertiert.

Ganz ähnlich verlief die Geschichte der *Economic Development Administration* (Amt für Wirtschaftsentwicklung). Sie sollte ursprünglich den strukturschwachen oder Notstandsgebieten des Landes durch die Finanzierung von öffentlichen Bauvorhaben, technischen Beratungsprogrammen, gewerblichen Krediten und Kreditbürgschaften auf die Beine helfen. Als sie 1965 ihre Arbeit begann, lebten 12 Prozent der Amerikaner in Regionen, die nach den EDA-Kriterien »notleidend« waren und daher auf ihre spezielle Hilfe Anspruch hatten.[14] 1979 dehnte der Kongreß den Begriff »notleidende« Gemeinde so aus, daß er nun fast alle Amerikaner (84,5 Prozent) erfaßte.[15] 1982 versuchte die EDA, einigen offensichtlich wohlhabenden Zonen – wie Beverly Hills in Kalifornien – dieses Prädikat zu nehmen, was der Kongreß aber verhinderte.[16]

Ende der 80er war die Bedienung von Lobbys bereits ein fester, zentraler Teil der Abgeordnetentätigkeit. Der Reporter Brooks Jackson, der Tony Coelho, den Top-Spendensammler der Demokraten begleiten durfte, sagt: »... für Coleho war es einerlei, ob er für einen 5000-Dollar-Spender die offizielle Maschinerie des Repräsentantenhauses in Gang setzte oder ihm ein paar schicke Gepäckaufkleber schenkte.« Jackson hat auch beobachtet, daß die Interessenverbände, die ihre Wünsche nicht durchbrachten, zumindest fähig waren, mißliebige Strategien zu blockieren. Coelho setzte sich für den Bau von Wohnungen ein, um die millionenfache Obdachlosigkeit zu beenden, die viele für *die* Schande Amerikas in den 80ern hielten. Aber der Dachverband der Gewerkschaften AFL/CIO – eine wichtige finanzielle Stütze der Demokraten – bestand darauf, daß die Bauvorhaben nach den seit der Weltwirtschaftskrise gültigen Bestimmungen realisiert würden. Und die Makler-Lobbys, die Kandidaten beider Parteien kräftig unterstützen, forderten für die Grundstücksmakler diverse steuerliche Abschreibungen und Subventionen. Nachdem alle Vergünstigungen durchgesetzt waren, so Jackson, »war das Selbstverständliche undenkbar geworden«.[17]

In wichtigen Bereichen zieht man innovative Optionen gar nicht erst in Betracht, weil viele glauben, daß sie in unserem lobbyhörigen politischen System im Nu pervertiert würden. So kamen Experten zu dem Schluß, eine Industriepolitik nach dem Vorbild des japanischen *Ministry of International Trade and Industry* (MITI) solle man in den Vereinigten Staaten *nicht* versuchen. Gegner wie Befürworter eines amerikanischen MITI – das durch strategische Planung und öffentliche Finanzierung unsere Wettbewerbsfähigkeit stärken sollte – befürchten, daß es eine Beute der Lobbys würde. So hat sich der Ökonom George Eads, früher Mitglied des *Council of Economic Advisers* des amerikanischen Präsidenten und nun Vize-Präsident bei General Motors, vor einem Kongreßunterausschuß sehr skeptisch zum Plan einer Nationalen Entwicklungsbank geäußert, die ein wichtiges Instrument einer Industriepolitik sein sollte: Er sei, obwohl von ihrer Notwendigkeit überzeugt, gegen die Gründung dieser Bank, weil sie garantiert für politisch motivierte Geldzuwendungen mißbraucht würde: Die Kongreßmitglieder und Interessenverbände würden mit ihrer Hilfe Gelder in ihre Wahlbezirke kanalisieren – und sich um die Stärkung der Wettbewerbsfähigkeit einen Teufel scheren.[18]

Die Sanierung der Sozialversicherung und das Steuerreform-Gesetz von 1986 (beide von einer ungewöhnlichen Zweiparteien-Koalition durchgebracht) sind bemerkenswerte Ausnahmen von der Regel, die besagt, daß unsere Legislative weitgehend in die Hände der Interessengruppen gefallen ist. Denn im allgemeinen – ob beim Waffenrecht, bei Textilimportquoten, Energiesteuern oder Air Bags, Einwanderungsfragen oder Kostensenkungen im Gesundheitswesen – kann die Nation nicht darauf bauen, daß ihre Probleme durch eine vernünftige und praktikable Politik zum Wohl der Gemeinschaft gelöst werden.

Die *National Rifle Association* blockiert die meisten Gesetze zur Einschränkung des Waffenverkaufs, obwohl eine Mehrheit der Amerikaner sie befürwortet und für geboten hält.[19] Nicht ein klar definiertes öffentliches Interesse bestimmt die Höhe der Textilimportquoten, sondern der Druck der Textilindustrie und der Textilgewerkschaft, der *Amalgamated Clothing and Textile Workers Union.* Die Ölkonzerne und ihre naiven Verbündeten haben die von den meisten Experten aus Gründen des Gemeinwohls bereits seit 1973 geforderte Import- und Verbrauchssteuer für Erdöl bis heute verhindert. Die Automobilindustrie hat über ein Jahrzehnt die Einführung der oft lebensrettenden Air Bags blockiert. Ihr Motiv? Die Befürchtung, bei einer dann fälligen Erhöhung der Autopreise weniger lukrative Sondermodelle zu verkaufen. Und so weiter und so fort.

Die Aushöhlung der Opposition

Weil drei von vier Interessengruppen ideologisch ungebunden[20] und nur bedacht sind, die Taschen ihrer Mitglieder zu füllen, schmieren sie beide Parteien, Demokraten wie Republikaner, und verhindern damit oft eine wirksame Opposition, höhlen so ein

Wesenselement der Demokratie aus. Als Präsident Bush 1992 für seine Wiederwahl kandidierte, fielen seine Sympathiewerte aufgrund der langen Rezession zu Beginn in den Keller. Ihm schadete vor allem, daß er und seine *Grand Old Party* als Verbündete der Reichen galten, die Demokraten hingegen eher als Vertreter der Mittelschicht, zu der sich ja die meisten Amerikaner zählen. Als die Demokraten eine drastische Steuersenkung für mittlere Einkommen forderten, schloß sich das Weiße Haus dem mehr oder weniger an und nahm damit den Demokraten in dieser wichtigen Frage den Wind aus den Segeln. Aber in seinem Haushaltsentwurf 1992 warf Bush den Demokraten einen Fehdehandschuh hin, den sie eigentlich hätten aufnehmen müssen.

Er wiederholte seine Forderung, »arbeitsloses Einkommen« oder Kapitaleinkünfte geringer zu besteuern. Die meisten Amerikaner sahen darin ein Geschenk an die Reichen. Manche Ökonomen waren für die Steuersenkung, aber die Mehrheit hielt sie für einen Verstoß gegen die Interessen der Allgemeinheit (vor allem in der Art und Lage, in der sie vorgebracht wurde). Nun hätte man erwarten müssen, daß die schon so lange auf ihre Rückkehr ins Weiße Haus brennenden Demokraten *das* Wahlkampfthema daraus machen würden. Aber weit gefehlt. Viele von ihnen stimmten im Kongreß für die Steuersenkung, nachdem – Sie haben es erraten – Lobbyisten der Wall Street und anderer potenter Gruppen bei ihnen vorgesprochen hatten.

Wenn Sie wieder einmal spüren, daß eine Oppositionspartei ihre demokratische Pflicht nicht so recht erfüllen mag, sollten Sie prüfen, wer sie finanziert. Dann werden Sie bald entdecken, was unser politisches System vor allem lähmt: der Einfluß der Interessenverbände.

Schrankenloser Pluralismus

Manche Politologen sagen, die Lobbys seien eine Bereicherung der Demokratie, unentbehrlich für ihren Willensbildungsprozeß. Jede Gemeinschaft bestehe aus Gruppen mit jeweils spezifischen

Interessen: Bauern und Städter; Unternehmer und Arbeiter, Produzenten und Konsumenten... Der »Pluralismus« als Methode, diese unterschiedlichen Gruppen zu befriedigen, diene der Gesamtgemeinschaft. Für mich gibt es jedoch zwei Arten von Pluralismus: einen schrankenlosen und ungesunden – und einen »Pluralismus in der Einheit«. Bei der ersten versuchen alle Gruppen zu bekommen, was sie kriegen können, und scheren sich wenig um Belange der Gemeinschaft. Bei der zweiten schränken sie ihren Konkurrenzkampf freiwillig ein, wenn er gemeinsame Interessen bedroht oder verletzt. Unser Pluralismus war – und wurde zunehmend – eine weitgehend schrankenlose Veranstaltung, die unser politisches System, das ja der Gemeinschaft dienen soll, bereits sehr strapaziert hat und weiter strapaziert.

Das liegt auch an dem besonderen Charakter der amerikanischen Gesellschaft. Sie ist größer, weniger homogen als die anderer Demokratien. Die Vereinigten Staaten haben, im Vergleich zu anderen Ländern, wenig gemeinschaftsfördernde Institutionen, die eine Nation als Gemeinschaft der Gemeinschaften zu stützen suchen. Unser fragmentiertes Erziehungssystem vermittelt in Tausenden verschiedener Lokalitäten verschiedene Werte. Ein landesweit verbindlicher Lehrplan – in Frankreich, Israel und anderswo längst eingeführt – ist für die meisten Amerikaner noch ein rotes Tuch, ein extremer Eingriff der Bundesregierung in lokale Werte und Traditionen. So mangelt es unserer Jugend an den gemeinsamen Werten, Sitten, Symbolen und Sichtweisen, auf die viele andere Gemeinschaften bei ihrer Konsensbildung bauen.

Amerika hat auch keine nationale Vision mehr, die Gruppen mit unterschiedlichem Hintergrund zusammenführen und mischen und so eine ähnliche soziale Funktion erfüllen würde wie einst die *Frontier*, die Pionieridee. Wir haben – außer der einigermaßen blutarmen *USA Today* – keine bundesweiten Zeitungen mehr. Das nichtkommerzielle Fernsehen PBS (Network Public Broadcasting Service) hat zwar Programme wie die *MacNeil/Lehrer NewsHour*, aber kaum Zuschauer. CNN und C-SPAN erreichen bundesweit ein stattliches Publikum. Aber die nationalen Nachrichtensendungen von ABC, CBS und NBC haben erheblich Zuschauer an die ständig wachsenden Lokalprogramme verloren. So wird Washington *unvermittelt* mit vielen sozialen, ökonomischen, kulturellen und politischen Problemen des Landes konfrontiert – ohne jenen begleitenden nationalen Konsens über bevorzugte Lösungen, den Regierung und Parlament brauchen, um eine Politik für alle, statt für die Lobbys, zu entwickeln.

Erschwerend wirkt die von manchen Sozialwissenschaftlern und Intellektuellen vertretene »neue« Ideologie, die gleich jedes öffentliche oder Gemeinschafts-Interesse leugnet und nur das Geben und Nehmen partikularer Interessen gelten lassen will. Die Lobbys schadeten niemandem, seien ein Element der normalen politischen Prozesse, die zum Nutzen der »Gemeinschaft« deren verschiedene Teile bedienten: Lang lebe der schrankenlose Pluralismus!

Da bin ich anderer Ansicht. Denn zum einen werden auf diese Weise längst nicht alle Gruppen bedient. »Die Benachteiligten, die nicht so gerüstet sind wie die anderen Interessengruppen, gehen bei einem Verteilungskampf immer leer aus«, bemerkt dazu David Cohen, Vorstandsmitglied des *Advocacy Institute*; bedient werden die Wünsche politisch mächtiger, finanzstarker Gruppen.[21] Und zum anderen kommen dabei die langfristigen Interessen der Gemeinschaft ebenso zu kurz wie gemeinsame Anliegen, die den Interessengruppen nichts »bringen«. Etwa die Investition in die nächste Generation, die Erziehung unserer Kinder, der Umweltschutz sowie die Grundlagenforschung, also die Quelle unseres Wissens und Innovations- und Wettbewerbspotentials.

Ich weise auch die These zurück, allgemeine und partikulare Interessen ließen sich nicht unterscheiden. Wenn *Common Cause* die politische Macht des privaten Geldes kritisiert, sucht sie keine Vorteile für ihre Mitglieder zu erlangen, sondern zu fördern, was aus ihrer Sicht der Gemeinschaft nützt. Damit unterscheidet sie sich grundlegend von dem Ölkonzern, der mit dem Argument, die Ölförderung liege im nationalen Interesse, für sich Steuersenkungen durchdrücken will.

Die Testfrage, die ich hier empfehle, lautet: Wer profitiert? Wenn das, wofür die Gruppe kämpft, vor allem ihren Mitgliedern nützt, wissen wir, daß es sich um eine Lobby handelt (deren es hier mehr als nur ein Dutzend gibt). Wenn die Gesellschaft insgesamt der Hauptnutznießer ist, dann haben wir ein relativ seltenes Exemplar, einen wahren Schatz vor uns: eine Gruppe, die dem Gemeinwohl dient. Für mich ist der *Sierra Club* so ein Juwel, weil er die Natur für uns alle schützen und nicht etwa seinen Mitgliedern jungfräuliche Skipisten reservieren will. So ein Juwel sind auch die Neokonservativen, eine Gruppe von Intellektuellen, die zum Besten des Landes, und nicht etwa zum Vorteil ihrer kleinen Sympathisantenschar, gegen staatliche Reglementierung kämpft.

Gruppierungen, die partikulare Interessen vertreten, sind oft leicht auszumachen. Industrienahe Organisationen wie »National Kraut Packers Association«, »Chain Link Fence Manufacturers Institute« und »American Wood-Preservers Association« zeigen schon mit ihrem Namen an, wem sie dienen (im obigen Fall: den Sauerkrautfabriken, Maschendrahtproduzenten, Herstellern von Holzschutzmitteln).[22] Manche Gruppen versuchen hingegen, ihre engen, egoistischen Zielsetzungen zu verschleiern. Wer würde hinter »Campaign America« ein Komitee für die Wiederwahl eines republikanischen Senators vermuten? Oder hinter dem »Center for Peace and Freedom« eine Lobby für den Krieg der Sterne? »Public Advocate« setzt sich im allgemeinen für Deregulierung in der Wirtschaft ein. Und hinter dem Etikett »Free Enterprise PAC« verbirgt sich, ob Sie es glauben oder nicht, eine Antiabtreibungs-Gruppe.

Manche Politologen behaupten auch, die Interessengruppen seien harmlos, da sie sich gegenseitig neutralisierten. So, wenn der Wirtschaftsclub *Business Roundtable* eine Senkung und die Gewerkschaft eine Erhöhung des Mindestlohns fordere, was es dem Gesetzgeber erlaube, im Sinn des Gemeinwohls zu handeln. Was für eine realitätsferne Vorstellung!

Zum einen: Manche Interessenverbände sind wirtschaftlich und politisch stark und andere schwach. Wie mächtig ist etwa die National Rifle Association und wie schwach die Waffenkontroll-Lobby! Die NRA hat die meisten Versuche zur Einschränkung des Waffenverkaufs, die in den letzten Jahrzehnten unternommen und von der Bevölkerungsmehrheit getragen wurden, verhindern, die übrigen verwässern oder bremsen können. Ja, sie konnte sogar in einer hochemotionalen Situation – nach der Ermordung John F. Kennedys durch einen *Gunman* – ein *Gun-control*-Gesetz Ted Kennedys zu Fall bringen. Warum? Weil sie den Wahlkämpfern stets stattliche Beträge spendet und ihre Kontrahenten nur Peanuts anzubieten haben. Die Politischen Aktionskomitees (PACs) der Waffenlobby spendeten in der Wahlperiode 1987–1988 insgesamt 802906 Dollar, die PACs der Waffenkontroll-Lobby nur 87900 Dollar.[23] Die NRA stellte 1988 zudem 1,5 Millionen Dollar »eigene Mittel« zur Verfügung.[24] In Geld ausgedrückt, steht es also 25 zu 1 für die Waffenproduzenten.

Gängig ist auch folgende Situation: Auf der einen Seite eine betuchte Lobby, die den Kongreß bedrängt – und auf der anderen nicht etwa eine Gegenlobby, sondern die unorganisierte, breite Öffentlichkeit, die kaum begreift, was da vor sich geht. Dafür gibt es Hunderte von Beispielen; hier ein exemplarisches: In den 70ern erhielt die Federal Trade Commission, einer unserer Wettbewerbshüter, viele Beschwerden von Gebrauchtwagenkäufern. Sie klagten über Händler, die ihnen gravierende Fahrzeugmängel verschwiegen und sie mit Tachomanipulationen und ähnlichem getäuscht hätten. Die FTC formulierte Richtlinien, wonach der Käufer über jeden bekannten erheblichen Defekt zu informieren sei. Den demokratischen Lauf der Dinge vorausgesetzt und angesichts der Tatsache, daß auf jeden Gebrauchtwagenhändler aberhundert Gebrauchtwagenkäufer kommen, hätten diese neuen Bestimmungen im Kongreß eigentlich eine breite Unterstützung finden müssen. Aber das Gegenteil war der Fall. Der Kongreß legte 1982 ein Veto gegen die FTC-Richtlinien ein.[25] Warum? Die Autohändler-Lobbys hatten die Entwicklung aufmerksam verfolgt, nachhaltig Druck ausgeübt und für den Wahlkampf gespendet. So hatten 180 der 216 Abgeordneten, die das Veto unterstützten, von der *National Automobile Dealers Association* für die Wahlen von 1980 und 1982 zusammen fast eine halbe Million Dollar erhalten. Das kaufende Publikum bekam kaum mit, daß die FTC-Initative abgeschossen wurde.[26]

Wie gut die Reklametafel-Industrie, die unter dem Banner der *Coalition for Property Rights* kämpft, auf Washingtons Capitol Hill Fuß gefaßt hat, ist selbst aufmerksamen Zeitungslesern nicht bekannt. Als 1991 ein Gesetz gegen das Reklametafel-Unwesen zur Abstimmung anstand, bedachte sie Abgeordnete mit Strömen von Geld. Von Januar bis Juni 1991 spendeten Manager, ihre Ehefrauen und Partner über 250000 Dollar an Senats- und Abgeordnetenhauskandidaten (mehr als im gesamten Wahlkampf 1989/90).[27] Industrienahe PACs legten noch 127000 Dollar drauf. Der Senat lehnte den Gesetzentwurf ab und verabschiedete mit 60 zu 39 Stimmen eine kastrierte Version. Ein Mitarbeiter des *National Journal* bemerkte dazu sarkastisch: »Die Billboard-Lobby ist der Paradefall einer kleinen Interessengruppe ... die sich durch massive Investitionen in Washington hübsche Profite sichert.«

Man könnte einwenden, das alles sei ja ein alter Hut. Sicher, viele politische Beobachter, von David Truman bis Theodore Lowi, haben über die gefährliche Macht der Lobbys berichtet. Deswegen ist die Botschaft aber nicht weniger wichtig. Was fehlt, ist *die allgemeine Einsicht, daß die Interessengruppen die Wurzel unserer Systemprobleme sind.* Erst dieser Konsens befähigt uns, ihnen die Legislative zu entreißen.

Aber ich muß leider, und so unglaublich es klingt, hinzufügen, daß es in vielen Bundesstaats-Parlamenten und Gemeinderäten noch schlimmer zugeht als in Washington. In Arizona wurden ab Anfang 1991 etliche Parlamentarier angeklagt, die bei einer 16monatigen, verdeckten Antikorruptions-Operation aufgeflogen waren.[28] Sie waren einem Polizisten auf dem Leim gegangen, der sich als Kasinobetreiber ausgab und angeblich Stimmen kaufen wollte. Sieben Staats-ParlamentarierInnen erwiesen sich als nur allzu willig. Videos von der Übergabe der Schmiergelder geben Einblick in ihre Denkweise. So bemerkte die Senatorin Carolyn Walker, als sie einen Teil der über 25000 Dollar einsteckte, die sie im Lauf der Operation erhielt: »Ich liebe das süße Leben und versuche mich so zu plazieren, daß ich es mir leisten kann und mehr Geld habe. Wir alle haben unseren Preis.« Der Abgeordnete Bobby Raymond (12105 Dollar) erklärte: »... mir sind die Sachfragen [Kraftwort]« und ergänzte: »Meine Devise ist immer: ›Was ist für mich drin?‹« Anscheinend nicht genug. Als Raymond erfuhr, daß ein anderer Parlamentarier mehr als er bekommen hatte, meinte er: »Ich habe mich wohl zu billig verkauft.«[29]

Nach einer ähnlichen Aktion, 1989 und 1990 in South Carolina, wurden vierzehn damalige oder frühere Abgeordnete angeklagt. Zehn von ihnen bekannten sich schuldig, vier wurden überführt; einer wartet auf seinen Prozeß.[30] Der Vorwurf lautete meist, von verdeckten FBI-Agenten Bestechungsgelder angenommen und dafür versprochen zu haben, für die Legalisierung von Pferde- und Hunderennwetten zu stimmen. Wett-Gesetze spielten auch bei der Verurteilung eines Top-Parlamentariers in West Virginia eine Rolle: Dort gestand der Senatspräsident, von einem Wett-Lobbyisten 10000 Dollar erpreßt zu haben.[31] Aber auch in Texas, Kalifornien, New York, Tennessee, Rhode Island und weiteren Bundesstaaten wurden in den letzten Jahren Parlamentarier bei illegalen Handlungen erwischt.[32]

Warum es auf dieser und der lokalen Ebene schlimmer zugeht, ist leicht erklärt. Da die parlamentarische Arbeit in vielen Bundesstaaten ein Teilzeitjob ist, darf man sich dort ganz offiziell etwas dazuverdienen. Warum nicht? wird man fragen, bis man entdeckt (wie ich als Stabschef einer vom New Yorker Gouverneur Hugh Carey ernannten Kommission zur Untersuchung von Mißständen in Pflegeheimen), daß die Abegordneten, häufig Rechtsanwälte, auf den Honorarlisten der Branchen stehen, die sie kontrollieren sollen. Die gesetzgebenden Körperschaften der Bundesstaaten tagen im Schnitt 75mal im Jahr – in New Jersey und in Virginia lediglich 32- bzw. 30mal und nur in elf Staaten mehr als 100mal.[33] Nur 11 Prozent dieser Abgeordneten sind Vollzeit-Parlamentarier.[34]

Außerdem wird in vielen Staats- und Gemeindeparlamenten per Handzeichen abgestimmt. Der Wähler erfährt also normalerweise nicht, welcher Parlamentarier eine lobbyfreundliche Resolution unterstützt hat und kann ihn deshalb nicht zur Verantwortung ziehen. Kurz: Die Staats- und Gemeindeparlamente sind noch fester in der Hand der Interessengruppen als der Kongreß. [...]

Fazit

An der Lähmung unserer Demokratie ist vor allem die seit Mitte der 70er wachsende Macht der Interessengruppen und ihrer gut betuchten *Political Action Committees* schuld. Wir haben uns durch individuelle Skandale – Seitensprünge, Scheckbetrug und derlei – davon ablenken lassen, daß unser ganzes politisches System so verbogen und verdreht ist, daß es nur noch selten die Gesamtgemeinschaft repräsentiert. Reformen können wir von jenen nicht erwarten, die von PAC-Geld abhängiger sind als die Sozialhilfe-Empfänger von der öffentlichen Hand. Rettung muß von anderer Seite kommen. Die breite Öffentlichkeit, jeder, der sich um das Ganze und nicht nur um die Teile sorgt, muß wieder mitmischen. Zusammen müssen wir die Politik für die Gemeinschaft zurückerobern. Als erstes sind die Bande zwischen dem großen Geld und der Politik zu kappen. Darüber mehr im nächsten Kapitel.

Kapitel 9

Was ist zu tun?

Höchste Zeit für eine neue politische Kraft

Sigmund Freud würde sagen: Zufälle gibt es nicht. Und wie die persönliche Pathologie, hat auch die politische ihre tieferen Gründe. Es ist kein Zufall, daß in Washington heute oft enge, egoistische Interessen über Gemeinwohlerwägungen triumphieren, sondern Konsequenz gestiegener Lobby-Macht. Wenn Unternehmen, Gewerkschaften und Gewerbeverbände oder andere wirtschaftliche und gesellschaftliche Gruppen die Politik durchdringen, dann setzten sie das basisdemokratische Prinzip »Eine Person, eine Stimme«[1] außer Kraft, das ja sichern soll, daß Parlament und Regierung jedem Bürger gleichermaßen verantwortlich sind, also kommunitär handeln. Sie machen aus dem demokratischen Staat ein Staatswesen, das vor allem den Wünschen und Interessen partikularer Gruppen gehorcht.

Daher brauchen wir mehr als nur hehre Absichten, gute Ideen oder kluge Reformvorschläge, wenn wir der zunehmenden Dominanz der Lobbys wehren und uns allen die Regierung dieses Landes zurückgeben wollen. *Wir brauchen eine neue politische Kraft*, die stark genug ist, große Widerstände zu überwinden und das politische System grundlegend zu verändern.

Aber woher soll sie kommen? Wir stehen vor einem politischen Dilemma ersten Ranges. Denn die Interessengruppen haben nicht nur die Oberhand in vielen Bereichen, sondern nutzen sie auch, um Reformen zu verhindern und so ihre Macht über Staat und Regierung zu sichern. Daher erreichen Reformer zumeist nicht viel; sie gehen die Folgen partikularistischer Politik an – statt deren Ursachen: die Macht der Lobbys. Wenn sie dem Übel doch einmal an die Wurzel wollen, merken sie bald, daß die Vertreter des Status quo mächtiger sind als ihre Gegner. *Wer reformieren will, muß den Hebel außerhalb der politischen Welt ansetzen*: Nur so kann er sie verändern.

Der archimedische Punkt für die Restitution der Staatsgewalt an das Volk, wo liegt er? Woher kommt die politische Kraft für grundlegende Reformen? Der oberste Hüter des Gemeinwohls ist die breite Öffentlichkeit. Die Macht der Lobbys beruht *nicht* auf ihrer Fähigkeit, den meisten Menschen zumeist zu dienen, sondern darauf, daß die meisten Menschen politisch zumeist inaktiv sind. So können Gruppen, die oft nur kleine Segmente der Gesellschaft vertreten, die nationale und lokale Politik kontrollieren, weil sie kaum auf Widerstand stoßen. *Für eine Politik des Wandels sind daher die großen unterrepräsentierten Mehrheiten zu mobilisieren.*

Aber wie? Manche glauben: durch Mobilisierung der öffentlichen Meinung. Sicher, die Medien haben uns mitunter für die Gefahr sensibilisiert, die übermächtige Interessengruppen darstellen. Mitunter schreibt ein Enthüllungsjournalist einen Artikel oder gar eine Serie darüber, wie sich diese oder jene Lobby in den Kongreß gekrallt und geschmiert hat. Die Kraft der Medien genügt aber nicht. Die Öffentlichkeit ist häufig zu sehr mit anderen Themen beschäftigt: Gesundheitswesen und Kriminalität, wirtschaftlicher Wohlstand, Rassenbeziehungen und vieles mehr. Probleme wie die Entmachtung der Lobbys und Veränderung der politischen Praxis gehen da meist unter. Die Öffentlichkeit engagiert sich auch eher für Substanzfragen (etwa Erhaltung der Umwelt) als für Prozeßprobleme (wie Kandidaten Wahlen gewinnen).

Zudem werden etwaige öffentliche Diskussionen über politische Reformen oft mit dem Argument abgeblockt, massive Wahlspenden und Ströme privaten Geldes, die in Politikertaschen fließen, seien Elemente der Demokratie.[2] So behauptet Herbert Alexander in seinem Buch mit dem ehrlichen Titel *Eine Lanze für die PACs*: Politische Aktionskomitees erlauben »gesellschaftlichen Gruppen und Interessen, sich zu artikulieren, zu verbünden und gegen die Regierung zu opponieren«. PACs sind also gut für die

Demokratie. Joseph J. Fanelli, Präsident des *Business-Industry PAC*, belehrt die Öffentlichkeit: »... die Kritiker übersehen die konstitutionelle Basis der PAC-Aktivititäten. Das für die Grundrechte nach dem Ersten Verfassungszusatz fundamentale Wort: ›sich friedlich zu versammeln und ... um Abstellung von Mißständen zu ersuchen‹ gilt auch für die Political Action Committees. Die PACs, in jedem Bereich der Gesellschaft, sind nichts anderes als Vereinigungen individueller Bürger, die ihr Recht, sich zu versammeln, ausüben.«[3] Damit wird die Tatsache ignoriert, daß die PACs *nicht* wie andere Gruppen sind; denn ihre Mitglieder treffen sich nur selten – wenn überhaupt –, um über Strategie, Vergabe der Mittel oder sonst etwas zu diskutieren oder abzustimmen. PACs sind im Prinzip Finanztöpfe.

Fanelli betont weiter: »... die PACs verteilen kein Geld von Unternehmen. Was sie spenden, erhalten sie von Individuen – Angestellten, Aktionären und ihren Familien. Man sollte auch darauf hinweisen, daß dies alles freiwillige Beiträge sind.«[4] Verschwiegen wird, daß PAC-Mitglieder keine Wünsche in bezug auf die Verwendung der Mittel äußern dürfen (darüber bestimmen die PAC-Bosse). Sie erfahren oft nicht einmal, wohin ihr Geld fließt. Aber es will ja auch niemand Bürgern verbieten, sich zusammenzutun, um ihre Interessen zu vertreten. Das Problem ist, ob es kleinen Gruppen betuchter Bürger gestattet sein darf, mit ihrem Geld Abgeordnete zu kaufen – und sie damit zu zwingen, *ihnen* zu dienen und die Mehrheit der übrigen Wähler zu vernachlässigen.

Die PACs werden von ihren Fürsprechern zu harmlosen Komitees engagierter Bürger stilisiert, die eben mit dem Scheckbuch am demokratischen Prozeß teilnehmen wollen. Wenn dem so wäre, müßten sie eigentlich auch meinem Vorschlag zur Beendigung der PAC-Plutokratie zustimmen: nämlich jedem Wahlkampfspender zu erlauben, selbst zu bestimmen, an wen sein Geld gehen soll, die Politiker zu benennen, die ihre Spende erhalten! Das ist an sich doch eine Selbstverständlichkeit, daß *Jane* oder *John Doe*, die einen Kandidaten finanziell unterstützen wollen, sagen können: Der oder die bekommt das Geld. *Aber die PACs funktionieren anders.* Die Spenden der Manager, Gewerkschaftler, Verbandsmitglieder fließen in einen gemeinsamen Topf, ohne Verwendungsauflage. Dann entscheiden die *PAC-Manager*, wem *sie* unter die Arme greifen wollen, und kanalisieren Ströme von Geld zu ihren Favoriten. Kurz gesagt: Die PACs sind streng oligarchisch geführte Geldverteiler und beileibe kein Medium demokratischer Partizipation.

Vor allem aber ist die öffentliche Meinung – selbst wenn sie durch Presseberichte über gekaufte Politiker alarmiert wird – eher wankelmütig; sie ist schnell auf den Beinen, hat aber wenig Stehvermögen. So warten die Interessengruppen oft nur, bis die Presse ihrer Sünden müde geworden ist und sich anderen Themen zuwendet.

Dazu ein gutes Beispiel: Als wir die Mißstände in New Yorker Pflegeheimen untersuchten, berichteten die Abendnachrichten (und die Morgenzeitungen) laufend über unsere entsetzlichen Entdeckungen: daß man die alten Menschen mit Medikamenten ruhigstellte, um sie besser im Griff zu haben, und in ihren Exkrementen liegen ließ; daß man bettlägrige Patienten nicht regelmäßig umdrehte und sie sich daher schrecklich wundlagen; daß man mittellos gewordene Insassen auf der kalten Veranda aussetzte, damit sie sich den Tod holten und anderen Platz machten; daß sich Pflegeheim-Besitzer öffentliche Mittel, die für die Kranken bestimmt waren, unter den Nagel rissen und damit Picassos, Mercedes-Limousinen und anderes mehr kauften.

Die Öffentlichkeit war empört; überall war von Durchgreifen und radikalen Reformen die Rede. Bei all diesem Aufruhr blieb die Pflegeheim-Lobby ungewöhnlich still. Als etwa sechs Monate nach Skandalbeginn bekannt wurde, daß die New Yorker City am Rande des Bankrotts stand, wurde die »New Yorker Finanzkrise« zum alles beherrschenden Thema. In den Zeitungen rückte die Pflegeheim-Geschichte von Seite 1 auf etwa Seite 37; aus den Fernsehnachrichten verschwand sie ganz; und die Öffentlichkeit verlor sie aus dem Blick. Bald kontrollierte die Pflegeheim-Lobby wieder genau wie zuvor die Legislative. Es gab ein paar, vorwiegend kosmetische Reformen, aber die meisten Mißstände, die zum Teil schon zehn Jahre zuvor bloßgelegt worden waren und eine ähnliche Welle moralischer Empörung ausgelöst hatten, blieben bestehen.

Die Interessengruppen haben, wie dieses Beispiel zeigt, einen längeren Atem als die Öffentlichkeit. Wenn es unvermeidlich wird, lassen sie auch mal eine begrenzte Reform zu, behalten aber die Politik meist fest in ihrem Würgegriff. Die entsetzte Öffentlichkeit ist langfristig kein ebenbürtiger Gegner für die Lobbys.

Die Bedeutung sozialer Bewegungen

Die geschichtliche Erfahrung lehrt: *Die notwendige politische Kraft könnte aus sozialen Bewegungen kommen.* Die Bürgerrechts- und die Frauenbewegung, die ökologischen und neokonservativen Initiativen haben gezeigt, daß soziale Bewegungen die Nation grundlegend beeinflussen, verändern können. Sie bewegen weit mehr als eine bloß aufbrausende Öffentlichkeit, weil sie einen festen Kern von Führungspersönlichkeiten haben (und nicht etwa von den Medien »gelenkt« werden). Sie stützen sich auf starke gemeinsame Werte, richtungsweisende Symbole. Sie haben Kader, die die Basis für jede geforderte Aktion mobilisieren. Und sie verfügen über Sozialtechniken wie Demonstrationen, Sitzstreiks und Boykottmaßnahmen, mit denen sie die Volksvertreter von den Lobbys trennen und zu den notwendigen Reformen, zum Dienst an der Gemeinschaft insgesamt drängen können.

Die Sozialwissenschaftler werden oft gefragt: »Wie läßt sich das moralische Klima einer Gemeinschaft verändern?« Mit ihren Anworten sind die Fragenden selten zufrieden. Denn sie wollen eine Art Wundermittel, eine Maßnahme, die leicht durchzuführen ist und vor allem schnell den gewünschten Effekt erzielt. So fordern sie häufig, daß der Präsident der ganzen Nation Mores lehre. Ein solcher Appell, ein präsidiales »Kamingespräch« mit allen Amerikanern, genügt nach ihrer Ansicht, um »das Land zur Umkehr zu bringen«, wie die oft gebrauchte Formel lautet. Viele hoffen auch, daß *Madison Avenue* (unsere Werbewirtschaft) und das Fernsehen mit einer Serie von Gemeinwohlanzeigen (»Sag einfach nein!«) unsere Moral bessern könnten.

Aber politische Reformen sind komplexe, langwierige Prozesse. Sie werden meist von Personen in Gang gesetzt, die eine neue Botschaft formulieren[5] (so wie Luther in seinen Thesen, Rachel Carson in *Der stumme Frühling*[6], Betty Friedan in *Mythos Frau* oder Ralph Nader in *Unsicher bei jeder Geschwindigkeit*). Diese Botschaft wird dann durch spektakuläre Ereignisse – Luthers Thesenanschlag, internationaler Umweltschutztag, Sternmarsch nach Washington – unters Volk gebracht. Darauf folgt, was man »Multilog« nennen könnte: eine nationale Bürger-Diskussion. Dabei debattieren und streiten Millionen von Menschen – beim Bier in Bowling-Bahnen, beim Thermos-Tee in der Arbeitspause, bei Nachmittagskaffees oder Cocktail-Partys – über Themen, die Sit-ins, Demonstrationen, Boykotts und ähnliche Inszenierungen »besetzt« haben. Der Multilog erfaßt die Rundfunkdispute mit Hörerbeteiligung, die Leserbriefspalten und die Predigten in Kirchen und Synagogen. Allmählich schält sich Konsens heraus. So ändern wir unsere Ansichten über angemessene Beziehungen zwischen Schwarz und Weiß, Hetero- und Homosexuellen, Frauen und Männern, Mensch und Umwelt. In neuerer Zeit gab es derlei Multiloge zu unseren moralischen Verpflichtung gegenüber den Obdachlosen und Nicht-Krankenversicherten.[7] Sie führen selten zu völliger Einigkeit, aber doch zu weitgehendem Konsens.

Nebenbei bemerkt: So unvollkommen dieser Prozeß auch sein mag, er ist den Appellen und Eingriffen von oben oder den Aktionen charismatischer Führer bei weitem vorzuziehen. Dieser mühsame Multilog als Weg zum Konsens schützt unsere Demokratie vor Demagogen. Nur wenn das amerikanische Volk wirklich an der Schaffung eines neuen moralischen Klimas teilhat, wird die Stimme der Gemeinschaft politische Kursänderungen aufgreifen und stützen. Wer die Politik ändert, ohne dafür einen moralischen Konsens zu suchen, hat bestenfalls eine schlecht funktionierende Demokratie. Viele Reformen sind schon wegen mangelnden Rückhalts in der Bevölkerung gescheitert – man denke nur an die Prohibition.

Wenn all diese Elemente vorliegen – neue Botschaft, effiziente Methoden ihrer Verbreitung und ein breiter, gut ausgearbeiter Konsens –, können wir als Gemeinschaft beginnen, nachhaltig auf die notwendigen Änderungen zu drängen.

Ein historisches Modell

Die *Fortschrittsbewegung* ist ein Modell für den heute fälligen politischen Hausputz, vor allem weil sie aus einer Situation hervorging, die der unseren in mancher Weise ähnelt. Zu Beginn unseres Jahrhunderts kam es in den Vereinigten Staaten, dank der rapiden Industrialisierung im späten 19. und frühen 20. Jahrhundert, zu immensen Kapital- und Machtkonzentrationen. Die Industrielle Revolution wurde von neuen amerikanischen Plutokraten wie Jay Gould, Andrew Carnegie, den Rockefellers, Harrimans und Morgans vorangetrieben, die gigantische Vermögen anhäuften und viele Wirtschaftsbereiche durch die Bildung von Mischkonzernen oder »Trusts« monopolisierten. Sie nutzten ihre private Macht, um die kommunale, bundesstaatliche, nationale Politik nach ihren spezellen Interessen zu beeinflussen. Den Senat nannte man »Millionärs-Club«, weil viele Senatoren ihren Sitz ihrem Reichtum verdankten und andere ihn nutzten, um sich zu bereichern.[8] Es gab viele Berichte über gekaufte Senatoren-Sessel und Senatoren, die mit günstigen Darlehen und Aktien unter Marktkurs versorgt wurden. Immun gegen den Volkszorn, verhinderten sie Zollsenkung und Wahlreform und blockierten die meisten geld- und währungspolitischen Vorhaben, die der Wirtschaft nicht genehm waren.

Als ihre Machenschaften überhandnahmen und von kritischen Journalisten und Untersuchungskommissionen ans Licht gebracht wurden, formierten sich Anhänger einer umfassenden Reform im sogenannten *Progressive Movement*.[9] Anders als manche Vorgänger, sprach diese neue Bewegung alle Klassen und Schichten an, da sie neue Spielregeln formulieren, nicht etwa Gruppeninteressen dienen wollte. Ihre ersten Erfolge verbuchte sie in Wisconsin und Kalifornien mit der Wahl progressiver Bürgermeister und Gouverneure. Später gewann sie auch bundesweit Einfluß und spielte bei der Wahl Theodore Roosevelts und Woodrow Wilsons eine wichtige Rolle.

Sie stellte zudem die politische Kraft, die viele Reformen für eine transparente Politik durchdrückte. Sie kämpfte in lokalen Initiativen und Referenden für die direkte Partizipation der Bürger an Entscheidungsprozessen. Präsident Roosevelt setzte Antitrust-Gesetze durch, etwa gegen das Eisenbahnmonopol der Northern Security J. P. Morgans. Er brachte ein Gesetz durch den Kongreß, das Unternehmensspenden an Bundeskandidaten verbot.

1913 drückten die Progressiven eine Verfassungsänderung zur Direktwahl der Senatoren durch. Bis dahin waren sie durch die von Unternehmen beherrschten Bundesstaats-Parlamente gewählt worden. Diese Parlamente repräsentierten die Wirtschaft: »Ohio schickte Ölleute; Nevada schickte Silberminenbesitzer; Maine, Michigan und Oregon schickten Holzbarone; New York schickte Bankiers. Es war ein Selbstbedienungsladen, ein Parlament der Lobbyisten«, sagt der Historiker William Ashworth.[10] Präsident Woodrow Wilson schaffte dann die auf Drängen des Großkapitals eingeführten Schutzzölle ab und schuf mit dem Federal Reserve System, dem amerikanischen Zentralbanksystem, ein Instrument zur Kontrolle der Privatbanken im Interesse des Gemeinwohls.[11]

Die Fortschrittsbewegung agierte bei dem Versuch, die Politik der privaten Macht zu entreißen, auf zwei Ebenen: Begrenzung der wirtschaftlichen Konzentration und Verringerung des Lobby-Einflusses im öffentlichen Leben. Sie unterstützte außerdem politische Reformen, die den Staat kommunitärer machten.

Die Historiker sind über diese Bewegung geteilter Meinung. Manche halten ihr Vertrauen in den öffentlichen Dienst und die politischen Experten für zu rationalistisch. Andere meinen, sie sei nicht weit genug gegangen. Letzteres dürfte zutreffen – und ist noch ein Grund, jetzt eine neue Runde progressiver Reformen einzuläuten.

Plädoyer für eine neoprogressive, kommunitaristische Bewegung

Wir haben über unsere politischen Institutionen so sehr die Kontrolle verloren, daß es einer neuen Fortschrittsbewegung, einer großen gesellschaftlichen Anstrengung bedarf, um ein Reformpaket anzugehen, das den Einfluß der Lobbys auf allen politischen Ebenen reduziert. Die Politologen Robert Putnam und William Parent beschreiben die Situation so:

> Am Ende diese Jahrhunderts quält uns erneut das Gefühl, daß in unseren demokratischen Institutionen etwas schiefgegangen ist. Auch unser »großartiger kleiner« Golfkrieg kann nicht darüber hinwegtäuschen, daß unsere gewählten Vertreter und politischen Macher, die traditionell aus dem Zweiparteiensystem heraus operieren, durch eine Reihe von Problemen frustriert sind... Wir sind daher alle gefordert, uns zu fragen, was für einen Staat wir wollen, und dazu beizutragen, daß er Wirklichkeit werde.[12]

Die Reformdetails und die Argumente für und wider bestimmte Reformvorschläge müssen Thema einer eingehenden, separaten Diskussion sein (vgl. dazu mein Buch *Capital Corruption – The Attack on American Democracy*). Ich beschränke mich nun darauf, die Reform-*Arten* aufzulisten, die wir brauchen.[13]

- *Staatliche Finanzierung der Kongreßwahlen – nach dem Muster der Präsidentschaftswahlen.* Das würde unser Haushaltsdefizit erhöhen, heißt es. Die schlichte Wahrheit ist: Wir würden das denkbar beste Geschäft dabei machen. Wenn wir damit, daß wir unsere Abgeordneten vom finanziellen Tropf der Lobbys nehmen (indem wir die vollen Kosten der Kongreßwahlen von im Schnitt jährlich etwa 200 bis 250 Millionen Dollar[14] übernehmen), auch nur eine der Wohltaten verhindern, die die Volksvertreter ihren Wohltätern erweisen, dann wäre die Öffentlichkeit schon gut bedient. Wenn es uns etwa gelänge, die Agrarsubventionen (1989: 20 Milliarden Dollar)[15] um 10 bis 15 Prozent zu kürzen, hätten wir die Wahlkosten eines ganzen Jahres wieder heraus. Wenn wir für ein Jahr die Baumwollsubventionen strichen (von 1986 bis 1990: 6 Milliarden)[16], wären damit die Wahlkampfkosten für fünf Jahre zu decken. Wenn wir auf eines der Atom-U-Boote vom Typ *Seawolf* verzichten, deren Überflüssigkeit das Pentagon wie das Weiße Haus ja 1992 freimütig eingestanden, sparen wir genug Geld, um die gesamten Wahlkosten bis zum Jahre 2000 zu übernehmen. Danach würde ich persönlich die gar nicht schwere Aufgabe übernehmen, einen anderen Finanztopf der öffentlichen Hand ausfindig zu machen, an dem sich eine Interessengruppe gütlich tut und der viel besser dazu genutzt werden könnte, die Wahlen vom ungebührlichen Einfluß betuchter Zeitgenossen zu befreien.

- *Weniger private Mittel für Kongreßabgeordnete.* Verbietet die PACs. Verbietet das »Bündeln«, also die gängige Praxis, daß ein Lobbyist die Schecks vieler Einzelspender bündelt und im Namen eines Unternehmens, einer Wirtschaftsvereinigung oder Gewerkschaft an einen Politiker weiterreicht. Damit kann er wie ein PAC agieren, ob er nun eines lenkt oder nicht. Auf diese Weise erhielt Bill Clinton im Präsidentschaftswahlkampf 1992 – obwohl Unternehmen Wahlkampfspenden untersagt sind und der PAC-Höchstbetrag pro Kandidat 5000 Dollar beträgt – von 61 persönlich haftenden Gesellschaftern der Top-Investitionsbank Goldman, Sachs and Company 54000 Dollar – fast den 11fachen Maximalbetrag. IBM-Führungskräfte unterstützten George Bushs erneute Kandidatur mit annähernd derselben Summe.

  Leider hat die ACLU-Bürgerrechtsunion gegen ein PAC-Verbot und eine Begrenzung der Wahlkampfausgaben opponiert[17], da sie »gegen jede gesetzliche Ausgabenbeschränkung ist«[18]; wenigstens ist sie für deren staatliche Finanzierung. So ist es Nadine Strossen, der jetzigen Vorsitzenden, hoch anzurechnen, daß sie sich gegen diese offizielle ACLU-Position ausgesprochen und ihren Vorstand umzustimmen versucht hat.

- *Senkung der Kandidatenausgaben.* Stellt allen ernsthaften Kandidaten kostenlose Rundfunk- und Fernsehzeiten für ihre Wahlwerbung zur Verfügung. Diese Anstalten nutzen öffentliche Frequenzen. Daher kann die Öffentlichkeit erwarten, daß sie mit ihren Kapazitäten zum demokratischen Willensbildungsprozeß beitragen. So wie in Großbritannien sollte man auch hier die Wahlkampfdauer und die Kandidatenausgaben einschränken, um die Gesamtkosten des Wahlkampfes drastisch zu senken.

1992 hat das Vereinigte Königreich den Unterhauswahlkampf in sage und schreibe drei Wochen durchgezogen. Jeder Kandidat darf nur lumpige 15000 Dollar ausgeben.[19] Ob sich alle daran halten? Dazu bemerkte ein Abgeordneter: »Eine Überschreitung kommt nicht in Frage; der Wahlkampfmanager, der zuletzt das Limit überschritt, mußte etwa 1000 Dollar Strafe zahlen, wurde gefeuert und für fünf Jahre vom politischen Leben, inklusive aktiver Wahl, ausgeschlossen.« Zudem, fuhr er fort, »werde ich disqualifziert, wenn ich mehr ausgebe. Meine Sorge ist nicht die Geldbeschaffung, sondern die Ausgabendisziplin.« Für ihn sind »15000 Dollar genug, da ich weiß, daß meine Konkurrenten auch nicht mehr haben«. Man verbringe seine Zeit nicht damit, mehr Fernsehzeit einzukaufen, sondern überlege sich, was man den Wählern in der für jeden Kandidaten »gleich bemessenen kostenlosen Sendezeit« vermitteln wolle.[20]

Die britische Methode mag für uns Amerikaner zu tugendsam oder restriktiv sein. Die britischen Kandidaten haben auch weniger Wähler anzusprechen und kleinere Gebiete abzudekken als die amerikanischen. Aber wenn Großbritannien eine Wahl in knapp einem Monat und mit einem Taschengeld durchführen kann, dann müßten doch auch wir zu einem Zeit- und Finanzlimit, wenn auch auf höherem Niveau, fähig sein.

- *Mehr Transparenz in den politischen Prozeß.* Dafür brauchen wir als erstes eine Registrierung der Lobbyisten bei allen Kongreß- und Regierungsstellen. Wenn jeder Lobbyist seinen Besuch bei einem Abgeordneten oder dem Leiter einer Regierungsbehörde in einem allen zugänglichen Buch eintragen müßte, würde das die unerwünschte Einflußnahme mindern, ohne die legitimen Sprecher öffentlicher Gruppen zu bremsen. Die haben keinen Grund, ihren Besuch zu verheimlichen, sondern sind ganz im Gegenteil daran interessiert, aller Welt zu zeigen, wen sie im Auftrag ihrer Mitglieder umworben haben.

Senator Carl Levin hat im Kongreß 1992 ein Gesetz eingebracht, das Lobbyisten zu regelmäßigen Berichten über ihre Aktivitäten und Mittelvergabe verpflichtet und, des Nachdrucks halber, für Verstöße Geldstrafen bis zu 100000 Dollar vorsieht. Dagegen lobbyieren die Lobbyisten, bislang mit Erfolg.

- *Konsequente Anwendung aller alten und neuen Regelungen.* Wer meint, die vorhandenen Vorschriften genügten, übersieht, daß sie kaum umgesetzt werden. Der Kongreß hat die Befugnis der Bundeswahlkampfkommission eingeschränkt, stichprobenartig Anhörungen zur Wahlkampffinanzierung durchzuführen.[21] Sie wurde zudem durch Budgetkürzungen und Stellenabbau geschwächt – zu einer Zeit, in der die Wahlkampfausgaben rasch wuchsen. Die Federal Election Commission darf von sich aus keine Geldbußen verhängen, sondern ist auf die entsprechende Bußfertigkeit der Ertappten angewiesen.[22]

Außerdem verlaufen ihre Untersuchungen und Verhandlungen so schleppend, daß ihre Urteile meist erst nach dem Wahlkampf ergehen und damit wirkungslos sind. Die FEC-Anhörungen zum Präsidentschaftswahlkampf 1988 von Michael Dukakis und George Bush dauerten bis Oktober 1991, und die zu Pat Robertsons und Jesse Jacksons Wahlkampfausgaben standen Mitte 1992 noch an.[23]

Der Reporter Brooks Jackson beschloß eine FEC-Studie von 1990 mit der Feststellung: »Die FEC hat versagt. Sie ist weder willens noch fähig, Gesetzesübertreter abzuschrecken, die sich häufig offen über ihre Schwäche mokieren. Sie hat das Gesetz so nachgiebig ausgelegt, daß die Interessengruppen soviel Geld zu den Kandidaten pumpen können, wie sie nur wollen.«[24] Die FEC, anstatt Wachhund zu sein, ist erst ein Schoßhündchen und dann eine Witzfigur geworden. So schreibt die *New York Times* unter der Überschrift »Die Wahlkampfkloake läuft über«: »... daß die öffentliche Finanzierung des Präsidentenwahlkampfs pervertiert ist, weiß heute jeder – nur die Federal Election Commission nicht«.[25]

Von den schätzungsweise 80000 Kongreßlobbyisten waren 1991 nur etwa 6000 registriert (wie das Gesetz es verlangt).[26] Die Hälfte der als »Lobbyisten für ausländische Interessen« Eingetragenen verschwieg ihre Auftraggeber. Man sagt, es ließen sich nur die registrieren, die ihre Klienten mit dem Prädikat *Registered lobbyist* beeindrucken zu können meinen. Rechtsanwälte, die ausländische Interessen vertreten, müssen sich überhaupt nicht eintragen lassen.

- *Stärkt die Rolle der politischen Parteien.* Wir sollten die Parteien und nicht die einzelnen Kandidaten zum Adressaten von Wahlkampfspenden machen (wenn sie nicht ganz verboten werden) oder den Parteien öffentliche Mittel zukommen lassen – eine Medizin, die noch schwerer zu schlucken, aber vielleicht nötig ist. Die von Beginn an schwachen amerikanischen Parteien sind in den letzten Jahrzehnten noch schwächer geworden. So können die Abgeordneten und ihre Heerscharen von Mitarbeitern oft ungestört mit Lobbyisten kungeln – und sich dafür in Form von Wahlkampfspenden bezahlen lassen. Bei mehr Parteidisziplin, zumindest in zentralen politischen Fragen, könnten sie derlei Geschäfte nicht mehr so leicht machen. Bisher haben sich die Parteien aber als wenig fähig erwiesen, öffentliche Interessen zu vertreten. (Wer zu einem typischen republikanischen oder demokratischen Politzirkel, Strategie-Disput oder Empfang in Washington geht, wird sehen, daß wohl mehr als die Hälfte der Anwesenden Lobbyisten, vor allem von Wirtschaftsverbänden, sind). Vielleicht sollte man die Parteien erst dann stärken, wenn alle anderen vorgeschlagenen Maßnahmen nicht ausreichen – oder wenn sie sich selbst reformieren.
- *Redliche Kandidaten-Debatten – gegen das »teledemokratische« Statement-Unwesen.* Viele politische Beobachter stellen mit Sorge fest, daß die Medien den Kandidaten immer weniger Zeit für die Darlegung inhaltlicher Positionen geben (im Gegensatz zur Schmähung und Beleidigung des Konkurrenten). Diese *Sound bites* oder Medien-Kurzstatements sollen zwischen 1968 und 1988 von 42 auf 9 Sekunden geschrumpft sein – und bis 1992 gar auf bloße 6,5 Sekunden.[27]

Eine ehrliche Debatte ermöglicht ausführliche Darstellungen. Die Kandidaten sollten einander herausfordern können, statt nur Journalistenfragen zu beantworten. Sie sollten Gelegenheit zur Erwiderung haben, möglichst mehr als einmal. Bei Sendungen mit Hörerbeteiligung – wie »Larry King Live« – können Bürger Fragen an die Kandidaten stellen und diese eingehend Antwort geben.

Ein Reformpaket

Manche Kritiker verweisen hämisch darauf, daß in den letzten Jahren schon etliche Versuche scheiterten, den Strom privaten Geldes einzudämmen, mit dem die Interessengruppen die Taschen oder Kriegskassen der Abgeordneten füllen. Nach meiner Ansicht sind diese Reformen zum Teil deshalb gescheitert, weil sie unsystematisch und stückchenweise ins Werk gesetzt wurden und nicht umfassend genug waren. Daraus folgt: *Die vorgeschlagenen Reformen sind am besten als Gesamtpaket anzugehen.* Das Problem ist nicht, daß wir zum heutigen Zeitpunkt noch nicht so recht wissen, welche spezifische Reform greifen wird, wie sie alle zu kombinieren sind. Das Problem ist: genug politische Kraft zu mobilisieren, um die Reformen gegen eine etablierte, fest gegründete Opposition aus verbündeten und verschworenen Lobbys durchzusetzen. Nichts von dem, was je in Washington passieren könnte, findet so sehr ihre ungeteilte Aufmerksamkeit wie ein Versuch, ihnen die Flügel zu beschneiden oder – die Fangzähne abzufeilen.

Im übrigen kann nur ein weitreichendes Reformpaket die Bürger motivieren, sich in einer neoprogressiven, kommunitaristischen Bewegung nachhaltig zu engagieren: Für begrenzte, marginale Reformen, etwa eine Senkung des PAC-Spendenhöchstbetrags von 5000 auf 2500 Dollar, könnten sie sich nicht recht begeistern. Umfassende Reformen, die unsere Legislative aus den Fängen der Interessengruppen befreien und für den Dienst an der gesamten Gemeinschaft freistellen könnten, dürften sie viel eher aktiv unterstützen.

[...]

Fazit

Die Lage der Nation und ihrer Teilgemeinschaften verlangt eine soziale Bewegung für einen politischen Wandel. Reformversuche, die sich auf Gesetzesinitiativen und Verbesserungsvorschläge, Expertenberatungen und andere Routinemaßnahmen beschränken, sind zum Scheitern verurteilt. Wir müssen die Verfilzung der Parlamente mit den Lobbys aufdecken, die unsere Legislative allzuoft durch ihre Wahlkampfspenden kontrollieren. Wir müssen die Abgeordneten auffordern, über ihren Einsatz für die Lobbys Rechenschaft abzulegen. Bürger-Komitees könnten die lokalen, regionalen und nationalen Beziehungen zwischen Abgeordneten und Interessengruppen untersuchen. Rundfunkdiskussionen mit Hörerbeteiligung könnten künftig ebenso erfolgreich gegen die politische Macht des privaten Geldes mobilisiert werden wie einst gegen die satten Diätenerhöhungen, die sich der Kongreß selbst bewilligte. Gefordert sind Pro-Demokratie- und Anti-PAC-Demonstrationen. Auch Teach-ins zur schädlichen Rolle des Geldes im öffentlichen Leben könnten nützlich sein.

Das und mehr ist eine Aufgabe jener Gemeinschaftsmitglieder, die sich der Korrumpierung unseres politischen Systems durch die Interessengruppen und ihre PACs bewußt werden. Auf ihnen ruht die Verantwortung, bis sich eine große soziale Bewegung bildet, die den politischen Augiasstall ausmisten will. Ihre Führer und Kader werden Millionen von Amerikanern im Interesse und im Kampf für dauerhafte und tiefgreifende Reformen auf der kommunalen, bundesstaatlichen und nationalen Ebene einen. Ohne eine solche soziale Bewegung wird es die Reformen nicht geben, die notwendig sind, um die Politik wieder dem Gemeinwohl zu verpflichten. Durch Medienenthüllungen werden die Menschen nur kurzfristig mobilisiert; dann versinken sie wieder in Apathie. Aber diese Phasen öffentlicher Entrüstung sind zu nutzen, um langfristige Veränderungen einzuleiten – vor allem, um die Wahlkampfdauer drastisch zu verkürzen, Gratis-Sendezeiten für alle Kandidaten und die staatliche Wahlkampffinanzierung einzuführen, die den Lobbys noch ihr Handwerk erschweren wird, wenn der öffentliche Reformeifer erlahmt ist. Das Ziel ist: Den Staat der Reichen durch ein kommunitäres politisches System abzulösen, das auf dem Grundsatz »Eine Person, eine Stimme« basiert und allen Mitgliedern der Gemeinschaft dient und verantwortlich ist.

Schluß

»Was ist Kommunitarismus?« werden wir immer wieder gefragt. Kommunitarismus ist eine Bewegung für eine bessere moralische, soziale, politische Umwelt. Kommunitarier wollen Einstellungen verändern und soziale Bande erneuern, wollen das öffentliche Leben reformieren.

Der Einstellungswandel ist unser Dreh- und Angelpunkt. Ohne starke moralische Stimmen ist der Staat überfordert, laufen die Märkte aus dem Ruder. Ohne Wertbewußtsein handeln die Menschen rücksichtslos. In den vergangenen Jahren haben sich zu viele von uns gescheut, moralische Ansprüche an ihre Mitmenschen zu stellen. Freiheit von staatlicher Bevormundung kann aber nicht heißen, aller Verantwortung für das Gemeinwohl ledig und für die Gemeinschaft nicht zuständig zu sein.

Welche Werte sollen die gestärkten Moralstimmen vertreten? Beginnen wir mit denen, über die wir uns einig sind. Niemand wird ernsthaft behaupten, die Lüge sei besser als die Wahrheit (außer unter ganz bestimmten Bedingungen, über die sich die Philosophen streiten). Wir verurteilen den, der brutal gegen andere vorgeht – sei es der Polizist, der blindwütig einen Bürger in Handschellen zusammenschlägt, oder der Mob, der unschuldige Leute aus ihren Autos zerrt. Wir sind uns einig, daß die sexuelle Belästigung moralisch geächtet werden sollte (auch wenn wir uns vielleicht darüber streiten, was genau darunter fällt). Und so weiter und so fort.

In den 50er Jahren hatten wir eine fest gefügte Gesellschaft, die aber die Frauen und Minderheiten unfair behandelte und ein wenig autoritär war. In den 60ern stellten wir die etablierte Gesellschaft und ihre Werte in Frage. In den 80ern wurden dann ungezügeltes Erfolgsstreben und Ellbogenmentalität in den Rang sozialer Tugenden erhoben. In den 90er Jahren bekamen wir die Quittung dafür. Daß wir unseren Kindern – und natürlich auch uns – die daraus erwachsene Welt massiver Gewaltkriminalität, hilfloser Drogenpolitik, hemmungsloser Habsucht etc. nun wirklich nicht wünschen, darüber sind wir uns fast alle einig. Was ist zu tun, und wo fangen wir an?

Um die moralische Basis der Gesellschaft zu stärken, müssen wir bei der Familie beginnen. Sie hatte schon immer die Aufgabe, die Fundamente der moralischen Erziehung zu legen. In den erneuerten Gemeinschaften, die wir vor Augen haben, sind nicht allein die Mütter für die Erziehung zuständig, sondern beide Eltern. Das Ja zur Gleichberechtigung ist sehr wohl mit der Forderung zu vereinbaren, mehr Zeit und Kraft für seine Kinder aufzubringen, mehr von sich in sie zu investieren und, vor allem, dem Kind einen höheren Stellenwert zu geben.

Die Schulen und Universitäten bilden die zweite Ebene. Sie vermitteln nicht nur Wissen und Fähigkeiten. Sie sind auch Stätten der Erziehung – oder sollten es sein. Zu ihrer Aufgabe gehört es, die in der Familie erworbenen Wertvorstellungen zu stärken und Kindern und Jugendlichen, deren Charakterbildung und moralische Formung zu Hause vernachlässigt wurde, Werte nahezubringen.

An dritter Stelle kommen die sozialen Netzwerke, die von den Gemeinschaften in den Wohnvierteln, am Arbeitsplatz und in den ethnischen Clubs und Verbänden angeboten werden. Sie verbinden die Individuen, die sonst auf sich gestellt wären, zu Gruppen, deren Mitglieder sich um einander kümmern und mithelfen, eine zivile, soziale, moralische Ordnung aufrechtzuerhalten. Damit die Gemeinschaften ihren Beitrag erbringen können, müssen sie aber selbst gestärkt werden. Das erfordert eine Rückbesinnung auf die gemeinschaftsstützende Rolle von Institutionen wie den kommunalen Schulen. Der Staat darf sich ihre Funktionen nicht länger aneignen; die Architekten und Stadtplaner müssen die öffentlichen Räume gemeinschaftsfreundlicher gestalten; und wir alle müssen mehr von uns selbst in unsere Mitmenschen investieren.

Und viertens: Die Nation, die Gesellschaft, muß dafür sorgen, daß lokale Gemeinschaften nicht an Einstellungen festhalten, die wir als die umfassendere und maßgeblichere Gemeinschaft zutiefst ablehnen – wie etwa die ideologische Intoleranz, die Bücher verbrennt. Die nationale Gesellschaft sollte auch die übergreifenden Bindungen zu bewahren versuchen, die die konkurrierenden Gruppen davon abhalten, einander mit Haß und Gewalt zu begegnen. Wir können sehr gut mit den kulinarischen, musikalischen und religiösen Eigenarten all der Subkulturen Amerikas leben, werden dadurch sogar reicher. Aber all diese Untergruppen müssen ein System vorrangiger Werte anerkennen: vor allem das Prinzip der Demokratie, die Verfassung und die Grundrechte, Toleranz und Achtung vor dem Mitmenschen.

Aber wir müssen neben der moralischen auch die zivile Ordnung stärken. Zu Individualrechten gehören Sozialpflichten. Wenn die Leute von ihresgleichen gerichtet werden wollen, müssen sie bereit sein, selbst ein Schöffenamt zu übernehmen. Wenn sie Repräsentanten wollen, die ihre Werte und Interessen vertreten, müssen sie bei den Vorwahlen mitmischen, bei denen die Kandidaten gekürt werden. Sie müssen auch mehr Zeit und Kraft für die Teilnahme an der Lokalpolitik und die Mitarbeit in kommunalen Institutionen aufbringen – vom Gemeindehospital bis zum örtlichen Schulausschuß.

Wir sollten einander daran erinnern, daß es keine absoluten Rechte gibt. In einem überfüllten Theater aus Jux »Es brennt!« zu rufen, erlaubt auch das Recht auf freie Meinungsäußerung nicht. Drogentests bei jenen, in deren Händen Menschenleben liegen, Alkoholkontrollen, um gemeingefährliche betrunkene Fahrer aus dem Verkehr zu ziehen, und freiwillige HIV-Tests im Rahmen ohnehin fälliger Blutuntersuchungen sind angemessene Antworten auf massive Bedrohungen, mit denen wir fertig werden müssen, wenn die Gesellschaft wieder funktionieren soll.

Und endlich: Es genügt nicht, über den Einfluß der Lobbys zu klagen. Werden Sie nicht sauer, sondern aktiv! Wir müssen die Interessengruppen entmachten, sie dürfen mit ihrem Geld unsere gewählten Vertreter nicht länger korrumpieren. Die politische Kraft, die es braucht, um das politische System zu reformieren und dem Gemeinwohl wieder den ihm gebührenden zentralen

Platz zu geben, kann nur aus einer sozialen Bewegung besorgter und enagagierter Bürger kommen, die diesen Augiasstall ausmisten wollen.

Dr. Joan W. Konner, Dekanin der Publizistischen Fakultät der Columbia University, hat einmal bei einem kommunitaristischen Abendessen versucht, den Kommunitarismus zu definieren: »Mir kommt er wie ein Mix aus Predigt, Bekräftigung alter Werte, politischer Kampagne und sozialer Bewegung vor«, sagte sie. Ich hätte es nicht besser formulieren können. Unser Programm ist, zwangsläufig, so komplex und umfassend wie die Probleme, vor denen wir stehen: Man hüte sich vor Politikern, die einfache Lösungen versprechen. Wir haben uns vorgenommen, Wertvorstellungen, Bewußtsein zu verändern, für eine Politik im Interesse des Gemeinwohls einzutreten und zu sorgen.

Aber eben weil das kommunitaristische Programm so weit greift, ist vieles daran noch erprobungs- und entwicklungsbedürftig. Dieses Buch ist nur eine vorläufige Erkundung seiner Ideen und Realisierungsmöglichkeiten. So bedarf es vor allem mehr neuer Mitstreiter und führender Köpfe, die die Botschaften gemeinsam weiterentwickeln und jene soziale Bewegung bilden, ohne die eine grundlegende Kursänderung unmöglich ist.

Wir kennen nicht alle Antworten. Aber wir haben uns für ein großes, gemeinsames Unterfangen engagiert. Viele Antworten müssen aus dem Geben und Nehmen derer hervorgehen, die den Kommunitarismus zu ihrer sozialen, zivilen und moralischen Heimat machen. Das ist ein wunderbarer Anfang, glauben Sie mir. Werden wir von Ihnen hören?

Das kommunitaristische Programm: Rechte und Pflichten

Die Erstversion dieses Programms verfaßte der Autor. Nachdem Mary Ann Glendon und William Galston sie gründlich modifiziert und um wichtige Elemente ergänzt hatten, baten wir zahlreiche Kollegen um Kommentierung und überarbeiteten sie entsprechend. Am 18. November 1991 stellten wir dieses kommunitaristische Programm der Öffentlichkeit vor. Weitere Positionspapiere erscheinen laufend. Für zusätzliche Informationen wenden Sie sich bitte an:

Das kommunitaristische Netzwerk: The Communitarian Network: *Gelman Library, 2130 H Street NW, Suite 714J, Washington, D.C. 20052. 202-994-7997.*

Die kommunitaristische Vierteljahresschrift: The Responsive Community: Rights and Responsibilities. 1-800-245-7460.

Oder schreiben Sie an: The Responsive Community, *2020 Pennsylvania Avenue NW, Suite 282, Washington, D.C. 20006.*

Präambel

Die amerikanischen Männer, Frauen und Kinder gehören vielen Gemeinschaften an: Familien, Nachbarschaften, zahllosen sozialen, religiösen, ethnischen, beruflichen Vereinigungen; und dem Staatskörper selbst. Weder die menschliche Existenz noch die individuelle Freiheit können langfristig außerhalb der interdependenten, einander überlappenden Gemeinschaften bestehen, denen wir angehören. Noch kann eine Gemeinschaft auf Dauer überleben, wenn ihre Mitglieder nicht einen Teil ihrer Zeit, Kraft und Ressourcen in gemeinsame Projekte stecken. Die ausschließliche Orientierung an privaten Interessen schwächt das Netzwerk der sozialen Umwelten, von dem wir alle abhängen, und gefährdet unser gemeinsames Experiment demokratischer Selbstverwaltung. Aus diesen Gründen sind wir überzeugt, daß nur eine kommunitaristische Perspektive die Individualrechte langfristig schützen kann.

Eine kommunitaristische Perspektive erkennt die Würde des Menschen ebenso an wie die soziale Dimension menschlicher Existenz.

Eine kommunitaristische Perspektive erkennt, daß individuelle Freiheit nur durch die Stärkung der zivilgesellschaftlichen Institutionen zu bewahren ist, in denen wir lernen, andere und uns selbst zu achten; in denen wir ein Gefühl für persönliche und staatsbürgerliche Pflichten bekommen und zugleich unsere eigenen Rechte und die anderer kennen und schätzen lernen; in denen wir die Fähigkeit und Gewohnheit der Selbstverwaltung entwickeln und lernen, anderen zu dienen – nicht nur unserem Ich.

Eine kommunitaristische Perspektive erkennt, daß auch die Gemeinschaften und politischen Gemeinwesen Pflichten haben – auch die Pflicht, ihren Mitgliedern zu dienen, ihre Teilnahme am sozialen und politischen Leben sowie die Meinungsbildung zu fördern.

Eine kommunitaristische Perspektive diktiert keine bestimmte Politik. Sie lenkt vielmehr die Aufmerksamkeit auf das, was die aktuellen politischen Debatten oft vernachlässigen: die gesellschaftliche Seite der menschlichen Natur; die Pflichten, die die Bürger in einem Rechtsstaat individuell und kollektiv übernehmen müssen; die fragile Ökologie der Familien und der sie stützenden Gemeinschaften; die Neben- und Langzeiteffekte heutiger Entscheidungen. Die Unterzeichner dieser Plattform haben politisch sehr unterschiedliche Ansichten. Sie sind sich aber einig in der Überzeugung, daß zur Analyse und Lösung der großen moralischen, rechtlichen und sozialen Probleme unserer Zeit eine kommunitaristische Perspektive geboten ist.

Moralische Stimmen

Unsere immer normloser, egozentrischer werdende, von Habsucht, Partikularinteressen, kaltschnäuzigem Machtstreben beherrschte Gesellschaft muß den moralischen Stimmen all der Traditions- und Solidargemeinschaften Amerikas Gehör schenken.

Die Stimmen der Moral wirken vor allem durch Erziehung und Überzeugung, weniger durch Zwang. In Gemeinschaften geformt und manchmal in Gesetzen verkörpert, appellieren sie an unser besseres Ich, wie Lincoln es nannte. Sie wenden sich an unsere Fähigkeit zu vernünftigem Denken und ethischem Handeln. Dieses wichtige Reich der Moral, das weder individueller Willkür noch staatlicher Bevormundung gehorcht, ist so sehr vernachlässigt worden, daß wir eine kommunitaristische Bewegung brauchen, um diesen Stimmen wieder den ihnen gebührenden Rang zu geben.

Im geschichtlichen Raum

Die kommunitaristische Suche nach ausgewogenen Verhältnissen zwischen Individuen und Gruppen und Rechten und Pflichten, zwischen den Institutionen des Staates, des Marktes und der Zivilgesellschaft ist im Prinzip ein immerwährendes Projekt. Da sie aber in der Geschichte und in verschiedenen sozialen Kontexten erfolgt, fallen ihre moralischen Befunde und Empfehlungen je nach Ort und Zeit verschieden aus. Wenn wir heute in China lebten, würden wir für mehr Bürgerrechte plädieren; im modernen Amerika setzen wir den Akzent auf die individuellen und sozialen Pflichten.

Keine Majorisierung, sondern eine starke Demokratie

Wir wollen keine Mehrheitsdiktatur. Wenn unser demokratisches Experiment in Freiheit und Ordnung (nicht in Zügellosigkeit) gelingen soll, können wir nicht auf Befehl oder Gewalt bauen, sondern müssen gemeinsame Werte, Gewohnheiten und Praktiken schaffen, die gewährleisten, daß wir die Rechte anderer achten und in der Regel unsere persönlichen, staatsbürgerlichen und kollektiven Pflichten erfüllen. Eine erfolgreiche Politik wird akzeptiert, wenn sie als legitim anerkannt wird; Zwang erzeugt Ablehnung. Wir sagen allen, die etwa im Namen des Patriotismus oder der Religion Dissens unterdrücken oder Bücher zensieren wollen, um zivile, moralische Tugendhaftigkeit zu erzwingen: Diese Versuche sind zum Scheitern verurteilt, schädlich und moralisch unhaltbar. Die Divergenz moralischer Positionen muß keineswegs zum Chaos führen. Ein echter Dialog kann klare Orientierungen ergeben, gemeinsame Ziele definieren und unterstützen.

Wir Kommunitarier wollen eine starke Demokratie. Wir kämpfen für einen wirklich repräsentativen, partizipatorischen und kommunitären Staat, der für alle Mitglieder der Gemeinschaft da ist. Wir suchen Wege, den Bürgern mehr Information und Mitsprachemöglichkeiten zu geben. Wir wollen den Einfluß des privaten Geldes und der Lobbys verringern und die Korruption im Staat bekämpfen. Wir fragen aber auch, wie man all die »Privatmächte«, seien es nun Unternehmen, Gewerkschaften oder Vereine, dazu bringen kann, mehr auf ihre Mitglieder und die Bedürfnisse der Gemeinschaft einzugehen.

Wir verherrlichen nicht die Gruppe als solche und glauben auch nicht, daß irgendwelche Gruppenwerte schon allein deswegen gut seien, weil sie aus Gemeinschaften hervorgegangen sind. Manche (etwa die Neonazis) können ja verwerfliche Wertvorstellungen pflegen. Zudem sind Gemeinschaften, die ihre Mitglieder durch Diskriminierung Außenstehender glorifizieren, gelinde gesagt unvollkommen. Wir wissen – und betonen –, daß die Werte einer Gemeinschaft externen und übergreifenden Kriterien zu genügen haben, die auf der gemeinsamen menschlichen Erfahrung beruhen.

Eine wirkliche Gemeinschaft ist daran zu erkennen, daß ihre moralischen Standards die menschlichen Grundbedürfnisse all ihrer Mitglieder sowie deren Prioritäten bei konkurrierenden Bedürfnissen spiegeln. Die Menschen haben zwar verschiedene Bedürfnisse, sind aber nicht willkürlich formbar. Die Menschen werden zwar von ihren Gemeinschaften tief beeinflußt, können sich aber ein eigenes Urteil bilden. Daß in Osteuropa und in der Sowjetunion eine humane und demokratische Kultur, aber auch eine individuelle Meinungsvielfalt standhalten konnte, zeigt, daß der sozialen Indoktrination Grenzen gesetzt sind.

Damit eine Gemeinschaft wirklich kommunitär ist – nicht nur für eine Elite, eine Minderheit oder auch die Mehrheit, nein, für alle ihre Mitglieder und ihre Grundbedürfnisse da ist – muß sie moralische Werte entwickeln, die folgende Kriterien erfüllen: Sie dürfen nicht diskriminieren und müssen für alle Mitglieder gelten; sie müssen generalisierbar sein, also durch Kategorien legitimiert, die allen zugänglich und verständlich sind (so würden sich die Bürger auf eine gemeinsame Definition von Gerechtigkeit stützen und nicht auf die Wünsche einzelner Individuen oder Gruppen); und sie müssen das ganze Spektrum legitimer Bedürfnisse und Wertvorstellungen aufnehmen, dürfen sich nicht auf eine einzige Kategorie konzentrieren, sei es Individualismus oder Autonomie, Mitmenschlichkeit oder soziale Gerechtigkeit.

Die moralische Stimme stärken

Die Geschichte lehrt, daß es Gemeinwesen schlecht ergeht, die von charismatischen Führern moralische Orientierung erhoffen. Sie lehrt auch, daß politische Institutionen die moralischen Stimmen nur dann wirksam verkörpern können, wenn sie von einer aktiven und um den moralischen Kurs der Gemeinschaft besorgten Bürgerschaft unterstützt und kritisiert werden. Wenn wir die moralischen Grundlagen Amerikas erneuern, unsere Wertschätzung für das Individuum und seine Rechte in ein besseres Verhältnis zu unserem Gefühl für persönliche und kollektive Verantwortung bringen wollen, müssen wir daher mit den Institutionen der Zivilgesellschaft anfangen.

Zuerst die Familie

Man beginnt am besten dort, wo jede Generation ihre moralische Verankerung erhält: zu Hause, in der Familie. Wer Kinder in die Welt setzt, hat die moralische Verpflichtung, nicht nur ihre materiellen Bedürfnisse zu befriedigen, sondern auch für ihre moralische Erziehung und Charakterbildung zu sorgen.

Die moralische Erziehung kann man nicht an Babysitter und auch nicht an Kindertagesstätten delegieren. Sie verlangt jene enge Bindung, die normalerweise (wenn überhaupt) nur in der Familie entsteht.

Väter und Mütter, die von ihrem Erfolgs- oder Konsumstreben so aufgefressen oder so mit ihrer Karriere beschäftigt sind, daß sie zu spät und zu müde nach Hause kommen, um sich noch um die Bedürfnisse ihrer Kinder zu kümmern, können ihre elementarste Pflicht gegenüber ihren Sprößlingen und der Gemeinschaft nicht erfüllen.

Daher *sollten die Arbeitgeber* den Eltern maximale Flexibilität bieten, damit sie auch genügend Zeit und Kraft haben, um ihrer erzieherisch-moralischen Verantwortung gerecht zu werden – im Interesse der nächsten Generation, ihres zivilen, moralischen

Charakters und ihrer Fähigkeit, wirtschaftlich und sozial zum Gemeinwohl beizutragen. Die Experimente etwa mit unbezahltem und bezahltem Erziehungsurlaub, Gleitzeit, Arbeitsplatzteilung und »Arbeit zu Hause« sowie mit der freiwilligen Mitarbeit der Eltern in Kindertagesstätten sollten erweitert und unterstützt werden.

Was aber vor allem nottut, ist ein *Einstellungswandel*, bei den Eltern wie bei den Vorgesetzten und Kollegen. Kindererziehung ist eine wichtige, nützliche Arbeit, die von den Eltern wie von der Gemeinschaft zu würdigen statt abzuwerten ist.

Familien mit nur einem Elternteil haben es besonders schwer. Manche Alleinerziehende geben sich alle Mühe und schaffen es auch, ihre Kinder zu erziehen, während manche verheiratete Paare ihre moralischen Pflichten gegenüber ihren Sprößlingen schändlich vernachlässigen. Dennoch läßt sich, gestützt auf die historische, soziologische und psychologische Forschung, sagen: *Zwei-Eltern-Familien können ihre Erziehungspflichten im Schnitt besser erfüllen als Alleinerziehende* – und sei es nur, weil sie mehr Hände (und Stimmen) haben. Das gelingt ihnen oft noch besser, wenn sie dabei von Verwandten unterstützt werden. Es wäre aber falsch zu fragen, welche elterlichen Aufgaben die Großeltern oder andere Helfer übernehmen könnten. Sie werden als Ergänzung, nicht als Ersatz gebraucht. Kindererziehung ist von Natur aus arbeitsintensiv. Für arbeitssparende Technik ist kein Platz. Rationalisierte Erziehung produziert beklagenswert defiziente Menschen, zu ihrem wie zu unserem Schaden.

Die Scheidung als Massenphänomen, vor allem wenn Kinder in ihren entscheidenden Jahren betroffen sind, verweist daher auf ein ernstes gesellschaftliches Problem. Eine Scheidung mag in manchen Situationen notwendig sein, ist aber oft vermeidbar und häufig *weder im Interesse der Kinder* noch der Gemeinschaft oder der Ehepartner. Daher sollte man die Scheidungsgesetze ändern, aber nicht um Scheidungen zu verhindern, sondern um die Besorgnis der Gesellschaft deutlich zu machen.

Vor allem ist das Mißverständnis auszuräumen, eine Scheidung bedeute das Ende gegenseitiger Verantwortung. Wir sollten die

Gesetze so ändern, daß die enormen finanziellen Folgen einer Eheauflösung nicht mehr primär die minderjährigen Kinder und den vorrangig sorgenden Elternteil treffen. So wie wir in den 60ern einsahen, daß Gesetze, die für die Geschäftsbeziehungen zwischen Kaufleuten entwickelt wurden, nicht einfach auf die Konsumentenkäufe zu übertragen sind, müssen wir heutzutage einsehen, daß wir Ehepaare mit kleinen Kindern nicht nach Regeln scheiden können, die vor allem auf die Bedürfnisse und Wünsche verfeindeter kinderloser Paare zugeschnitten wurden. Daher ist für Vermögens- und Unterhaltsregelungen das Prinzip »Die Kinder zuerst« gesetzlich zu verankern.

Schulen – die zweite Verteidigungslinie

Leider sind Millionen amerikanischer Familien zu moralischer Erziehung kaum noch fähig. Zudem haben die Gemeinschaften in Familienangelegenheiten nur wenig Mitsprachrecht. Bis die Kindererziehung durch ein verändertes moralisches Klima die ihr gemäße Anerkennung und Funktion wiedererhält, können Jahre vergehen, sogar Jahrzehnte.

So haben die Schulen heute, notgedrungen, eine wichtige Rolle in der Charakterbildung und moralischen Erziehung zu spielen. Um ihr jedoch genügen zu können, brauchen sie Unterstützung. Persönliche und kollektive Verantwortung kommen hier zusammen, denn schulische Erziehung erfordert das Engagement aller Bürger, nicht nur der Schülereltern.

Wir appellieren an alle unsere Erziehungsinstitutionen, vom Kindergarten bis zur Universität, ihre große Verantwortung für die moralische Erziehung der jungen Generation zu erkennen und ernst zu nehmen. Diese Forderung stößt oft auf Kritik. Schnell wird das Gespenst religiöser Indoktrination an die Wand gemalt und die Frage gestellt: »Wessen Moral wollen Sie vermitteln?«

Wir haben darauf eine klare Antwort: *die gemeinsamen Werte der Amerikaner*, etwa, daß die Würde des Menschen unantastbar ist, daß Toleranz eine Tugend und Diskriminierung abscheulich ist, daß friedliche Konfliktlösungen besser sind als Gewalt, daß es im allgemeinen moralischer ist, die Wahrheit zu sagen als zu lügen, daß die demokratische Staatsform der totalitären oder autoritären moralisch überlegen ist, daß man für anständigen Lohn anständige Arbeit leisten soll, daß man für die eigene und die Zukunft des Landes sparen soll, statt sein Geld zu vertun und darauf zu bauen, daß andere dann schon für einen sorgen werden.

Die Befürchtung, ein paar Erzieher könnten unsere Kinder einer *Gehirnwäsche* unterziehen, ist absurd. Wirklich gefährlich wäre es, die Schulen moralisch zum Schweigen zu verurteilen: Unsere Jugendlichen würden dennoch mit Werten und moralischen Stimmen konfrontiert – nur mit denen ihrer Erzieher nicht. Denn an den Schulen findet auf jeden Fall moralische Erziehung statt. Die Frage ist nur, ob die Schulbehörden und Lehrer dabei untätig zusehen oder eine aktive, verantwortliche Rolle übernehmen.

Moralische Erziehung erfolgt nicht primär im Unterricht und kann durch moralisches Räsonnieren nur in begrenztem Umfang gelingen. Hier zählt vor allem das persönliche Beispiel, das Vorbild, und vor allem die institutionelle Kultur – die sich in den Fluren und Cafeterias ebenso manifestiert wie auf dem Parkplatz und beim Sport. Die gesamte Schule stellt einen Komplex von erfahrungserzeugenden Situationen dar, in denen die Jugendlichen entweder Werte wie Höflichkeit, Bereitschaft zu teilen und kommunitäres Verantwortungsbewußtsein lernen oder aber Wertvorstellungen, die das Schummeln und Betrügen, die gnadenlose Konkurrenz oder die Ichbezogenheit legitimieren.

Die Erziehung ist so zu reorganisieren, daß die Arbeits- und Schulwelt besser aufeinander abgestimmt werden. Die Erzieher sollten die schulische Ausbildung mit Aktivitäten zu verbinden suchen, die für die Jugendlichen Sinn machen; und die vielen Betriebe, in denen Oberschüler jobben, sollten erkennen, daß auch sie erzieherisch wirken. Diese frühen Arbeitserfahrungen können verantwortliches Denken und Handeln fördern oder aber eine Lektion in mieser Arbeits- und Bürgermoral sein.

In den Gemeinschaften

Eine Frage der Orientierung

Schon die alten Griechen haben es gewußt: Wer nur seinen privaten Interessen lebt, ist für das Gemeinwesen verloren. Die bloße Orientierung am eigenen Vorteil ist selbst für das Marktverhalten kein gutes Rezept; damit kann keine soziale, politische, ökonomische oder moralische Ordnung überleben. Ein Mindestmaß an Pflichtgefühl und an Bereitschaft, zu teilen und *unserer Brüder und Schwestern Hüter zu sein,* ist unabdingbar, wenn wir nicht gezwungen sein wollen, nach immer mehr Staat und Wohlfahrtsbürokratie, Erlassen und Polizisten, Gerichten und Gefängnissen zu rufen.

Die sozialen Aufgaben sind nach dem Subsidiaritätsprinzip zu verteilen. Aufgaben, die Familien wahrnehmen können, sollte man nicht an intermediäre Gruppen – wie etwa die Schulen – übertragen. Was auf der lokalen Ebene erledigt werden kann, sollte nicht auf einzelstaatlicher oder Bundesebene erledigt werden. Natürlich gibt es viele wichtige Aufgaben, ökologische beispielsweise, die ein nationales oder sogar internationales Handeln erfordern; aber jede unnötige Aufgabenverschiebung auf höhere Ebenen schwächt die Teilgemeinschaften. Dieses Prinzip gilt für die Betreuung der Kranken, Mühseligen und Beladenen, Straffälligen, Obdachlosen und Immigranten ebenso wie für den Schutz der öffentlichen Sicherheit und Gesundheit und der Umwelt (Stichworte: Bürgerwachen, Wiederbelebungskurse für medizinische Laien, Hausmüllsortieren). Der Staat sollte nur einspringen, soweit andere soziale Subsysteme versagen, und nicht versuchen, sie zu ersetzen.

Andererseits sollten sich schwache Gemeinschaften, die ihre sozialen Pflichten wirklich nicht aus eigener Kraft erfüllen können, auf besser gestellte Gemeinschaften stützen können.

Manche sozialen Ziele sind nur durch Kooperation öffentlicher und privater Gruppen realisierbar. Der Staat soll die lokalen Gemeinschaften nicht ersetzen, sondern durch Stützstrategien, auch durch vertikalen Finanzausgleich und technische Hilfe, stärken, wenn das notwendig ist. Was wir dringend brauchen, sind Untersuchungen und Experimente zum kreativen Umgang mit den Strukturen der Zivilgesellschaft sowie zur öffentlich-privaten Kooperation, vor allem im Gesundheits-, Erziehungs- und Sozialwesen.

Wir sollten nicht zuletzt auch den Mut haben, in Fragen, die die Gemeinschaft angehen, unsere moralischen Vorstellungen zu vertreten. Man kann sich darüber streiten, ob man die Nachbarn mahnen sollte, ihren Rasen zu pflegen (was ökologisch schlecht sein könnte), aber wohl kaum darüber, ob wir einander anhalten sollten, uns um unsere Kinder und um bedürftige Mitglieder der Gemeinschaft zu kümmern. Wer diese Pflichten vernachlässigt, sollte explizit kritisiert werden.

Ein nationaler oder lokaler Dienst, wie auch die Freiwilligen-Tätigkeit, ist ein gutes Mittel, um Bürgersinn aufzubauen und auszudrücken. Solche Aktivitäten, die Menschen verschiedener Herkunft zusammenbringen und zu gemeinsamer Arbeit befähigen und ermuntern, sind gemeinschaftsbildend, erziehen zu Toleranz und gegenseitigem Respekt.

Wir Amerikaner sollten *versöhnlicher miteinander umgehen.* Wir sollten unsere Konflikte mit den Mitteln zu lösen versuchen, die am wenigsten Schaden anrichten. Ein Prozeß ist oft nicht der optimale Weg; Vermittlung und Schlichtung taugen häufig mehr. Wir sollten faire, versöhnliche Regelungen vorziehen, auch wenn wir dabei Zugeständnisse machen müssen. Wer für sich auch noch das Letzte herausschlagen will, verstößt gegen den Gemeinschaftsgeist. (Man sagt, daß Ehen, in der jede Seite 75 Prozent geben und 25 bekommen will, besser funktionieren als die mit beiderseitigen *Fifty-Fifty*-Erwartungen. Das gilt auch für andere enge Beziehungen.)

Wir sollten *einander respektieren* und erkennen, daß wir nicht nur vor dem Gesetz, sondern auch vor der Moral gleich sind.

Staatsbürgerpflichten

Politische Informiertheit ist eine Grundvoraussetzung, um den Staat vor dem Einfluß der Demagogen schützen zu können, um bei Bedarf im eigenen und im Interesse anderer handeln und für Gerechtigkeit und eine Zukunft aller sorgen zu können.

Wählen ist *ein* Mittel, um den Staat zum Repräsentanten aller Teilgemeinschaften zu machen. Wer seine Ansichten durch keinen Kandidaten vertreten sieht, der sollte mit Gleichgesinnten einen eigenen Kandidaten aufzustellen versuchen, statt sich von der Politik abzuwenden. Manche erfüllen ihre Pflichten gegenüber der Gemeinschaft aber auch in nicht-politischen Bereichen, wie der Freiwilligenarbeit. So wie die politische Ordnung nur eine Facette des interdependenten sozialen Lebens ist, so ist auch das Wählen oder die politische Aktivität nur eine Möglichkeit verantwortlichen gesellschaftlichen Verhaltens. Gute Bürger engagieren sich in einer Gemeinschaft (oder mehreren), aber nicht notwendigerweise in der Politik.

Steuern zahlen und andere ermutigen, dasselbe zu tun, und ein *Schöffen- oder Geschworenenamt übernehmen,* das ist wirklich obligatorisch. Eines der bedenklichsten Zeichen unserer Zeit ist die Vorstellung vieler Amerikaner, sie hätten Anspruch auf immer mehr staatliche Leistungen – aber nicht die Pflicht, sie zu bezahlen (so zeigen Meinungsumfragen, daß der Ruf nach dem schlanken Staat und nach Steuersenkungen oft mit der Forderung Hand in Hand geht, jede mögliche Staatsfunktion auszuweiten). Wir meinen, bei einem Prozeß Anspruch auf ein ranggleiches Geschworenengericht zu haben, sind aber meist nicht gewillt, selbst Geschworener zu sein.

Für eine saubere Politik

Wir müssen das politische System so sanieren, daß sich jene zwei Drittel unserer Bürger, die diesen Staat nicht mehr als den ihren betrachten, wieder für ihn engagieren.

Die Wahlkampfspenden für Kongreßmitglieder und Abgeordnete der Bundesstaatsparlamente, die Vortragshonorare und Schmiergelder haben so überhandgenommen, daß in vielen Bereichen der Politik das Gemeinwohl vernachlässigt wird – weil die Parlamentarier ihre Schuld bei den Lobbys abtragen müssen. An feinsinnigen Begründungen zur Rechtfertigung dieses Systems herrscht kein Mangel. Politikern Geld zu geben, heißt es, sei eine Form demokratischer Partizipation. Aber die Reichen können auf die Art so viel wirksamer »partizipieren« als die Armen, daß das demokratische Prinzip »Eine Person, eine Stimme« ernsthaft in Frage gestellt ist. Geld verschaffe einem nur Gehör bei den Politikern, heißt es, aber nicht ihre Stimme. Aber soll es von der Brieftasche abhängen, ob man Gehör findet oder nicht? Jede Gruppe habe ihre Kasse, heißt es, und da sie alle den Kongreß schmierten, würden auch alle Amerikaner von ihm bedient. Aber wer nicht oder nicht ebenso gut schmieren kann, bleibt auf der Strecke, genau wie die langfristigen politischen Ziele, die keine Interessengruppe interessieren.

Wer erreichen will, daß die Mandatsträger für das Gemeinwohl, für die wirklichen Bedürfnisse aller Bürger einstehen und ihrem Gewissen gehorchen *können*, muß den politischen Einfluß des privaten Geldes so weit wie möglich verringern. Deshalb sollten alle Kandidaten vom Staat finanziell unterstützt werden (wie bisher schon die Präsidentschaftskandidaten) und gratis Rundfunk- und Fernseh-Sendezeiten bekommen.

Für diese Erneuerung und Neubelebung des öffentlichen Lebens, die eine Politik im Interesse aller wieder ermöglichen soll, braucht es *eine große soziale Bewegung* nach dem Vorbild des Progressive Movement (Fortschrittsbewegung) zu Beginn unseres Jahrhunderts. Denn auch Anhänger einer guten Sache können zur Lobby werden, wenn sie nicht Teil einer Bewegung sind, die ihre Strategien und Ziele ständig an übergeordneten Zielen und einer Vielzahl von Zwecken mißt. Bürger, denen die Integrität des politischen Gemeinwesens auf lokaler, bundesstaatlicher oder nationaler Ebene am Herzen liegt, sollten sich in der neo-progressiven kommunitaristischen Bewegung organisieren und dafür sorgen, daß die Volksvertreter nur noch den Wählern und ihrem Gewissen – nicht mehr den Lobbys – verpflichtet sind.

Meinungsfreiheit

Der Erste Verfassungszusatz ist den Kommunitariern so lieb und teuer wie den Liberalisten und vielen andern Amerikanern. Wir sind gegen ein Verbot rassistischer, sexistischer oder anderer diskriminierender Äußerungen, weil es dieses *First Amendment* im Kern bedrohen würde. Man sollte aber denen beistehen, die Objekt der Intoleranz werden. Wir haben, wenn Individuen oder Mitglieder einer Gruppe Ziel von Haß-Parolen sind, zahlreiche *außer-gesetzliche Möglichkeiten*, unseren Abscheu auszudrücken und uns für Toleranz in unserem Gemeinwesen einzusetzen. So kann man an einer Universität ein Teach-in über Intergruppen-Verständnis durchführen, wenn sich dort Fälle von religiösem Fanatismus häufen. Das und mehr ist ohne eine Gefährdung des Ersten Verfassungszusatzes durchführbar.

Was Recht ist, muß nicht recht sein

Die Sprache des Rechts ist moralisch unvollständig. Aus der Aussage »Ich habe ein Recht, X zu tun« folgt nicht »Es ist recht, X zu tun«. So kann es nach dem Ersten Verfassungszusatz mein Recht sein, schändlich zu anderen zu reden, etwa zu einem Juden zu sagen: »Hitler hätte euch alle umbringen sollen« und zu einem Schwarzen: »Nigger, ab nach Afrika« oder Schlimmeres. Meine Rechte sind Gründe für andere, mich nicht gewaltsam bei rechtlich geschützten Handlungen zu behindern – aber kein hinreichender Grund, diese Handlungen vorzunehmen. Zwischen Recht und Rechtschaffenheit klafft eine Lücke, die nur mit einem reicheren moralischen Vokabular zu schließen ist, das etwa mit Kategorien wie Anstand, Pflicht, Verantwortung und Gemeinwohl arbeitet.

Soziale Gerechtigkeit

Im Zentrum der kommunitaristischen Vorstellung von sozialer Gerechtigkeit steht die Idee der Reziprozität: Jedes Mitglied der Gemeinschaft ist allen etwas schuldig, die Gemeinschaft schuldet jedem ihrer Mitglieder etwas. Gerechtigkeit erfordert verantwortungsbewußte Individuen in einer verantwortlichen Gemeinschaft.

Die Mitglieder der Gemeinschaft müssen, soweit irgend möglich, für sich und ihre Familien selbst sorgen; die ehrliche Arbeit fördert das Gemeinwohl und befähigt die Gemeinschaft, ihre zentralen Aufgaben zu erfüllen. Neben der Verantwortung für sich selbst haben die Individuen auch eine Verantwortung für das materielle und moralische Wohlergehen anderer. Verlangt wird nicht heroische Selbstaufopferung, sondern das stete Bewußtsein, daß keiner eine Insel ist, vom Schicksal anderer unberührt bleibt.

Die Gemeinschaft hat ihrerseits die Pflicht: uns alle vor Naturkatastrophen und vor Katastrophen von Menschenhand zu schützen; die Grundbedürfnisse derer zu decken, die wirklich nicht für sich selbst sorgen können; die spezifischen Beiträge der Individuen zur Gemeinschaft anzuerkennen; und eine Zone zu sichern, in der die Individuen in freiem Austausch und in Wahlfreiheit ihr Leben selbst definieren können.

Die kommunitaristische Vorstellung von sozialer Gerechtigkeit berücksichtigt die Würde des Menschen ebenso wie die auf ihre eigenen Entscheidungen zurückgehende Unterschiedlichkeit der Individuen.

Öffentliche Sicherheit und Gesundheit

Die Einsicht, daß zwischen den Rechten des Individuums und dem Schutzbedürfnis der Öffentlichkeit ein ausgewogenes Verhältnis herzustellen sei, ist Teil unserer Moral- und Rechtstradition. So verbietet der Vierte Verfassungszusatz zwar »willkürliche« Durchsuchungen, erlaubt aber zumutbare und angemessene.

AIDS-Kranke müssen vor Eingriffen in ihre Privatsphäre und vor Diskriminierungen im Berufs- und Wohnbereich geschützt werden; aber die Gemeinschaft muß wirksame Schritte gegen die weitere Ausbreitung der Krankheit unternehmen dürfen. Die Grundrechte der Drogendealer sind zu beachten; aber die Gemeinschaft muß Verfassungsinstrumente in die Hand bekommen, um die Übernahme von Straßen, Parks und Wohnvierteln durch Dealer verhindern zu können. Die Oberschüler sind vor willkürlichem Schulausschluß zu schützen; aber die Schule muß das für die Erziehung nötige soziale und moralische Klima aufrechterhalten können.

Wir sind, im Gegensatz zur American Civil Liberties Union und anderen Radikalliberalen, für Alkoholtests im Straßenverkehr, für Sicherheitskontrollen auf den Flughäfen und für Alkoholtests bei denen, die für die öffentliche Sicherheit ganz unmittelbar verantwortlich sind (Piloten, Zugführer etc.). Angesichts der Geringfügkeit dieser Eingriffe (ein Flughafen-Check dauert im Schnitt 90 Sekunden), der Größe der Probleme (Verkehrsunfälle, oft von betrunkenen Fahrern verschuldet, haben uns jährlich mehr Menschenleben gekostet als der Vietnamkrieg) und der Tatsache, daß derlei Verfahren uns bisher ja nicht auf Abwege gebracht haben, sollten zulässige und angemessene Maßnahmen wie diese von einer breiten Öffentlichkeit unterstützt werden.

Ein Waffenregister macht wenig Sinn. Die *private Abrüstung*, ein restriktives Waffenrecht wie in fast allen demokratischen Länder, würde die öffentliche Sicherheit wesentlich erhöhen. Die National Rifle Association behauptet: »Die Kriminellen, nicht die Waffen töten« und übergeht damit die Tatsache, daß jährlich Tausende, auch viele Kinder, bei Waffenunfällen sterben und daß Menschen – ob Kriminelle, Verrückte oder ausgerastete Normalbürger – eher töten oder selbst getötet werden, wenn sie bewaffnet sind. Der Zweite Verfassungszusatz[28], hinter dem sich die NRA versteckt, wird verschieden interpretiert; das Oberste Gericht sagt seit über hundert Jahren aber immer wieder, daß er ein Waffenverbot nicht untersage. *Auch wir lesen das Second Amendment genau so, wie es gemeint war: als kommunitäre Klausel für Bürgermilizen, nicht für individuelle Pistolenhelden.*

Von Personen mit sexuell übertragbaren Krankheiten (vor allem bei fast immer tödlichen Krankheiten, wie etwa AIDS) sollte im Interesse der öffentlichen Gesundheit erwartet werden, daß sie frühere Sexualpartner direkt oder über die Gesundheitsbehörden über ihre Krankheit informieren, aber ebenso alle potentiellen Sexualpartner sowie das medizinische Personal, mit dem sie in Berührung kommen. Das ist ihr Beitrag zur Eindämmung dieser Epidemie. Diese Kranken müssen ihrerseits vor willkürlichen Eingriffen in ihre Privatsphäre und vor Diskriminierungen im Berufs-, Wohn- und Versicherungsbereich sorgsam geschützt werden.

Die menschliche Gemeinschaft

Unser Kommunitarismus ist kein Partikularismus. Wir glauben, daß die kommunitäre Gemeinschaft besser als jede andere Art menschlicher Organisation die Würde des Menschen respektiert und menschlichen Anstand gewährleistet, daß sie mehr als jede andere Lebensform für die unerläßliche Selbstkorrektur durch gemeinsame Reflexion offen ist. Wir glauben, daß eine Bewegung aller Staaten (soweit es die Umstände erlauben) hin zu mehr Demokratie der gesamten Menschheit nützen würde. Wir wissen, daß diese Bewegung je nach den materiellen, kulturellen und politischen Gegebenheiten bei den verschiedenen Nationen und Völkern verschiedene Formen annehmen wird (annehmen sollte). Wir wissen auch, daß funktionierende Gemeinschaften nicht auf Befehl, nicht durch Zwang geschaffen werden können, sondern nur durch echten Konsens.

Es ist ein ermutigendes Zeichen, daß heute so viele Nationen und Völker nach generationenlanger Unterdrückung demokratische Prinzipien beschwören; wir halten demokratische Institutionen für das beste Bollwerk gegen die Exzesse des ethnischen und nationalen Partikularismus, der neue Formen der Unterdrükkung zu schaffen droht.

Wir glauben, so utopisch es klingen mag, daß eine weltweite Verbreitung demokratischer Gemeinschaften das Entstehen einer globalen Gemeinschaft ermöglichen würde, die mit vereinten Kräften die Menschheitsprobleme angeht: Kriege, Verstöße gegen die Menschenrechte, Umweltzerstörung und die extreme Armut, die Körper, Geist und Seele unserer Kinder zerstört. *Unser kommunitaristisches Interesse mag bei uns selbst und unseren Familien beginnen, zielt aber letztlich auf die Gemeinschaft aller Menschen.*

Fazit

Es geht um Verantwortung

Auch wenn wir in diesem Manifest manche gesetzlich definierten Pflichten anführen und auf die gesellschaftsregulierende und wertevermittlende Funktion der Gesetze verweisen, geht es uns an allererster Stelle um *das moralische Engagement von Eltern, Jugendlichen, Nachbarn, Bürgern* und um die große Bedeutung der Gemeinschaften, in denen sich Verantwortungsbewußtsein bildet und der nächsten Generation vermittelt wird. Das ist nicht primär eine Frage von Gesetzen. Ganz im Gegenteil. Wenn eine Gemeinschaft Pflichterfüllung vorrangig mit staatlicher Gewalt erzwingen muß, steckt sie in einer tiefen moralischen Krise. Damit Gemeinschaften gut funktionieren, müssen die meisten ihrer Mitglieder ihre Pflichten meist aus Verantwortungsbewußtsein erfüllen, nicht aus Angst vor Prozessen oder Strafen. Dennoch müssen sich der Staat und seine Träger hüten, die Strukturen der Zivilgesellschaft zu beschädigen, von denen wir alle abhängen. *Soziale Umwelten müssen, wie die natürliche Umwelt, geschützt werden.*

Die Liberalisten behaupten, Pflichten seien eine persönliche Angelegenheit, das Individuum könne selbst entscheiden, welche Pflichten es annehmen wolle. Wir sagen: Pflichten sind in der Gemeinschaft verankert. Die funktionierende Gemeinschaft – als Spiegel der verschiedenen Moralvorstellungen ihrer Mitglieder – definiert, was man von jemandem erwarten kann; erzieht ihre Mitglieder dazu, diese Werte zu akzeptieren; lobt sie, wenn sie es tun, und tadelt sie, wenn sie es nicht tun. Die Quelle der Moralität mag zwar das individuelle Gewissen sein, aber es sind die Gemeinschaften, die sie verbreiten und durchsetzen helfen. Daher müssen die Gemeinschaften dringend die Pflichten artikulieren, die ihre Mitglieder erfüllen sollen – vor allem in Zeiten wie der unseren, in denen man von Pflichten weniger hält und deren Bedeutung unklar geworden ist.

Künftige Arbeit

Das ist nur ein Anfang. Dieses Programm markiert eine Phase in einem Dialog, ist Teil eines langfristigen Klärungsprozesses. Es präsentiert keine definitiven Schlußfolgerungen, sondern Ideen für eine weitere Diskussion. Wir behaupten nicht, auf alle brennenden Fragen Amerikas eine Antwort zu wissen. Aber wir fühlen uns durch die breite Zustimmung ermutigt, die die kommunitaristische Perspektive bereits gefunden hat. Wenn sich immer mehr Amerikaner in Gemeinschaften zusammenschließen, die unsere moralische und soziale Ordnung zu erneuern suchen, dann können wir auch viele Probleme unserer Gemeinschaften besser angehen und zugleich von staatlicher Steuerung, Kontrolle und Gewalt unabhängiger werden. Dann können wir auch eher eine von einem breiten Konsens getragene Politik und gemeinsame Moral- und Rechtstraditionen aufbauen. Und wir werden noch auf viele andere Weisen unsere Gesellschaft zu einem Ort machen können, an dem man die Individualrechte wahrt und schützt und zugleich die Bürgertugenden hegt und pflegt.

Anmerkungen

Einleitung: Eine neue moralische, soziale und öffentliche Ordnung – ohne Puritanismus oder Unterdrückung

1 Jugendliche und Schöffengerichte: Morris Janowitz, *The Reconstruction of Patriotism: Education for Civic Consciousness* (Chicago: The University of Chicago Press, 1983), S. 8.

2 Die Jugend hat eine einseitige Lehre gezogen: *Democracy's Next Generation* (Washington, D. C.: People for the American Way, 1989), S. 27.

3 Nur jeder achte Jugendliche sieht Wahlteilnahme als Bürgerpflicht: ebenda, S. 74 (Text), S. 153 (Umfrageergebnis).

4 Das Besondere an den Vereinigten Staaten: ebenda, S. 68/9.

5 Mißverhältnis von Rechten und Pflichten: Lawrence Friedman, *The Republic of Choice* (Cambridge, Mass.: Harvard University Press, 1990).

6 Die ständige Produktion neuer Rechte entwertet deren moralische Kraft: Richard E. Morgan, *Disabling America: The »Rights Industry« in Our Time* (New York: Basic Books, 1984).

7 Umfrage »Recht oder Privileg?«: Roper Organization (Roper Reports 91-3), S. 123.

8 Die Vorsitzende der U.S. Students Association kommentiert: Tajel Shah, »Make Access to Higher Education a Right«, *USA Today*, 23. März 1991, A9.

9 Santa Monica regelt Zugang zu öffentlichen Toiletten: Robert Reinhold, »In Land of Liberals, Restroom Rights are Rolled Back«, *The New York Times*, 15. November 1991, A14.

10 Todeskandidaten in San Quentin klagen auf ein Recht zur künstlichen Fortpflanzung: Daniel Seligman, »Keeping Up«, *Fortune*, 10. Februar 1992, S. 145.

11 Mutter verklagt Schulbehörde: Ronald Sullivan, »Mother Scolded for Suit over Son's Honors«, *The New York Times*, 23. November 1991, S. 28.

12 Anzeige der American Bankers Association: *The Washington Post*, 17. November 1991, A13.

13 »Rechtsdiskurs polarisiert die Diskussion«: John Leo, »The Lingo of Entitlement«, *U.S. News & World Report*, 14. Oktober 1991, S. 22.

14 Wenn die Rechtssprache den Alltagsdiskurs durchdringt: Mary Ann Glendon, *Rights Talk: The Impoverishment of Political Discourse* (New York: The Free Press, 1991).

15 Wenn Rechte »sich als Begründungen gerieren«: Cass R. Sunstein, *The New Republic*, 2. September 1991, S. 34.

16 Glendon hat nachgewiesen, daß wir mit Rechten oft so umgehen wie mit Eigentum: *Rights Talk*, 2. Kapitel.

17 Extreme Individualisten auch contra staatliche Maßnahmen gegen Drogenkonsum: vgl. James Ostrowski, »Thinking about Drug Legalization«, in David Boaz, *The Crisis in Drug Prohibition* (Washington, D.C.: Cato Institute, 1990).

18 »Zu sagen, daß Flüsse und Wälder nicht sprechen können ... ist keine Antwort«: Christopher D. Stone, *Should Trees Have Standing?* (Los Altos, CA: William Kaufman, 1974), S. 17.

19 Die Rechte des Sandes: Katherine E. Stone und Benjamin Kaufman, »Sand Rights: A Legal System to Protect the ›Shores of the Sea‹«, *Shore and Beach* 56 (Juli 1988), S. 8-14.

20 »nur eine Pflicht: zu vermeiden, ihnen Schaden zuzufügen«: Glendon, *Rights Talk*, S. 77.

21 »Versuchen Sie doch, in unserer Unabhängigkeitserklärung oder in unserem Grundrechtekatalog...«: ebenda, S. 13.

22 Fourth Amendment – Vierter Verfassungszusatz (1791): »The right of the people to be secure in their persons, houses, papers, and effects, against unreasonable searches and seizures, shall not be violated, and no warrants shall issue, but upon probable cause, supported by oath or affirmation, and particularly describing the place to be searched, and the persons or things to be seized. – Das Recht des Volkes auf Sicherheit der Person und der Wohnung, der Urkunden und des Eigentums, vor willkürlicher Durchsuchung, Verhaftung und Beschlagnahme darf nicht verletzt werden, und Haussuchungs- und Haftbefehle dürfen nur bei Vorliegen eines eidlich oder eidesstattlich erhärteten Rechtsgrundes ausgestellt werden und müssen die zu durchsuchende Örtlichkeit und die in Gewahrsam zu nehmenden Personen oder Gegenstände genau bezeichnen.« (Dt. von Emil Weiskopf, United States Information Service, Bonn, nach Angela und Willi Paul Adams (Hrsg.), *Die Amerikanische Revolution und die Verfassung 1754 – 1791* (München: Deutscher Taschenbuch Verlag, 1987.) [Übersetzer-Anmerkung]

23 ACLU gegen Alkoholkontrollstellen auf den Straßen: »Drunk Driving Roadblocks«, Policy Nr. 217, American Civil Liberties Union.

24 Friedan: *The Feminine Mystique* (New York: Norton, 1962) und *The Second Stage* (New York: Summit Books, 1981).

25 Harrington: *The Other America* (New York: Macmillan, 1962).

26 Vertrauen in unsere Führungspersönlichkeiten: »If You Think Congress' Popularity is Low Now...«, *USA Today*, 1. April 1992, 11A. Vgl. auch Sey-

mour Martin Lipset und William Schneider, *The Confidence Gap: Business, Labor and Government in the Public Mind* (New York: The Free Press, 1983), 2. Kapitel (insbesondere Tabelle 2-1).

27 *The New York Times* über Christoph Columbus: James Barron, »What Did Columbus Do to Deserve a Big Parade?«, *The New York Times*, 14. Oktober 1991, B1.

28 *BusinessWeek* zum Kommunitarismus: Elizabeth Ehrlich, »Your Rights vs. My Safety: Where Do We Draw the Line?«, *BusinessWeek*, 3. September 1990, S. 56.

29 *The Washington Post* über den Kommunitarismus: Spencer C. Rich, »Balancing Community and Individual Rights«, *The Washington Post*, 25. Dezember 1990, A17.

30 Leo über den Kommunitarismus: John Leo, »Community and Personal Duty«, *U.S. News & World Report*, 28. Januar 1991, S. 17.

31 *Chronicle of Higher Education* zum Kommunitarismus: Denis K. Magner, »Probing the Imbalance Between Individual Rights, Community Needs«, *Chronicle of Higher Education*, 13. Februar 1991, A3.

32 *Time* über den Kommunitarismus: Walter Shapiro, »A Whole Greater Than Its Parts?«, *Time*, 25. Februar 1991, S. 71.

1. Kapitel: Die Stimme der Moral

1 Was die Wirtschaft beflügeln kann, aber nicht muß: Amitai Etzioni, *The Moral Dimension* (New York: The Free Press, 1988). Deutsch: *Jenseits des Egoismus-Prinzips. Ein neues Bild von Wirtschaft, Politik und Gesellschaft* (Stuttgart: Schäffer-Poeschel Verlag, 1994).

2 »Herzensgewohnheiten«: Robert N. Bellah, Richard Madsen, William M. Sullivan, Ann Swidler und Steven M. Tipton, *Habits of the Heart* (Berkeley: University of California Press, 1985); Alexis de Tocqueville, *Über die Demokratie in Amerika* (dt. 1835-40), hier: *Democracy in America*, übersetzt von George Lawrence und hrsg. von J. P. Mayer (New York: Anchor Books, 1969), S. 287.

3 Vgl. die ausführlichere Diskussion des Ich-/Wir-Paradigmas in: Amitai Etzioni, *Jenseits des Egoismus-Prinzips*.

4 Einer von sieben jungen Amerikanern verliert mit dreizehn Jahren seine Jungfräulichkeit: James Patterson und Peter Kim, *The Day America Told the Truth* (New York: Prentice-Hall Press, 1991), S. 103.

5 Selbsteinstufung der Amerikaner: ebenda, S. 66 und 155.

6 Politik und Politiker im Urteil der Amerikaner: »Trust in Government«, *The Washington Post*, 3. November 1991, A17.

7 »Räuberhöhle«: James B. Stewart, *Den of Thieves* (New York: Simon & Schuster, 1991); »Geldkultur«: Michael Lewis, *The Money Culture* (New York: Norton, 1991).
8 Heute weniger Diskriminierung als vor 30 Jahren: Daniel Yankelovich, »The Affluence Affect«, unveröff. Manuskript, Vortrag beim Werteseminar der Brookings Institution, 1991.
9 Gardner: John Gardner, *Building Community* (Washington, D.C.: Independent Sector, 1991), S. 5.
10 Zur erwiesenen Wertestabilität in Arbeitervierteln vgl. etwa: Jim Sleeper, *The Closest of Strangers: Liberalism and the Politics of Race in New York* (New York: W. W. Norton & Company, 1990).
11 Dale Carnegie, Autor des Ratgeber-Buches *How to Win Friends and Influence*, 1936 [Übersetzer-Anmerkung].
12 »Gruppe prominenter Ethiker«: private Mitteilung.
13 Baumgartner: M. P. Baumgartner, *The Moral Order of a Suburb* (New York: Oxford University Press, 1988) S. 10-11 passim.
14 Knochenmark-Transplantationen: Konferenz des Council for International Organizations of Medical Sciences (eine Einrichtung der WHO und UNESCO), Paris 1972.
15 Jurastudent über Artikel in Campus-Zeitung: Saundra Torry, »Affirmative Action a Flash Point at GU«, *The Washington Post*, 17. April 1991, D1.
16 Stanley Fishs Bemerkungen: Manuskript, »The MacNeil/Lehrer NewsHour«, 19. Juni 1991, 10 (aus Jonathan Rauch, *Kindly Inquisitors: The New Attacks on Free Thought* [Chicago: The University of Chicago Press, 1993]).
17 *Time*-Titelgeschichte: John Elson, »Busybodies: The New Puritans«, *Time*, 12. August 1991, S. 20.
18 *Economist*-Leitartikel: »From There to Intolerance«, *The Economist*, 20. Juli 1991, S. 15-16.
19 Richard Rabinowitz vom American History Workshop verweist auf die Lebensfreude der Puritaner; es waren die Viktorianer, die Sinneslust und Völlerei für Todsünden hielten: Manuskript, »All Things Considered«, National Public Radio, 29. Januar 1992, S. 10.
20 »Hexenjagd«: Arthur Miller, *The Crucible* (New York: Bantam Books, 1953).
21 »Die Nackte Maja«: Zitiert von Nat Hentoff in *The Washington Post*, 11. Januar 1992, A19.
22 *Economist*-Kommentar zum Küssen in Kalifornien: »From There to Intolerance«, S. 15.
23 *The Economist*-Kommentar zu »Kündigung und Psychostreß«: ebenda.
24 Wachmann der *Los Angeles Times*: Elson, »Busybodies«, S. 20.
25 Janice Bone: Zachary Schiller, Walecia Konrad und Stephanie Anderson

Forest, »If You Light up on Sunday, Don't Come in on Monday«, *Business-Week*, 26. August 1991, S. 68.

26 Studien zur Leistungsbeeinträchtigung durch Alkohol: Jack G. Modell und James M. Mountz, »Drinking and Flying – The Problem of Alcohol Use by Pilots«, *New England Journal of Medicine* 323 (7): S. 455-461.

27 Rauchverbot für Beschäftigte in North Miami und Atlanta und bei Fortunoff's: Paula Span, »Now There's a New Hazard for Smokers: Unemployment«, *The Washington Post*, 12. November 1991, A1.

28 Gesundheitsvorschriften bei Best Lock, Turner, U-Haul und Texas Instruments: Schiller, Konrad und Forest, »If You Light up on Sunday...«, S. 68, 69.

29 *Economist*-Leitartikel: »From There to Intolerance«, S. 15-16.

30 Glassers Brief: »Mushy Thinking on Individual Rights«, Leserbrief in *The Wall Street Journal*, 1. November 1991, A15.

31 Glendons »Angesichts der Gesetzesflut ...«: *Rights Talk*, S. 104.

32 Scheidungs-Untersuchungen: Bryce J. Christensen, »Taking Stock: Assessing Twenty Years of ›No Fault‹ Divorce«, *The Family in America* 5 (September 1991): S. 1-10; und Lenore Weitzman, *The Divorce Revolution: The Unexpected Social and Economic Consequences for Women and Children in America* (New York: The Free Press, 1985).

33 Glasser-Interview: Elizabeth Ehrlich, »Your Rights vs. My Safety: Where Do We Draw the Line?«, *BusinessWeek*, 3. September 1990, S, 56.

34 »Die Kommunitarier möchten...«: Tibor Machan, »The Communitarian Manifesto«, *The Orange County Register*, 12. Mai 1991.

35 First Amendment – Erster Verfassungszusatz (1791): »Congress shall make no law respecting an establishment of religion, or prohibiting the free exercise thereof, or abridging the freedom of speech, or of the press, or the right of the people peaceably to assemble, and to petition the Government for a redress of grievances. – Der Kongreß darf kein Gesetz erlassen, das die Einführung einer Staatsreligion zum Gegenstand hat, die freie Religionsausübung verbietet, die Rede- oder Pressefreiheit oder das Recht des Volkes einschränkt, sich friedlich zu versammeln und die Regierung durch Petition um Abstellung von Mißständen zu ersuchen.« (Dt. von Emil Weiskopf, United States Information Service, Bonn, nach Angela und Willi Paul Adams (Hrsg.), *Die Amerikanische Revolution und die Verfassung 1754 – 1791* (München: Deutscher Taschenbuch Verlag, 1987.) [Übersetzer-Anmerkung]

36 Diskriminierungs-Kodizes gibt es an etwa 130 Universitäten: Mayerene Baker, »University Divided over Proposal for Speech Code«, *Los Angeles Times*, 16. Mai 1991, B3.

37 Gegen Beschränkungen der Meinungsfreiheit auf dem Campus: Arthur Schlesinger jun., *The Disuniting of America: Reflections on a Multicultural*

Society (Knoxville, Tennessee: Whittle Direct Books, 1991); und Dinesh D'Souza, *Illiberal Education: The Politics of Race and Sex on Campus* (New York: The Free Press, 1991).

38 Rücktritt Orr-Cahalls: Barbara Gamarekian, »Corcoran Said to Select Interim Chief«, *The New York Times*, 27. Januar 1990, S. 16.

39 Zur Diskussion um Mapplethorpe vgl. Robin Cembalest, »The Obscenity Trial«, *ArtNews* 89 (Dezember 1990): S. 136-141.

2. Kapitel: Die kommunitäre Familie

1 Wichtiger Überblick zur Familienfrage: David Blankenhorn, Steven Bayme und Jean Bethke Elshtain, *Rebuilding the Nest: A New Commitment to the American Family* (Milwauke, Wisc.: Family Service American, Inc., 1990).

2 Säubern und füttern genügt nicht: Urie Bronfenbrenner, »What Do Families Do?«, *Family Affairs* 4 (Winter/Frühjahr 1991): S. 1.

3 Zwei Drittel der Mütter mit Kindern unter 18 Jahren sind berufstätig: *Current Population Survey*, Bureau of Labor Statistics, unveröff. Tabellen, 1991.

4 »Ein-Minuten-Eltern« gibt es nicht: Barbara Whitehead, »The New Politics in Action – Fortifying the Family«, Vortrag bei der (von Heritage Foundation und Progressive Foundation gesponsorten) Konferenz »Left and Right: The Emergence of a New Politics in the 1990s?«, 30. Oktober 1991, Washington, D.C. (vgl. Manuskript, S. 25).

5 Erzieherberuf im untersten Einkommenszehntel: Richard T. Gill, Nathan Glazer, Stephen A. Thernstrom, *Our Changing Population* (Englewood Cliffs, NJ: Prentice-Hall, 1992), S. 278.

6 Durchschnittseinkommen der Erzieherinnen: *Who Cares? Child Care and the Quality of Care in America* (Oakland, CA: Child Care Employee Project, 1989), S. 49.

7 »Erzieher wie Tierwärter behandelt« (Zigler): Kenneth Labich, »Can Your Career Hurt Your Kids?«, *Fortune*, 20. Mai 1991, S. 49.

8 Kinder ganztägig in Kindersitzen festgeschnallt: ebenda, S. 49.

9 Daten zur institutionellen Kinderbetreuung und Problemen der Persönlichkeitsentwicklung: N. Baydar und Jeanne Brooks-Gunn, »Effects of Maternal Employment and Child Care Arrangements on Preschoolers' Cognitive and Behavioral Outcomes: Evidence from the Children of the National Longitudinal Survey of Youth«, *Developmental Psychology* 27 (November 1991); S. 932-946. J. Belsky und Michael J. Rovine, »Non-maternal Care in the First Year of Life and the Security of Infant-Parent Attachment«, *Child Development* 59 (Februar 1988): S. 157-167. T. B. Brazelton,

»Issues for Working Parents«, *American Journal of Orthopsychiatry* 56 (1986): S. 14-25. J. Belsky und D. Eggebeen, »Early and Extensive Maternal Employment in Young Children's Socioemotional Development: Children of the National Longitudinal Survey of Youth«, *Journal of Marriage and Family* 53(November 1991): S. 1083-1110. B.E. Vaughn, K. E. Deane und E. Waters, »The Impact of Out-of-Home Care on Child-Mother Attachment Quality: Another Look at Some Enduring Questions«, in I. Bretherton und E. Waters (Hrsg.), *Growing Points of Attachment Theory and Research. Monographs for the Society for Research in Child Development*, 50 (1985): S. 1-2, Nr. 209.

Laut einigen Studien entwickeln sich institutionell betreute Kinder so gut wie elterlich betreute. Vgl. etwa: K. A. Clarke-Stewart und G. G. Fein, »Early Childhood Programs« in P. H. Mussen (Hrsg.), *Handbook of Child Psychology*, Bd. 2 (New York: Wiley, 1983), S. 917-999. Laut manchen Untersuchungen wird die intellektuelle Entwicklung armer Kinder durch institutionelle Betreuung besser gefördert als durch die elterliche. Vgl.: Jay Belsky, »Two Waves of Day Care Research: Developmental Effects and Conditions of Quality« in R. C. Ainslie (Hrsg.), *The Child and the Day Care Setting: Qualitative Variations and Development* (New York: Praeger, 1984), S. 1-34.

10 Wir richten unsere Kinder zugrunde (Zigler): Kenneth Labich, »Can Your Career Hurt Your Kids?«, *Fortune*, 20. Mai 1991, S. 38.

11 Studie der University of Texas: Deborah Lowe Vandell und Mary Anne Corasaniti, »The Relationship Between Third-Graders' After-School Care and Social, Academic, and Emotional Functioning«, *Child Development* 59 (August 1988): S. 874.

12 Kindererziehung und Elternrollen: weitere Informationen zur familiären Rollenteilung bei Morris Zelditch jun., »Role Differentiation in the Nuclear Family: A Comparative Study« in Talcott Parsons und Robert F. Bales, *Family, Socialization and Interaction Process* (Glencoe, Illinois: Free Press, 1955).

13 Studie des National Center for Health Statistics über Kinder, die bei Alleinerziehenden oder Stiefeltern leben: Deborah A. Dawson, »Family Structure and Children's Health: United States, 1988", Vital and Health Statistics, Reihe 10, Nr. 178 (Washington, D.C.: National Center for Health Statistics, 1991).

14 Umfrage zu Lebenszielen von Studienanfängern: American Enterprise Institute, 1990.

15 Bericht der National Commission on Children: *Beyond Rhetoric: A New American Agenda for Children and Families* (Washington, D.C.: National Commission on Children, 1991); Select Committee on Children, Youth, and Families, *U.S. Children and their Families: Current Conditions and Recent*

Trends, 1989 (Washington, D.C.: U.S. Government Printing Office, 1989).

16 Appell Duffeys und Wexlers: Persönliche Mitteilung, Dezember 1991.

17 Eltern verbringen nur 17 Stunden wöchentlich mit ihren Kindern: William R. Mattox jun., »The Parent Trap«, *Policy Review*, Winter 1991, Nr. 5, S. 6-13 (Zitat S. 6).

18 1990er Gallup-Umfrage: 50 Prozent der berufstätigen Mütter würden daheim bleiben, wenn »das finanziell ginge«: »Virtually All Adults Want Children, but Many of the Reasons Are Intangible«, *The Gallup Poll Monthly* (Juni 1990), S. 22.

19 »Lebensnotwendigkeiten«: vgl. Kingsley Davis, *Human Society* (New York: Macmillan Company, 1948 und 1949), insbesondere 3. Kapitel.

20 Brief an Ann Landers: *The Washington Post*, 26. September 1991, D9.

21 Konsum legaler Drogen bei Achtkläßler-Schlüsselkindern: Jean L. Richardson et al., »Substance Use Among Eighth-Grade Students Who Take Care of Themselves After School«, *Pediatrics* 84 (September 1989): S. 556-566.

22 Richardson-Zitat: Lawrence Kutner, »Parent & Child«, *The New York Times*, 19. Oktober 1989, C8.

23 Hohe Werte von Schlüsselkindern bei Risikobereitschaft, Aggressivität: Kathleen M. Dwyer, Jean L. Richardson et al., »Characteristics of Eighth-Grade Students Who Initiate Self-Care in Elementary and Junior High School«, *Pediatrics* 86 (September 1990): S. 448-454.

24 Travis Hirschi zu Jugendkriminalität und Eltern, nach: James Q. Wilson, *On Character* (Washington, D.C.: AEI Press, 1991), S. 59.

25 Andere Studien verweisen auf einen Zusammenhang zwischen Kriminalität und elterlicher Erziehung, etwa: Gerald R. Patterson und Thomas J. Dishion, »Contributions of Families and Peers to Delinquency«, *Criminology* 23 (1985): S. 63-79; Larry LeFlore, »Delinquency Youths and Family«, *Adolescence* 23 (Herbst 1988): S. 629-642.

26 Zu Unternehmen mit flexibler Arbeitszeit (Du Pont, IBM, Knight-Ridder, Avon): Cathy Trost, »To Cut Costs and Keep the Best People, More Concerns Offer Flexible Work Plans«, *The Wall Street Journal*, 18. Februar 1992, B1, B12.

27 Weitere Befürworter eines Bonussystems zur beruflichen Wiedereingliederung: Gill, Glazer und Thernstrom, *Our Changing Population*, S. 420.

28 Gesetz zum Erziehungsurlaub: Larry Reynolds, »Showdown Set Over Mandated Parental Leave«, *Personnel* 68 (6): S. 1-2.

29 Wie *Working Mother* die besten Unternehmen ermittelt: Rick Gladstone, »Despite Slump, Family Perks Are Up«, *The Washington Post*, 18. September 1991, D1.

30 Marine gewährt Mutterschaftsurlaub: »Shipboard Pregnancies Force the

Manly Navy to Cope With Moms«, *The Wall Street Journal*, 3. Oktober 1991, A1.

31 Die Auswirkungen mehr als 20 Stunden wöchentlicher Fremdbetreuung auf Kinder, nach Jay Belsky, Erziehungs-Expertin am Penn State's College of Health and Human Development: Daniel Wattenberg, »The Parent Trap«, *Insight*, 2. März 1992, S. 7.

32 Ruth Messinger: Ron Alexander, »Single Parents Meet to Share a Continuing Quest for Stability«, *The New York Times*, 20. Juni 1981.

33 Mary Jane Gibson: Renee Loth, »Paid Leave Proposal Gains Friends, Foes«, *Boston Globe*, 11. April 1989, S. 21.

34 Familiendefinition mit Vater als einzigem Ernährer, Mutter als Nur-Hausfrau sowie zwei Kindern: Betty Friedan, »Feminism Takes a New Turn«, *New York Times Magazine*, 18. November 1979.

35 Statistiken zu Vorschulkindern und Familientyp: Vgl. David Blankenhorn, »Ozzie & Harriet: Have Reports of Their Death Been Greatly Exaggerated?«, *Family Affairs* 2 (Sommer/Herbst 1989): S. 10. (Basis: unveröffentlichter Bericht des Bureau of Labor Statistics vom März 1987.)

36 Kein Kontakt geschiedener Väter zu ihren Kindern: Frank F. Furstenberg jun. und Andrew J. Cherlin, *Divided Families: What Happens to Children When Parents Part* (Cambride, MA: Harvard University Press, 1991).

37 Douglas Besharov: persönliche Mitteilung.

38 »Seelische Verwundung«: Claire Berman, in einem Interview mit Barbara Kantrowitz, »Breaking the Divorce Cycle«, *Newsweek*, 13. Januar 1992, S. 49.

39 Popenoe über den »neuen Familismus«: David Popenoe, *The Responsive Community: Rights and Responsibilities* (Herbst 1992): S. 31-39.

40 Wallerstein über Erwachsene nach einer Scheidung: Judith Wallerstein und Sandra Blakeslee, *Second Chances: Men, Women, and Children a Decade After Divorce* (New York: Ticknor and Fields, 1989), S. 153-154.

41 Mehr Schulabbrecher bei Kindern von Alleinerziehenden oder Stiefeltern: Nan Marie Astore und Sara S. McLanahan, »Family Structure, Parental Practices, and High School Completion«, *American Sociological Review* 56 (1991), S. 309-320.

42 Studie zu Notendurchschnitt, Unterrichtsteilnahme etc. bei Kindern Alleinerziehender (Princeton/John Hopkins): ebenda, S. 316.

43 Zu emotionalen und Verhaltensproblemen: Nicholas Zill und Charlotte A. Schoenborn, »Developmental, Learning, and Emotional Problems: Health of Our Nation's Children, United States, 1988", Advance Data, Nr. 190, Vital and Health Statistics for the National Center for Health Statistics, 16. November 1990, S. 9.

44 Schulleistung und Schulschwänzen bei Grundschülern, Studie der National Association of Elementary School Principals: Karl Zinsmeister, »Growing Up Scared«, *The Atlantic*, Juni 1990, S. 52.

45 70 Prozent der Jugendlichen in Besserungsanstalten bei Alleinerziehenden oder elternlos aufgewachsen: Nach einer Studie des Bureau of Justice Statistics, ebenda, S. 52.

46 Herzog-Untersuchung am Boston Medical Center: James M. Herzog, »On Father Hunger« in John Ross, Alan Gerwit und Stanley Cath (Hrsg.), *Father and Child: Development in Clinical Perspective* (Boston: Little, Brown, 1982), S. 163-174.

47 Die schädlichen Folgen der Vaterabwesenheit wiesen auch viele andere Studien nach: Übersicht bei David Blankenhorn, »The Good Family Man: Fatherhood and the Pursuit of Happiness in America«, Arbeitspapier Nr. 12, Institute for American Values, 1991.
Zu anderen Ergebnissen kommt etwa: Paul L. Adams, Judith R. Milner und Nancy A. Schrepf, *Fatherless Children* (New York: John Wiley & Sons, 1984); zur weiteren Diskussion vgl. Sandra Scarr, *Mother Care/Other Care* (New York: Basic Books, 1984).

48 Untersuchung von Glenn und Kramer, University of Texas: »The Marriages and Divorces of Children of Divorce«, *Journal of Marriage and the Family* 49 (November 1978): S. 811-825.

49 Studie eines britischen Psychiaters zu emotionalen Störungen: Bryan Rodgers, »Adult Affective Disorders and Early Environment«, *British Journal of Psychiatry* 157 (Oktober 1990): S. 542-543.

50 Die Soziologin Bernard über Stiefkinder: Jessie S. Bernard, *Remarriage: A Study of Marriage* (New York: Dryden Pres, 1956), 12. Kapitel.

51 Religionsführer vereinbaren viermonatige Wartezeit für Heiratswillige: »Marriage Requirements«, *Christian Century*, 4. – 11. Juni 1986, S. 545.

52 Kirche in Modesto, Wartezeit und Eheberatung: ebenda, S. 545 – 546.

53 Geistlicher in Modesto: ebenda, S. 546.

54 Konflikte gibt es in guten wie in schlechten Ehen: George R. Bach und Peter Wyden, *The Intimate Enemy: How to Fight Fair in Love and Marriage* (New York: Morrow, 1969).

55 Dreijahresstudie: John M. Gottman und Loweel J. Krokoff, »Marital Interaction and Satisfaction: A Longitudinal View«, *Journal of Consulting and Clinical Psychology* 57 (Februar 1989): S. 47-52.

56 Gottman: Daniel Goleman. »Want a Happy Marriage? Learn to Fight a Good Fight«, *The New York Times*, 21. Februar 1989, C6.

57 Konfliktfähige Paare sind laut Markman glücklicher: zitiert ebenda.

58 Vorvereinbarungen: Elizabeth S. Scott, »Rational Decisionmaking About Marriage and Divorce«, *Virginia Law Review* 76 (1990): S. 9-94.

59 Die Scheidung gebiert neue Scheidungen: Norval D. Glenn, »The Recent Trend in Marital Success in the United States«, *Journal of Marriage and the Family* 53 (1991): S. 261-270 (Zitat S. 268).

60 Bellah und Kollegen zum Familienmahl: Bellah, Madsen, Sullivan, Swidler und Tipton, *The Good Society*, S: 260.

61 Fagan plädiert für Wiederbelebung des Familienmahls: Patrick F. Fagan, »Rebuilding the Good Society«, Entwurf vom 22. Februar 1991, S. 16.

62 Galston empfiehlt Bremsmechanismen vor gerichtlicher Scheidung: William Galston, »A Liberal-Democratic Case for the Two-Parent Family«, *The Responsive Community* 1 (Winter 1990/1): S. 23.

63 Britische Law Commission für neunmonatige Wartezeit: ebenda.

64 Gesetzentwurf in Oklahoma sieht Wartezeit bei Wiederheirat vor: *Oklahoma House Bill* 1780, 43. Legislaturperiode, zweite Lesung (1992).

65 Glendon über die unterschiedlichen Einstellungen der Amerikaner und Europäer zur Scheidung: Mary Ann Glendon, *Abortion and Divorce in Western Law* (Cambridge, Mass.: Harvard University Press, 1987).

66 Abschaffung des Verschuldensprinzips belohnt die Väter für Auflösung der Ehe: Lenore Weitzman, *The Divorce Revolution: The Unexpected Social and Economic Consequences for Women and Children in America* (New York: The Free Press, 1985).

67 »Ungleiche Teilung« – Männer sind nach Scheidung besser gestellt als Frauen. Studien zu Einkommensvorteilen: Saul Hoffman und John Holmes, »Husbands, Wives, and Divorce«, *Five Thousand American Families – Patterns of Economic Progress (Vol. IV)* (Ann Arbor, Michigan: Institute for Social Research, 1976). Zum ökonomischen Status: Robert Hampton, »Marital Disruption: Some Social and Economic Consequences«, *Five Thousand American Families – Patterns of Economic Progress (Vol. III)* (Ann Arbor, Michigan: Institute for Social Research, 1975).

68 Galston empfiehlt Sanktionen: William Galston, »A Liberal-Democratic Case for the Two-Parent Family«, *The Responsive Community* 1 (Winter 1990/1): S. 25.

69 Ellwood zur Verantwortung des abwesenden Elternteils: David T. Ellwood, *Poor Support: Poverty in the American Family* (New York: Basic Books, 1988), insbesondere Kapitel 5.

70 Ellwood setzt Unterhaltspflichtverletzung strafrechtlich mit Steuerhinterziehung gleich: ebenda, S. 164.

71 Ellwood zur Verringerung der »finanziellen Attraktivität der Ein-Eltern-Familie«: ebenda, S. 173.

72 Steuerle und Juffras schlagen Steuergutschrift vor: C. Eugene Steuerle und Jason Juffras, »A $1,000 Tax Credit for Every Child: A Base of Reform for the Nation's Tax, Welfare, and Health Systems« (Washington, D.C.: The Urban Institute, 1991).

73 Steuerbelastung des Einkommens einer vierköpfigen Familie 1950 vs 1989: William R. Mattox jun., »The Parent Trap«, *Policy Review*, Winter 1991, Nr. 5, S. 6-13 (Zitat S. 8).

74 Sozialbehörden versuchen Familien zusammenzuhalten; Family Preservation Program in New York City: »Raising the Children, Part II«, *Responsive Community: Rights and Responsibilities*, Dezember 1991/Januar 1992, S. 4.
75 Interventionen müssen Eltern einbeziehen: Karl Zinsmeister, »Growing Up Scared«, *The Atlantic*, Juni 1990, S. 56.
76 Mason hält Ehen mit Kindern für stabiler: Mary Ann Mason, *The Equality Trap* (New York: Simon & Schuster, 1988).
77 »Liberalistisches Ehekonzept«: Michael Novak, »The Family Out of Favor«, *Harper's*, April 1976, S. 39
78 Stabile, aber öde Ehen – *Newsweek*- und Phillips-Zitat: »How Marriages Can Last«, *Newsweek*, 13. Juli 1983, S. 73.
79 Höhere Sterblichkeitsrate bei Unverheirateten: James S. House, Karl R. Landis, Debra Umberson, »Social Relationships and Health«, *Science*, 241 (Juli 1988): S. 540-545.
80 Untersuchung mit über 2500 Erwachsenen: ebenda.
81 Vier ähnliche Studien bestätigen – soziale Isolation ist Mortalitätsfaktor: ebenda.
82 Soziale Beziehungen ebenso wichtig wie Rauchen etc.: ebenda S. 541.
83 Alleinlebende und Herzinfarkt: Robert B. Case, Arthur J. Moss, Nan Case, Michael McDermott und Shirley Eberly, »Living Alone After Myocardial Infarction: Impact on Prognosis«, *Journal of the American Medical Association* 267 (22./29. Januar, 1992): S. 515-519.
84 Kurdeks Befund – Verheiratete sind glücklicher: Lawrence A. Kurdek, »The Relation Between Reported Well-Being and Divorce History, Availability of Proximate Adult, and Gender«, *Journal of Marriage and Family* 53 (1991): S. 71-78.
85 Geschiedene Frauen neigen eher zum Trinken: Marsha Lillie-Blanton, Ellen MacKenzie und James C. Anthony, »Black-White Differences in Alcohol Use by Women: Baltimore Survey Findings«, *Public Health Reports* 106 (1991): S. 124-134.
86 Bergersche Ehedefinition: Brigitte Berger und Peter Berger, *The War Over the Family: Capturing the Middle Ground* (1983), S. 166-167.

3. Kapitel: Die kommunitäre Schule

1 5,3 Prozent der Schüler mit Schießeisen bewaffnet: Tom Morganthau, »It's Not Just New York...«, *Newsweek*, 9. März 1992, S. 25.
2 Anzahl erschossener amerikanischer Jugendlicher: ebenda.
3 Sharon Pratt Kelly über Autorität und Disziplin: Sie »meine, daß diese

Art von Autorität wieder herzustellen ist, vom frühestmöglichen Alter an« und ergänzt: »Jugendliche schätzen Disziplin«. Aus: »Let Teachers Spank, Dixon Urges« von Mary Ann French, *The Washington Post*, 10. April 1991, A1.

4 Supreme Court läßt texanisches Gesetz (»außer tödliche Gewaltanwendung«) ungerügt: Leitartikel im *Christian Science Monitor*, 21. März 1989, S. 20.

5 Colemans Disziplin-Befragung von über 50000 Schülern: James Coleman, Thomas Hoffer und Sally Kilgore, *Public and Private Schools* (Chicago: National Opinion Research Center, 1981); vgl. auch James Coleman, Thomas Hoffer und Sally Kilgore, »Public and Private Schools«, *Society* 19 (Januar/Februar 1982): S. 4-9.

6 Richard McClouds Unterrichts-Zitat: aus einem Leserbrief an *The Washington Post*, nach Ben Wildavsky, »Can You *Not* Teach Morality in Public Schools?«, *The Responsive Community* 2 (Winter 1991/2): S. 54.

7 88 Prozent unserer Schüler besuchen staatliche Schulen: U.S. Bureau of the Census, *Statistical Abstract of the United States: 1991* (Washington, D.C.: U.S. Department of Commerce, 1991), Tabelle 215.

8 Beratungslehrer Teaneck, N.J.: nach Ben Wildavsky, »Can You *Not* Teach Morality in Public Schools?«, *The Responsive Community* 2 (Winter 1991/2): S. 47.

9 Behörden lassen anstößige Seiten aus Schulbüchern reißen: »Dallas, Texas«, *Newsletter on Intellectual Freedom* 40 (November 1991), S. 197.

10 Schulaufführung des Stückes *The Shadow Box* abgesetzt: »Simsbury, Connecticut«, *Newsletter on Intellectual Freedom* 40 (November 1991), S. 196.

11 Piaget und Kohlberg, vgl. etwa: Jean Piaget, *The Moral Judgment of the Child* (Glencoe, Illinois: Free Press, 1948; Originalausgabe: Le jugement moral chez l'enfant, 1932; dt. Das moralische Urteil beim Kinde); Lawrence Kohlberg, »Moral Development and Identification«, in Harold Stevenson (Hrsg.), *Child Psychology* (Chicago, National Society for the Study of Education: University of Chicago Press, 1963); Lawrence Kohlberg, »The Development of Children's Orientations Toward a Moral Order. Part 1: Sequence in the Development of Moral Thought«, *Vita Humana* 6 (1963): S. 11-33; Lawrence Kohlberg, »Development of Moral Character and Moral Ideology«, in Martin Hoffman und Lois Hoffman (Hrsg.), *Review of Child Development Research* (New York: Russell Sage Foundation, 1964).

12 Raspberrys »Erscheinungs«-Zitat: William Raspberry, »Ethics Without Virtue«, *The Washington Post*, 16. Dezember 1991, A23.

13 University of Minnesota, Beispiel »Sozialarbeiterin«: Diskussionsbeitrag bei der Konferenz »Ethical Issues in Case Management: Invitational Working Conference«, Minneapolis, Minnesota, 11./12. Juli 1991.

14 Christine Hoff Sommers zu Kursen in angewandter Ethik, nach: William Raspberry, »Ethics Without Virtue«, *The Washington Post*, 16. Dezember 1991, A23.

15 Wessen Werte? Hervorragende Diskussion zur Schule als Spiegel gesellschaftlicher Werte: Michael A. Rebell, »Schools, Values, and the Courts«, *Yale Law & Policy Review* 7 (1989).

16 Pfarrer Fink über das Problem, Werte für die Schulen zu konkretisieren: Ben Wildavsky, »Can You *Not* Teach Morality in Public Schools?«, *The Responsive Community* 2 (Winter 1991/2): S. 49.

17 William Damons Schulbeobachtungen: Kommentar in *The Responsive Community: Rights and Responsibilities* 2 (Herbst 1992): S. 86-88.

18 Golfkrieg: E.J. Dionne jun., *Why Americans Hate Politics* (New York: Simon & Schuster, 1991), insbes. S. 9-10.

19 Werterziehung in Baltimore: David O'Reilly, »An Initiative from Educators: Bring Values Back to the Class«, *The Philadelphia Inquirer*, 17. November 1991. 1-A.

20 Zu Jane Elliotts Experiment: William Peters, *A Class Divided: Then and Now* (New Haven: Yale University Press 1987, erweiterte Ausgabe) – »wohlwollende Indifferenz«, S. 16; Elliotts Freitagsregeln, S. 21; Elliott-Zitat »Lange vor Mittag...«, S. 24-25; Debbie Anderson, S. 33; Theodore Perzynski, S. 33; Mutter einer Schülerin, S. 41; Susan Rolland, S. 123; Verla Buls, S. 124.

21 Mindestens 22 Prozent der Arbeitnehmer in Gaststätten gehören Minoritäten an: *Current Population Survey*, Bureau of Labor Statistics, unveröff. Tabellen, 1991.

22 Wachstum Minderheitenanteil: James E. Peters, »Bridging the Gap: Restaurant Employment of Minorities«, *Restaurant Business* 88 (1. September 1989): S. 86.

23 Walt Whitman High School, Jobs und Schule: persönliche Information durch die Schulleitung.

24 Untersuchung zum Schüler-Jobben: Ivan Charner, Bryna Shore Fraser, *Youth and Work: What We Know, What We Don't Know, What We Need to Know* (Washington, D.C.: William T. Grant Foundation, 1988).

Vertiefend zu Jugendarbeit im Dienstleistungsbereich: Steven Waldman und Karen Springen, »Too Old, Too Fast?«, *Newsweek*, 16. November 1992, S. 80-88.

25 Arbeitslosigkeit: »Unemployment Rates by Sex and Age, Monthly Data Seasonally Adjusted«, *Monthly Labor Review*, März 1992, S. 59.

26 Einstellung Jugendlicher zum Gemeinschaftsdienst: People for the American Way, *Democracy's Next Generation*, 1989, S. 62 (vorgelegte Frage, S. 154).

27 Gründe für fehlendes Engagement: ebenda, S. 56 (vorgelegte Frage, S. 162).

28 11000 Dollar pro Dienstleistender: ein Schätzwert Don Eberles, National Service Secretariat, der etwas unter dem Mindestlohn liegt und die Krankenversicherung einschließt.

4. Kapitel: Zurück zum Wir

1 Definition von *Gemeinschaft* und *Gesellschaft*: Ferdinand Tönnies, *Gemeinschaft und Gesellschaft*, 1887; hier: *Community and Society*, übersetzt und hrsg. von Charles P. Loomis (East Lansing: Michigan State University Press, 1957).

2 Landschaftsschutz-Klage des Sierra Club vor dem Supreme Court: Mary Ann Glendon, *Rights Talk: The Impoverishment of Political Discourse* (New York: The Free Press, 1991), S. 112.

3 Soziale Verbände ersetzen die Familie: James Q. Wilson, »The Rediscovery of Character: Private Virtue and Public Policy«, *The Public Interest* 81 (Herbst 1985): S. 13.

4 Jonathan Rowe bei der Konferenz: »Left and Right: The Emergence of a New Politics in the 1990s?«, gesponsort von Heritage Foundation und Progressive Foundation, 30. Oktober 1991, Washington, D.C.

5 »Urbane Dörfer«: Herbert Gans, *The Urban Villagers: Group and Class in the Life of Italian-Americans* (New York: The Free Press, 1962, 1982), S. 14-15.

6 Jim Sleeper, *The Closest of Strangers: Liberalism and the the Politics of Race in New York* (New York: W. W. Norton & Company, 1990).

7 1950 lebten 14,4 Prozent der Älteren allein: Abraham Monk, »Aging, Loneliness, and Communications«, *American Behavioral Scientist* 31 (5): S. 534.

8 1990 lebten 31 Prozent der Älteren allein: U.S. Bureau of the Census, Current Population Reports, Reihe P-20, No. 450, *Marital Status and Living Arrangements: March 1990* (Washington, D.C.: U.S. Government Printing Office, 1991), Tabelle L, S. 12.

9 Amerikaner ziehen seltener um: Felicity Barringer, »18 percent of Households in U.S. Moved in '89«, *The New York Times*, 20. Dezember 1991, A16.

10 Ray Oldenburg kritisiert neue »Gemeinschafts«-Definitionen: nach Deborah Baldwin, »Creating Community«, *Common Cause Magazine*, Juli/August 1990, S. 17.

11 Traditionelle Gemeinschaften waren homogen: John W. Gardner, *Building Community* (Washington, D.C.: Independent Sector, 1991), S. 11.

12 Gardner: ebenda.

13 Einkommen Michael Milkens: Steve Swartz, »Why Michael Milken Stands to Qualify for Guinness Book«, *The Wall Street Journal*, 31. März 1989, A1.

14 Reiche sind nicht zufriedener als Arme: Diane Swanbrow, »The Paradox of Happiness«, *Psychology Today*, Juli/August 1989, S. 39.

15 Zufriedenheit ist eine Frage des Wohnorts: Ronald Inglehart und Jacques-René Rabier, »If You're Unhappy, This Must Be Belgium: Well-Being Around the World«, *Public Opinion* 8 (April/Mai 1985): S. 12.

16 Reiche Länder sind nicht zufriedener als arme: Richard A. Easterlin, »Does Money Buy Happiness?«, *The Public Interest* 30 (Winter 1973): S. 7.

17 Bedeutsame Beziehungen machen die Menschen psychologisch gesünder – eine umfassende Übersicht über den immensen Fundus an Belegen geben: Marc Pilisuk und Susan Hillier Parks, *The Healing Web* (Hanover, NH: University Press of New England, 1986); vgl. auch Robert I. Wuthnow, *Acts of Compassion: Caring for Others and Helping Ourselves* (Princeton: Princeton University Press, 1991).

18 Bücher zu gemeinschaftsfreundlicher Stadtplanung: Jane Jacobs, *The Death and Life of Great American Cities* (New York: Random House, 1961); Raquel Ramati, *How to Save Your Own Street* (New York: Doubleday, 1981); *Community Renewal Programming* (New York: Praeger, 1966); Witold Rybczynskis angekündigtes Werk: *Looking Around: A Journey Through Architecture.*

19 Jane Jacobs: ebenda.

20 Weniger Auto und mehr soziale Beziehungen: Andres Duany und Elizabeth Palter-Zyberk, »The Second Coming of the American Small Town«, *Wilson Quarterly* 16 (Winter 1992): S. 19-48.

21 Drucker zur Bedeutung der Freiwilligenverbände in den 90er Jahren: Peter F. Drucker, »It Profits Us to Strengthen Nonprofits«, *The Wall Street Journal*, 19. Dezember 1991, A14.

22 Fast 50 Prozent unserer Rettungssanitäter arbeiten gratis: John Grossmann, »Call an Ambulance ... Qick!«, *Country Journal*, Juli 1983, S. 58.

23 Tätigkeit und Ausbildung der Rettungssanitäter: John Grossmann, ebenda, S. 52-59.

24 Wiederbelebung nach Herzinfarkt: Robert G. Thompson, Alfred P. Hallstrom und Leonard A. Cobb, »Bystander-Initiated Cardiopulmonary Resuscitation in the Management of Ventricular Fibrillation«, *Annals of Internal Medicine* 90 (Mai 1979): S. 737-740; vgl. auch W. Douglas Weaver, »Resuscitation Outside the Hospital – What's Lacking«, *New England Journal of Medicine* 325 (14. November 1991): S. 1437-1439.

25 Reanimation in Seattle: Christina Rylko, »If You Have a Heart Attack Hope You're in Seattle«, *Saturday Evening Post*, April 1988, S. 56-57.

5. Kapitel: Die Institutionen der Gemeinschaft rekonstruieren

1 Padillas Entmüllaktion in der South Bronx: Sarah Bartlett, »Two Messes: One of Trash, One of Bureaucracy«, *The New York Times*, 29. November 1991. A1.

2 Vorfall in Bay City, Michigan: Robert Trojanowicz, Community Policing Curbs Police Brutality«, *Footprints* 3 (Frühjahr/Sommer 1991): S. 1-2.

3 Dezentralisierung des Gerichtswesens in Brooklyn: Tina McLanus, »Brooklyn Establishes ›Community Courts‹«, *Footprints* 4 (Winter/Frühjahr 1992): S. 15.

4 Verurteilung gewaltloser Straftäter zu gemeinnütziger Arbeit ist so effektiv wie eine Haftstrafe: nach einer Studie von Malcolm Feeley (UC Berkeley) und Richard Berk (UCLA), vgl. »Convicts and Community Service«, *Society*, November/Dezember 1991, S. 3.

5 Buckley nennt das Wählen ein »ziviles Sakrament«: William F. Buckley jun., *Reader's Digest,* Oktober 1984.

6 Mehr zum Thema »Befriedigung nur im Mit- und Füreinander«: vgl. Philip Selznick, »The Idea of Communitarian Morality«, *Californian Law Review* 75 (1987): S. 445-463.

7 Shelby Steeles Appell an die Schwarzen: Shelby Steele, *The Content of Our Character* (New York: St. Martin's Press, 1990).

8 L. Douglas Wilder vertritt ähnliche Position wie Steele: Lawrence Douglas Wilder, »On Our Own: The Black Family«, *The Responsive Community: Rights and Responsibilities* 1 (Frühjahr 1991): S. 3-5.

9 Wilkins und Walters kritisieren Steele: Walters Kommentar bei einer Konferenz der George Washington University; Roger Wilkins, »The Black Poor Are Different«, *The New York Times,* 22. August 1989, A23.

10 William Julius Wilson verweist auf unseliges Entweder-Oder-Denken: vgl. etwa Michael Abramowitz, »Against Poverty's Odds«, *The Washington Post,* 12. Dezember 1991, B1-B2.

11 Coughlin zu den Problemen des Multikulturalismus: Ellen K. Coughlin, »Scholars Confront Fundamental Question: Which Vision of America Should Prevail«, *The Chronicle of Higher Education,* 29. Januar 1992, A8.

12 Coughlin, vereinfachte Darstellung der Multikulturalismus-Debatte: ebenda.

13 Federalist Papers: Essays, die Alexander Hamilton, James Madison und John Jay unter dem Pseudonym »Publius« 1787 in New Yorker Zeitungen publizierten, um New Yorks Bevölkerung zur Annahme des Verfassungsentwurfs zu bewegen. 1788 in Buchform als *Federalist Papers* erschienen, gelten sie als wichtigster Kommentar zur US-Verfassung [Übersetzer-Anmerkung].

14 Simone de Beauvoir, *Das andere Geschlecht*, und Charlotte Perkins Gilman, *Frauen und Wirtschaftswissenschaften*: Simone de Beauvoir, The Second Sex (New York: Bantam Books, 1952; *Le Deuxième Sexe*, Paris: Librairie Gallimard, 1949; dt. Hamburg: Rowohlt Verlag, 1951); Charlotte Perkins Gilman, *Women and Economics* (New York: Harper Torchbooks, 1966).

15 Lapham und der multikulturelle Amerikaner: Lewis H. Lapham, »Who and What ist American?«, *Harper's*, Januar 1992, S. 43.

16 Shanker über die neuen Multikulturalisten: Albert Shanker, »Courting Ethnic Strife«, *The New York Times*, 23. Februar 1991, Section 4, 7.

17 Weiße Traditionalisten über den Kernlehrplan: »Is the Curriculum Biased?«, Verlautbarung der National Association of Scholars.

18 Nationaler Gelehrtenverband »Selbst wenn die Behauptung zuträfe...«: ebenda.

19 Vom Arbeitsministerium gesponsorte Studie zur Entwicklung der erwerbstätigen Bevölkerung: William B. Johnston (Projektleiter), *Workforce 2000: Work and Workers in the Year 2000* (Indianapolis, Indiana: Hudson Institute, 1987).

20 Riche »Es gibt nur noch Minoritäten«: Martha Farnsworth Riche, »We're All Minorities Now«, *American Demographics*, Oktober 1991, S. 26-31; »... die Vereinigten Staaten...«, S. 26; »Zeiten vorbei...«, S. 28.

21 June Jordans These: June Jordan, »Diversity or Death«, *The Progressive*, Juni 1990, S. 17.

22 Zahlen zur Entwicklung der erwerbstätigen Bevölkerung: William B. Johnston (Projektleiter), *Workforce 2000: Work and Workers in the Year 2000* (Indianapolis, Indiana: Hudson Institute, 1987), S. 95.

23 Vergleichbare Studien: beispielsweise Peter A. Morrison, »Congress and the Year 2000: A Demographic Perspective on Future Issues«, N-3279-CRS (Santa Monica, Kalifornien: The RAND Corporation, 1991).

24 Prognose Minoritätenanteile: ebenda, S. 12-13; Morrisons Zahlen basieren auf Untersuchungen des U.S. Bureau of Census: *Projections of the Population of the United States, by Age, Sex, and Race: 1988 to 2080* (1989) und *Projections of the Hispanic Population: 1983 to 2080* (1986).

25 Konkurrenz der Minoritäten um Arbeitsplätze: Lynne Duke und Richard Morin, »Demographic Shift Reshaping Politics«, *The Washington Post*, 13. August 1991, A7.

26 Bryce-Zitat aus *The American Commonwealth*: nach Arthur M. Schlesinger jun., *The Disuniting of America: Reflections on a Multicultural Society* (Knoxville, Tennessee: Whittle Direct Books, 1991), S. 7.

27 Steeles Forderung an die Schwarzen: Shelby Steele, *The Content of Our Character* (New York: St. Martin's Press, 1990), S. 173.

28 Woodrow Wilson und das Schmelztiegel-Konzept: Albert Shaw (Hrsg.),

The Messages and Papers of Woodrow Wilson, Bd. 1. (New York: The Review of Reviews Corporation, 1924), S. 115-116.

29 Diane Ravitch: »Multiculturalism: E Pluribus Plures«, in Paul Berman (Hrsg.), *Debating P.C.* (New York: Dell Publishing, 1992), S. 276.

30 »Idee eines *grenzenlosen Pluralismus* droht Amerika zu balkanisieren«: Arthur M. Schlesinger jun., *The Disuniting of America: Reflections on a Multicultural Society* (Knoxville, Tennessee: Whittle Direct Books, 1991).

31 Berman kritisiert einschlägige Publikationen: Paul Berman (Hrsg.), *Debating P.C.* (New York: Dell Publishing, 1992), »Introduction: The Debate and Its Origins«, S. 3.

32 Bayard Rustin zum zweisprachigen Unterricht: nach William Raspberry, »Ethnocentric Excesses«, *The Washington Post*, 5. Oktober 1991, A 19.

33 Extremisten fordern, wir sollten alle Spanisch sprechen: Kommentar Arnold Torres' in der Sendung »Should America Be Bilingual«, (»The Firing Line«), aufgenommen am 29. September 1983.

34 Umfrageergebnisse zum Thema »faire Behandlung für alle«: *Democracy's Next Generation II: A Study of American Youth on Race* (Washington, D.C.: People for the American Way, 1992), S. 57-58.

35 Umfrage des New Yorker Lehrerverbandes: *New York State United Teachers 1991 Education Opinion Survey: Final Report* (Albany, New York: New York State United Teachers, 1991), Sektion II, S. 5 und 8.

36 Die Frau im Islam (Ägypten, Sudan, Wahhabiten): Lisa Beyer, »Life Behind the Veil«, *Time*, Herbst 1990, S. 37.

37 Strafen im Islam: »Sudan Seems to Shift Away from Islamic Law«, *The New York Times*, 4. Februar 1990, S. 17.

38 Minderheiten im Islam: Abdullahi A. An-Na'im, »Religious Minorities under Islamic Law and the Limits of Cultural Relativism«, *Human Rights Quarterly* 9 (1987), S. 1-18.

39 Zitat An-Na'im: ebenda, S. 12-13.

40 Malik über christliche Araber: Habib C. Malik, »Faith to Faith«, *The New Republic*. 31. Dezember 1990, S. 16.

41 Bericht über Japan: Andrew Dougherty, *Japan: 2000* (Washington, D.C.: Economic Strategy Institute, 1991), S. 21.

42 Mitarbeiterinnen der Bank of Tokyo brauchen für Tätigkeit im Ausland Zustimmung des Ehemanns: Henny Sender, »You've Got a Long Way to Go, Baby«, *Institutional Investigator*, April 1991, S. 25. Mehr zur sexuellen Diskriminierung in japanischen Betrieben: Mary Saso, *Women in the Japanese Workplace* (London: Hilary Shipman Ltd., 1990).

43 Japanische Bevölkerungsstatistik: Lee Smith, »Divisive Forces in an Inbred Nation«, *Fortune*, 30. März 1987, S. 24.

44 Diskriminierung der koreanischen Minderheit in Japan: ebenda, S. 25.

45 Die Diskriminierung der »Unberührbaren« Japans hält an: Takagi Masyu-

ki, »A Living Legacy of Discrimination«, *Japan Quarterly*, Juli/September 1991, S. 283-290.

46 Konfuzius, Menschenrechte und Demokratie: Chaves in einem Brief an den Autor, 5. März 1992.

47 Mehr zur Rekonstruktion der Gemeinschaften qua kommunitäre Institutionen: Robert N. Bellah, Richard Madsen, William M. Sullivan, Ann Swidler und Steven M. Tipton, *The Good Society* (New York: Alfred A. Knopf, 1991), insbesondere Anhang.

6. Kapitel: Neue Pflichten: Öffentliche Sicherheit und Gesundheit

1 Verunreinigung von Drogen: Paul Weyrich, »Conservatism for the People«, *National Review*, 3. September 1990, S. 27.

2 Jedem Bürger sein Schießeisen: Walter E. Williams, »The Cost of Crime Has Fallen«, *Conservative Chronicle*, 7. November 1990, S. 29.

3 Alle HIV-Positive in Quarantäne: vgl. Ronald Bayer, *Private Acts, Social Consequences: AIDS and the Politics of Public Health* (New York: Free Press, 1989), S. 173-206.

4 Setzt die Verfassung außer Kraft, bis der Kampf gegen die Droge gewonnen ist: Brief an Tom Wicker, »Rights vs. Testing«, *The New York Times*, 28. November 1989, A25.

5 Chicagos Polizeipräsident fordert, jeden Drogendealer zu erschießen: *The Washington Post*, 13. Juli 1991, A6.

6 Richter in Houston plädiert für Kastration aller Gewaltverbrecher: *Newsweek*, 7. Oktober 1991, S. 8.

7 39 Prozent der Wähler Louisianas für David Duke: Peter Applebome, »Fearing Duke, Voters in Louisiana Hand Democrat Fourth Term«, *The New York Times*, 18. November, A1.

8 Guerrero (ACLU) zitiert Brandeis: Gene Guerrero vor der American Society of Industrial Security, 8. November 1989, Redemanuskript S. 11.

9 Glasser warnt vor übermächtigem Staat: zitiert nach Herber Mitgang, »Of Rights and Rhetoric About Rights«, *The New York Times*, 30. Oktober 1991, C19.

10 ACLU gegen Abnahme von Fingerabdrücken bei Kindern: »Children's Rights«, *Policy Guide of the ACLU*, Nr. 272 (1986).

11 »Zugriff staatlicher Behörden auf Fingerabdruck-Archive«: ebenda, S. 363-364.

12 »Die Abnahme von Fingerabdrücken konditioniert die Kinder und die Gesellschaft...«: ebenda, S. 364.

13 Von 1968 bis 1972 115 Flugzeugentführungen: Peter St. John, *Air Piracy, Airport Security, and International Terrorism: Winning the War Against Hijakkers* (New York: Quorum Books, 1991), S. 210 und 211.

14 24 Bomben töteten 256 Menschen: ebenda, S. 213.

15 Entflohene Sträflinge entführen Flugzeug von Birmingham: ebenda, S. 20.

16 60 Tage Zeit für US-Flughäfen, um Kontrollstellen einzurichten: ebenda, S. 14.

17 Röntgen-Kontrolle wird Pflicht: ebenda, S. 21.

18 Im ersten Jahr 2000 Schußwaffen und 1600 Kilogramm Sprengstoff gefunden: ebenda, S. 73.

19 In den ersten zehn Jahren 25000 Schußwaffen beschlagnahmt: ebenda, S. 77.

20 *Alle* Individuen zu durchsuchen, verstößt gegen den Vierten Verfassungszusatz: »Airport Searches«, *Policy Guide of the ACLU*, Nr. 270 (1986), S. 359.

21 »Der vielleicht beunruhigendste Aspekt...«: ebenda.

22 In den 80ern war bei 250000 tödlichen Verkehrsunfällen Alkohol im Spiel: Richard K. Willard, »Yes: Checkpoints Enhance Awareness«, *ABA Journal*, April 1990, S. 44.

23 Alle zwanzig Minuten ein tödlicher Unfall: National Highway Traffic Safety Administration, »Sobriety Checkpoints«, *NHTSA Facts*, S. 1.

24 Alkoholbezogene Verkehrsunfälle häufigste Todesursache bei 15- bis 24jährigen: »Health Warning Labels on Alcoholic Beverages: A Public Health Measure Long Overdue«, Center for Science in the Public Interest, März 1988.

25 500000 Verletzte bei alkoholbezogenen Unfällen: ebenda, S. 2.

26 Zwei von fünf Amerikanern in Unfälle verwickelt, bei denen Alkohol im Spiel ist: ebenda.

27 38 Bundesstaaten haben Alkoholkontrollen eingeführt: National Highway Traffic Safety Administration (NHTSA), »Sobriety Checkpoint Use in the United States«, 21. August 1991.

Die State Supreme Courts in Idaho, Louisiana, Rhode Island und Washington haben die Alkoholkontrollen für verfassungswidrig erklärt. Die Bundesstaaten New Hampshire, Oklahoma, Oregon und Utah haben gesetzliche oder administrative Einschränkungen vorgenommen. Zu den Bundesstaaten, die keine Alkoholkontrollen eingeführt haben, gehören Alaska, Arkansas und North Dakota.

28 Evaluation des New-Jersey-Programms: D. Levy, D. Shea, P. Asch, »Traffic Safety Effects of Sobriety Checkpoints and Other Local DWI Programs in New Jersey«, *American Journal of Public Health* 79 (1989): S. 291; dazu gehörten auch Erziehungsprogramme.

29 Alkoholkontrollen in New South Wales: R. Homel, D. Carseldine und I. Kearns, »Drink-Drive Countermeasures in Australia«, *Alcohol, Drugs and Driving* 4 (1988): S. 113.

30 Laut kanadischer Studie ist die Festnahmerate weniger wirksam als die Berichterstattung über Alkoholkontrollen: G. W. Mercer, »The Relationships Among Driving While Impaired Charges, Police Drinking Driving Roadcheck Activity, Media Coverage, and Alcohol-Related Casualty Traffic Accidents«, *Accident Analysis and Prevention* 17 (1985): S. 467.

31 Charlottesville-Studie: R. B. Voas, A. E. Rhodenizer und C. Lynn, *Evaluation of Charlottesville Checkpoint Operation: Final Report,* DOT-HS-806-989 (Washington, D.C.: National Highway Traffic Safety Administration, 1985).

32 In 29 Bundesstaaten kann Autofahreren, die bei einem Alkoholtest durchfallen, der Führerschein entzogen werden: Jay Mathews, »New Weapon Against Drunken Drivers«, *The Washington Post,* 16. September 1991, A12.

33 Information zum Führerscheinentzugs-Programm Kaliforniens: ebenda.

34 90 Prozent der Befragten befürworten Alkoholkontrollen: R. B. Voas, A. E. Rhodenizer und C. Lynn, *Evaluation of Charlottesville Checkpoint Operation: Final Report,* DOT-HS-806-989 (Washington, D.C.: National Highway Traffic Safety Administration, 1985).

35 Selbst Alkoholsünder befürworten Kontrollen: ebenda.

36 Kimborough im *Daily Herald*: *RE: Rights and Responsibilities* (Newsletter of the American Alliance for Rights & Responsibilities), Mai 1990, S. 4.

37 ACLU in Michigan gegen Alkoholkontrollen: nach Colman McCarthy, »Stop Drunks Before They Kill«, *The Washington Post,* 23. Juni 1990, A29.

38 Drogenkontrolle in Inkster: Roger Conner, »The Checkpoint at Inkster: Reasonable or Unreasonable?«, *The Responsive Community: Rights and Responsibilities* 1 (Winter 1990/1): S. 88-91.

39 »Wehret den Anfängen«: Frederick Schauer, »Slippery Slopes«, *Harvard Law Review* 99 (1985): S. 361.

40 Schauer definiert »Schritt auf die schiefe Bahn«: ebenda, S. 361-362.

41 Schauer: »Die Frage ›Wo muß man den Trennungsstrich ziehen?‹...«: ebenda, S. 378.

42 Glasser zu gesetzlichem Rauchverbot: nach Glen Evans, »Stub Out Antismoking Zealotry«, *The New York Times,* 7. Mai 1988, S. 27.

43 ACLUs Ängste in bezug auf Sicherheitskontrollen: *Policy Guide of the ACLU,* Nr. 270 (1986).

44 Die Diskussion über Stopp-Mechanismen profitiert von: William Curran, Larry Gostin und Mary Clark, »Acquired Immunodeficiency Syndrome: Legal and Regulatory Policy« (Harvard School of Public Health, 1986). Zu ihren Kriterien gehören: 1. »Echtes Ziel« (öffentliche Gesundheit vs.

versteckte Vorurteile); 2. Wissenschaftlicher Nachweis »gesundheitspolitischer Notwendigkeit«; 3. Die Maßnahmen selbst dürfen kein Gesundheitsrisiko darstellen; 4. Die gewählten Maßnahmen müssen dem gesundheitspolitischen Ziel dienen. Auch James F. Childress in »An Ethical Framework for Assessing Policies to Screen for Antibodies to HIV«, *AIDS and Public Policy Journal* 2 (Winter 1987): S. 28-32, nennt vier Bedingungen: 1. Die Maßnahme muß effektiv sein; 2. Es gibt keine Alternative; 3. Die behutsamste Lösung ist zu suchen; 4. Die Betroffenen sind umfassend zu informieren.

45 In den letzten fünf Jahren wurden 38 Mexikaner von Bienen getötet: Robert Johnson, »Swarms of ›Killer Bees‹ in Texas Imperil the Nation's Beekeepers«, *The Wall Street Journal*, 11. Oktober 1991, B1.

46 U.S. Department of Transportation hält Neudefinition der Rechte und Pflichten von Lokführern für geboten: Paul Glastris, »... One That Should Be the Best, *But Isn't*«, *The Washington Monthly*, März 1988, S. 27-33 (Zitat S. 31).

47 Das Neunte Bundesberufungsgericht billigt Verordnung des U.S. Department of Transportation und der Federal Highway Administration: »Drug Tests for Transportation Workers Upheld by Appeals Court«, *The Wall Street Journal*, 29. April 1991, B4.

48 Neuntes Bundesberufungsgericht hatte entsprechende Tests der Federal Aviation Administration gebilligt: ebenda.

49 Bei 48 Zugunglücken mit 37 Toten und 80 Verletzten in den Jahren 1975 bis 1984 waren Drogen oder Alkohol »unmittelbare« Ursache: Paul Glastris, »... One That Should Be the Best, *But Isn't*«, *The Washington Monthly*, März 1988, S. 27-33 (Zitat S. 31).

50 Bei 39 von 179 Zugunglücken im Jahre 1987 standen die Lokführer unter Drogen, 34 Prozent mehr als 1986: Peter Bensinger, *USA Today*, 17. Februar 1988, 8A.

51 16 Tote und über 170 Verletzte beim Amtrak-Conrail-Zusammenstoß im Januar 1987: David Gates, »Legacy of a Railroad Disaster«, *Newsweek*, 18. Mai 1987, S. 8.

52 NYC-Fahrer bringt am 28. August 1991 U-Bahn zum Entgleisen – Zahl der Toten und Verletzten: Alan Finder, »Transit Crews Will Now Be Tested Randomly for Drugs and Alcohol«, *The New York Times*, 30. August 1991, A1, B4.

53 Zugführer war noch dreizehn Stunden nach dem Unglück betrunken: ebenda.

54 Gewerkschaft akzeptiert Stichprobentests auf Drogen und Alkohol: »For Transit Union, a Change of Heart on Drug Testing«, *The New York Times*, 30. August 1991, B4.

55 Eine Studie im Jahre 1979 stufte 23 Prozent des Bahnbetriebspersonals

als Problemtrinker ein: Paul Glastris, »... One That Should Be the Best, *But Isn't*«, *The Washington Monthly*, März 1988, S. 27-33 (Zitat S. 31).

56 Auch Handfeuerwaffen eine eindeutige und unmittelbare Gefahr; 1988 in den USA 9000 Menschen mit Handfeuerwaffen ermordet und 14000 versehentlich getötet. In Großbritannien gab es *sieben* Morde mit Handfeuerwaffen, in Kanada *acht*: »Stop the Madness; Pass Sane Gun-Control Laws«, *USA Today*, 17. Oktober 1991, 10A.

57 Zahlen zur AIDS-Epidemie: »Accelerating, Nation's AIDS Count Hits 200000", *The New York Times*, 17. Januar 1992, A16.

58 Alljährlich sterben in den USA über 300000 Menschen am Rauchen: Robert E. Goodin, »The Ethics of Smoking«, *Ethics* 99 (April 1989): S. 574-624 (Zitat S. 575).

59 Auch Passivraucher geschädigt: ebenda, S. 574-624.

60 Passivrauchen führt jährlich zu 2400 Fällen von Lungenkrebs: Willard G. Manning et al., »The Taxes of Sin: Do Smokers and Drinkers Pay Their Way?«, *Journal of the American Medical Association* 261 (17. März 1989): S. 1607.

61 90 Prozent der Raucher haben versucht aufzuhören: Robert E. Goodin, »The Ethics of Smoking«, *Ethics* 99 (April 1989): S. 585.

62 10%iger steuerbedingter Zigarettenpreisanstieg bewirkt Rückgang des Zigarettenkonsums um 12 Prozent: George F. Will, »Smoking, Custom and the Law«, *The Washington Post*, 14. Januar 1990, B7.

63 Meese wollte *Miranda*-Rechte abschaffen (zwei Zitate): Stephen Wermiel, »Miranda Ruling Continues to Fall Under Attack; Some Critics See It as Law Enforcement Barrier«, *The Wall Street Journal*, 8. September 1987, S. 72.

64 Ein Papier des Office of Legal Policy forderte, *Miranda*-Recht zu kippen: »Respecting the Vitality of *Miranda*: The Case of Preserving the Right to Remain Silent« (Washington, D.C.: The American Civil Liberties Foundation), S. 1.

65 Supreme Court befand mit sechs zu drei Stimmen, Geständnis vor Rechtsbelehrung beeinträchtige späteres Geständnis nicht: Elder Witt, »Decision Trims Miranda Rule on Statements«, *Congressional Quarterly*, 9. März 1985, S. 455.

66 Die Polizei muß Verdächtige nicht über jedes Verbrechen informieren, deren sie beschuldigt werden; Powells Zitat: Elder Witt, »High Court Holds the Line on *Miranda* Rule«, *Congressional Quarterly*, 31. Januar 1987, S. 196.

67 Richter fertigte Durchsuchungsbefehl falsch aus: *Massachusetts v. Sheppard* 468 U.S. 981-993 (1984).

68 Linda Bruin zu Schülerrecht und Schuldisziplin: Linda L. Bruin, »School Discipline: Recent Developments in Student Due Process

Rights«, *Michigan Bar Journal*, November 1989, S. 1066.

Die Verfahren variieren von Bundesstaat zu Bundesstaat. Manche Schulen haben Vermittlungsverfahren schon eingeführt – andere noch nicht einmal darüber nachgedacht.

69 Der AFT-Präsident Albert Shanker über Schülerrechte: Albert Shanker, »Where We Stand: Discipline in Our Schools«, *The New York Times*, 19. Mai 1991, Sektion 4 und 7.

70 ACLU gegen Verordnung in Alexandria, Virgina: L. Gordon Crovitz, »The New Civil Rights: ACLU vs. Maxine Clark«, *The Wall Street Journal*, 5. September 1990, A15; vgl. auch Roger Conner, »Targeted Anti-Loitering Laws: Constitutional Violation or Community Protection?«, *The Responsive Community: Rights and Responsibilities* 1 (Frühjahr 1991), S. 65-68.

71 Ausgangssperre in Atlanta, Newark, Detroit: »Atlanta Sets a Curfew for Youths, Prompting Concern of Race Bias«, *The New York Times*, 21. November 1990, A1, B10.

72 Liberale wie Kuttner für bundeseinheitlichen Ausweis: Robert Kuttner, »Illegal Immigration: Would a National ID Card Help?«, *BusinessWeek*, 26. August 1991, S. 14.

73 Centers for Disease Control zu HIV-Test: Malcolm Gladwell, »CDC Urges AIDS Testing for all Hospital Patients«, *The Washington Post*, 20. September 1991, A3.

74 24000 Amerikaner auf Warteliste für Organtransplantation: Aaron Spital, »The Shortage of Organs for Transplantation«, *New England Journal of Medicine* 325 (24. Oktober 1991): S. 1243-1246.

75 Organspende ein kommunitäres Muß: James L. Nelson, »The Rights and Responsibilities of Potential Organ Donors; a Communitarian Approach«, *The Responsive Community* (geplant).

76 Verbrechensursachen: James Q. Wilson und Richard J. Herrnstein, *Crime and Human Nature* (New York: Simon & Schuster, 1985).

77 Höhere Kriminalitätsrate in den Vereinigten Staaten als in Portugal, Chile, Spanien, Indonesien, Kenia: *International Crime Statistics* (Lyon: INTERPOL Generalsekretariat, 1985), S. 58, 142, 33, 56, 85, 100.

78 Gewaltverbrechensrate 1990: bundesweit 732, in Utah 284 pro 100000: Uniform Crime Reports of the United States (Washington, D.C.: Federal Bureau of Investigation, 1990), S. 51 und 58.

7. Kapitel: Gegen Haß-Parolen – ohne neue Gesetze

1 Wayne Dicks satirisches Poster: Richard Schumacher, »Anti-Gay Poster Sparks Free Speech Controversy«, *Yale Daily News*, 3. September 1986, S. 1.

2 Ein Student fühlt sich durch das Poster beleidigt: Stephanie Blank, »›BAD Week‹ Flyer Angers Students«, *Yale Daily News*, 16. April 1986, S. 3.

3 Dick verteidigt sich mit dem Argument, Homosexualität sei unmoralisch: Richard Schumacher, »Anti-Gay Poster Sparks Free Speech Controversy«, *Yale Daily News*, 3. September 1986, S. 6.

4 Dick bekommt zwei Jahre auf Bewährung: ebenda, S. 1.

5 Vorstandsmitglied der Connecticut Civil Liberties Union protestiert: Patricia G. Barnes, »Yale Chided for Disciplining Student Who Mocked Homosexuals«, *New Haven Register*, 7. August 1986, S. 1.

6 Zitat aus Yale-Studienordnung: Richard Schumacher, »Student Demands Rehearing«, *Yale Daily News*, 10. September 1986, S. 1.

7 Yale-Absolvent verteidigt Dick-Urteil: Richard Schumacher, »Anti-Gay Poster Sparks Free Speech Controversy«, *Yale Daily News*, 3. September 1986, S. 1 und 6 (Zitat S. 6).

8 Yale-Rektor verteidigt Meinungsfreiheit: Sam Conti und Richard Rothschild, »Schmidt, Others Address Dick Case«, *Yale Daily News*, 3. Oktober 1986, S. 1.

9 Dick im Revisionsverfahren freigesprochen: »Wayne Dick Acquitted«, *Yale Daily News*, 2. Oktober 1986, S. 1.

10 Vann Woodwards Statement: ebenda.

11 Sprach-Kodizes an 130 amerikanischen Universitäten: Mayerene Barker, »University Divided over Proposal for Speech Code«, *Los Angeles Times*, 16. Mai 1991, B3.

12 Kodex an der University of Pennsylvania: »Colleges Take Two Basic Approaches in Adopting Anti-Harassment Plans«, *The Chronicle of Higher Education*, 4. Oktober 1989, A38.

13 Sarkastischer Kommentar eines Penn-Professors: Alan Charles Kors, »It's Speech, Not Sex, the Dean Bans Now«, *The Wall Street Journal*, 12. Oktober 1989, A16 (E).

14 Tufts-Sprachkodex : R. W., »Colleges Take Two Basic Approaches in Adopting Anti-Harassment Plans«, *The Chronicle of Higher Education*, 4. Oktober 1989, A38.

15 Connecticut-Kodex: ebenda.

16 Disziplinarordnung, Wisconsin: »Student Nonacademic Disciplinary Procedures«, Chapter UWS 17.06(2)(a)2.(c)1., University of Wisconsin System administrative code, August 1989.

17 Zwei weiße Studenten der University of Pennsylvania aus Wohnheim ausgeschlossen: R. W., »Colleges Take Two Basic Approaches in Adopting Anti-Harassment Plans«, *The Chronicle of Higher Education*, 4. Oktober 1989, A38.

18 University of Michigan bestraft Studenten für Limerick: ebenda. Studenten aus Stanford-Wohnheim verwiesen: Felicity Barringer, »Campus Bat-

le Pits Freedom of Speech Against Racial Slurs«, *The New York Times,* 25. April 1989, A1; Larry Gordon, »Stanford OKs Ban on Fighting Words, *Los Angeles Times,* 26. Mai 1990, A36.

19 Disziplinarstrafe für Rutgers-Student: Dana Milbank, »Gay Students Enjoy Programs, Protections at Rutgers University«, *The Wall Street Journal,* 3. Februar 1992, A1.

20 Vorfall am Occidental College: »Suspension for Oral Abuse Spurs a Debate«, *The New York Times,* 16. Februar 1992, S. 59.

21 Brown University relegiert Studenten: Anthony DePalma, »Battling Bias, Campuses Face Free Speech Fight«, *The New York Times,* 20. Februar 1991, B9.

22 Student am SUNY-Binghamton, der *Penthouse*-Poster an seiner Zimmertür im Wohnheim anbringt, wegen unzüchtigen Verhaltens belangt: John Leo, »PC Follies: The Year in Review«, *U.S. News & World Report,* 27. Januar 1992, S. 22.

23 Professor der University of Toronto wegen sexueller Belästigung bestraft: ebenda, S. 26.

24 Mehrheit der Bürger Colorados gegen Verbot rassistischer Äußerungen: *The Denver Post*/NewsCenter, Vier-Issues-Befragung, durchgeführt von Talmey Associates, Boulder, Colorado, Juni 1986.

25 Bürger Alabamas wollen Meinungsfreiheit auch für unpopuläre Ansichten: *Alabama 1989: The annual report of Southern Opinion Research* (Tuscaloosa, Alabama: Southern Opinion Research, 1990), S. 8.

26 Bundesweite Umfrage (1987) zum Verfassungsschutz der freien Meinungsäußerung: »The Constitution: 200 Years Later«, CBS News/*The New York Times*-Befragung, Mai 1987.

27 1991er Unfrage – Mehrheit für Verbot diskriminierender Äußerungen: Bill of Rights Survey, durchgeführt von Research USA, im Auftrag der American Bar Association, Juli 1991.

28 Entscheidung des Supreme Court von 1942: *Chaplinsky v. New Hampshire* 315 U.S. 568, 571-572 (1942).

29 Supreme Court hat erneute Anwendung abgelehnt: Gerald Gunther, »Good Speech, Bad Speech – No«, *Stanford Lawyer,* Frühjahr 1990, S. 9.

30 St. Paul, Minnesota – *Hate code* vor dem Supreme Court: Linda Greenhouse, »Justices Weigh Ban on Voicing Hate«, *The New York Times,* 5. Dezember 1991, B19.

31 Scalia kritisiert unscharfe St.-Paul-Verordnung: ebenda.

32 Zitat *St. Paul Pioneer Press*: Nat Hentoff, »Looking Beyond a Burning Cross«, *The Washington Post,* 1. Februar 1991, A23.

33 Sheriff von Arlington, Virginia, versucht *Playboy* zu verbieten: Caryle Murphy, »Merchandisers Challenge Book Display Ban«, *The Washington Post,* 17. Juli 1985, C1.

34 Zitat Richter Douglas: *Interstate Circuit, Inc. v. Dallas,* 390 U.S. 676, 707 (1968).

35 Leitartikel *Los Angeles Times*: »Fighting Intolerance With Intolerant Speech Codes«, *Los Angeles Times,* 13. Mai 1991, B4.

36 Auch Strossen (ACLU) kritisiert Kodizes: David G. Savage, »Forbidden Words on Campus«, *Los Angeles Times,* 12. Februar 1991, A17.

37 Eine umfassende Untersuchung: *Hate in the Ivory Tower: A Survey on Intolerance on College Campuses and Academia's Response* (Washington, D.C.: People for the American Way, 1991); »Kultur des Leugnens«, S. 6.

38 Northwestern-Professor für uneingeschränkte Meinungsfreiheit: Franklyn S. Haiman, »The Remedy is More Speech«, *American Prospect* 6 (Sommer 1991), S. 30-35.

39 Scalia über Rechte und Pflichten: Antonin Scalia, »Law, Liberty, and Civic Responsibility«, in: *Rights, Citizenship and Responsibilities: The Proceedings of Freedoms Foundation's Symposium on Citizen Responsibilities* (Washington, D.C.: The Freedoms Foundation, 1984), S. 3 und 4.

40 Galston nennt Rechtssprache moralisch unvollständig: William A. Galston, »Rights Do Not Equal Rightness«, *The Responsive Community* 1 (Herbst 1991): S. 8.

41 Richter Learned Hand zur Freiheit: nach Philip B. Kurland, »The Constitution and Citizen Responsibility«, *Rights, Citizenship and Responsibilities,* op. cit., S. 21-22.

42 Penn State – Verbannung Goyas *Nackter Maja*: Nat Hentoff, »Trivializing Sexual Harassment«, *The Washington Post,* 11. Januar 1992, A19.

43 Das Elend Ryan Whites: Dirk Johnson, »Ryan White Dies of AIDS at 18; His Struggle Helped Pierce Myths«, *The New York Times,* 9. April 1990, D10.

44 Whites Selbstzeugnis: Ryan White und Ann Marie Cunningham, *Ryan White: My Own Story* (New York: Dial Books, 1991).

45 Führendes Mitglied einer Homosexuellen-Organisation berichtet: Fred Friendly, »That Delicate Balance«, PBS-Spezial zur Bill of Rights, 1992.

46 »Rassistische Äußerungen verletzen...«: Charles R. Lawrence III, »The Debates over Placing Limits on Racist Speech Must Not Ignore the Damage It Does to Its Victims«, *The Chronicle of Higher Education,* 25. Oktober 1989, B1.

47 Hentoff zu Vorfall am Arizona State: Nat Hentoff, »The Right Thing at ASU«, *The Washington Post,* 25. Juni 1991, A19.

48 Emory, Workshops zu sexueller Belästigung: Susan Dodge, »Campus Codes That Ban Hate Speech Are Rarely Used to Penalize Students«, *The Chronicle of Higher Education,* 2. Februar 1992, A36.

49 Ethridge billigt Workshops: ebenda.

50 Studenten-Dekanin kritisiert Workshops: ebenda.

51 Video der University of Maryland: *Still Burning: Hate in the Ivory Tower: A Survey on Intolerance on College Campuses and Academia's Response* (Washington, D.C.: People for the American Way, 1991), S. 19.

52 Interaktives Video, *Cultural Awareness Program* der Miami University of Ohio: »Videotape Helps Students Accept Racial Diversity«, *The New York Times*, 27. Oktober 1991, S. 42.

53 Kommilitonen als Berater etc.: *Hate in the Ivory Tower: A Survey on Intolerance on College Campuses and Academia's Response* (Washington, D.C.: People for the American Way, 1991), S. 20.

8. Kapitel: Kommunitäre Politik

1 Proxmire, »Man kann auch aus dem Telephonbuch vorlesen ...«: Martin Tolchin, »Perils Presented by Outside Income«, *The New York Times*, 10. Januar 1983.

2 Breaux, »Mich kann man nicht kaufen ...«: nach »Struggling to Explain Washington to the Folks Back Home«, Interview Joan McKinneys mit Pete Earley, *The Washington Post*, 7. November 1982, B3.

3 Bei 400 hörte Suzanne Garment auf zu zählen: Aussage bei einer Konferenz der Society of Professional Journalists in Alexandria, Virginia, 4. April 1992.

4 Gerüchte über George Bushs »Geliebte« nach: Joe Conason, »George Bush's Adultery Thing«, *Spy*, Juli-August 1991, S. 31-38.

5 »Alle Politiker unehrlich«, »die Gauner an die frische Luft setzen«: American Enterprise Institute, 1990.

6 Nichols bezweifelt Etzionis Patriotismus: Private Mitteilung, November 1982.

7 Zur Korruptionsthese langjähriger Beobachter Washingtons: Elizabeth Drews, *Politics and Money: The New Road to Corruption* (New York: Macmillan Publishing Company, 1983); Brooks Jackson, *Honest Graft: Big Money and American Political Process* (Washington, D.C.: Farragut Publishing Company, 1990); William Greider, *Who Will Tell the People: The Betrayal of American Democracy* (New York: Simon & Schuster, 1992).

8 Durchschnittliche Wahlausgaben (1990) der Kandidaten zum Repräsentantenhaus und Senat: Larry Markinson, *The Price of Admission* (Washington, D.C.: The Center for Responsive Politics, 1991), S. 10.

9 Spitzenreiter bei den Wahlkampfausgaben 1990: ebenda, S. 9.

10 Zwischen 1962 und 1974 erfaßte das TAA-Programm 35000 Arbeitslose: Michael R. Gordon, »Trade Adjustment Assistance Program May Be Too Big for Its Own Good«, *National Journal*, 10. Mai 1980, S. 765.

11 1973 kostete das TAA-Programm 9 Millionen, 1976 bereits 69,9 Millionen und 1980 1,5 Milliarden Dollar: Michael Reed, »The Administration Wants to Withdraw the Carrot of Trade Adjustment Assistance«, *National Journal*, 29. Mai 1982, S. 958.

12 Ein Großteil der TAA-Unterstützung geht an die Falschen: »That $ 1 Billion Surprise«, *The Washington Post*, 10. April 1980.

13 Arbeitslose Stahlarbeiter lehnen Job-Angebot ab: Robert J. Samuelson, »On Mobility«, *National Journal*, 16. August 1980, S. 1366.

14 12 Prozent der Amerikaner lebten in »Notstandsgebieten« (1965): Cristie Backley, Public Affairs Office of the Economic Development Administration, private Mitteilung, 11. März 1983.

15 1979 lebten 84,5 Prozent der Bevölkerung in »notleidenden« Gemeinden: Rochelle L. Stanfield. »EDA – The ›Perfect Vehicle‹ for Carter's Urban Strategy«, *National Journal*, 23. Juni 1979, S. 1034.

16 EDA versuchte 1982, prosperierende Zonen aus dem Programm zu nehmen: Cristie Backley, Public Affairs Office of the Economic Development Administration, private Mitteilung, 11. März 1983.

17 Coelho, AFL-CIO (American Federation of Labor – Congress of Industrial Organizations), Immobilien-Lobbys und der Kongreß: Brooks Jackson, *Honest Graft: Big Money and American Political Process* (Washington, D.C.: Farragut Publishing Company, überarb. Neuauflage 1990), 6. Kapitel; »Für Coelho«, S. 105; »Das Selbstverständliche...«, S. 109.

18 Aussage George Eads': Statement of George C. Eads before the Subcommittee on General Oversight and Renegotiation, Committee on Banking, Finance, and Urban Affairs, U.S. House of Representatives, 10. März 1983, insbesondere S. 6-7.

19 Mehrheit der Amerikaner für schärfere Waffengesetze; 86 Prozent für Wartepflicht bei Kauf von Handfeuerwaffen; 79 Prozent für Verkaufsverbot für Sturmgewehre: *The New York Times*/CBS News Poll, 12. März 1992.

20 Etwa drei von vier PACs (Politische Aktions-Komitees) ohne ideologische Bindung: »FEC Releases 1991 Year-End PAC Count«, Pressemitteilung, Federal Election Commission, 10. Januar 1992.

21 David Cohen, »Die Benachteiligten gehen leer aus...«: Gary Lee, »Tax Bills Mark Return of Hill's ›Gucci Gulch‹«, *The Washington Post*, 17. Februar 1992, A27.

22 Industrienahe Organisationen: Deborah M. Burek (Hrsg.), *Encyclopedia of Associations* (Detroit: Gale Research Inc., 1991); vgl. Andrew Sullivan, »Viewspeak«, *The New Republic*, 1. September 1986, S. 13; Edward Zuckerman, *Almanac of Federal PACs: 1990* (Washington, D.C.: Amward Publications Inc., 1990), S. 568.

23 PAC-Spenden pro/anti Waffen (1987/8): Larry Makinson, *Open Secrets* (Washington, D.C.: Congressional Quarterly Inc., 1990), S. 78.

24 NRA – 1,5 Millionen Dollar »eigene Mittel«: ebenda, S. 12.

25 Kongreß-Veto gegen FTC-Richtlinien: »Would You Buy a Used Car from Congress?«, *U.S. News & World Report,* 7. Juni 1982, S. 11.

26 Mit Wahlkampfspenden gegen FTC-Richtlinien: *Congress Gets a Tune-Up: Campaign Contributions from Car Dealers to Congress after the FTC Issued Its Used Car Rule* (Washington, D.C.: Public Citizen's Congress Watch, Februar 1982), S. 1-2.

27 Die Reklametafel-Industrie pumpt Geld ins Kapitol: Carol Matlack, »Billboarding Clout«, *National Journal,* 12. Oktober 1991, S. 2474.

28 Verdeckte Antikorruptions-Operation in Arizona: Seth Mydans, »Civcs 101 on Tape in Arizona«, or, ›We All Have Our Prices‹«, *The New York Times,* 11. Februar 1991, A1.

29 Zitate von Walker und Raymond: ebenda, B9.

30 Ähnliche Operation in South Carolina: »Two South Carolina Legislators Guilty of Corruption«, *The New York Times,* 10. März 1991, S. 27.

31 Senatspräsident in West Virginia gesteht: R. Drummond Ayres jun., »Corruption Cases Leave State in Search of Ethics«, *The New York Times,* 18. September 1989, A14.

32 Korruptionsvorwürfe gegen Parlamentarier in anderen Bundesstaaten: Gwen Ifill, »Scandals Cast New Light on Statehouse Ethics«, *The Washington Post,* 24. Februar 1991, A3.

33 Nur in elf Bundesstaaten tagt das Parlament jährlich über 100mal: Wayne L. Francis, »Costs and Benefits of Legislative Service in the United States«, *American Journal of Political Science* 88 (August 1985): S. 626-642.

34 In den Bundesstaaten sind 11 Prozent der Parlamentarier Vollberufs-Abgeordente: *The New York Times,* 4. Juni 1989.

9. Kapitel: Was ist zu tun?

1 Eine Person, eine Stimme – *One person, one vote* (Etzioni): Nach einer Entscheidung des Supreme Court wurde das »Prinzip ›*one man, one vote*‹ – daß Stimmen gleiches Gewicht haben müßten, unabhängig von Einkommen, Steuerzahlungen etc. -« Teil des Verfassungsrechts. »Die Demokratisierung der Parlamente [der Staaten] wurde erst in den 60er Jahren durch zwei Urteile des Obersten Bundesgerichts ... eingeleitet, in denen das Gericht entschied, daß die Wahlkreise für beide Kammern nach gleichen Bevölkerungszahlen (*one person, one vote principle*) einzuteilen seien.« [Übersetzer-Anmerkung nach Wolfgang Jäger, Wolfgang Welz (Hrsg.), Regierungssystem der USA. Lehr- und Handbuch (München, Wien: R. Oldenbourg Verlag, 1995), S. 180 und 464.]

2 Wahlkampfspenden – eine Form von Demokratie: Herbert Alexander, *The Case for PACs* (Washington, D.C.: Public Affairs Council, 1983), S. 15.

3 Fanelli sieht im Ersten Verfassungszusatz eine Grundlage der Politischen Aktions-Komitees: Joseph J. Fanelli, »PAC Overview«, in Ken Clair (Hrsg.), *The PAC Handbook* (Washington, D.C.: Fraser/Associates, 1981), S. 23.

4 »Die PACs verteilen kein Geld von Unternehmen...«: ebenda, S. 24.

5 »... von Personen in Gang gesetzt, die eine neue Botschaft formulieren«: vgl. Amitai Etzioni, *The Moral Dimension* (New York: The Free Press, 1988), deutsch: *Jenseits des Egoismus-Prinzips. Ein neues Bild von Wirtschaft, Politik und Gesellschaft* (Stuttgart: Schäffer-Poeschel Verlag, 1994), und ein Artikel über meine Erfahrungen bei Ethikveranstaltungen für Betriebswirte an der Harvard University: Amitai Etzioni, »Money, Power and Fame«, *Newsweek*, 18. September 1989, S. 10.

6 *Der stumme Frühling*: Rachel Carson, *Silent Spring* (Boston: Houghton Mifflin, 1962).

7 Multiloge neuerer Zeit (Obdachlose, Krankenversicherung): vgl. Daniel Yankelovich, *Coming to Public Judgment: Making Democracy Work in a Complex World* (Syracuse, New York: Syracuse University Press, 1991).

8 Der Senat – ein »Millionärsclub«: David Graham Philips, *The Treason of the Senate* (Chicago: Quadrangle Books, 1964), S. 23.

9 Zur Diskussion über das Progressive Movement: vgl. Amitai Etzioni, *Capital Corruption: The New Attack on American Democracy* (New Brunswick, New Jersey: Transaction Books, 1988), 9. Kapitel; und Richard Hofstadter, *The Age of Reform* (New York: Knopf, 1966).

10 Bundesstaats-Parlamente als Repräsentanten der Wirtschaft: William Ashworth, *Under the Influence: Congress, Lobbies, and the American Pork-Barrel System* (New York: Hawthorn/Dutton, 1981), S. 107.

11 Wilsons »Progressive Reformen«: vgl. Ernest R. May et. al. (Hrsg.), *The Progressive Era*, Bd. 9, Time-Life History of the United States (New York:Time/Life Books, 1964, 1974).

12 Putnam und Parent fordern Reformen zur Zähmung der Lobbys: Robert D. Putnam und William B. Parent, »The Dawn of an Old Age?«, *The Washington Post*, 23. Juni 1991, B5.

13 Reformdetails: vgl. Amitai Etzioni, *Capital Corruption: The New Attack on American Democracy* (New Brunswick, New Jersey: Transaction Books, 1988).

14 Kongreßwahlen kosten zwischen 200 Millionen und 250 Millionen Dollar: Larry Markinson, *The Price of Admission* (Washington, D.C.: The Center for Responsive Politics, 1991), S. 10.

15 Agrarsubventionen betrugen 1989 etwa 20 Milliarden Dollar: Dan Goodgame, »Getting Farmers off the Dole«, *Time*, 16. Juli 1990, S. 26.

16 Von 1986 bis 1990 etwa 6 Milliarden Dollar an Baumwoll-Subventionen: James Bovard, »Farm Subsidy Follies«, *USA Today*, November 1990, S. 16.
Spenden »bündeln« vgl.: Mark Stencel, »›Bundling‹ Skirts Campaign Gift Curbs: Corporate Contributions Outlawed, but Executives Raise Large Amounts«, *The Washington Post*, 20. April 1992, A1.

17 ACLU gegen PAC-Verbot und gegen Begrenzung der Wahlkampf-Ausgaben: *ACLU Civil Liberties Alert*, Juli/August 1991, S. 7.

18 ACLU gegen jede Ausgabenbegrenzung : vgl. Aussage des parlamentarischen ACLU-Beraters Barry W. Lynn vor dem Senate Judiciary Committee (Verfassungs-Unterausschuß), 28. Februar 1990.

19 Kosten der Unterhauswahlen in Großbritannien: Dudley Fishburn, »British Campaigning – How Civilized!«, *The New York Times*, 14. März 1992, S. 25.

20 »Ein Überschreiten kommt nicht in Frage...«: R. W. Apple jun., »Campaigning in Britain: No Frills and No Glamour, Just $ 6,633.72«, *The New York Times*, 4. Juni 1983, S. 3.
Zu Levins Reformen: vgl. Gary Lee, »Bill Targets Lobbyists' Activities: Levin Wants to Cast Light on Dealmakers«, *The Washington Post*, 28. Februar 1992, A21.

21 Kongreß hat Befugnisse der Federal Election Commission eingeschränkt: Colleen O'Connor, »Who's Afraid of the FEC?«, *The Washington Monthly*, März 1986, S. 26.

22 FEC darf kein Geldbußen verhängen: ebenda, S. 25.

23 FEC-Anhörungen zu den Wahlkampfkosten von Dukakis, Bush, Robertson und Jackson: Charles R. Babcock, »FEC 1988 Audits remain Incomplete«, *The Washington Post*, 12. Februar 1992, A21.

24 Brooks Jackson wirft FEC Versagen vor: John Dillin, »Election Commission Has Failed, Study Says«, *The Christian Science Monitor*, 11. April 1990, S. 9.

25 Leitartikel der *New York Times* pflichtet bei: »The Campaign Sewer Overflows«, *The New York Times*, 7. November 1988, A18.

26 80000 Lobbyisten: Jeffrey H. Birnbaum, »Overhaul of Lobbying Laws Unlikely to Succeed Thanks to Opposition of Lobbyists Themselves«, *The Wall Street Journal*, 30. Mai 1991, A16.

27 Medien-Kurzstatements sind immer kürzer geworden: James Fishkins Kommentar bei der Teledemokratie-Sitzung des Second National Teach-in on Communitarian Thinking, 19. Mai 1992, New York City, New York.

28 Second Amendment – Zweiter Verfassungszusatz (1791): »A well regulated militia, being necessary to the security of a free State, the right of the people to keep and bear arms, shall not be infringed. – Da eine gut ausgebildete Miliz für die Sicherheit eines freien Staates erforderlich ist, darf das Recht des Volkes, Waffen zu besitzen und zu tragen, nicht beein-

trächtigt werden.« (Dt. von Emil Weiskopf, United States Information Service, Bonn, nach Angela und Willi Paul Adams (Hrsg.), *Die Amerikanische Revolution und die Verfassung 1754 – 1791* (München: Deutscher Taschenbuch Verlag, 1987.) [Übersetzer-Anmerkung]

Dank

Barry Kreiswirth hat mich als wissenschaftlicher Assistent von der Konzeption bis zum Abschluß des Buches unterstützt. Er hat für mich gewühlt, mir wertvolle Hinweise zur Präsentation der Thesen gegeben, mich in einer Politikfrage zur Änderung meiner Position veranlaßt. Barbara Hoch Marcus hat das Manuskript redigiert. Sharon Pressner und Lauren Levy recherchierten für mehrere Kapitel. Trish Thomas, Steven Helland und Pat Kellogg danke ich für ihre kritische Begutachtung einer Frühversion. Sarah Horton half mir bei der Drucklegung. David Groff, mein Lektor bei Crown, gab mir viele hilfreiche Anregungen. Linda Abdel-Malek und Robert Teir standen mir mit ihrer juristischen Fachkenntnis zur Seite. Professor Thomas Dienes unterstützte meinen Versuch, die Feinheiten des Ersten Verfassungszusatzes zu verstehen; sollte dies in irgendeinem Punkt mißlungen sein, ist das allein meine Schuld.

Wirtschaft

Herausgegeben von Bert Rürup

Horst Biallo
Die Doktormacher
Namen und Adressen, Preise und Verträge, Behörden und Betrogene, Gesetze und Strafen
Band 13025

Hermann Bössenecker
Geldhäuser im Zwielicht
Das Sündenregister der Banken
Band 13466

Jürgen Borchert
Renten vor dem Absturz
Ist der Sozialstaat am Ende?
Band 11624

Ralph-Peter Breuer
Kursbuch Steuerberatung
Band 14141

Wolfgang Büser
Roland Bunzenthal
Norbert Scheele
Kursbuch Kranken- versicherung und Pflege- versicherung
Band 14083

Amitai Etzioni
Die faire Gesellschaft
Jenseits von Sozialismus und Kapitalismus
Band 12537

Die Entdeckung des Gemeinwesens
Ansprüche, Verantwortlichkeiten und das Programm des Kommunitarismus
Band 14087

Fischer Taschenbuch Verlag

fi 1362 / 19 a